U0659819

诚信为本　操守为重

坚持准则　不做假账

——与学习会计的同学共勉

选择最好版本

不妄改原来
保全它的重

簿籍
本订

——温家宝同志给古籍整理工作者的题词

"十二五"职业教育国家规划教材修订版

icve 智慧职教　高等职业教育在线开放课程新形态一体化规划教材

高等职业教育财务会计类专业经典系列教材

主　编　刘有宝
副主编　王群山　赵爱萍

政府会计

（第六版）

高等教育出版社·北京

内容简介

本书是"十二五"职业教育国家规划教材修订版。

本书依据财政部颁布的《政府会计准则——基本准则》（财政部令第78号）、政府会计准则第1~9号（财会〔2016〕12号、财会〔2017〕4号、财会〔2017〕11号、财会〔2017〕23号、财会〔2018〕28号、财会〔2018〕31号、财会〔2018〕37号）、《政府会计制度》（财库〔2018〕3号、财库〔2018〕11号、财库〔2018〕16号、财库〔2018〕19号、财库〔2018〕21号）以及《财政总预算会计制度》（财库〔2015〕192号、财库〔2015〕205号）等最新规定编写而成。

本书共分为三篇十九章。 第一篇主要介绍政府会计基本理论、基本方法和政府收支分类及应用等政府会计的基础知识；第二篇主要介绍政府单位会计概述，政府单位资产、负债、净资产、收入、费用、预算收入、预算支出、预算结余的核算，以及政府单位会计报表和会计调整；第三篇主要介绍政府财政会计概述、财政收入、财政支出、政府财政会计其他业务、年终结算和政府财政会计报表。

本书适用于高等职业院校、成人高校、民办高校及本科院校举办的二级职业技术学院会计类专业及相关专业的教学用书，也是政府单位财会人员的业务参考用书。

本书提供教学课件、参考答案等相关教学资源，具体获取方式请见书后"郑重声明"页的资源服务提示。

图书在版编目（CIP）数据

政府会计 / 刘有宝主编. -- 6版. -- 北京：高等教育出版社，2019.8

ISBN 978-7-04-052324-9

Ⅰ.①政… Ⅱ.①刘… Ⅲ.①预算会计-高等职业教育-教材 Ⅳ.①F810.6

中国版本图书馆 CIP 数据核字（2019）第 155551 号

政府会计

ZHENGFU KUAIJI

| 策划编辑 | 武君红 | 责任编辑 | 贾玉婷 | 封面设计 | 李卫青 | 版式设计 | 于 婕 |
| 责任校对 | 高 歌 | 责任印制 | 耿 轩 | | | | |

出版发行	高等教育出版社	网　　址	http://www.hep.edu.cn
社　　址	北京市西城区德外大街4号		http://www.hep.com.cn
邮政编码	100120	网上订购	http://www.hepmall.com.cn
印　　刷	北京市白帆印务有限公司		http://www.hepmall.com
开　　本	787mm×1092mm　1/16		http://www.hepmall.cn
印　　张	25.5	版　　次	2000年7月第1版
字　　数	580千字		2019年8月第6版
购书热线	010-58581118	印　　次	2019年8月第1次印刷
咨询电话	400-810-0598	定　　价	49.80元

第六版前言

本教材是依据财政部最新颁布的《政府会计准则——基本准则》（财政部令第78号）、政府会计准则第1号~9号（财会〔2016〕12号、财会〔2017〕4号、财会〔2017〕11号、财会〔2017〕23号、财会〔2018〕28号、财会〔2018〕31号、财会〔2018〕37号）、《政府会计制度》（财库〔2018〕3号、财库〔2018〕11号、财库〔2018〕16号、财库〔2018〕19号、财库〔2018〕21号）以及《财政总预算会计制度》（财库〔2015〕192号、财库〔2015〕205号），根据财政部有关规定和建立现代财政管理制度的要求，按照全面实施部门预算编制、非税资金管理、国库集中收付制度、政府采购管理、加强资产管理、加强政府单位财务规范和全面实施预算绩效管理为核心的各项改革精神以及现行政府收支分类，对第五版教材进行全面重新修订。根据高等职业教育的特点，本教材力求理论简明，内容翔实，突出实用性和可操作性，贴近实际业务工作。

根据高等职业教育经济管理类会计专业课程的总体框架，本教材对政府会计的个性内容作了简要的理论阐述，属会计学共性的内容不再重复。

本教材共三篇十九章，由扬州大学兼职教授、江苏省财政厅高级会计师刘有宝任主编，江苏省市场监督管理局高级会计师王群山、山西省财政税务专科学校高级会计师赵爱萍任副主编。各章分工为：第一、三章由王群山执笔；第二、四章由赵爱萍执笔；第五章由江苏省质量和标准化研究院高级会计师韦晓晴、兴化市财政局高级会计师张冬健执笔；第六、七章由南京信息工程大学高级会计师王进山执笔；第八、九章由南京财经大学高级会计师李建金、南京科技职业学院高级会计师刘舍礼执笔；第十、十一、十二章由仪征市财政局肖锋、沭阳县财政局张艳阳执笔；第十三、十四章由南京医科大学黄宏杰执笔；第十五、十六章由沛县财政局李颖执笔；第十七、十八章由靖江市财政局王彦军、句容市财政局孙华强执笔；第十九章由江苏省财政厅凌秀云执笔。本教材课件及同步测试答案由赵爱萍执笔，随教材赠送以便于教学。刘有宝负责全书的总纂和修改。

在第六版全面重新修订中，承蒙南京审计大学高级会计师严华麟给予的宝贵建议；同时，对参与本教材一至六版编写的各位老师的辛勤付出，在此一并致以谢意。

本教材由南京大学会计系主任杨雄胜教授主审。

　　本教材是从事政府会计研究的教育工作者和实际工作者的合作成果。限于编写者水平，难免存在疏漏甚至差错，恳请读者批评指正。编者电子邮箱 Lyb@ jscz. gov. cn。

编　者

二○一九年六月

第一版前言

　　本书依据财政部颁布的《财政总预算会计制度》《行政单位会计制度》和《事业单位会计准则》《事业单位会计制度》，并吸收了最新的各项补充规定和核算内容编写的。根据高等职业教育的特点，力求理论简明，内容翔实；突出实用性和可操作性，更贴近实际工作业务。

　　根据高等职业教育经济管理类专业课程的总体框架，本书对预算会计的个性内容作了简要的理论阐述，属会计学共性的内容不再重复。考虑预算会计体系中核算内容和核算方法的共同点，特别是行政单位会计和事业单位会计之间有核算内容的雷同之处，采取根据业务联系的紧密程度，详讲一篇，另一篇简要补充的办法，以避免重复。

　　本书共三篇二十章，由江苏省财政厅高级会计师薛健同志任主编并负责全稿的修改、补充和总纂，刘有宝同志任副主编。各章分工为：第一、八、九、十四章由薛健执笔；第二、三、四、五、六、七章由江苏省财政厅刘有宝、孙长宏、陈网春三人执笔；第十、十一、十二、十三章由南京航空航天大学张金媛执笔；第十五、十六、十七、十八、十九、二十章由南京农业大学顾义军、吴虹雁、朱敏三人执笔。

　　本书在编写过程中，承蒙天津职大张国健、辽宁财专苏郁生、辽宁商专贾永海等同志对编写提纲提出了宝贵意见；南京农业大学经贸学院吴玉林教授对事业单位会计提出了许多修改意见，在此一并致以谢意。

　　本书稿由南京大学会计系主任杨雄胜教授主审。

　　本书是从事预算会计研究的实际工作者和教育工作者的合作成果。限于编写者水平，难免存在疏漏甚至差错，恳请读者批评指正。

编　者

二〇〇〇年三月

目　　录

第三篇　政府财政会计

V

第一篇

总　论

第一章

政府会计基本理论

学习目标

政府会计是应用于政府会计主体业务活动的专业会计，与企业会计共同构成我国会计体系的两大部分。本章就政府会计的概念、制度体系、目标、特点、会计要素、基本前提和一般原则等进行阐述。通过本章学习，要求学生了解政府会计的会计主体、制度体系、特点，理解和掌握政府会计的概念、会计要素、会计基本前提和一般原则等内容。

第一节 政府会计概述

一、政府会计概念

财政部关于贯彻实施政府会计准则制度的通知

政府会计是各级政府财政部门及政府单位对自身发生的经济业务或事项进行确认、计量、记录和报告，综合反映政府会计主体的财务状况、预算收支结果及其受托责任履行情况的专业会计。

政府会计主体包括各级政府以及与本级政府财政部门直接或者间接发生预算拨款关系的国家机关、军队、政党组织、社会团体、事业单位和其他单位。

政府会计采用会计专门方法，对政府及其组成主体的财务状况、现金流量、预算执行等财务收支及其受托责任履行情况进行确认、计量、记录和报告。各政府会计主体以货币为主要计量单位，对其发生的经济业务和资金活动进行全面、系统、连续的反映和监督，综合反映政府会计主体的财务状况、预算收支执行结果和公共受托责任的履行情况，以加强和改善预算管理、财务管理、资产管理，提高资金使用效果。

二、政府会计体系

政府会计体系是依据国家预算管理体制和宏观调控的需要而建立的会计体系和信息网络。我国国家预算的组成，一是从中央到乡镇五级政府财政总预算，二是本级政府及所属部门的单位预算，两者是统一的有机整体。单位预算是财政总预算的基础，财政总预算是单位预算的综合反映。政府会计的一个重要功能就是为政府预算管理服务，因此，预算管理体系是决定政府会计体系的重要因素。

政府会计包括政府财政会计、政府单位会计以及参与预算执行的国库会计、收入征解会计等。政府会计是以预算管理为中心的宏观管理信息系统和管理手段。它既是核算、反映和监督中央与地方预算以及政府单位收支预算执行的会计，同时又是确认、计量、记录和报告各级政府及其部门财务状况的会计。它同企业会计共同构成我国会计的两大体系。

国家预算执行是一个庞大的系统工程，为了保证各级预算顺利执行，国家还设置和指定专门机关参与组织和监督国家预算的执行，主要有：中国人民银行以及接受委托代理银行办理国库业务的国库会计；税务机关、海关等税收征解机关的税收会计等。因此，从广义上讲，政府财政会计、政府单位会计、国库会计、税收会计等都归属政府会计的体系。

政府财政会计是各级政府财政部门核算、反映、监督政府预算执行等各项财政性资金活动的专业会计。

政府单位会计是按权责发生制对政府单位的资产、负债、净资产和收入、费用等财务状况进行确认、计量、记录和报告，同时又按收付实现制对政府单位纳入预算管理的现金收支进行核算、反映、监督和报告的专业会计。

三、政府会计准则制度体系

我国的政府会计准则体系由政府会计基本准则、具体准则及应用指南和政府会计制度等组成。

（一）政府会计基本准则

政府会计基本准则主要规范政府会计目标、政府会计主体、政府会计信息质量要求、政府会计核算基础，以及政府会计各要素定义、确认和计量原则、列报要求等原则事项。

政府会计基本准则指导政府会计具体准则和政府会计制度的制定，并为政府会计实务提供处理原则。我国于2015年10月23日首次发布《政府会计准则——基本准则》（财政部第78号令），自2017年1月1日起执行。

（二）政府会计具体准则及应用指南

政府会计具体准则依据《政府会计准则——基本准则》制定，是用于规范政府会计主体发生的经济业务或事项的会计处理原则，详细规定经济业务或事项的会计要素变动的确认、计量和报告。应用指南是对具体准则的实际应用作出的操作性规定。

我国《政府会计准则——基本准则》发布后，财政部陆续制定相关的具体准则和应用指南。已发布的政府会计具体准则和应用指南包括：《政府会计准则第 1 号——存货》《政府会计准则第 2 号——投资》《政府会计准则第 3 号——固定资产》《政府会计准则第 4 号——无形资产》《政府会计准则第 5 号——公共基础设施》《政府会计准则第 6 号——政府储备物资》《政府会计准则第 7 号——会计调整》《政府会计准则第 8 号——负债》《政府会计准则第 9 号——财务报表编制和列报》等政府会计具体准则，《政府会计准则第 3 号——固定资产应用指南》和《政府会计准则制度解释第 1 号》。

（三）政府会计制度

政府会计主体应当根据政府会计准则规定的原则和政府会计制度的要求，对其发生的各项经济业务或事项进行会计核算。

政府会计制度依据《政府会计准则——基本准则》制定，主要规定政府会计科目及账务处理、报表体系及编制说明。按照政府会计主体不同，政府会计制度由政府财政会计制度和政府单位会计制度组成。

我国政府会计改革的主要任务是建立健全政府会计核算体系、政府财务报告体系、政府财务报告审计和公开机制、政府财务报告分析应用体系，构建统一、科学、规范的政府会计准则体系，建立健全政府财务报告编制方法，适度分离政府财务会计与预算会计、政府财务报告与决算报告功能，全面、清晰反映政府财务信息和预算执行信息。

政府会计准则制度体系构成如图 1-1 所示。

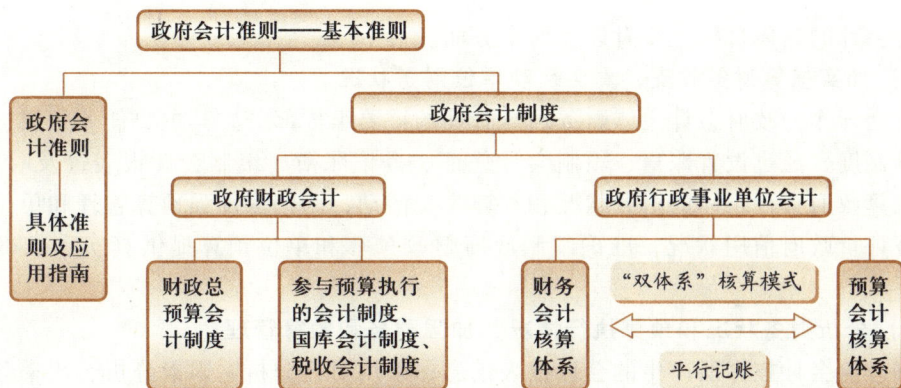

图 1-1

鉴于高等学校、中小学、科研、医院、基层医疗卫生、测绘、国有林场和苗圃等事业单位业务的专业性，财政部分别制发了这些特殊行业和单位执行政府单位会计制度的补充规定。

第二节　政府会计目标和特点

会计目标是指会计主体对外提供会计信息的目的，是会计准则理论需要明确的首要问题。会计目标影响到会计主体的确定、会计报表体系的设计、会计要素确认和计量等会计政策的选择，以及提供会计信息的范围和会计信息质量等问题。

一、政府会计基本目标

会计的基本目标主要包括三方面内容：一是向谁提供会计信息（who），即会计信息使用者是谁；二是如何提供会计信息（how），即按什么要求提供会计信息；三是提供哪些会计信息（what），即提供多少数量的会计信息以及涵盖哪些内容。

政府会计的基本目标是为会计信息使用者提供评价主体财务状况、预算执行结果等方面的信息，提供有助于反映政府会计主体受托责任履行情况的信息，提供对公共财政资源分配做出决策的有用信息，提供有助于评价政府会计主体在服务成本、服务效率和事业发展成果等方面的绩效信息。

政府会计信息使用者主要有：各级人民代表大会及其常务委员会；各级政府及其有关部门；政府会计主体自身；债权人；审计机关和其他监督机关；社会公众；其他利益相关者。

二、政府会计具体目标

政府会计的具体目标主要有以下四个方面。

（一）如实核算财务收支，真实反映单位财务状况

政府会计作为政府会计主体财务预算管理的重要组成部分，其主要任务是根据统一的政府会计制度，通过设置账户、填制会计凭证、登记账簿、编制会计报表，及时、正确、系统地核算政府会计主体的财务状况和预算收支活动，为国家加强预算管理和单位财务管理，客观评价政府信用状况，准确编制政府财政预算和单位预算提供真实、准确的会计信息。

（二）分析财务状况和预算执行情况，加强财务和预算管理

根据政府会计核算所产生的会计报表信息，采用对比分析、因素分析、比率分析等分析方法，分析资产负债状况、现金流量和收支预算执行等情况，从中找出存在的问题，以供各级政府、各部门和各单位及时掌握财务状况和预算执行的综合情况，总结经验，加强和改进财务预算管理。

（三）履行会计监督职能，强化预算约束，实施绩效考评

会计监督是政府会计的一项重要任务。政府会计在核算反映财务收支和预算执行的同时，要严格按照国家的有关方针政策，按照《中华人民共和国会计法》《中华人民共和国预算法》和有关会计制度的规定，履行会计监督职责，规范会计行为。在组织财政收入方面，要督促有关部门和单位执行国家的财经方针和政策，保证预算收入及时、足额缴入国库，防止截留、挪用、挤占预算收入的违法违纪行为；在执行财政支出预算方面，要监督各部门、各单位合理使用预算资金，实施绩效考评，杜绝资金使用上的违法违纪行为。

（四）合理配置和有效利用国有资产

在财政性资金支出过程中形成的各项货币资金和财产物资是社会公共财产，是中国特色社会主义市场经济建设的重要物质基础。保护社会公共财产不受损害，是政府、部门、单位的共同责任。政府会计通过对货币资金、财产物资的核算、反映和监督，为合理配置资产提供依据，督促政府会计主体加强资产管理，提高国有资产使用效率，防止国有资产流失和发生贪污、浪费等违法违纪行为，保护社会公共财产的安全、完整。

三、政府会计特点

政府会计有以下四个主要特点。

（一）政府会计服务于预算管理工作

我国的国家预算也称政府预算，是经法定程序批准的国家年度财政收支计划。国家预算是实现财政职能的基本手段，反映国家的施政方针和社会经济政策，规定政府活动的范围和方向。政府预算的编制、执行和政府决算，以《预算法》、国家预算管理制度、年度国家预算收入规模和支出安排重点为依据。政府会计既要提供准确、可靠的会计信息，为编制年度政府财政预算的宏观管理服务，又要通过会计核算和监督为部门预算（单位预算）的编制、执行和决算等微观管理服务。

（二）政府会计与企业会计并列为我国两大会计体系

政府会计同企业会计一样，都是以货币为主要计量单位，对会计主体的经济业务进行连续、系统、完整的反映和监督的经济管理活动。但从政府会计的职能看，它在预算执行过程中同预算管理职能又是紧密结合的，它的基本职能就是核算、反映和监督政府会计主体的财务状况和预算执行情况，提供政府会计主体财务状况和预算执行情况信息，从宏观上了解国民经济运行情况和存在的问题，为各级政府等领导机关提供决策依据。

（三）政府会计具有公共性、非营利性和财政性

政府会计主体属于公共部门，主要是提供社会公共服务，以实现公共职能为目的，以公共资金为核算对象，以公共事务为核算依据，以公共业务成果为主要考核指标，具有公共性特点；政府会计主体不以营利为目的，更为注重的是社会效益，具有非营利性特点；政府单位会计与国家财政存在资金领拨关系，政府财政会计就是直接核算政府财政资金的，具有财政性特点。政府会计的这些特点都是企业会计所不具备的。

（四）政府会计具有较强政策性

政府会计是为社会经济发展服务的，它的任务和作用是随着经济、事业发展和财政职能的转变而变化的。政府会计既要按照公共财政政策的要求，核算、反映和监督单位的财务状况和预算执行情况，提供政府宏观管理所需要的重要经济信息；又要按照加强单位财务管理和预算监督管理的要求，强化单位预算约束，维护财经秩序。

第三节 政府会计要素

会计要素是对会计核算对象的基本分类。会计要素是以会计核算的基本前提为基础，是会计对象的具体化，是形成会计等式的基础，也是构成会计报表结构的基础。政府会计依据其核算对象模式不同，分为预算会计和财务会计两类，因此，政府会计要素相应分为政府预算会计要素和政府财务会计要素两类。

一、政府预算会计要素

政府预算会计要素包括预算收入、预算支出与预算结余。

（一）预算收入

预算收入是指政府会计主体在预算年度内依法取得的并纳入预算管理的现金流入。预算收入一般在实际收到时予以确认，以实际收到的金额计量。

（二）预算支出

预算支出是指政府会计主体在预算年度内依法发生并纳入预算管理的现金流出。预算支出一般在实际支付时予以确认，以实际支付的金额计量。

（三）预算结余

预算结余是指政府会计主体预算年度内预算收入扣除预算支出后的资金余额，以及历年滚存的资金余额。

预算结余包括结余资金和结转资金。结余资金是指年度预算执行终了，预算收入实际完成数扣除预算支出和结转资金后剩余的资金；结转资金是指预算安排项目的支出年终尚未执行完毕或者因故未执行，且下年需要按原用途继续使用的资金。

二、政府财务会计要素

政府财务会计要素包括资产、负债、净资产、收入和费用。

（一）资产

1. 资产的定义

资产是指政府会计主体过去的经济业务或者事项形成的，由政府会计主体控制的，预期能够产生服务潜力或者带来经济利益流入的经济资源。服务潜力是指政府会计主体利用资产提供公共产品和服务以履行政府职能的潜在能力。经济利益流入表现为现金及现金等价物的流入，或者减少表现为现金及现金等价物的流出。

2. 资产的分类

政府会计主体的资产按照流动性分为流动资产和非流动资产。流动资产是指预计在 1 年内（含 1 年）耗用或者可以变现的资产，包括货币资金、短期投资、应收及预付款项、存货等。非流动资产是指流动资产以外的资产，包括固定资产、在建工程、无形资产、长期投资、公共基础设施、政府储备资产、文物文化资产、保障性住房和自然资源资产等。

3. 资产的计量

资产的计量属性主要包括历史成本、重置成本、现值、公允价值和名义金额。

（1）在历史成本计量下，资产按照取得时支付的现金金额或者支付对价的公允价值计量。

（2）在重置成本计量下，资产按照现在购买相同或者相似资产所需支付的现金金额计量。

（3）在现值计量下，资产按照预计从其持续使用和最终处置中所产生的未来净现金流入量的折现金额计量。

（4）在公允价值计量下，资产按照市场参与者在计量日发生的有序交易中，出售资产所能收到的价格计量。

（5）无法采用上述计量属性的，采用名义金额（即人民币1元）计量。

政府会计主体在对资产进行计量时，一般应当采用历史成本。采用重置成本、现值、公允价值计量的，应当保证所确定的资产金额能够持续、可靠计量。

（二）负债

1. 负债的定义

负债是指政府会计主体过去的经济业务或者事项形成的，预期会导致经济资源流出政府会计主体的现时义务。现时义务是指政府会计主体在现行条件下已承担的义务。未来发生的经济业务或者事项形成的义务不属于现时义务，不应当确认为负债。

2. 负债的分类

政府会计主体的负债按照流动性分为流动负债和非流动负债。流动负债是指预计在1年内（含1年）偿还的负债，包括应付及预收款项、应付职工薪酬、应缴款项等。非流动负债是指流动负债以外的负债，包括长期应付款、应付政府债券和政府依法担保形成的债务等。

3. 负债的计量

负债的计量属性主要包括历史成本、现值和公允价值。

（1）在历史成本计量下，负债按照因承担现时义务而实际收到的款项或者资产的金额，或者承担现时义务的合同金额，或者按照为偿还负债预期需要支付的现金计量。

（2）在现值计量下，负债按照预计期限内需要偿还的未来净现金流出量的折现金额计量。

（3）在公允价值计量下，负债按照市场参与者在计量日发生的有序交易中，转移负债所需支付的价格计量。

政府会计主体在对负债进行计量时，一般应当采用历史成本。采用现值、公允价值计量的，应当保证所确定的负债金额能够持续、可靠计量。

（三）净资产

净资产是指政府会计主体资产扣除负债后的净额。净资产金额取决于资产和负债的金额结果比较。

（四）收入

1. 收入的定义

收入是指报告期内导致政府会计主体净资产增加的、含有服务潜力或者经济利益的经济资源的流入。

2. 收入的确认条件

收入的确认应当同时满足以下条件：与收入相关的含有服务潜力或者经济利益的经济资源很可能流入政府会计主体；含有服务潜力或者经济利益的经济资源流入会导致政府会计主体资产增加或者负债减少；流入金额能够可靠地计量。

（五）费用

1. 费用的定义

费用是指报告期内导致政府会计主体净资产减少的、含有服务潜力或者经济利益的经济资源的流出。

2. 费用的确认条件

费用的确认应当同时满足以下条件：与费用相关的含有服务潜力或者经济利益的经济资源很可能流出政府会计主体；含有服务潜力或者经济利益的经济资源流出会导致政府会计主体资产减少或者负债增加；流出金额能够可靠地计量。

第四节 政府会计基本前提和一般原则

一、政府会计基本前提

会计基本前提是对会计活动空间范围、期间、条件等方面做出的假定，是会计核算的前提条件。政府会计的基本前提有四个：会计主体、持续运行、会计分期和货币计量。

（一）会计主体

会计主体的确定是政府会计制度体系的核心内容，特别是为非公益性事业单位逐步走向市场化提供了政策导向。政府会计主体包括各级政府以及与本级政府财政部门直接或者间接发生预算拨款关系的国家机关、军队、政党组织、社会团体、事业单位和其他单位。

（二）持续运行

持续运行的前提是相对于企业会计而言：其一，政府会计注重的经济效益，不是以营利为目的，而是指要花更少的钱，提供更多的公共产品、公共（公益性）服务或取得更大的事业发展成果；其二，政府会计主体预算安排总是按年度不断进行着的，政府会计持续运行前提总是成立的，这与企业会计持续经营前提是有区别的。

（三）会计分期

会计分期是指政府会计核算应当划分会计期间，分期结算账目，按规定编制预算、决算报告和财务报告。会计期间至少分为年度和月度。会计年度、月度等会计期间的起讫日期采用公历日期。

（四）货币计量

货币计量是指政府会计核算应当以人民币作为记账本位币。发生外币业务时，应当将有关外币金额折算为人民币金额计量，同时登记外币金额。

二、政府会计一般原则

政府会计准则及制度体系构建了政府会计理论体系，确立了政府会计的一般原则。

（一）共同适用的一般原则

会计信息质量要求是衡量信息质量的标准，是对会计信息的基本要求。它直接影响会计政策的选择，会计要素的确认、计量和报表列示方法；它影响会计报表的体系和内容，约束提供会计信息的范围、程度和方法。

1. 客观性原则

政府会计主体应当以实际发生的经济业务或者事项为依据进行会计核算，如实反映各项会计要素的情况和结果，保证会计信息真实、可靠。客观真实是对会计核算工作和会计信息的基本质量要求。在会计核算的各个阶段，如审核原始凭证、填制记账凭证、记账、结账、编制会计报表等都要符合客观真实的要求。确认会计事项必须依据真实的经济活动，会计记录不得伪造。会计报告必须如实反映情况，不得掩饰真相、弄虚作假等。

2. 全面性原则

政府会计主体应当将发生的各项经济业务或者事项统一纳入会计核算，确保会计信息能够全面反映政府会计主体预算执行情况和财务状况。

3. 相关性原则

政府会计主体提供的会计信息，应当反映政府会计主体公共受托责任履行情况，满足报告使用者决策或者监督、管理的需要，有助于报告使用者对政府会计主体过去、现在或者未来的情况作出评价或者预测。

4. 及时性原则

政府会计主体对已经发生的经济业务或者事项，应当及时进行会计核算，不得提前或者延后。会计报告应该在每一会计期间结束后规定的日期内报出。

5. 可比性原则

政府会计主体提供的会计信息应当具有可比性。同一政府会计主体不同时期发生的相同或者相似的经济业务或者事项，应当采用一致的会计政策，不得随意变更。确需变更的，应当将变更的内容、理由及其影响在附注中予以说明。不同政府会计主体发生的相同或者相似的经济业务或者事项，应当采用一致的会计政策，确保政府会计信息口径一致，相互可比。

6. 清晰性原则

政府会计主体提供的会计信息应当清晰明了，便于报告使用者理解和使用。会计核算的一切记录，包括会计凭证、账簿、报表等都要清晰、简明、易懂，便于理解、运用。

7. 实质重于形式原则

政府会计主体应当按照经济业务或者事项的经济实质进行会计核算，不限于以经济业务或者事项的法律形式为依据。

（二） 单独适用的一般原则

会计确认计量要求是对会计信息处理方法和程序的要求，它规定对会计要素确认、计量的基本原则。会计要素确认、计量要求，同各单位的经济业务和会计要素的具体内容存在密切联系。

1. 配比性原则

政府会计核算收入与费用应当相互配比，目的是正确计算当期的净收益或损失。该原则主要适用于政府财务会计核算。

2. 历史成本原则

政府会计对各项财产物资应当按照取得或购建时的实际价值核算。除国家另有规定外，一律不得自行调整其账面价值。

3. 收付实现制原则

以货币资金是否在本期实际收付为标准，来确定本期收入和支出。该原则适用于政府预算会计核算，不适用于政府财务会计核算。

4. 权责发生制原则

以本期已经实现的收入和已经发生或应当负担的费用，不论其款项是否实际收到或付出都计入本期为标准，确定本期收入和费用。该原则主要适用于政府财务会计核算，不适用政府预算会计核算。

5. 限制性原则

限制性原则是指对于有指定用途的资金应按照规定用途使用，并予以单独反映。

复习思考题

1. 什么是政府会计？
2. 政府会计的具体目标是什么？
3. 简述政府会计的要素。
4. 政府会计的基本前提是什么？
5. 政府会计适用的一般原则有哪些？

第二章

政府会计基本方法

学习目标

本章就政府会计的会计等式、会计科目、记账方法、会计凭证、会计账簿、财务报告和决算报告等基本会计方法进行阐述。通过本章学习，要求学生了解政府会计的工作流程，进一步加深对政府会计管理流、政府会计资金流和政府会计工作流的理解，掌握政府会计的会计等式、会计科目、记账方法、会计凭证、会计账簿、财务报告和决算报告的概念和内容。

第一节　会 计 等 式

会计等式反映会计要素的基本关系。它是进行复式记账的基础，也是设计会计报表架构的依据。学习政府会计的基本方法，应了解经济业务发生对会计等式的影响。政府会计由财务会计和预算会计构成，采取"双体系"平行记账的方法。财务会计各要素和预算会计各要素之间，均需要建立等式关系并分别平衡。

一、财务会计会计等式

（一）基本会计等式

任何政府会计主体要履行其受托管理责任或开展业务活动，必定有一定数量的资产。

一方面，任何资产都是经济资源的一种实际存在或表现形式，或为实物资产，或为现金、银行存款等。另一方面，这些资产都是按照一定的渠道进入政府会计主体的，或由政府投入，或向债权人借入等，即必定有其提供者。显然，一般所有权人不会无条件将经济资源（即资产）让渡出去。也就是说，政府会计主体中任何资产都有其相应的权益要求，谁提供了资产谁就对资产的使用具有限定性权利或对资产拥有索偿权，这种限定性权利或索偿权在会计上称为权益。这样就形成了最初的会计等式：

$$资产 = 权益$$

这一等式表明，会计等式之所以成立，就是因为资产和权益是同一事物的两个方面：一方面是归政府会计主体所有的一系列财产（资产）；另一方面是对这些财产的一系列所有权（权益）。而且，由于权益要求表明资产的来源，而全部来源又必与全部资产相等，所以全部资产必须等于全部权益。而权益通常分为两种：① 以资源（资产）所有者身份向政府会计主体投入资产而形成的权益，政府会计主体称为净资产；② 以债权人的身份向政府会计主体提供资产而形成的权益，称为债权人权益或负债。这样，上述等式又可表达成：

$$资产 = 负债 + 净资产$$

这就是基本的会计等式。在任何时点，政府会计主体的所有资产，无论其处于何种形态（如现金、银行存款、固定资产等），都必须有相应的来源。或者是借入的，或者是所有者投入的，或者是业务过程中增值的（这一部分也归所有者）。换言之，政府会计主体的所有资产都必定有相应的来源。这样，"资产 = 负债 + 净资产"这一等式，在任何情况下，其左右平衡的关系都不会被破坏。

一方面，政府会计主体进入正常的业务活动循环后，其资产就会不断地变换形态。这时，再试图区分哪部分资产是所有者投入形成的，哪部分资产是通过负债等渠道形成的，相当困难。另一方面，从性质上看，债权人和所有者对政府会计主体的要求权（权益）也是不同的。债权人希望借款人到期能顺利偿还债务；所有权人则希望通过有效的业务活动，更好地履行受托管理责任，实现国有资产保值增值。这样，上述资产负债表等式也可以表述为：

$$资产 - 负债 = 净资产$$

这一等式一方面表明，负债的求偿能力高于净资产（所有者权益）；另一方面，表明净资产（所有者权益）是全部资产抵减全部负债后的剩余部分。因此，净资产也被称为"剩余权益"。

（二）资产和负债、净资产变动对会计等式的影响

政府会计主体在开展业务过程中会发生各种各样的具体经济活动，从而引起各个会计要素发生增减变动。这些具体的经济活动在会计上称为经济业务，又称会计事项。经济业务尽管多种多样，但就一个会计主体而言，任何经济业务的发生，要么是引起会计等式左方或者右方的某一要素增加，另一要素减少；要么就是引起会计等式左、右双方的要素同时发生等额的增减变动。这种变动不破坏会计等式的平衡关系。会计要素的增减变动分为四种类型：

第一种类型，资产类项目增加，负债、净资产类项目同时增加，会计等式左、右两方等额增加，并保持平衡。

第二种类型，资产类项目减少，负债、净资产类项目同时减少，会计等式左、右两方等额减少，并保持平衡。

第三种类型，资产类某些项目增加，资产类某些项目减少，会计等式左、右两方总额不变，仍保持平衡。

第四种类型，负债、净资产类某些项目增加，负债、净资产类某些项目减少，会计等式左、右两方总额不变，仍保持平衡。

由此可见，任何只涉及资产和负债、净资产的经济业务引起有关会计要素发生增减变动，都不会破坏会计等式的平衡关系。

（三）收入和支出变动对会计等式的影响

政府会计主体开展各种业务活动，必然要发生一定的支出（或费用），同时相应地取得业务收入（包括政府财政拨款）。收入减去支出，表现为当期的盈余（或亏损）。

在一定时期内所获得的收入大于所发生的支出，表现为资产投入者应享有的权益相应增加；若收入小于所发生的支出，表现为当期资产投入者应享有的权益相应减少。因此，基本会计等式可扩展为：

$$资产 = 负债 + 净资产 + （收入 - 支出）$$

在会计期间结束之后，将收入转为盈余的增加，将支出转为盈余的减少。于是，年末收入与支出结转后，扩展会计等式又恢复为基本会计等式。

由此可见，任何涉及收入和支出的经济业务，都会引起会计要素发生增减变动，但不会破坏会计等式的平衡关系。

二、预算会计会计等式

政府会计在进行财务会计核算的同时，应当对纳入单位预算的现金流入和现金流出业务同时进行预算会计核算。

政府会计的各项收入和支出都应当纳入单位预算管理，且各项支出都必须有对应的收入来源。即使需要举借债务的，政府会计主体也应当先按法定程序将债务收入纳入年度收入预算，然后才能安排相应的支出预算。

从单个会计年度来看，当期预算收入扣除当期预算支出后的差额即为当期预算结余。即：当期预算收入 - 当期预算支出 = 当期预算结余。

从政府会计主体持续运行的角度来看，以前期间的预算资金结余可以滚存到下一期间，按照规定进行使用和管理；同时，当期发生的预算支出中，既有使用当期的预算收入安排的，也有使用以前期间滚存的预算结余资金安排的。因此，政府会计主体预算会计会计等式可扩展为：

期初滚存预算结余 + 当期预算收入 - 当期预算支出 = 期末滚存预算结余

第二节　会计科目、会计账户和借贷记账法

一、政府会计科目

关于印发《政府会计制度——行政事业单位会计科目和报表的通知》

会计科目是对会计要素对象的进一步分类，是对会计对象具体内容按照一定原则进行科学分类的一种方法。会计科目是设置账户及归集、核算各项经济业务的依据。通过设置会计科目，将各项会计要素的增减变动分门别类地记在账上，满足会计信息使用者所需要的一系列分类核算信息。

政府会计的会计科目是在政府会计准则所确定的会计要素框架内，按照预算管理的要求和财务会计核算的需要，对财政资金分配活动和政府单位的经济业务活动所作的分类名称。由于政府财政和政府单位在经济业务活动和预算执行过程中的任务、管理内容及要求不完全相同，其会计科目也是分别设置的。每个会计科目都有名称、编号和核算内容。其中政府单位按财务会计要素和预算会计要素分别设置会计科目。

政府会计科目分总账科目和明细科目两种。总账科目是对会计要素的总括分类，它是设置总账账户、进行总分类核算的依据和规范。明细科目是对总账科目根据信息使用者的要求所作的进一步分类，是设置明细账的依据。

会计科目的设置一定程度上决定着会计报表的内容和结构。会计报表中的数据是由按会计科目设置的各类账簿所记载数据提供的，会计报表的分类方法和详细程度，依赖于会计科目的设计。

二、会计账户

政府会计制度——行政事业单位会计科目和报表

会计账户是按照规定的会计科目在账簿中对会计要素的具体内容进行分类核算的工具。会计科目仅是对会计要素分类的项目，而要取得具体的会计分类核算数据信息，则必须通过账户记录来实现。

会计科目与账户是既有联系又有区别的两个概念。两者的联系是：会计科目是账户的名称，账户是根据会计科目开设的，设置会计科目和开设账户的目的都是提供分类核算的会计信息，会计科目所反映的经济内容与账户所核算的经济内容是一致的。两者的区别是：会计科目仅是会计要素分类项目的名称，没有具体的格式，不存在结构问题，而账户既有名称，又有具体的结构；从其作用看，会计科目是进行分类核算的依据，而账户则是进行分类核算的载体和工具。在实际工作中，会计科目和账户通常都是一致的，不加区别。

会计账户一般划分为左右两方，分别用来登记经济业务引起会计要素的增加或减少，以及增减变动的结果。账户的左右两方记录的主要内容有：期初余额、本期增加额、本期减少额、期末余额，即通常所讲的"T"形账户。

三、借贷记账法

记账方法是运用一定的记账符号、记账方向和记账规则来确定会计分录和登记账簿的一种基本会计核算方法。政府会计采用借贷记账法，其基本内容与企业会计的借贷记账法相同。借贷记账法是以"借"和"贷"为记账符号，对发生的每一项经济业务同时在相互联系的两个或两个以上的账户中，进行方向相反、金额相等的全面记录的一种复式记账方法。

（一）记账符号和账户结构

账户结构是指账户反映经济业务活动所引起的账户内容的增减变化。即：哪方记增加、哪方记减少、余额在哪方。不同性质的账户的结构是不同的。账户性质是按会计对象的经济内容和用途的分类。政府财务会计账户可以简括为资产和负债两大部类，政府预算会计账户分为预算收入类账户、预算支出类账户和预算结余类账户。在借贷记账法下，任何账户都分为借方和贷方两个基本部分，通常左方为借方，右方为贷方。现以借贷记账法的借贷符号结合账户的性质，用 T 形账户说明其账户结构。

1. 财务会计要素账户

（1）资产部类账户。资产部类账户包括"资产"和"费用"两类性质的账户，它们的结构一般是借方记增加数，贷方记减少数，余额一般情况在借方（备抵冲减类科目例外，如累计折旧、累计摊销、坏账准备等科目余额在贷方）。资产部类账户结构如表 2-1 所示。

表 2-1　资产部类账户

借　方	贷　方
期初余额	
本期增加额	本期减少额
本期发生额合计	本期发生额合计
期末余额	

资产部类账户的期末余额可用下列公式计算：

期初借方余额+本期借方发生额−本期贷方发生额=期末余额

（2）负债部类账户。负债部类账户包括"负债""净资产"和"收入"三类性质的账户，它们的结构一般是借方记减少数，贷方记增加数，余额一般在贷方。负债部类账户结构如表2-2所示。

表 2-2　负债部类账户

借　方	贷　方
	期初余额
本期减少额	本期增加额
本期发生额合计	本期发生额合计
	期末余额

负债部类账户的期末余额可用下列公式计算：

期初贷方余额+本期贷方发生额−本期借方发生额＝期末余额

2. 预算会计要素账户

（1）预算收入类账户，与财务会计收入类账户类似，增加记在贷方，减少记在借方；期末将余额转入预算结余类账户。因此，预算收入类账户期初、期末无余额。

（2）预算支出类账户，与财务会计费用类账户类似，增加记在借方，减少记在贷方；期末将余额转入预算结余类账户。因此，支出类账户期初、期末无余额。

（3）预算结余类账户分两种情况。一是"资金结存"账户是为了保证复式记账借贷平衡，体现收付实现制下预算资金流入、流出和结存情况，用以反映各种结转结余类科目对应的资金形态。因此，该账户增加在借方，减少在贷方，期末余额在借方。二是其他预算结余类账户则与净资产类账户类似，期初余额通常列在账户的贷方，增加记在账户的贷方，减少记在借方，期末余额一般在账户贷方（经营亏损例外，列在账户借方）。

（二）记账规则

在经济业务发生时，为了清晰反映各账户的对应关系，应根据借贷记账法的记账规则编制会计分录。会计分录是标明某项经济业务应记入的账户、登记的方向及其金额的记录。记账规则是记账方法本质特征的具体表现，是正确运用记账方法记录会计事项应遵循的原则。

1. 政府财务会计经济业务

两大部类之间的同增同减经济业务以及两大部类内部各项目之间有增有减的经济业务。

（1）两大部类之间的同增（同减）经济业务，必然是借记资产部类（或借记负债部类）有关账户，贷记负债部类（或贷记资产部类）有关账户，双方金额相等。

（2）两大部类内部各项目之间有增有减经济业务，必然是借记资产部类（或贷记负债部类）增加的有关账户，贷记资产部类（或借记负债部类）减少的有关账户，双方金额相等。

2. 政府预算会计经济业务

预算会计的支出类账户和预算结余类的"资金结存"账户，账户结构和记账方向与财务会计的资产部类账户相同；预算收入类账户和预算结余类中除"资金结存"账户以外的其他结余类账户，账户结构和记账方向与财务会计的负债部类账户相同。因此，政府预算会计的经济业务总体上也可划分为资产部类、负债部类两类账户之间同增同减经济业务和两类账户内部有增有减业务。

借贷记账法的记账规则为：有借必有贷，借贷必相等。其中"有借必有贷"表明每一笔经济业务应记载的方向；"借贷必相等"表明每一笔经济业务记载金额的平衡。

借贷记账法是一种复式记账法，记账规则单一，一项经济业务有借必有贷，账户对应关系清晰，能够清楚地反映资金的来龙去脉。借贷记账法账户不要求固定分类，可以使用资产类和负债类双重性质的账户，账户设置适应性强，使用方便。借贷记账法通过总账账户试算平衡表总计检查借贷平衡，记账凭证简单清晰，账务汇总和检查十分简便。因此，借贷记账法在我国各类会计中普遍使用。

四、试算平衡

借贷记账法试算平衡可采用余额平衡法，也可采用发生额平衡法。其平衡公式分别如下：

全部账户借方余额总计 = 全部账户贷方余额总计

全部账户借方发生额总计 = 全部账户贷方发生额总计

根据账户记录，编制总账账户及相关明细账账户科目期末余额表，进行试算平衡。

采用借贷记账方法，无论是余额平衡法还是发生额平衡法，采用的都是总额平衡，即全部账户的期初、期末借方余额总计分别等于全部账户的期初、期末贷方余额总计，全部账户的本期借方发生额总计等于全部账户的本期贷方发生额总计。采用总额平衡方法，数字关系清楚，便于进行账目检查。

第三节 会计凭证和会计账簿

一、会计凭证的概念

会计凭证是会计核算中记录经济业务、明确经济责任的书面证明，是登记账簿的依据。在会计核算中，任何一项经济业务都必须有会计凭证作为书面证明，并据以登记账簿。正确填制和审核会计凭证，是保证会计核算工作准确无误的前提。

二、会计凭证的作用

（1）会计凭证是明确会计事项经济责任的书面证明。对每一项经济业务，都必须填制会计凭证。会计凭证内容包括经济事项发生的日期、内容、经办人员签章等。以会计凭证为记账依据，既增强了经办人员的责任感，又明确了经办人员对所承担经济事项应负的经济责任。

（2）会计凭证是加强会计监督的手段和依据。在开展经济业务活动和国家预算执行过程中，所有财务会计事项和预算收支活动都应有真实、合法的会计凭证。通过对会计凭证所反映的经济事项是否真实可靠、是否符合勤俭节约原则等方面的审核和监督，保证会计核算内容真实、合法。

（3）会计凭证是分析、检查财务收支和预算执行情况的原始资料。会计凭证中所记载的内容，是经济事项发生的原始资料，一般比账户记载更具体、更全面，因而它是分析、检查预算执行情况的最原始的信息资料。

（4）会计凭证是登记账簿的依据。对于发生的每项经济业务，必须有原始凭证，并对原始凭证进行整理和分类，编制记账凭证。会计凭证是会计核算的基础，是登记账簿的依据。

三、会计凭证的种类

政府会计的会计凭证分为原始凭证和记账凭证两种。

（一）原始凭证

1. 原始凭证的概念

原始凭证是指经济业务发生时取得或填制的，证明经济业务发生和完成情况的书面证明。它是编制会计记账凭证的合法依据。

按照来源不同，原始凭证分为自制原始凭证和外来原始凭证。其中：自制原始凭证是由本单位经办人员在处理和完成经济业务时填制的凭证；外来原始凭证是由单位经办人员与外单位发生经济业务时由外单位填制的，并由本单位有关人员所取得的凭证。

2. 原始凭证的种类

原始凭证包括收款收据、借款凭证、预算拨款凭证、固定资产调拨单、开户银行转来的收付款凭证、往来结算凭证、库存材料的出库单和入库单及其他足以证明会计事项发生经过的凭证和文件。

3. 原始凭证的审核

取得原始凭证后，会计人员应对其进行审核。原始凭证的审核包括：

（1）形式上的审核。主要审核原始凭证的填制是否符合规定的要求，审核的内容包括原始凭证的填写项目是否齐全、数字计算是否正确、有关手续是否完备等。

（2）内容上的审核。这种审核在原始凭证的审核过程中更加重要。其内容包括：审核原始凭证所记录的业务是否符合政策的要求和规定，是否与预算支出规定的项目和要求相符，有无不符合预算要求的支出；审核原始凭证的记录是否合理，是否符合有关规定，有无超出开支范围和开支标准的支出，有无铺张浪费甚至违法乱纪的行为；审核原始凭证的记录是否真实，与经济业务发生的实际情况是否相符，有无弄虚作假、伪造凭证的行为等。

（二）记账凭证

1. 记账凭证的概念

记账凭证是由会计人员按会计科目对原始凭证进行分类整理后编制会计分录，并作为登记账簿依据的凭证。

2. 记账凭证的种类

记账凭证主要包括收款凭证、付款凭证和转账凭证三种。具体格式如表2-3~表2-5所示。

表 2-3　收　款　凭　证

出纳编号：　　　　　　　　　　　年　　　月　　　日

借方科目：　　　　　　　　　　　　　　　　　　　　　　　制单编号：

对方单位 （或缴款人）	摘要	贷方科目		金额									记账 符号
		总账科目	明细科目	千	百	十	万	千	百	十	元	角	分	
合计金额														

会计主管：　　　　　记账：　　　　　稽查：　　　　　出纳：　　　　　制单：

表 2-4　付　款　凭　证

出纳编号：　　　　　　　　　　　年　　　月　　　日

贷方科目：　　　　　　　　　　　　　　　　　　　　　　　制单编号：

对方单位 （或缴款人）	摘要	贷方科目		金额									记账 符号
		总账科目	明细科目	千	百	十	万	千	百	十	元	角	分	
合计金额														

会计主管：　　记账：　　稽查：　　出纳：　　制单：　　领款人签章：

表 2-5　转　账　凭　证

出纳编号：　　　　　　　　　　　年　　　月　　　日

　　　　　　　　　　　　　　　　　　　　　　　　　　　制单编号：

对方单位	摘要	借方		贷方		金额									记账 符号
		总账科目	明细科目	总账科目	明细科目	千	百	十	万	千	百	十	元	角	分	
合计金额																

会计主管：　　　　　记账：　　　　　稽查：　　　　　出纳：　　　　　制单：

3. 记账凭证编制方法

（1）根据经审核无误的原始凭证，归类整理编制记账凭证。记账凭证的各项内容必须填列齐全，经复核后凭以记账。制证人必须签名或盖章。

（2）记账凭证一般根据每项经济业务的原始凭证编制。当天发生的同类会计事项可以适当归并后编制。不同会计事项的原始凭证不得合并编制同一张记账凭单，也不得把几天的会计事项加在一起编制一张记账凭证。

（3）记账凭证必须附有原始凭证。一张原始凭证涉及几张记账凭证的，可以把原始凭证附在主要的一张记账凭证后面，在其他记账凭证上注明附有原始凭证的记账凭证的编号。结账和更正错误的记账凭证，可以不附原始凭证，但应经主管会计人员签章。

（4）记账凭证必须清晰、工整，不得潦草。阿拉伯数字应一个一个地写，不能连笔书写。在合计金额数字前面应写人民币符号"￥"，阿拉伯数字之间不能留有空白。金额一律填写到角分。无角分的，角位和分位写"00"；有角无分的，分位应写"0"，不能用符号"—"代替。

（5）记账凭证应指定人员复核，并在会计主管人员签章后据以记账。

（6）记账凭证应按会计事项发生的日期、顺序整理，制证记账。按照制证的顺序，每月从第1号起编连续号。

（7）记账凭证每月应按顺序号整理，连同所附的原始凭证（包括每月的银行对账单）加上封面，装订成册保管。

4. 记账凭证错误更正

会计填制的记账凭证发生错误时，不得挖补、涂抹、刮擦或使用化学药水消字，应按下列方法更正：

（1）发现未登记账簿的记账凭证错误，应将原记账凭证作废，重新编制记账凭证。

（2）发现已经登记账簿的记账凭证错误，应采用红字更正法或补充登记法更正。采用会计软件做记账凭证的，用红字更正法时，以负数表示。

5. 总账科目汇总表的编制

经济业务较多的单位，可以将每天的记账凭证进行汇总，编制总账科目汇总表，作为登记总账的依据。总账科目汇总表是一种汇总记账凭证，其编制方法如下：根据一定时期内记账凭证中的会计分录，对每一总账科目的借方和贷方，分别进行加总计算出发生额合计，填入总账科目汇总表内。然后计算出全部科目借方和贷方的本期发生额总计金额。如果借方和贷方总额相等，通常说明记账凭证发生额的汇总是正确的。检查核对后，可根据每一科目借方和贷方本期发生额的合计进行总账科目登记，并在总账页数栏中注明，以备查考。

四、会计账簿

会计账簿是以会计凭证为依据，连续、系统、全面记录政府会计主体业务活动和预算执行中全部经济业务的簿记。

（一）会计账簿的作用

在政府会计主体开展经济业务活动和预算执行过程中，资金收支活动是不间断、连续进行的。经济业务发生时所取得和填制的凭证，只能分散反映每一项经济业务的具体情况，而不能系统全面、分门别类地反映财务会计事项和预算资金运动的情况，所反映的各种经济信息杂乱无序。因此，必须通过设置账户和账簿，用各种账户分别、连续地记录发生的各项经济业务。账簿是会计核算的重要工具，设置账户、登记账簿是会计核算的重要方法之一。

会计账簿的作用主要有以下三个方面：

（1）系统全面地核算财务收支和监督预算执行情况。通过账簿对日常业务活动和预算执行过程中的各项经济业务或会计事项进行连续、系统、全面的记录，综合反映、监督政府会计主体的财务状况和预算执行情况。根据账簿所记录的各项数据，定期和不定期地开展财务状况分析和预算执行情况分析，从而检查财务状况和预算执行情况，发现和解决存在的问题。

（2）保护国家公共财产物资和资金安全。政府会计账簿对经济业务活动和财政性资金运动过程中形成的资产、负债、净资产、收入、费用以及预算收入、预算支出和预算结余进行全面、系统的登记，客观反映每一笔经济业务的来龙去脉，反映资产、负债的变动和结存情况，对保证各项公共财产物资合理使用，有效防范债务风险，有着重要的作用。

（3）为编制会计报表提供基础信息资料。政府会计需要定期、逐级和综合汇总会计报表，提供财务状况、现金流量和预算执行情况等会计信息，以供有关部门进行决策。编制会计报表的基础信息资料，主要来源于会计账簿记录，会计账簿记录的数据是编制会计报表的基本依据。

（二）会计账簿种类和结构

政府会计账簿有总账、明细账和日记账三种。

1. 总账

总账又称总分类账，是按照会计制度规定的总账科目设置账户，根据记账凭证或总账科目汇总表来记录资产、负债、净资产（预算结余）、收入和支出（费用）总括情况，是对政府会计对象的总括分类。设置总账能全面、系统、综合地反映财政性资金的活动情况，对明细分类账起统驭和控制作用。

总账的基本结构一般为"借方""贷方""余额"三栏式，以反映各有关会计要素的增减变动和结存情况。总账只采用货币计量单位进行登记。政府会计总账的格式如表2-6所示。

表2-6 总分类账（三栏式）

账户名称：   第　页

| 年 | | 凭证号 | 摘要 | 借方金额 | 贷方金额 | 余额 | |
月	日					借或贷	金额

2. 明细账

明细账又称明细分类账，是根据核算管理的需要按照总账科目所属的明细科目设置账户，是对总账科目内容进行明细分类核算的账簿。利用明细账能够更加全面、详细地反映会计核算资料。明细账主要以货币为计量单位进行登记，有时还需要以实物为计量单位。其格式有三栏式、多栏式、数量金额式三种。

（1）三栏式明细账。其基本结构为"借方""贷方""余额"三栏，适用于只需要进行金额核算的明细账户。其格式与总账三栏式相同。

（2）多栏式明细账。主要适用于收入、支出类账户的明细核算，其格式如表2-7所示。

表 2-7 明细账（多栏式）

明细科目名称：   第　　页

年		凭证号	摘要	借方	贷方	余额	借（贷）方余额分析		
月	日								

（3）数量金额式明细账。主要适用于材料和固定资产的明细核算，其格式如表 2-8 所示。

表 2-8 明细账（数量金额式）

类别：　　　　名称：　　　　计量单位：　　　　型号：　　　　规格：

年		凭单号	摘要	单价	借方		贷方		余额	
月	日				数量	金额	数量	金额	数量	金额

3. 日记账

日记账又称序时账，分为现金日记账和银行存款日记账两种。日记账是按照经济业务发生或完成的时间先后顺序，逐日逐笔登记的账簿，其格式如表 2-9 所示。

表 2-9 现金出纳（银行存款）账

第　　页

年		凭单号	摘要	对方科目名称	借方	贷方	余额
月	日						

（三）总账和明细账的平行登记

总账和明细账的平行登记，是指每项经济业务既要记入有关总账，又要记入有关明细账。明细账是总账内容的具体分类，总账是明细核算内容的总括反映。因此，总账与明细账的平行登记应做到：

（1）每笔业务既要记入总账，又要记入总账所属的有关明细账。

（2）每笔业务所涉及的会计账户，记入总账和记入明细账的方向应该一致。

（3）每笔业务所涉及的会计账户，记入总账的金额与记入相应明细账的金额之和相等。

进行总账和明细账平行登记，方便总账与明细账相互核对，以保证会计记录准确无误。

（四）账簿启用

账簿是全面、系统、连续记录经济活动的工具，及时核算、反映、监督财务状况和预算执行情况，对保证国家资金和物资的安全等方面具有重要意义。因此，必须按规定启用账簿，加强账簿管理。

账簿启用应遵循以下几点：

（1）账簿的扉页。每本账簿的首页，都应有"经管人员一览表"（见表2-10），启用时应逐栏认真填写，并在签章处盖章，以明确责任。总账和明细账都应有账户目录，以便查阅。

（2）账簿的种类。账簿分为订本式和活页式两种。现金和银行存款日记账必须采用订本式账簿，总账和明细账可以按需要选用。启用账簿时，应从账簿的第一页到最后一页顺序编号，不得跨页或缺号。

（3）账簿的使用期。除财产物资管理部门的固定资产和材料账簿可以跨年度使用外，其余各账簿，均应按年设置新账，旧账不得连年使用。

表2-10 经管人员一览表

单位名称				
账簿名称				
账簿页数		从第	页起至第 页止共	页
启用日期		年	月 日	
会计机构负责人		会计主管人员		
经管人员签章				
经管人员	经管日期		移交日期	
接办人员	接管日期		监交日期	

（五）账簿的登记

账簿的登记是政府会计核算工作中一项重要的基础性工作，必须按照规定的要求和方法进行会计记账和结账，以保证会计核算工作的质量。

1. 记账的基本要求

（1）记账应以审核无误的会计凭证为依据，将会计凭证的日期、编号、经济业务内容摘要、金额逐项登记入账，做到及时登记、摘要简明、数字准确、字迹工整清楚。同时应在记账凭单有关栏打"√"，表示已登记入账。

（2）会计账簿记载必须使用蓝、黑色墨水笔书写，不得使用铅笔或圆珠笔，红色笔仅限用于冲账、改错划线、结账划线和在多栏式账页中分析栏内登记减少数。

（3）各种账簿均应按页逐行登记，不能跳行、隔页。如果发生跳行或隔页，应将空行或空页划线注销，记账人员要加盖印章。会计账簿每一页的登记，应在最后一行结出本页合计数及余额，并在"摘要"栏内注明"转次页"字样。启用新账页时，应将上一页的合计数和余额转记入第一行的相应栏内，并在摘要栏注明"承前页"字样。

（4）账簿记载发生错误，应按规定方法更正。更正方法如下：

① 划线更正法。划线更正法是在账簿登记错误的文字或数字的金额行正中划一条红线，由记账人盖章注销，然后在划线的本行本栏上方填写正确的文字和数字。月份结账前发现记账凭证填制正确而账簿登记错误，或者月份结账后账户、金额记载无误，只是文字或余额合计数字结算错误，均可用划线更正法更正。

② 红字更正法。红字更正法是用红字冲销串户错误和因记账凭证填制错误而造成记

账错误的更正错账方法。月份结账后，如发现记账串户，可直接在错记账户中按错误数字用红字记入冲销，记账人盖章，再用蓝字在应记账户中补记。

由于记账凭证填制的科目对应关系或金额有错而造成记账错误，无论在月份结账前，还是在月份结账后发现，更正时均应先按错误的记账凭单金额复填一份红字金额的记账凭证，据以用红字冲销错账，再填制一份正确的蓝字记账凭证，据以重新记账。

③ 补充登记法。补充登记法是在记账后发现记账凭证中应借、应贷账户无错误，只是所填金额小于应填金额，可采用补充登记法进行更正。更正时，按少记金额重新填制一张与原记账凭证相同的记账凭证并登记入账。

2. 结账的基本要求

（1）各种总账和明细账原则上都必须按月结账。使用三栏式账簿，应按月结出借方、贷方发生额合计数和余额，同时，在摘要栏内注明"本月合计"字样，并在月结数字上下各划一条通栏红线。

（2）各日记账必须按日结出借、贷方发生额合计数和余额，在摘要栏内注明"本日合计"，并在日结数字上下各划一条通栏红线。

（3）年度终了，应在12月份结账数字下把有关账户转来冲销的金额，依记账凭证逐笔记载完毕，编制"总账账户科目余额表"进行账簿试算平衡，并核对各总账与明细账账户。年终结账后，有余额科目，应将余额数转入下年度新账，并在摘要栏注明"结转下年"字样。全年账户结清后，应在数字下划双红线，表示本年账户结束。转入下年的余额，应记入下年度新账有关账户第一行的余额栏内，并在摘要栏内注明"上年结转"字样。

（六）账务处理程序

账务处理程序是指各种会计凭证和账簿之间的相互联系和登记程序。各单位可根据经济业务的繁简程度、人员分工等情况合理确定账务处理程序，保证会计工作顺利进行，同时提高会计工作效率，提升会计核算质量。目前，大多数政府单位都采用总账科目汇总表的账务处理程序，具体如下：

（1）根据原始凭证填制记账凭证。

（2）根据有关货币资金的记账凭证及原始凭证，登记现金日记账和银行存款日记账。

（3）根据记账凭证及原始凭证登记各种明细账。

（4）根据记账凭证编制总账科目汇总表。

（5）根据总账科目汇总表登记总账。

（6）将各种日记账、明细账与总账有关账户进行核对。

（7）根据总账和明细账编制会计报表。

经济业务较少的单位，可以采用记账凭证账务处理程序，不编制总账科目汇总表，直接根据记账凭证登记总账。

第四节 财务报告和决算报告

根据《政府会计准则——基本准则》，政府会计主体应当编制财务报告和决算报告。

一、财务报告和决算报告概念

财务报告是反映政府会计主体某一特定日期的财务状况和某一会计期间的运行情况和现金流量等信息的文件。

决算报告是综合反映政府会计主体年度预算收支执行结果的文件。

二、财务报告和决算报告目标

（一）财务报告目标

财务报告是向财务报告使用者提供与政府财务状况、运行情况和现金流量等有关信息，反映政府会计主体公共受托责任履行情况，有助于财务报告使用者作出决策或者进行监督和管理。

财务报告使用者包括各级人民代表大会常务委员会、债权人、各级政府及其有关部门、政府会计主体自身和其他利益相关者。

（二）决算报告目标

决算报告是向决算报告使用者提供与政府预算执行情况有关的信息，综合反映政府会计主体预算收支的年度执行结果，有助于决算报告使用者进行监督和管理，并为编制后续年度预算提供参考和依据。

决算报告使用者包括各级人民代表大会及其常务委员会、各级政府及其有关部门、政府会计主体自身、社会公众和其他利益相关者。

三、财务报告和决算报告内容

（一）财务报告内容

财务报告应当包括财务报表和其他应当在财务报告中披露的相关信息和资料。政府财务报告包括政府综合财务报告和政府部门财务报告。政府综合财务报告是指由政府财政部门编制的，反映各级政府整体财务状况、运行情况和财政中长期可持续性的报告。政府部门财务报告是指政府各部门、各单位按规定编制的财务报告。

财务报表是对政府会计主体财务状况、运行情况和现金流量等信息的结构性表述。财务报表包括会计报表和附注。

会计报表至少应当包括资产负债表、收入费用表和现金流量表。

附注是对在资产负债表、收入费用表、现金流量表等报表中列示项目所作的进一步说明，以及对未能在这些报表中列示项目的说明。

（二）决算报告内容

决算报告应当包括决算报表和其他应当在决算报告中反映的相关信息和资料。

决算报告的具体内容及编制要求等，由财政部每年根据财政决算编制工作的要求具体规定。

四、财务报告和决算报告编制基础及依据

财务报告的编制主要以权责发生制为基础，以财务会计核算生成的数据为准。

决算报告的编制主要以收付实现制为基础，以预算会计核算生成的数据为准。

政府会计主体应当根据相关规定编制合并财务报表。合并财务报表是指反映合并主体和其全部被合并主体形成的报告主体整体财务状况与运行情况的财务报表。合并财务报表按合并级次分为部门（单位）合并财务报表、本级政府合并财务报表和行政区政府合并财务报表。

五、财务报告和决算报告编制要求

为了充分发挥政府会计主体财务报告和决算报告的作用，在编制财务报告和决算报告时，必须遵循以下原则：

（一）数字真实

"真实"是指报告反映的经济事项是政府会计主体客观发生的，据以反映的数字及相关信息没有虚构成分。必须做到数字准确，反映真实可靠的信息。报表编制的基础是核对无误的会计记录和相关数据。不得以估代报，任何人都无权篡改会计报表的数字。

（二）内容完整

"完整"是指报告反映了单位所有的经济业务情况和全部预算收支执行情况及结果，据以反映的数字没有遗漏任何经济事项。应按制度规定编报会计报表，做到内容完整、全面，不能漏报。报表内容的格式、栏次、项目、代码都不得随意变动，所有应填项目内容必须填列齐全，以便会计信息使用者能全面掌握、分析财务状况和预算执行情况。

（三）报送及时

为了保证报送会计信息的时效性，政府会计主体应在规定的期限内及时报送决算报告和财务报告，不得拖延迟报。

第五节　政府会计工作流程

政府会计工作流程主要包括政府会计管理流、政府会计资金流和政府会计工作流，三者之间相辅相成，共同构成政府会计工作流程和业务基础。

政府会计管理流由政府收支分类（政府收入分类、政府支出功能分类、政府预算支出经济分类、部门预算支出经济分类）、政府部门预算编制（部门收入预算编制、部门支出预算编制、政府采购预算编制）和政府部门预算执行（部门收入预算执行、部门支出预算执行、政府采购预算执行）组成。

政府会计资金流由政府财政会计（含政府财政专户会计等）、政府单位会计按预算管

理级次实现财政资金流转，按照财政国库管理制度要求，采用财政直接支付、财政授权支付以及实拨资金支付方式，按资金实际流转细分为人员支出预算支付、公用支出预算支付、专项支出预算支付和政府采购预算集中支付，最终实现政府会计的资金流转。

政府会计工作流由会计主体（政府财政或政府单位）、会计目标（基本目标和具体目标）、会计计量要求、会计信息质量要求、会计等式、会计对象、会计方法、记账规则、会计科目（总账科目和明细科目）、会计凭证（原始凭证和记账凭证）、会计账簿（总账和明细账）、会计报表、财务报告说明书和会计信息使用者（财政部门、审计部门、人大代表、单位领导等）组成。

政府会计工作流程总图如图2-1所示。通过学习本图，可加深对政府会计工作的理解，以便领会政府会计工作的要义。

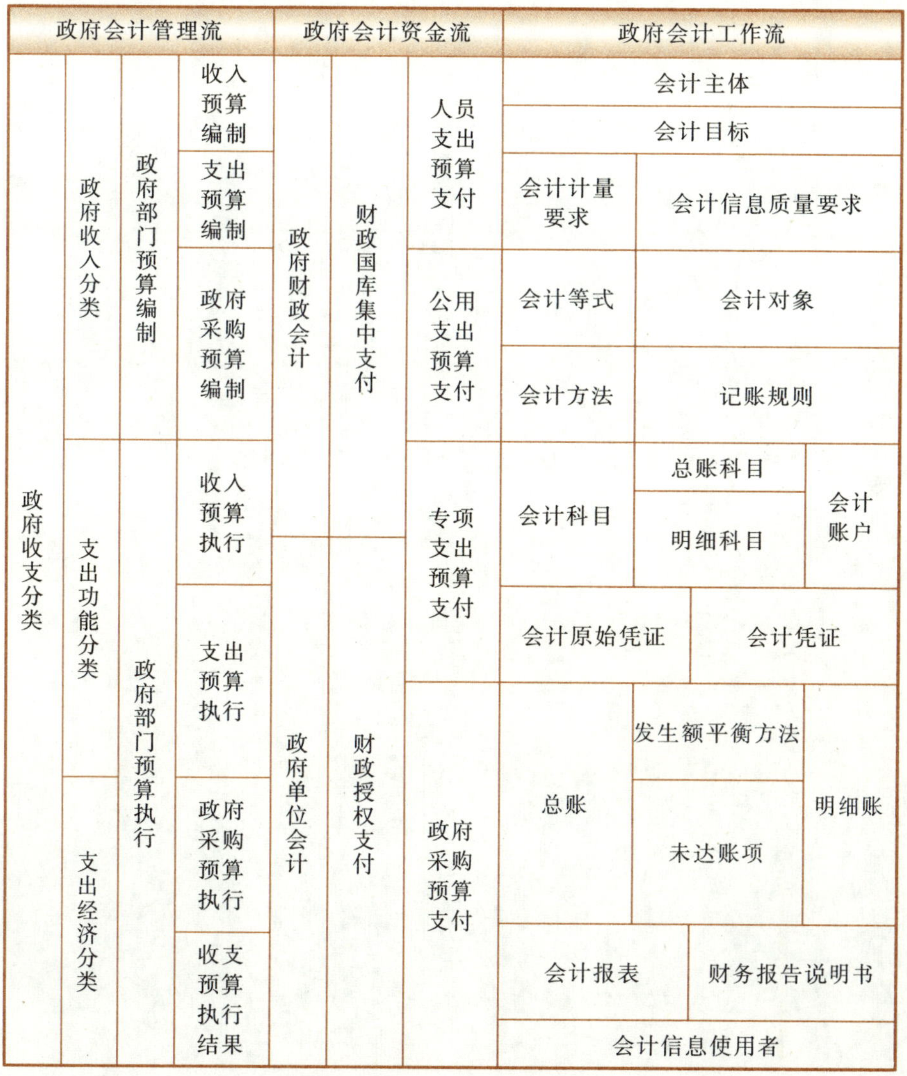

图2-1 政府会计流程总图

复习思考题

1. 政府财务会计基本等式是什么？政府财务会计、预算会计扩展会计等式分别是什么？
2. 政府会计科目的概念和分类是什么？
3. 借贷记账法的概念是什么？记账规则是什么？
4. 会计账簿的作用有哪些？
5. 会计账务处理程序有哪些？
6. 财务报告和决算报告的目标是什么？
7. 财务报告和决算报告的编制基础是什么？

第三章

政府收支分类及应用

学习目标

本章就政府收支分类的概念、内容等进行阐述。通过本章学习，要求学生了解政府收支分类的内容、科目设置，理解政府收支分类在政府单位会计、政府财政会计中的应用方法。

第一节　政府收支分类概述

政府收支分类是政府财政部门和政府单位编制部门预算、办理预算缴拨款、组织会计核算、编报部门决算、进行财务收支统计、报告预算执行情况、进行财务考核分析的重要依据。政府收支分类对政府财政和政府单位的预算管理和会计核算，有着十分重要的影响，学习政府会计必须了解、掌握政府收支分类和单位部门预算编制相关知识。

一、政府收支分类概念

政府收支分类就是对政府收入和支出进行类别和层次划分，以全面、准确、清晰地反映政府收支活动。政府收支分类科目是政府及政府部门编制预算和决算、组织预算执行、进行会计明细核算的重要依据。

通过政府收支分类科目体系、部门分类编码与基本支出预算、项目支出预算的编制相结合，在财政信息管理系统的有力支持下，可对任何一项财政收支进行多维定位，直观地说明政府的钱是怎么来的、干了什么事、怎么干的，为预算管理、统计分析、宏观决策和财政监督等提供全面、真实、准确的经济信息。

二、政府收支分类内容

政府收支分类主要包括收入分类、支出功能分类、支出经济分类（政府预算支出经济分类和部门预算支出经济分类）三方面内容。

（一）对政府收入进行统一分类，全面、规范、细致地反映政府各项收入

收入分类主要完整反映政府收入的来源和性质，说明政府的钱是从哪里来的，这是一种经济性质分类。从政府收入构成来看，按照科学标准和国际通行做法将政府收入划分为税收收入、社会保险基金收入、非税收入、债务收入以及转移性收入等，为进一步加强收入管理和数据统计分析创造了有利条件。从分类结构上看，现行收入分类分设类、款、项、目四级，四级科目逐级细化，以满足不同层次的管理需求。将一般公共预算收入、政府性基金预算收入、国有资本经营预算收入、社会保险基金收入等都统一纳入政府收入分类体系，并进行了科目编码，形成了一个既可以按一般公共预算收入、政府性基金预算收入、国有资本经营预算收入、社会保险基金收入等分别编制收入预算，又可根据需要统一汇总整个政府收入的统计体系。

（二）建立支出功能分类体系，更加清晰地反映政府各项职能活动

支出功能分类主要完整反映政府各项职能活动，要说明政府究竟做了什么，比如，是用于国防，还是用于教育。政府支出功能分类科目能够全面、清晰地反映政府职能活动的支出总量、结构与方向。支出功能分类根据政府管理和部门预算的要求，统一按支出功能设置类、款、项三级科目，分别为20多类、170多款、800多项。类级科目综合反映政府职能活动，如国防、外交、教育、科学技术、社会保障和就业、节能环保等；款级科目反映为完成某项政府职能所进行的某一方面的工作，如"教育"类下的"普通教育"；项级科目反映为完成某一方面的工作所发生的具体支出事项，如"水利"款下的"水土保持""防汛""抗旱"等。

（三）建立支出经济分类体系，全面、规范、详细地反映政府预算和部门预算各项支出的具体用途

支出经济分类也是一种经济性质分类，主要详细反映政府预算支出和部门预算支出的具体用途，即政府和部门的钱究竟是怎么花出去的。按照简便、实用的原则，支出经济分类科目设类、款两级。全面、详细的支出经济分类是进行政府预算管理、部门财务管理以及政府统计分析的重要手段。

第二节　政府收支分类

一、政府收入分类概念

政府收入是预算年度内通过一定的形式和程序，有计划地筹措的国家可支配的资金，是国家参与国民收入分配的主要形式，是国家实现职能的财力保障。

政府收入分类是将各类政府收入按其性质进行归类和层次划分，以便全面、准确、详细地反映政府收入的总量、结构及来源情况。

二、政府收入分类内容

收入分类主要反映政府收入的来源和性质。根据我国政府收入构成，结合国际通行分类方法，按经济性质将政府收入分为类、款、项、目四级。其中，类、款两级科目设置情况如下。

（一）税收收入类

税收收入类包括：增值税、消费税、企业所得税、企业所得税退税、个人所得税、资源税、城市维护建设税、房产税、印花税、城镇土地使用税、土地增值税、车船税、船舶吨税、车辆购置税、关税、耕地占用税、契税、烟叶税、环境保护税和其他税收收入等款。

（二）非税收入类

非税收入类包括：专项收入、行政事业性收费收入、罚没收入、国有资本经营收入、国有资源（资产）有偿使用收入、捐赠收入、政府住房基金收入、其他收入等款。

（三）债务收入类

债务收入类包括：中央政府债务收入、地方政府债务收入等款。

（四）转移性收入类

转移性收入类包括：返还性收入、一般性转移支付收入、专项转移支付收入、上解收入、上年结余收入、调入资金、债务转贷收入、接受其他地区援助收入、动用预算稳定调节基金等款。

（五）社会保险基金收入类

社会保险基金收入类包括：企业职工基本养老保险基金收入、失业保险基金收入、职工基本医疗保险基金收入、工伤保险基金收入、生育保险基金收入、城乡居民基本养老保险基金收入、机关事业单位基本养老保险基金收入、城乡居民基本医疗保险基金收入、其他社会保险基金收入等款。

33

三、政府支出功能分类概念

政府支出功能分类就是按政府主要职能活动进行支出分类。其中，类、款两级科目主要按政府职能设置，按照"谁—什么"的办法分类。

以教育支出分类为例：

谁（who）——教育的责任主体，从中央到地方分别包括教育部、教育厅、教育局以及省属高校、中专和县办高中、县办初中等诸多单位。

什么（what）——从做什么的角度，教育责任主体的共同职能是教育。但比较起来，具体职能又有所差异，教育部、教育厅、教育局主要从事教育管理事务，部属大学及省办各类大学主要从事高等教育、高等职业教育，省、市办各类中专主要从事中专教育、职业高中教育，各类成人高校主要从事成人教育。这样，就形成了教育的款级功能分类。

采取上述方式，通过对其他政府单位的职能归类，就形成了整个政府支出的职能分类。

需要说明的是，功能分类不是部门分类，而是职能分类，其他部门所属教育单位，如部门办的大学，也应纳入教育的职能分类，不归入相关部门的职能。

政府支出功能分类设置包括一般公共服务、外交、国防、公共安全等类级科目，类下再分款、项两级。

四、政府支出功能类、款级科目

（一）一般公共服务支出类

一般公共服务支出类包括：人大事务、政协事务、政府办公厅（室）及相关机构事务、发展与改革事务、统计信息事务、财政事务、税收事务、审计事务、海关事务、人力资源事务、纪检监察事务、商贸事务、知识产权事务、民族事务、港澳台事务、档案事务、民主党派及工商联事务、群众团体事务、党委办公厅（室）及相关机构事务、组织事务、宣传事务、统战事务、对外联络事务、其他共产党事务支出、网信事务、市场监督管理事务、其他一般公共服务支出等款。

（二）外交支出类

外交支出类包括：外交管理事务、驻外机构、对外援助、国际组织、对外合作与交流、对外宣传、边界勘界联检、国际发展合作、其他外交支出等款。

（三）国防支出类

国防支出类包括：现役部队、国防科研事业、专项工程、国防动员、其他国防支出等款。

（四）公共安全支出类

公共安全支出类包括：武装警察、公安、国家安全、检察、法院、司法、监狱、强制隔离戒毒、国家保密、缉私警察、其他公共安全支出等款。

（五）教育支出类

教育支出类包括：教育管理事务、普通教育、职业教育、成人教育、广播电视教育、留学教育、特殊教育、进修及培训、教育费附加安排的支出、其他教育支出等款。

（六）科学技术支出类

科学技术支出类包括：科学技术管理事务、基础研究、应用研究、技术研究与开发、科技条件与服务、社会科学、科学技术普及、科技交流与合作、科技重大专项、其他科学技术支出等款。

（七）文化体育与传媒支出类

文化体育与传媒支出类包括：文化和旅游、文物、体育、新闻出版电影、广播影视、其他文化体育与传媒支出等款。

（八）社会保障和就业支出类

社会保障和就业支出类包括：人力资源和社会保障管理事务、民政管理事务、补充全国社会保障基金、政府单位离退休、企业改革补助、就业补助、抚恤、退役安置、社会福利、残疾人事业、红十字事业、最低生活保障、临时救助、特困人员救助供养、补充道路交通事故社会救助基金、其他生活救助、财政对基本养老保险基金的补助、财政对其他社会保险基金的补助、退役军人管理事务、其他社会保障和就业支出等款。

（九）社会保险基金支出类

社会保险基金支出类包括：企业职工基本养老保险基金支出、失业保险基金支出、职工基本医疗保险基金支出、工伤保险基金支出、生育保险基金支出、城乡居民基本养老保险基金支出、机关事业单位基本养老保险基金支出、城乡居民基本医疗保险基金支出、其他社会保险基金支出等款。

（十）卫生健康支出类

卫生健康支出类包括：卫生健康管理事务、公立医院、基层医疗卫生机构、公共卫生、中医药、计划生育事务、行政事业单位医疗、财政对基本医疗保险基金的补助、医疗救助、优抚对象医疗、医疗保障管理事务、老龄卫生健康事务、其他卫生健康支出等款。

（十一）节能环保支出类

节能环保支出类包括：环境保护管理事务、环境监测与监察、污染防治、自然生态保护、天然林保护、退耕还林、风沙荒漠治理、退牧还草、已垦草原退耕还草、能源节约利用、污染减排、可再生能源、循环经济、能源管理事务、其他节能环保支出等款。

（十二）城乡社区支出类

城乡社区支出类包括：城乡社区管理事务、城乡社区规划与管理、城乡社区公共设施、城乡社区环境卫生、建设市场管理与监督、其他城乡社区支出等款。

（十三）农林水支出类

农林水支出类包括：农业、林业和草原、水利、南水北调、扶贫、农业综合开发、农村综合改革、普惠金融发展支出、目标价格补贴、其他农林水支出等款。

（十四）交通运输支出类

交通运输支出类包括：公路水路运输、铁路运输、民用航空运输、成品油价格改革对交通运输的补贴、邮政业支出、车辆购置税支出、其他交通运输支出等款。

（十五）资源勘探信息等支出类

资源勘探信息等支出类包括：资源勘探开发、制造业、建筑业、工业和信息产业监管、国有资产监管、支持中小企业发展和管理支出、其他资源勘探信息等支出等款。

（十六）商业服务业等支出类

商业服务业等支出类包括：商业流通事务、涉外发展服务支出、其他商业服务业等支出款。

（十七）金融支出类

金融支出类包括：金融部门行政支出、金融部门监管支出、金融发展支出、金融调控支出、其他金融支出等款。

（十八）援助其他地区支出类

援助其他地区支出类包括：一般公共服务、教育、文化体育与传媒、医疗卫生、节能环保、农业、交通运输、住房保障、其他支出等款。

（十九）自然资源海洋气象等支出类

自然资源海洋气象等支出类包括：自然资源事务、海洋管理事务、测绘事务、气象事务、其他自然资源海洋气象等支出款。

（二十）住房保障支出类

住房保障支出类包括：保障性安居工程支出、住房改革支出、城乡社区住宅等款。

（二十一）粮油物资储备支出类

粮油物资储备支出类包括：粮油事务、物资事务、能源储备、粮油储备、重要商品储备等款。

（二十二）灾害防治及应急管理支出类

灾害防治及应急管理支出类包括：应急管理事务、消防事务、森林消防事务、煤矿安全、地震事务、自然灾害防治、自然灾害救灾及恢复重建支出、其他灾害防治及应急管理支出等款。

（二十三）预备费类

（二十四）其他支出类

其他支出类包括：年初预留、其他支出等款。

（二十五）转移性支出类

转移性支出类包括：返还性支出、一般性转移支付、专项转移支付、上解支出、调出资金、年终结余、债券转贷支出、援助其他地区支出、安排预算稳定调节基金、补充预算周转金等款。

（二十六）债务还本支出类

债务还本支出类包括：中央政府国内债务还本支出、中央政府国外债务还本支出、地方政府一般债务还本支出等款。

（二十七）债务付息支出类

债务付息支出类包括：中央政府国内债务付息支出、中央政府国外债务付息支出、地方政府一般债务付息支出等款。

（二十八）债务发行费用支出类

债务发行费用支出类包括：中央政府国内债务发行费用支出、中央政府国外债务发行费用支出、地方政府一般债务发行费用支出等款。

五、政府支出功能项级科目

支出功能分类的类、款、项科目主要根据政府职能，按由大到小、由粗到细分层次设置。其中：类级科目反映政府主要职能，如教育等；款级科目反映政府履行某项职能所要从事的主要活动，如教育类下的普通教育、特殊教育等；项级科目反映某活动下的具体事项，如普通教育下的小学教育、初中教育、高中教育、高等教育。

（一）行政单位项级科目设置方法

对所有行政单位的支出，项级科目分为四部分设置：

（1）设"行政运行"项级科目。反映行政单位的基本支出情况。

（2）设"重要专项"项级科目。反映行政单位的一个或多个特殊专项活动的项目支出。

（3）设"一般行政管理事务"项级科目。反映行政单位的一般项目支出。

（4）设"机关服务"项级科目。反映行政单位所属为机关工作服务的事业单位的支出。

（二）事业单位项级科目设置方法

1. 按职能（功能）分类设项级科目

部分事业单位的支出在相关类、款科目之下，严格按功能分类原则设置项级科目。如"教育"类、"普通教育"款下设"学前教育""小学教育""初中教育""高中教育""高等教育"等项级科目，完整反映幼儿园、小学、初中、高中、大学的全部教育支出情况。

2. 设"机构运行"项级科目

部分事业单位支出在相关类、款科目之下，设一个反映机构运转支出的科目。如"科学技术"类"基础研究"款下的"机构运行"，"农林水支出"类"林业和草原"款下的"事业机构"。

3. 设"重要专项"项级科目

部分事业单位的支出在相关类、款科目之下，重要专项科目反映事业单位的一个或多个特殊专项活动的项目支出。其他一般专项业务支出统一在"其他"项级科目反映，如"科学技术"类下的有关科目。

4. 设"其他"项级科目

凡事业单位未设对应的支出项级科目的，其支出均在"其他"项级科目反映。

（三）项级科目设置情况

1. 按职能设置

按职能设置的项级科目如机关服务、小学教育、初中教育、高中教育、高等教育、公立医院、公共卫生等。这类项级科目，着重于相关单位如机关服务中心、小学、初中、高中、公共卫生等支出的完整反映。

2. 按活动设置

以各级人民代表大会（简称人大）机关的支出为例。按预算管理方式，人大机关预算分为基本支出预算、项目支出预算。相应地，对单位的基本支出单独设置行政运行科目反映；基本支出之外的项目支出，属于专门活动的，单设"人大会议""人大立法"等"项"级科目反映；其他项目支出，未单设科目的，则设置"一般行政管理事务"科目反映。按活动设置项级科目，着重于相关单位支出的细化。

3. 按行业设置

对企业的支出，统一按国家统计局新的《国民经济行业分类》设置。比如，在资源、勘探、电力、信息等支出类的制造业下，设置"纺织业""医药制造业""非金属矿物制造业""交通运输设备制造业"等项，以与国民经济行业统计一致。

4. 按资金用途设置

各项专项资金和政府性基金支出，分别在一般公共预算支出、政府性基金预算支出单设科目反映。为保证管理的延续性，现行支出科目分别在相关功能分类的类、款下设置项级科目。如教育费附加安排的支出在教育类下单独设项反映；廉租住房在"住房保障支出"类下的"保障性安居工程支出"款下单独设项反映。

六、政府支出经济分类概念

支出经济分类是按支出的经济性质和具体用途的一种分类。在支出功能分类明细反映政府职能活动的基础上，支出经济分类明细反映政府的钱究竟是怎样花出去的，是支付了人员工资、会议费还是买了办公设备等。支出经济分类与支出功能分类从不同侧面、以不同方式反映政府支出活动。它们既独立自成体系，也可以互相结合使用。

支出经济分类解决钱如何花、怎么用的问题。以教育支出分类为例，在解决了谁——从事教育的部门，做什么——公共服务职能——从事教育工作，即在支出功能分类明细反映政府教育部门职能活动的基础上，还需要解决的问题是怎么做——说明教育的钱是如何花的、具体用到哪些地方，这就构成支出经济分类。

七、政府支出经济分类科目

支出经济分类科目又分为政府预算支出经济分类科目和政府部门支出经济分类科目。

（一）政府预算支出经济分类科目

按《预算法》规定，政府各级财政部门应在编制政府支出功能分类预算的同时，编制政府支出经济分类预算。

政府预算支出经济分类共设 15 类、60 多款。科目设置情况如下：

1. 机关工资福利支出类

机关工资福利支出类包括：工资奖金津贴补贴、社会保障缴费、住房公积金、其他工资福利支出等款。

2. 机关商品和服务支出类

机关商品和服务支出类包括：办公经费、会议费、培训费、专用材料购置费、委托业务费、公务接待费、因公出国（境）费用、公务用车运行维护费、维修（护）费、其他商品和服务支出等款。

3. 机关资本性支出（一）类

机关资本性支出（一）类包括：房屋建筑物购建、基础设施建设、公务用车购置、土地征迁补偿和安置支出、设备购置、大型修缮、其他资本性支出等款。

4. 机关资本性支出（二）类（发展改革部门安排）

机关资本性支出（二）类包括：房屋建筑物购建、基础设施建设、公务用车购置、设备购置、大型修缮、其他资本性支出等款。

5. 对事业单位经常性补助类

对事业单位经常性补助类包括：工资福利支出、商品和服务支出、其他对事业单位补助等款。

6. 对事业单位资本性补助类

对事业单位资本性补助类包括：资本性支出（一）、资本性支出（二）等款。

7. 对企业补助类

对企业补助类包括：费用补贴、利息补贴、其他对企业补助等款。

8. 对企业资本性支出类

对企业资本性支出类包括：对企业资本性支出（一）、对企业资本性支出（二）等款。

9. 对个人和家庭的补助类

对个人和家庭的补助类包括：社会福利和救助、助学金、个人农业生产补贴、离退休费、其他对个人和家庭补助等款。

10. 对社会保障基金补助类

对社会保障基金补助类包括：对社会保险基金补助、补充全国社会保障基金等款。

11. 债务利息及费用支出类

债务利息及费用支出类包括：国内债务付息、国外债务付息、国内债务发行费用、国外债务发行费用等款。

12. 债务还本支出类

债务还本支出类包括：国内债务还本、国外债务还本等款。

13. 转移性支出类

转移性支出类包括：上下级政府间转移性支出、援助其他地区支出、债务转贷、调出资金、安排预算稳定调节基金、补充预算周转金等款。

14. 预备费及预留类

预备费及预留类包括：预备费、预留等款。

15. 其他支出类

其他支出类包括：赠与、国家赔偿费用支出、对民间非营利组织和群众性自治组织补贴、其他支出等款。

（二）部门预算支出经济分类科目

政府部门预算支出经济分类共设 10 类、90 多款。科目设置情况如下：

1. 工资福利支出类

工资福利支出类包括：基本工资、津贴补贴、奖金、伙食补助费、绩效工资、机关事业单位基本养老保险缴费、职业年金缴费、职工基本医疗保险缴费、公务员医疗补助缴费、其他社会保障缴费、住房公积金、医疗费、其他工资福利支出等款。

2. 商品和服务支出类

商品和服务支出类包括：办公费、印刷费、咨询费、手续费、水费、电费、邮电费、取暖费、物业管理费、差旅费、因公出国（境）费用、维修（护）费、租赁费、会议费、培训费、公务接待费、专用材料费、被装购置费、专用燃料费、劳务费、委托业务费、工会经费、福利费、公务用车运行维护费、其他交通费用、税金及附加费用、其他商品和服务支出等款。

3. 对个人和家庭的补助类

对个人和家庭的补助类包括：离休费、退休费、退职（役）费、抚恤金、生活补助、救济费、医疗费补助、助学金、奖励金、个人农业生产补贴、其他对个人和家庭的补助等款。

4. 债务利息及费用支出类

债务利息及费用支出类包括：国内债务付息、国外债务付息、国内债务发行费用、国外债务发行费用等款。

5. 资本性支出（基本建设）类

资本性支出（基本建设）类包括：房屋建筑物购建、办公设备购置、专用设备购置、基础设施建设、大型修缮、信息网络及软件购置更新、物资储备、公务用车购置、其他交通工具购置、文物和陈列品购置、无形资产购置、其他基本建设支出等款。

6. 资本性支出（发展改革部门安排）类

资本性支出（发展改革部门安排）类包括：房屋建筑物购建、办公设备购置、专用设备购置、基础设施建设、大型修缮、信息网络及软件购置更新、物资储备、土地补偿、安置补助、地上附着物青苗补偿、拆迁补偿、公务用车购置、其他交通工具购置、文物和陈列品购置、无形资产购置、其他资本性支出等款。

7. 对企业补助（基本建设）类

对企业补助（基本建设）类包括：资本金注入、其他对企业补助等款。

8. 对企业补助类

对企业补助类包括：资本金注入、政府投资基金股权投资、费用补贴、利息补贴、其他对企业补助等款。

9. 对社会保障基金补助类

对社会保障基金补助类包括：对社会保险基金补助、补充全国社会保障基金等款。

10. 其他支出类

其他支出类包括：赠与、国家赔偿费用支出、对民间非营利组织和群众性自治组织补贴、其他支出等款。

第三节　政府收支分类应用

一、政府收支分类与政府会计科目关系

政府收支分类科目与政府会计科目有不同的反映对象和功能，两者相互联系，又有所不同，不能相互取代。政府会计科目是会计主体对核算对象的基本分类，用以反映经济业务活动的过程和情况。政府收支分类科目就是对政府收入和支出进行类别和层次划分，以全面、准确、清晰地反映政府收支活动。两者使用目的的不同，分类的角度和要求也不同。但是，政府会计科目设置，特别是收入类、支出类与预算拨款直接关联科目的设置，应与政府收支分类科目一致，以利于充分发挥为预算管理服务的作用。例如，事业单位使用的"事业支出"科目，行政单位使用的"行政支出"科目，既要按政府支出功能分类的"类""款""项"设置一级明细账，也要按政府支出经济分类的"类""款"设置二级明细账。

有关总账科目和明细科目的关系，以及会计制度同政府收支分类科目的对应关系，如表 3-1 所示。

表 3-1　会计制度与政府收支分类对应关系

按事业单位会计制度	按政府收支分类			按单位内部管理要求
	支出功能分类	支出经济分类		
会计科目 总账科目		一级明细科目 （类）	二级明细科目 （款）	三级明细科目 （项）
事业支出	——教育（类） ——普通教育（款） ——高等教育（项）	——工资福利支出 ——商品和服务支出	——基本工资 ——津贴补贴 ——办公费 ——差旅费	——教学人员工资 ——行政人员工资

二、政府部门预算与支出功能分类、经济分类应用

（一）政府部门预算

政府部门预算指由政府各部门编制的反映部门所有收入和支出的预算，是经财政部门审核、政府决策后，报立法机关审议批准的预算。

一个政府部门一本预算，是政府预算编制的主要形式，也是市场经济国家普遍采用的预算编制方法。准确、客观、真实地编制下年度单位预算，是政府单位会计重要的工作任务之一。

现行政府收支分类能够将全部支出包括项目支出在内的政府每一笔支出，都通过功能

分类和经济分类同时进行反映。编制项目支出预算时，可先在支出功能科目中找到对应的功能项目，然后根据项目支出的具体内容将项目支出细化分解到各个相应的支出经济分类科目中。

因此，政府会计要全面了解本单位的工作职责和年度重点工作任务，准确了解单位的人员、资产等状况，通过核算、监督、反映等方法，在做好本年度已经批复的单位预算执行的基础上，按照财政部门关于下年度部门预算编制的要求，认真做好本单位预算编制各项工作。

（二）基本支出预算编制方法

在政府部门基本支出预算编制阶段，预算调整原则上仅限于人员及人员工资福利标准的增减变化、一般公共预算供给政策的调整、商品和服务定额标准的调整，利用预算编制软件自动计算部门基本支出预算安排数。

编制政府部门基本支出预算，应准确地反映本级政府财政供养人员的规模、人员的结构状况、人员耗用资财的情况。通过部门预算编制系统模型化计算和分析，确定维持单位正常运转和发展所耗费的全部公共财政资源，计算和分析单位公务员（事业单位工作人员、在校学生）人均耗用的公共财政资源，包括公务员（事业单位工作人员、在校学生）的人员支出耗费、提供办公条件以及履行公务的公用支出耗费等，明确公务员（事业单位工作人员、在校学生）人均耗用公共财政资源成本，进而明确政府运转耗用公共财政资源总成本。

[例3-1] 某省级行政单位编报2019年部门预算，根据财政部门的要求，报送在职人员基本信息及在职人员工资等支出信息表（略）、2019年单位主要办公设施情况表（表3-2）等系列报表，根据单位上报的在职人员相关信息，部门预算编制软件自动生成该部门人员基本情况汇总表（表3-3）。该单位商品和服务支出采用综合定额，人均为3万元。

2019年该单位在职人员支出预算＝单位全部人员月工资合计额×12个月＋国家规定奖金（一个月的职务（岗位）工资＋级别（技术等级）工资）＋按年开支项目金额

＝962 272×12＋98 697＋129 554＋232 800＋4 440＝12 012 755（元）

2019年该单位对个人和家庭的补助支出预算＝单位全部离退休人员月工资合计额×12个月＋按年开支项目金额

＝97 389×12＋42 561＝1 211 229（元）

2019年该单位商品和服务支出预算＝在职在编人数×商品和服务项目支出定额标准

＝189×3＝567（万元）

则该单位2019年基本支出预算＝在职人员支出预算＋对个人和家庭的补助支出预算＋商品和服务支出预算总额

＝12 012 755＋1 211 229＋5 670 000＝18 893 984（元）

[例3-2] 在职人员支出预算和对个人和家庭补助支出预算同例3-1。如果该单位商品和服务支出采用分类分档定额，该单位适用行政二档，分项定额标准为：办公费1 800元/人年，一般材料购置费2 000元/人年，水电费800元/人年，邮寄费500元/人年，电话费2 200元/人年，车辆交通费40 000元/车年，差旅费8 000元/人年，一般维修费

表 3-2　2015 年××省级部门主要办公设施情况表

部门：××机关

单位：辆、千平方米、台

单位代码	单位名称	机动车（辆）								房屋（千平方米）						20 万元以上的设备（台套）							
		小轿车	旅行车	工具车	越野车	大客车	专用车	货车、卡车	摩托车	办公用房面积	其中：职工班车用房面积	学生教学附属设施用房面积	学生宿舍面积	出租房屋面积	租用房舍面积	小型机	中央空调	锅炉	电梯	科研设备	医疗卫生设备	检验检测设备	其他设备
	合计	12	5			2				8 000	2 000					8			2				
044002	××局（机关）	12	5			2				8 000	2 000					8			2				

表 3-3　2015 年省级部门人员基本情况汇总表

部门：××机关

单位：人

单位名称	批复编制人数						实际用编人数						实有在编在职人数										
	合计	行政机关		参照公务员编制	全额拨款事业编制	差额拨款事业编制	合计	行政机关人数	参照公务员人数	全额拨款事业人员	差额拨款事业人员	自收自支事业人员	合计	行政机关			参照公务员人数	事业单位					
		行政	纪检行政附属编制											行政	纪检行政附属	其中行政工人		事业管理人员	事业技术人员	事业运动员	事业工人后勤人员	事业见习人员	
合计	216	154	6	16	25	15	189	166	17			6	189	155	5	6	7		18			5	
××局（机关）	216	154	6	16	25	15	189	166	17			6	189	155	5	6	7		18			5	

3 000元/人年，会议费4 000元/人年，培训费600元/人年，工会经费600元/人年，其他商品和服务支出2 000元/人年。

2019年该单位商品和服务支出预算=在职在编人数×（办公费定额+一般材料购置费定额+水电费定额+邮寄费定额+电话费定额+差旅费定额+一般维修费定额+会议费定额+培训费定额+工会经费定额+其他商品和服务支出定额）+车辆交通费定额×车辆数量

= 189×（1 800+2 000+800+500+2 200+8 000+3 000+4 000+600+600+2 000）+40 000×9=189×25 500+360 000=5 179 500（元）

则该单位2019年基本支出预算=在职人员支出预算+对个人和家庭的补助支出预算+商品和服务支出分类分档定额之和=12 012 755+1 211 229+5 179 500=18 403 484（元）

（三）项目支出预算编制方法

部门在申报项目时要进行可行性论证，对项目的社会效益、经济效益等绩效目标进行分析，并列入项目备选库，财政部门根据各部门事业发展需要和财力可能统筹安排，实行滚动管理。

建立公共财政资金项目滚动库，项目区分为资本性预算项目、其他预算项目，项目要充分体现国民经济发展和本行业发展规划，滚动项目库包含备选库、初审分库和项目预算总库。

项目支出细化预算是对申报项目按其申报的资金需求，按项目支出具体用途进行进一步的分解。如会议培训项目支出细化包括住宿费、伙食费、场租费、交通费、材料费、表彰费用、其他费用以及会期、会议人数、会议类别、服务人员等，避免项目预算申报理由简单化、金额总额化。单位对申报的各支出明细项目，可按业务类别或执行项目的处室，归纳和综合为一个或几个大项目，以便更直观地了解本部门的主要项目支出预算情况，进一步明确项目预算实施责任。对项目支出预算的细化，有助于部门预算的公开、透明，有助于预算"讲清楚、说明白"，有利于实现政府部门绩效预算管理方式。

（四）预算编制环节突出绩效导向

全面实施预算绩效是推进国家治理体系和治理能力现代化的内在要求，是建立现代化财政制度的重要内容，是优化财政资源配置、提升公共服务质量的关键举措。全面实施预算绩效管理工作，应重点关注预算收支总量和结构，加强预算执行监督，推动财政预算管理水平提升。政府各部门应将绩效关口前移，对新出台重大政策、项目，结合预算评审、项目审批等开展事前绩效评估，评价结果作为申请预算的必备要件，防止"拍脑袋决策"，从源头上提高预算编制的科学性和精准性。做到"花钱必问效、无效必问责"，确保每一笔资金花得安全、用得高效。

（五）批复政府部门预算

政府各部门和财政部门编制好政府部门预算后，所形成的是政府部门预算草案。政府部门预算草案必须经过同级人民代表大会的审查和批准通过后，才是真正具有法律意义的政府部门预算年度法案，正式的政府部门预算年度法案具有权威性和法律性。

编制和执行政府预算是宪法赋予政府的一项正式活动，政府部门预算草案应当及时提交给人大审议，人民代表大会关于政府预算的决议，政府应当贯彻执行。各级财政部门应在同级人民代表大会结束后按法定时间内及时批复政府各部门的部门预算。

三、政府财政会计、政府单位会计对支出经济分类应用

支出经济分类为政府财政会计、政府单位会计明细核算提供了必要条件。在进行会计核算时，按支出功能分类和支出经济分类进行核算。

为适应预算、决算和会计核算信息化的要求，进行包括政府收支分类编码在内的统一的信息编码体系建设，并开发相应的编码维护系统。这一体系的分类编码应与部门收入预算、基本支出预算和项目支出预算相配合，在财政信息管理系统的有力支持下，可对任何一项财政收支进行多维定位，清清楚楚地说明政府的钱是怎么来的，最终用到了什么地方。

从财政信息系统的角度来看，对任何一项支出，都可以进行部门属性、功能属性、项目属性、经济属性等多种属性定位。这样，政府收支分类体系就能充分发挥其"数据辞典"的作用，为预算管理、统计分析、宏观决策和财政监督等提供全面、真实、准确的经济信息。从现阶段财政管理与改革的角度讲，构建和完善政府收支分类的重要意义还在于，它为尽快建立科学、民主的现代预算管理制度，进一步完善公共财政体制提供了十分必要的基础条件。

概括言之，政府收支分类是政府会计工作的基础，政府收入分类至"类""款""项""目"级科目，政府支出功能分类和支出经济分类至"类""款""项"级科目，是编制政府收入支出预算和部门收入支出预算，以及对政府收入支出预算、部门收入支出预算进行核算、分析、办理决算的基本要件，也是整个政府会计构架体系的基础，是构成国民经济核算体系的重要环节。

复习思考题

1. 政府收支分类的概念和内容是什么？
2. 政府收入分类的内容是什么？
3. 政府支出功能分类有哪些"类"级科目？
4. 部门支出经济分类有哪些"类"级科目？

第二篇

政府单位会计

第四章

政府单位会计概述

学习目标

政府单位会计是政府会计体系的重要组成部分。本章主要介绍政府单位会计的概念、核算模式、会计科目。通过本章学习，要求了解政府单位会计制度改革原则，理解和掌握政府单位会计概念、核算模式及会计科目设置和应用。

第一节　政府单位会计概念

一、政府单位分类

政府单位包括政府行政单位和政府各类事业单位两大类。

行政单位是指各级各类国家机关、政党组织。行政单位按其管理职权不同可分为国家权力机关、行政机关、司法机关、政协机关、各党派团体等。

事业单位是指国家为了社会公益目的，由国家机关举办或者其他组织利用国有资产举办的，从事教育、科技、文化、卫生等活动的社会服务组织。按其社会功能划分，事业单位分为以下三类：承担行政职能的事业单位；从事公益服务的事业单位；从事生产经营活动的事业单位。

二、政府单位会计概念

政府单位会计是各级各类政府行政事业单位的会计，以政府单位发生的各项经济业务或会计事项为核算对象，以货币为主要计量单位，按照系统的方法和一定程序进行核算、反映和监督政府单位经济业务活动的专业会计。政府单位会计是政府会计的组成部分。

政府单位会计核算目标应当以政府单位各项经济业务活动持续正常地进行为前提，向会计信息使用者提供与政府单位财务状况、预算执行情况等有关的会计信息，反映政府单位受托责任的履行情况和事业发展成果，有助于会计信息使用者进行管理、监督和决策。

政府单位会计的主体是指会计为之服务的政府单位。政府单位的各项资金和财产，均应统一纳入单位会计核算，不得在单位内部设"小金库"或账外账。

政府单位会计核算必须遵守国家有关法律、法规。政府单位会计核算应当在《中华人民共和国会计法》《中华人民共和国预算法》的统御下，遵循《行政单位财务规则》《事业单位财务规则》《政府会计准则》（包括基本准则、具体准则和应用指南），以及《政府会计制度》等规定。各级政府财政部门应当按年度编制以权责发生制为基础的政府综合财务报告，报告政府整体财务状况、运行情况和财政中长期可持续性，报本级人民代表大会常务委员会备案。

政府单位会计制度统一了各类政府单位会计标准，夯实了部门和单位编制权责发生制财务报告和全面反映运行成本的核算基础。政府单位会计制度于 2019 年 1 月 1 日起实施。

第二节　政府单位会计核算模式

一、政府单位会计制度改革原则

政府单位会计制度改革主要遵循以下原则：

（一）统一性原则

对政府单位共性的会计业务处理，以及综合考虑政府财务报告和决算报告的可比性，制度统一了各类政府单位会计标准。对政府事业单位特殊经济业务或会计事项，在统一执行政府单位会计制度的前提下，由财政部会同相关主管部门进行补充规定。

（二）继承创新原则

在资产、负债、预算收入、预算支出科目的设置以及资产负债表、预算收入支出表、财政拨款预算收入支出表报表结构上，充分继承现行实务的做法并创新。

（三）强化政府财务会计功能的原则

针对编制权责发生制政府财务报告的需要，制度在会计科目设置和账务处理说明中着力强化政府财务会计的功能。

主要是：增加收入和费用两个财务会计要素的核算内容、细化了资产和负债要素的核算内容、增设收入费用表，要求"实提"固定资产折旧和无形资产摊销、引入应收账款坏账准备等减值概念、确认预计负债、确认待摊费用和预提费用等。

（四）保持财政法规政策协调一致的原则

制度在预算会计规范的内容方面，与《预算法》和现行部门预算和决算制度的要求和口径基本保持一致，也与现行行政事业单位财务规则、财务制度的要求相适应；在资产、负债的核算方面，与现行行政事业单位财务管理规则、制度和国有资产管理规定保持协调；在基本建设会计核算方面，与基本建设财务规则的要求保持一致。

（五）着力提高会计信息质量的原则

制度从财务报告和决算报告的目标以及信息使用者的需要出发，着力提高会计信息的决策有用性。通过确认折旧费用、摊销费用、坏账准备、预计负债等提升会计信息的相关性；通过增加公共基础设施、政府储备物资、文物文化资产、受托代理资产和负债等核算内容，提升会计信息的真实性和完整性；通过调整优化会计报表项目和格式等，提升会计信息的可理解性。

（六）简化实务操作原则

考虑到政府单位会计现状，以及引入财务会计核算内容的相对复杂性，制度在科目设置、核算口径、计量标准以及账务处理等方面，力求做到简便易行。

二、政府单位会计核算模式

政府单位会计核算实行预算会计和财务会计适度分离并相互衔接的"双体系"核算模式，全面、清晰地反映政府单位的财务状况和预算执行信息。

（一）财务会计与预算会计适度分离

所谓"适度分离"是指适度分离政府单位预算会计和财务会计功能、决算报告和财务报告功能，全面反映政府单位的预算执行信息和财务信息。主要体现在以下三个方面：

一是"双功能"。在同一会计核算系统中实现财务会计和预算会计双重功能，通过资产、负债、净资产、收入、费用五个要素进行财务会计核算，通过预算收入、预算支出和预算结余三个要素进行预算会计核算。

二是"双基础"。财务会计采用权责发生制，预算会计采用收付实现制，国务院另有规定的，依照其规定。

三是"双报告"。通过财务会计核算形成财务报告，通过预算会计核算形成决算报告。

政府单位预算会计和财务会计"适度分离"，并非要求政府单位分别设置预算会计和财务会计两套账，而是对同一笔经济业务或事项，在同一套合法账簿内同时按预算会计体系和财务会计体系进行平行记账，避免了部门和单位采用两套会计信息系统进行核算的复杂性，使公共资金管理中预算管理、财务管理和绩效管理相互联结、融合，以实现预算会计要素和财务会计要素相互协调，决算报告和财务报告相互补充，共同反映政府单位的预算执行信息和财务信息。

（二）财务会计与预算会计相互衔接

所谓"相互衔接"是指在同一会计核算系统中政府单位预算会计要素和财务会计要素相互协调，决算报告和财务报告相互补充，共同反映政府单位的预算执行信息和财务信息。主要体现在以下两个方面：

一是对纳入部门预算管理的现金收支进行"平行记账"。对于纳入部门预算管理的现金收支业务，在进行财务会计核算的同时也应当进行预算会计核算。对于其他业务，仅需要进行财务会计核算。

二是财务报表与预算会计报表之间存在勾稽关系。通过编制"本期预算结余与本期盈余差异调节表"并在附注中进行披露，反映单位财务会计和预算会计因核算基础和核算范围不同所产生的本年盈余数（即本期收入与费用之间的差额）与本年预算结余数（本年预算收入与预算支出的差额）之间的差异，从而揭示财务会计和预算会计的内在联系。这种会计核算模式既兼顾了现行部门决算报告制度的需要，又能满足部门编制权责发生制财务报告的要求，对于规范政府会计行为，夯实政府会计主体预算和财务管理基础，强化政府绩效管理具有深远的影响。

（三）财务会计与预算会计"双分录"记账规则

"平行记账"是政府单位财务会计和预算会计功能适度分离又相互衔接核算模式的典型特征，采用"双分录"核算模式，更能全面准确反映政府单位的财务信息和预算执行信息。

在财务会计核算时，对于涉及预算收支的现金收支业务（"现金收支业务"指现金及现金等价物，包括国库直接支付的财政拨款资金、国库授权支付的零余额账户用款额度、银行存款、库存现金及其他货币资金），应同时进行预算会计核算处理。

在财务会计核算时，对于不涉及预算收支的现金收支业务（主要有应当上缴国库或财政专户的款项、应当转拨其他单位的款项、受托代理的款项等），不需要进行预算会计核算处理。

第三节　政府单位会计科目

一、政府单位会计科目设置要求

设置政府单位会计科目是为了实现对政府单位各项经济业务进行全面、系统、有序的确认、计量、记录和报告，在按照"双体系"的核算模式划分会计要素的基础上，根据政府单位经济业务活动的特点和管理要求所作的具体分类，是政府单位会计设置账户的依据。政府单位会计在填制会计凭证、登记会计账簿时，会计科目设置和应用要求如下：

（1）应当按照制度规定设置和使用会计科目。在不影响会计处理和编制报表的前提下，单位可以根据实际情况自行增设或减少某些会计科目。

（2）应当执行制度统一规定的会计科目编号，以便于填制会计凭证、登记账簿、查阅账目，实行会计信息化管理。

（3）应当填列会计科目的名称，或者同时填列会计科目的名称和编号，不得只填列会计科目编号、不填列会计科目名称。

（4）单位设置明细科目或进行明细核算，还应当满足权责发生制政府部门财务报告和政府综合财务报告编制的其他需要。

二、政府单位会计科目编号及名称

政府单位会计科目按财务会计体系和预算会计体系及其要素分类，分别设置财务会计科目和预算会计科目，如表4-1、表4-2所示。

表4-1 政府单位财务会计科目表

科目编号	科目名称	科目编号	科目名称	科目编号	科目名称
	（一）资产类	1613	在建工程	2304	应付利息
1001	库存现金	1701	无形资产	2305	预收账款
1002	银行存款	1702	无形资产累计摊销	2307	其他应付款
1011	零余额账户用款额度	1703	研发支出	2401	预提费用
1021	其他货币资金	1801	公共基础设施	2501	长期借款
1101	短期投资	1802	公共基础设施累计折旧（摊销）	2502	长期应付款
1201	财政应返还额度			2601	预计负债
1211	应收票据	1811	政府储备物资	2901	受托代理负债
1212	应收账款	1821	文物文化资产		（三）净资产类
1214	预付账款	1831	保障性住房	3001	累计盈余
1215	应收股利	1832	保障性住房累计折旧	3101	专用基金
1216	应收利息	1891	受托代理资产	3201	权益法调整
1218	其他应收款	1901	长期待摊费用	3301	本期盈余
1219	坏账准备	1902	待处理财产损溢	3302	本年盈余分配
1301	在途物品		（二）负债类	3401	无偿调拨净资产
1302	库存物品	2001	短期借款	3501	以前年度盈余调整
1303	加工物品	2101	应交增值税		（四）收入类
1401	待摊费用	2102	其他应交税费	4001	财政拨款收入
1501	长期股权投资	2103	应缴财政款	4101	事业收入
1502	长期债券投资	2201	应付职工薪酬	4201	上级补助收入
1601	固定资产	2301	应付票据	4301	附属单位上缴收入
1602	固定资产累计折旧	2302	应付账款	4401	经营收入
1611	工程物资	2303	应付政府补贴款	4601	非同级财政拨款收入

科目编号	科目名称	科目编号	科目名称	科目编号	科目名称
4602	投资收益		（五）费用类	5401	上缴上级费用
4603	捐赠收入	5001	业务活动费用	5501	对附属单位补助费用
4604	利息收入	5101	单位管理费用	5801	所得税费用
4605	租金收入	5201	经营费用	5901	其他费用
4609	其他收入	5301	资产处置费用		

表 4-2 政府单位预算会计科目表

科目编号	科目名称	科目编号	科目名称
	（一）预算收入类		（三）预算结余类
6001	财政拨款预算收入	8001	资金结存
6101	事业预算收入	8101	财政拨款结转
6201	上级补助预算收入	8102	财政拨款结余
6301	附属单位上缴预算收入	8201	非财政拨款结转
6401	经营预算收入	8202	非财政拨款结余
6501	债务预算收入	8301	专用结余
6601	非同级财政拨款预算收入	8401	经营结余
6602	投资预算收益	8501	其他结余
6609	其他预算收入	8701	非财政拨款结余分配
	（二）预算支出类		
7101	行政支出		
7201	事业支出		
7301	经营支出		
7401	上缴上级支出		
7501	对附属单位补助支出		
7601	投资支出		
7701	债务还本支出		
7901	其他支出		

　　有关政府单位会计核算的一般原则、记账方法、会计假设、记账凭证、会计账簿等已在第一篇有关章节中作了介绍，不再重复。

复习思考题

1. 我国政府单位的分类有哪些?
2. 简述政府单位的会计核算模式。
3. 简述政府单位会计科目设置和应用的要求。

第五章

政府单位资产

学习目标

本章着重阐述政府单位资产的概念、分类和计量方法以及各项资产的核算方法。通过本章学习，要求熟悉政府单位资产的管理要求，掌握政府单位货币资金、应收及预付款项、存货、固定资产、无形资产、对外投资、经管资产以及其他资产等资产的核算方法。

第一节　政府单位资产概述

一、政府单位资产概念

资产是反映政府单位占有或者使用的、能以货币计量的经济资源，包括各种财产、债权和其他权利。

资产的管理与核算是政府单位财务会计工作的重要内容，政府单位核算的资产包括：

（1）政府单位占有或者使用的、能以货币计量的经济资源。它是政府单位履行职能、完成各项工作任务和事业发展计划、开展各项业务活动所必需的物质条件。主要包括货币资金、应收及预付款项、存货、固定资产、无形资产、在建工程、对外投资及其他权利等资产。

（2）为满足社会公共需求而由政府单位管理或控制的资产。政府单位对这部分经济资源既不拥有法律上的占有权，也不是为满足其自身使用，而是由其直接控制或支配，供社会公众使用的资产。政府单位管理或控制的满足社会公众需要的资产（也称经管资产），也属于政府单位核算的资产。主要包括：公共基础设施、政府储备物资、文物文化资产、保障性住房等资产。

（3）受托代理资产。政府单位接受委托方委托管理的各项资产，以及行政单位依法没收的罚没物资。

二、政府单位资产分类

政府单位核算资产依据其流动性，可划分为流动资产和非流动资产（不含受托代理资产）。

流动资产是指预计在 1 年内（含 1 年）耗用或者可以变现的资产，包括货币资金、短期投资、应收及预付款项、存货等。

非流动资产是指流动资产以外的资产，包括固定资产、在建工程、无形资产、长期投资、公共基础设施、政府储备物资、文物文化资产、保障性住房等。

三、政府单位资产计量

政府单位应当在取得经济资源相关权利并且能够可靠地进行货币计量时，按照实际成本进行计量确认，不得自行调整其账面价值。

（一）以支付对价方式取得资产的计量

（1）按照取得资产时支付的现金或者现金等物的金额计量。

（2）按照取得资产时所付出的非货币性资产的评估价值等金额计量。

（二）没有以支付对价方式取得资产的计量

（1）按照有关凭据注明的金额加上相关税费、运输费等确定。

（2）没有相关凭据但依法经过资产评估的，按照评估价值加上相关税费、运输费等确定。

（3）没有相关凭据也未经评估的，比照同类或类似资产市场价格加上相关税费、运输费等确定。

（4）没有相关凭据也未经评估，其同类或类似资产的市场价格无法可靠取得的，按照名义金额（人民币 1 元）入账。

政府单位控制或管理的公共基础设施、文物文化资产成本无法取得的暂不入账，但应建立台账登记备查，待其成本能够确认时再按确定的成本及时登记入账。

第二节　货币资金

政府单位的货币资金包括库存现金、银行存款、零余额账户用款额度和其他货币资金。政府单位日常业务活动中一般都伴有货币资金收支业务，应按照国家规定加强货币资金管理，保证货币资金安全。

一、库存现金

现金是流通过程中直接使用的货币。现金核算是指对现金结算业务的核算。为了保证现金安全和完整，政府单位应加强现金管理，严格各种手续，及时进行现金结算，如实反映和严格监督现金收支、结存情况。

（一）库存现金管理

根据国务院颁布的《现金管理暂行条例》规定，各单位现金的管理必须遵守以下原则。

1. 严格控制现金的使用范围

各单位的现金除了按银行规定保留少量的备用现金外，都必须存入银行。单位在下列范围内可以使用现金：

（1）支付给职工个人的工资、奖金、津贴补贴。

（2）支付给个人的劳务报酬。

（3）支付根据国家规定颁发给个人的各种奖金。

（4）支付各种劳保、福利费用以及国家规定的对个人的其他支出。

（5）支付向个人收购农副产品和其他物资的价款。

（6）支付出差人员必须随身携带的差旅费。

（7）结算起点以下的零星支出。

（8）中国人民银行确定的需要支付现金的其他支出。

除此以外，单位的其他开支必须通过银行转账支付。

2. 严格执行规定的库存现金限额

单位为了办理日常零星开支，需要经常保持一定数量的库存备用金。但为了防止现金积压，减少货币发行，国家规定对单位的库存现金进行限额管理。库存现金限额由单位提出计划，经开户银行审批核定后执行，其数额一般为单位三至五天日常零星开支的需要量。需要调整库存现金限额时，应再向开户银行申请报批。

3. 严格遵守不得坐支现金的规定

坐支现金是指单位用收入的现金直接办理现金支出。各单位收入的现金应于当日或规定的时间内送存开户银行；需要支付现金时，从本单位库存现金限额中支付，或者从银行提取，不得从本单位的现金收入中直接支付。特殊情况确需坐支现金的，应事先报经开户银行审查批准，由开户银行核定坐支范围和限额，坐支单位应定期向银行报送坐支金额和使用情况。

4. 现金收支业务必须根据合法凭证办理，严格收付手续

出纳人员对一切现金的收付业务，都必须根据审核无误的现金收付凭证办理。收到现金时，应给交款人员出具正式收款收据，收据上应有收款单位公章及收款人、经手人签章。付出现金时，应当在付款原始凭证上加盖"付讫"戳，以防止凭证重复报销。

5. 坚持钱账分管、印鉴分管的原则

钱账分管是指会计管账不管钱，出纳管钱不管账（现金日记账和银行存款日记账除外）。印鉴分管是指填写银行结算凭证的有关印鉴，不能由出纳一人保管，签发支票和付款要由两人分别盖章。钱账分管和印鉴分管是单位内部控制制度的重要内容。坚持这项原则，有利于明确分工，分清责任。

6. 现金收支应及时入账

单位应当设置"库存现金日记账"，由出纳人员根据收付款凭证，按照业务发生顺序逐笔登记。每日终了，应当计算当日的现金收入合计数、现金支出合计数和结余数，并将结余数与实际库存数相核对，做到账款相符。若发现长款或短款，应及时查明原因，作出处理。

（二）库存现金账务处理

单位应当严格按照国家现金管理的有关规定收支现金，并设置"库存现金"账户，核算现金的各项收支业务。单位受托代理、代管的现金，应当在"库存现金"账户下设置"受托代理资产"明细账户进行核算。现金收入业务繁多、单独设有收款部门的单位，收款部门的收款员应当将每天所收现金连同收款凭据一并交财务部门核收记账，或者将每天所收现金直接送存开户银行后，将收款凭据及向银行送存现金的凭证等一并交财务部门核收记账。"库存现金"账户期末借方余额，反映单位实际持有的库存现金。库存现金的账务处理如下：

（1）从银行等金融机构或从单位零余额账户提取现金，按照实际提取的金额，借记"库存现金"账户，贷记"银行存款""零余额账户用款额度"账户；将现金存入银行等金融机构或退回单位零余额账户，按照实际存入或退回的金额，借记"银行存款""零余额账户用款额度"账户，贷记"库存现金"账户。

（2）因内部职工出差等原因借出的现金，按照实际借出的现金金额，借记"其他应收款"账户，贷记"库存现金"账户。出差人员报销差旅费时，按照实际报销的金额，借记"业务活动费用""单位管理费用"等账户；按照实际借出的现金金额，贷记"其他应收款"账户；按照其差额，借记或贷记"库存现金"账户。

（3）因提供服务、物品或者其他事项收到现金，按照实际收到的金额，借记"库存现金"，贷记"事业收入""应收账款"等相关账户。因购买服务、物品或者其他事项支付现金，按照实际支付的金额，借记"业务活动费用""单位管理费用""库存物品"等相关账户，贷记"库存现金"账户。涉及增值税业务的，相关账务处理参见"应交增值税"的业务处理。

（4）以库存现金对外捐赠，按照实际捐出的金额，借记"其他费用"账户，贷记"库存现金"账户。

（5）收到受托代理、代管的现金，按照实际收到的金额，借记"库存现金"（受托代理资产）账户，贷记"受托代理负债"账户；支付受托代理、代管的现金，按照实际支付的金额，借记"受托代理负债"账户，贷记"库存现金"（受托代理资产）账户。

（三）现金日记账登记和核对

为了详细反映现金的收、付、结存情况，单位应当设置"库存现金日记账"，由出纳人员根据收付款凭证，按照业务发生顺序逐笔登记。有外币现金收支的单位应分别按人民币、各种外币设置现金日记账进行明细核算。现金日记账应采用借方、贷方、余额三栏式账页的订本账。每日终了，应当计算当日的现金收入合计数、现金支出合计数和结余数，并将结余数与实际库存数相核对，做到账款相符。编制"库存现金日报表"，连同原始凭证交会计人员复核，填制记账凭证。

每日账款核对中发现有待查明原因的现金短缺或溢余的，应当通过"待处理财产损溢"账户核算。属于现金溢余，应当按照实际溢余的金额，借记"库存现金"账户，贷记"待处理财产损溢"账户；属于现金短缺，应当按照实际短缺的金额，借记"待处理财产损溢"账户，贷记"库存现金"账户。待查明原因后及时进行账务处理，具体内容参见"待处理财产损溢"账户。

[例 5-1] 12 月 1 日，某事业单位发生的现金收支业务如下：

（1）开出现金支票从单位零余额账户提取现金 2 000 元备用。

（2）用现金 200 元购买行政管理部门使用的零星文具用品。

（3）本单位业务部门的工作人员李某因公出差预借差旅费 800 元。

（4）本单位提供专业服务收到含增值税服务收入现金 636 元（增值税税率为 6%）。

出纳人员就上述现金收付业务的原始凭证连续编号后，登记现金日记账，如表 5-1 所示。

表 5-1　现金日记账

第　页　　　　　　　　　　　　　　　　　　　　　　　　　　　　　单位：元

××年		凭证号	摘要	对方会计科目名称	借方	贷方	余额
月	日						
12	1		昨日余额				800
		（1）	从单位零余额账户提现	零余额账户用款额度	2 000		2 800
		（2）	购买零星文具用品	单位管理费用		200	2 600
		（3）	付李某预借差旅费	其他应收款		800	1 800
		（4）	提供专业服务收到现金	事业收入/应交增值税	636		2 436
			本日合计		2 636	1 000	2 436

出纳人员结出现金日记账 12 月 1 日余额，并与库存现金实际数核对相符后，编制库存现金日报表，如表 5-2 所示。

表 5-2　库存现金日报表

原始单据　　　张　　　　　　　　　　　　　　××年 12 月 1 日　　　　　第　页

项目	金额/元	备注
昨日库存	800	
本日共收	2 636	
本日共付	1 000	
本日库存	2 436	

（四）现金总账账务处理

会计收到出纳人员交来的现金收付原始凭证及库存现金日报表后，应严格审查原始凭证的收付内容是否合理、计算是否正确、手续是否完备。审查无误后，应将原始凭证重新按总账账户分类整理，填制记账凭证，登记现金总账。

1. 现金收支业务

🔔 **[例5-2]** 根据该单位12月1日发生的现金收付业务，会计人员在对原始凭证审核无误后，分类整理，财务会计应作相应的账务处理。

（1）承例5-1（1）从单位零余额账户提现，财务会计分录为：

借：库存现金　　　　　　　　　　　　　　　　　　　　　　　2 000
　　贷：零余额账户用款额度　　　　　　　　　　　　　　　　　　2 000

同时，预算会计分录为：

借：资金结存——货币资金　　　　　　　　　　　　　　　　　2 000
　　贷：资金结存——零余额账户用款额度　　　　　　　　　　　2 000

备注：本教材的实务举例，除了行政单位特有的经济业务外，一般均以事业单位的实务来举例。

（2）承例5-1（2）行政部门购买零星文具用品，财务会计分录为：

借：单位管理费用——商品和服务费用　　　　　　　　　　　　200
　　贷：库存现金　　　　　　　　　　　　　　　　　　　　　　　200

同时，预算会计分录为：

借：事业支出——商品和服务支出　　　　　　　　　　　　　　200
　　贷：资金结存——货币资金　　　　　　　　　　　　　　　　　200

2. 受托代理现金业务

🔔 **[例5-3]** 12月3日，某事业单位收到A单位委托转赠的现金200 000元；12月5日，该单位按照委托人的要求支付受托转赠的现金150 000元。根据业务原始凭证填制记账凭证，财务会计分录为：

（1）收到受托转赠的现金时：

借：库存现金——受托代理资产　　　　　　　　　　　　　200 000
　　贷：受托代理负债——××单位　　　　　　　　　　　　　200 000

（2）根据委托支付转赠的现金时：

借：受托代理负债——××单位　　　　　　　　　　　　　150 000
　　贷：库存现金——受托代理资产　　　　　　　　　　　　　150 000

3. 现金溢余或短缺业务

🔔 **[例5-4]** 12月15日，某事业单位盘点库存现金发生如下会计事项：

（1）盘点库存现金，发现库存数比账面数短少500元，暂时无法查明原因。会计根据出纳人员提交的现金短缺报告作记账凭证，财务会计分录为：

借：待处理财产损溢——现金短缺　　　　　　　　　　　　　　500

　　　　贷：库存现金 　　　　　　　　　　　　　　　　　　　　　　　500

　　同时，预算会计分录为：

　　　　借：其他支出 　　　　　　　　　　　　　　　　　　　　　　　500

　　　　　　贷：资金结存——货币资金 　　　　　　　　　　　　　　　　500

　　（2）经查明，短少的现金是由于工作失误所致，经批准同意核销300元，其余200元由有关责任人赔偿并交来赔偿款200元。会计根据批准的报告及相关凭据填制记账凭证，财务会计分录为：

　　　　借：其他费用——现金短缺 　　　　　　　　　　　　　　　　　300

　　　　　　库存现金 　　　　　　　　　　　　　　　　　　　　　　　200

　　　　　　贷：待处理财产损溢——现金短缺 　　　　　　　　　　　　　500

　　同时，预算会计分录为：

　　　　借：资金结存——货币资金 　　　　　　　　　　　　　　　　　200

　　　　　　贷：其他支出 　　　　　　　　　　　　　　　　　　　　　200

　　（3）某日盘点库存现金时发现溢余200元，暂时未查清原因。会计根据出纳人员提供的现金长款报告作记账凭证，财务会计分录为：

　　　　借：库存现金 　　　　　　　　　　　　　　　　　　　　　　　200

　　　　　　贷：待处理财产损溢——现金溢余 　　　　　　　　　　　　　200

　　同时，预算会计分录为：

　　　　借：资金结存——货币资金 　　　　　　　　　　　　　　　　　200

　　　　　　贷：其他预算收入 　　　　　　　　　　　　　　　　　　　200

　　（4）经查明，现金长款其中100元是少付某人，现金退还原主；另有100元没找到原因，经批准作无主款处理。财务会计分录为：

　　　　借：待处理财产损溢——现金溢余 　　　　　　　　　　　　　　200

　　　　　　贷：库存现金 　　　　　　　　　　　　　　　　　　　　100

　　　　　　　　其他收入 　　　　　　　　　　　　　　　　　　　　100

　　同时，预算会计分录为：

　　　　借：其他预算收入 　　　　　　　　　　　　　　　　　　　　100

　　　　　　贷：资金结存——货币资金 　　　　　　　　　　　　　　　100

　　4. 核定备用金业务

　🔔 [**例5-5**] 某事业单位财务部门核定并发放下属机构备用金8 000元，财务会计分录为：

　　　　借：其他应收款——部门备用金 　　　　　　　　　　　　　　8 000

　　　　　　贷：库存现金 　　　　　　　　　　　　　　　　　　　8 000

　🔔 [**例5-6**] 该下属机构报销管理部门的办公费用3 200元，财务部门审核并补充备用金定额，财务会计分录为：

　　　　借：单位管理费用——商品和服务费用 　　　　　　　　　　3 200

　　　　　　贷：库存现金 　　　　　　　　　　　　　　　　　　3 200

同时，预算会计分录为：

借：事业支出——商品和服务支出　　　　　　　　　　　3 200

　　贷：资金结存——货币资金　　　　　　　　　　　　　　　3 200

（五）库存现金业务"平行记账"方法

库存现金业务"平行记账"方法见表5-3。

表5-3　库存现金业务"平行记账"方法

业务活动	财务会计分录	预算会计分录
1. 从银行存款账户提现（存现相反分录）	借：库存现金 　　贷：银行存款等	—
2. 开展业务活动收到现金	借：库存现金 　　贷：事业收入/应收账款等	借：资金结存——货币资金 　　贷：事业预算收入等
3. 支用现金	借：业务活动费用/单位管理费用/其他费用/应付账款等 　　贷：库存现金	借：行政支出/事业支出/其他支出等 　　贷：资金结存——货币资金
4. 现金盘点溢余	（1）发现现金溢余 借：库存现金 　　贷：待处理财产损溢	借：资金结存——货币资金 　　贷：其他预算收入
	（2）属于应支付给相关人员的支付时 借：待处理财产损溢 　　贷：库存现金	借：其他预算收入 　　贷：资金结存——货币资金
5. 现金盘点短缺	（1）发现现金短缺 借：待处理财产损溢 　　贷：库存现金	借：其他支出 　　贷：资金结存——货币资金
	（2）应由责任人赔偿的收到赔偿款时 借：库存现金 　　贷：待处理财产损溢	借：资金结存——货币资金 　　贷：其他支出

备注：限于教材篇幅，本教材在对会计科目主要业务作分录举例的同时，对该会计科目其他业务采用列表方法，进行"平行记账"方法分录举例。

二、银行存款

政府单位应当严格按照国家有关银行账户管理和支付结算办法的规定管理银行账户，办理银行存款收支业务，并按照会计制度规定核算银行存款的各项收支业务。

（一）银行存款账户开设和管理

独立核算的政府单位，必须由财务会计部门统一开设和管理银行存款账户，内部非独立核算单位不得另设账户。在办理银行存款开户时，应按银行的规定由单位填写银行印发的"开户申请表"一式两份，经同级财政机关审查批准后，连同盖有申请开户单位公章及有关财务人员名章的印鉴（即预留银行印鉴）卡片，送开户银行办理开户手续。经银行审查同意后确定申请单位的账号，单位应将开户账号及时通知同级财政部门，以备拨款、收付和结算使用。各单位必须遵循国家规定的银行账户管理原则。

（1）认真贯彻执行国家的政策、法令，严格遵守国家银行的各项结算制度和现金管理制度，接受银行监督。

（2）银行存款账户只供本单位使用，不得出租、出借或转让给其他单位或个人使用。

（3）各种收付款凭证必须如实填明款项来源或用途，不得巧立名目、弄虚作假，套取现金、套购物资，严禁利用账户搞非法活动。

（4）记好本单位的银行存款账，加强支票管理，不准签发空头支票。及时与银行对账单进行核对，保证账账相符，账款相符。

（二）银行结算方式

银行结算亦称货币结算，是指对商品交易、劳务供应、资金调拨等经济往来所引起的货币收付关系进行了结和清算。目前，转账结算方式一般有银行汇票、银行本票、支票、汇兑、委托收款、商业汇票、异地托收承付七种。根据单位经济业务的特点，经常使用的结算方式主要有银行汇票、银行本票、支票、汇兑、委托收款等。单位的财会人员应熟悉不同的银行结算方式。

1. 银行汇票

银行汇票是汇款人将款项交存当地银行，由银行签发给汇款人持往异地办理转账结算或支取现金的票据。

单位向银行申请办理汇票，应填写"银行汇票委托书"，详细填明兑付地点、收款（单位）人名称、金额、用途等项内容。

单位受理银行汇票时，应审查下列内容：

（1）收款人和被背书人确为本汇票收款人。

（2）银行汇票是否在汇款期内，日期、金额等填写是否正确无误。

（3）印章清晰，有压数机压印的金额。

（4）银行汇票和汇款解讫通知齐全、相符。

（5）汇款人或持票人证明或证件无误，背书转让银行汇票的收款人员证件与背书相符。

单位审查无误后，在汇款金额以内根据实际需要的款项办理结算，并将实际结算金额和多余金额准确、清晰地填入银行汇票和汇款解讫通知的有关栏内，多余金额则由银行交汇款人。银行汇票和汇款解讫通知，必须由收款人或被背书人同时提交兑付银行，缺少任何一联凭证均无效。

2. 银行本票

银行本票是申请人将款项交存银行，由银行签发并承诺在见票时无条件支付确定的金额给收款人或持票人的票据。本票分为不定额和定额两种。定额银行本票面额为 1 000 元、5 000 元、1 万元和 5 万元四种。

银行本票在指定的范围使用。单位和个人的商品交易和劳务供应以及其他款项的结算都可以使用银行本票。银行本票由银行签发，保证兑付，信誉很高，并允许背书转让。用本票购买商品，销货方可以见票即付货，购货方可以凭票提货；债权、债务双方可以凭票清偿债务；收款人将本票交存银行，银行即可视其入账，不像交存支票那样，需收妥后才能用款；个人需要支取现金，可申请签发现金银行本票，但申请人或收款人为单位的，不能签发现金银行本票。

3. 支票

支票是银行的存款人签发给收款人办理结算或委托开户银行将款项支付给收款人的票据。支票分为现金支票和转账支票两种。现金支票可以在现金管理规定范围内向银行提取现款，如提取备用现金，发放基本工资、津贴补贴，支付抚恤金、丧葬费等；转账支票只能用于同城单位与单位之间的货物、劳务供应、清偿债务等款项的转账结算，不能提取现金或转存私人储蓄。

单位会计应根据规定的用途签发支票，办理结算。单位在对外办理结算过程中，收到外单位签发的"转账支票"时，应及时填写"送款单"，送交开户银行办理转账收款。

送款单又称进账单，是用来送存转账支票和现金的凭证。如单位的出纳人员所掌握的库存现金已超过限额时，应将超额的现金在当日下班前填写"送款单"送存银行。

4. 汇兑

汇兑是汇款人委托银行将款项汇给异地收款人的结算方式。分为信汇和电汇两种，汇款人可根据需要选用。

这种结算方式便于汇款人向异地收款人主动付款。它适用于单位和个人的各种款项的结算。需要在汇入银行支取现金的，可凭填明"现金"字样的汇款凭证到汇入银行支取现金，并可按照客户的不同要求，采取留行待取、凭印鉴支取、分次支取和转汇等办法。

5. 委托收款

委托收款是收款人向银行提供收款凭据，委托银行向付款人收取款项的结算方式。委托收款分邮寄和电报划回两种，收款人可以根据需要选择使用。

委托收款结算方式使用范围广泛，适用于单位、个体经济户的商品交易、劳务款项以及其他应收款项的结算，也适用于水、电、邮电等部门劳务款项的结算。它方便、灵活、通用，金额起点不受限制，便于单位主动收款，在同城和异地均可使用。

（三）银行存款账务处理

为正确核算和监督银行存款使用情况，单位需设置"银行存款"账户，用来核算单位存入银行或者其他金融机构的各种存款。本账户为资产类账户，其借方登记存款数额的增加，贷方登记存款数额的减少，期末借方余额反映单位实际存放在银行或其他金融机构的款项。单位受托代理、代管的银行存款，应当设置"受托代理资产"明细账户进行核算。

1. 银行存款收支业务

[例5-7] 某事业单位为增值税小规模纳税人（本教材除特别说明增值税是一般纳

税人外，均以小规模纳税人为例），某年12月份发生如下经济业务：

（1）12月6日，通过银行转账支付业务部门购买服务的费用150 000元。根据转账凭证和业务部门凭单填制记账凭证，财务会计分录为：

借：业务活动费用——商品和服务费用　　　　　　　150 000

　　贷：银行存款　　　　　　　　　　　　　　　　　　　150 000

同时，预算会计分录为：

借：事业支出——商品和服务支出　　　　　　　　　150 000

　　贷：资金结存——货币资金　　　　　　　　　　　　　150 000

（2）12月22日，收到上月银行存款利息单1 200元，按规定该利息收入应当纳入单位预算管理，不需要上缴财政。财务会计分录为：

借：银行存款　　　　　　　　　　　　　　　　　　　1 200

　　贷：利息收入　　　　　　　　　　　　　　　　　　　　1 200

同时，预算会计分录为：

借：资金结存——货币资金　　　　　　　　　　　　　1 200

　　贷：其他预算收入——利息收入　　　　　　　　　　　　1 200

2. 受托代理银行存款业务

参见受托代理的库存现金业务。

3. 银行存款明细账（日记账）的设置

为准确反映银行存款的增减变动及结存情况，便于与银行对账单核对，单位应按开户银行、存款种类等，分别设置"银行存款日记账"，由会计人员根据收付款凭证，按照业务发生顺序逐笔登记。"银行存款日记账"如表5-4所示。

表 5-4　银行存款日记账

开户银行：　　　　　　　　　　　　银行账号：　　　　　　　单位：元

| ××年 | | 凭单号 | 摘要 | 对方会计科目名称 | 借方 | 贷方 | 余额 |
月	日						
12	1		月初银行存款				200 000
12	5	（略）	现金存入银行	库存现金	20 000		220 000
	6		支付业务部门购买服务费用	业务活动费用		150 000	70 000
	9		支付银行手续费	单位管理费用		3 000	67 000
	12		收到应缴财政款	应缴财政款	150 000		217 000
	22		收到银行存款利息	利息收入	1 200		218 200
	25		收到受托转赠的存款	受托代理负债	100 000		318 200
	28		支付受托转赠的存款	受托代理负债		100 000	218 200
			本月合计		271 200	253 000	218 200

4. 外币存款业务核算

单位发生外币业务的，应当在"银行存款"账户下，按外币种类分别设置"银行存款日记账"进行明细核算。按照业务发生当日的即期汇率，将外币金额折算为人民币金额记账，并登记外币金额和汇率。期末，各种外币账户的期末余额，应当按照期末的即期汇率折算为人民币，作为外币账户期末人民币余额。调整后的各种外币账户人民币余额与原账面余额的差额，作为汇兑损益计入当期费用。

（1）以外币购买物资、设备等，按照购入当日的即期汇率将支付的外币或应支付的外币折算为人民币金额，借记"库存物品"等账户，贷记"银行存款""应付账款"等账户的外币账户。涉及增值税业务的，参见"应交增值税"的账务处理。

（2）销售物品、提供服务以外币收取相关款项等，按照收入确认当日的即期汇率将收取的外币或应收取的外币折算为人民币金额，借记"银行存款""应收账款"等账户的外币账户，贷记"事业收入"等相关账户。

（3）期末，根据各外币银行存款账户按照期末汇率调整后的人民币余额与原账面人民币余额的差额，作为汇兑损益，借记或贷记"银行存款"账户，贷记或借记"业务活动费用""单位管理费用"等账户。

[例5-8] 某单位某年12月份发生以下外币存款业务：

（1）12月15日，经批准业务部门黄某因公出国，预借4 000美元，当日美元的中间汇率1：6.1。

（2）12月26日，该单位将黄某出国多余200美元现金送存银行，并经外汇管理部门核报出国相关费用，当日美元的中间汇率为1：6.0。

根据上述业务有关原始凭证，填制记账凭证：

（1）黄某预借出国费，财务会计分录为：

借：其他应收款——黄某 24 400
　　贷：银行存款——美元户（4 000×6.1） 24 400

（2）黄某报销出国费，财务会计分录为：

借：业务活动费用——商品和服务费用 23 200
　　银行存款——美元户（200×6.0） 1 200
　　贷：其他应收款——黄某 24 400

同时，预算会计分录为：

借：事业支出——商品和服务支出 23 200
　　贷：资金结存——货币资金 23 200

（四）银行存款对账

单位应当按照开户银行或其他金融机构、存款种类及币种等，分别设置"银行存款日记账"，由出纳人员根据收、付款凭证，按照业务的发生顺序逐笔登记，每日终了应结出余额。"银行存款日记账"应定期与"银行对账单"核对，至少每月核对一次。月度终了，单位银行存款日记账账面余额与银行对账单余额之间如有差额，应当逐笔查明原因并进行处理，按月编制"银行存款余额调节表"，调节相符。

　　"未达账项"是指因凭证在传递过程中造成单位与银行之间入账时间不一致，一方已经入账，而另一方尚未入账的账项。未达账项有以下几种情况：

　　（1）银行已收款入账，而单位尚未收款入账。

　　（2）银行已付款入账，而单位尚未付款入账。

　　（3）单位已收款入账，而银行尚未收款入账。

　　（4）单位已付款入账，而银行尚未付款入账。

　　未达账项进行调节的方法是将本单位的"银行存款日记账"的余额和"银行对账单"的余额各自加进对方已收而本单位未收的款项，减去对方已付而本单位未付的未达账项后，检查两方余额是否相等。若相等说明双方记账正确；若不相等，应与开户银行联系，查明原因。

　　[例5-9] 12月31日，银行送来对账单余额为135 810元，单位月底银行存款账面余额为126 420元，经逐笔核对，发现有下列未达账项：

　　（1）单位委托银行收款7 350元，银行已办妥收款入账，单位尚未收到收款单据。

　　（2）银行代单位支付邮电费4 220元，单位尚未收到结算凭证和邮电费收据，因而尚未入账。

　　（3）单位收到转账支票一张计25 710元，单位已入账，而银行尚未入账。

　　（4）单位已签发转账支票一张31 970元，已入账，但持票人尚未到银行办理转账手续。

　　根据以上资料，编制"银行存款余额调节表"，如表5-5所示。

表5-5　银行存款余额调节表

××年12月31日　　　　　　　　　　　　　　　　　单位：元

项　　目	金　　额	项　　目	金　　额
单位银行存款月末余额	126 420	银行对账单月末余额	135 810
加：单位未收银行已收	7 350	加：银行未收单位已收	25 710
减：单位未付银行已付	4 220	减：银行未付单位已付	31 970
调节后余额	129 550	调节后余额	129 550

　　单位银行存款与银行对账单双方余额经调节相符后，还不能据以调整账面记录，必须等单位收到有关单据，即未达账项变为"已达账项"后，再根据有关凭证进行账务处理。

　　（五）银行存款业务"平行记账"方法

　　银行存款业务"平行记账"方法见表5-6。

表5-6　银行存款业务"平行记账"方法

经济业务活动	财务会计分录	预算会计分录
1.开展业务活动收到银行存款	借：银行存款 　　贷：事业收入/应收账款/预收账款等	借：资金结存——货币资金 　　贷：事业预算收入等

续表

经济业务活动	财务会计分录	预算会计分录
2. 支付费用、采购货物等支付银行存款	借：业务活动费用/单位管理费用/应付账款/固定资产/库存物品等 　　贷：银行存款	借：行政支出/事业支出/其他支出等 　　贷：资金结存——货币资金
3. 汇兑损益	（1）汇兑收益 借：银行存款/应收账款/应付账款等 　　贷：业务活动费用/单位管理费用等	借：资金结存——货币资金 　　贷：行政支出/事业支出等
	（2）汇兑损失 借：业务活动费用/单位管理费用等 　　贷：银行存款/应收账款/应付账款等	借：行政支出/事业支出等 　　贷：资金结存——货币资金

三、零余额账户用款额度

（一）单位零余额账户开设和管理

实行财政国库单一账户制度的政府单位，由财政部门为单位在商业银行统一开设单位零余额账户，内部非独立核算单位不设此账户。

各政府单位对单位零余额账户的管理比照国家对单位银行账户的要求进行管理。零余额账户用于财政部门对政府单位的授权支付，该账户并不实存资金，它只是财政部门对政府单位下达的一个授权支付额度。在财政国库单一账户制度下，财政预算资金和实行财政专户管理的资金全部存放在国库单一账户。政府单位根据批复的单位预算和用款计划，向代理银行开具支付令，从单位零余额账户向收款人支付款项。代理银行在该单位核定的单位授权支付额度内办理资金支付，并于每日终了时与财政国库单一账户进行资金清算。

（二）零余额账户用款额度核算

预算单位支用财政授权支付用款额度时，填制财政部门统一制定的"财政授权支付凭证"送代理银行，代理银行根据"财政授权支付凭证"通过零余额账户办理资金支付。实行国库集中支付的政府单位，为正确核算和反映根据财政部门批复的用款计划收到和支用的零余额账户用款额度，应当设置"零余额账户用款额度"账户。该账户属于资产类账户，其借方登记用款额度的增加，贷方登记用款额度的减少，期末借方余额反映单位尚未支用的零余额账户用款额度。年度终了注销单位零余额账户用款额度后，本账户应无余额。

零余额账户用款额度的主要账务处理如下：

（1）收到额度。单位收到"财政授权支付到账通知书"时，根据通知书所列金额，借记"零余额账户用款额度"账户，贷记"财政拨款收入"账户。

（2）支用额度。① 支付日常活动费用时，按照支付的金额，借记"业务活动费用""单位管理费用"等账户，贷记"零余额账户用款额度"账户。② 购买库存物品或购建固定资产，按照实际发生的成本，借记"库存物品""固定资产""在建工程"等账户，按照实际支付或应付的金额，贷记"零余额账户用款额度""应付账款"等账户。涉及增值税业务的，参见"应交增值税"的账务处理。③ 从零余额账户提取现金时，按照实际提取的金额，借记"库存现金"账户，贷记"零余额账户用款额度"账户。

（3）因购货退回等发生财政授权支付额度退回的，按照退回的金额，借记"零余额账户用款额度"账户，贷记"库存物品"等账户。

（4）年末，根据代理银行提供的对账单作注销额度的相关账务处理，借记"财政应返还额度——财政授权支付"账户，贷记"零余额账户用款额度"账户。年末，单位本年度财政授权支付预算指标数大于零余额账户用款额度下达数的，根据未下达的用款额度，借记"财政应返还额度——财政授权支付"账户，贷记"财政拨款收入"账户。

下年年初，单位根据代理银行提供的上年度注销额度恢复到账通知书作恢复额度的相关账务处理，借记"零余额账户用款额度"账户，贷记"财政应返还额度——财政授权支付"账户。单位收到财政部门批复的上年未下达零余额账户用款额度，借记"零余额账户用款额度"账户，贷记"财政应返还额度——财政授权支付"账户。

[例5-10] 某事业单位某年发生下列财政授权支付相关经济业务：

1. 收到代理银行转来的财政授权支付到账通知书，财政部门下达授权支付额度500 000元，财务会计分录为：

借：零余额账户用款额度   500 000

    贷：财政拨款收入   500 000

同时，预算会计分录为：

借：资金结存——零余额账户用款额度   500 000

    贷：财政拨款预算收入   500 000

2. 经批准购置办公用品一批并验收入库，金额为3 600元，从单位零余额账户支付。财务会计分录为：

借：库存物品——××办公用品   3 600

    贷：零余额账户用款额度   3 600

同时，预算会计分录为：

借：事业支出——商品和服务支出   3 600

    贷：资金结存——零余额账户用款额度   3 600

3. 年末，根据代理银行提供的对账单，银行注销财政授权支付用款额度100 000元，本年度财政授权支付预算指标数大于财政授权支付额度下达数的差额为200 000元。

（1）注销财政授权支付额度，财务会计分录为：

借：财政应返还额度——财政授权支付   100 000

    贷：零余额账户用款额度   100 000

同时，预算会计分录为：

借：资金结存——财政应返还额度   100 000

贷：资金结存——零余额账户用款额度　　　　　　　　　100 000

（2）年末财政授权支付预算指标未下达的额度数，财务会计分录为：

借：财政应返还额度——财政授权支付　　　　　　　　　200 000

　　贷：财政拨款收入　　　　　　　　　　　　　　　　　200 000

同时，预算会计分录为：

借：资金结存——财政应返还额度　　　　　　　　　　　200 000

　　贷：财政拨款预算收入　　　　　　　　　　　　　　　200 000

4. 下年度年初，根据代理银行提供的上述额度恢复到账通知书，以及财政部门批复的上述上年未下达零余额账户用款额度，财务会计分录为：

借：零余额账户用款额度　　　　　　　　　　　　　　　300 000

　　贷：财政应返还额度——财政授权支付　　　　　　　　300 000

同时，预算会计分录为：

借：资金结存——零余额账户用款额度　　　　　　　　　300 000

　　贷：资金结存——财政应返还额度　　　　　　　　　　300 000

（三）零余额账户用款额度业务"平行记账"方法

零余额账户用款额度业务"平行记账"方法见表5-7。

表5-7　零余额账户用款额度业务"平行记账"方法

经济业务活动	财务会计分录	预算会计分录
1. 收到"授权支付到账通知书"	借：零余额账户用款额度 　　贷：财政拨款收入	借：资金结存——零余额账户用款额度 　　贷：财政拨款预算收入
2. 日常费用、采购货物等支用授权支付额度	借：业务活动费用/单位管理费用/应付账款/固定资产/库存物品等 　　贷：零余额账户用款额度	借：行政支出/事业支出/其他支出等 　　贷：资金结存——零余额账户用款额度
3. 提现（现金退回额度做相反分录）	借：库存现金 　　贷：零余额账户用款额度	借：资金结存——货币资金 　　贷：资金结存——零余额账户用款额度
4. 付款退回	（1）本年的付款退回 借：零余额账户用款额度 　　贷：库存物品/业务活动费用等	借：资金结存——零余额账户用款额度 　　贷：行政支出/事业支出等
	（2）以前年度付款退回 借：零余额账户用款额度 　　贷：库存物品/以前年度盈余调整等	借：资金结存——零余额账户用款额度 　　贷：财政拨款结转——年初余额调整 　　　　财政拨款结余——年初余额调整

经济业务活动	财务会计分录	预算会计分录
5. 年末注销授权支付额度	借：财政应返还额度——财政授权支付 　　贷：零余额账户用款额度	借：资金结存——财政应返还额度 　　贷：资金结存——零余额账户用款额度
6. 年末授权支付预算指标数大于已下达额度数	借：财政应返还额度——财政授权支付 　　贷：财政拨款收入	借：资金结存——财政应返还额度 　　贷：财政拨款预算收入
7. 下年年初恢复上年注销的额度或下达上年末下达额度数	借：零余额账户用款额度 　　贷：财政应返还额度——财政授权支付	借：资金结存——零余额账户用款额度 　　贷：资金结存——财政应返还额度

四、其他货币资金

政府单位的其他货币资金包括单位的外埠存款、银行本票存款、银行汇票存款、信用卡存款等各种其他货币资金。单位应当加强对其他货币资金的管理，及时办理结算，对于逾期尚未办理结算的银行汇票、银行本票等，应当按照规定及时转回。有其他货币资金经济业务的单位，应当设置"其他货币资金"账户，并在该账户下设置"外埠存款""银行本票存款""银行汇票存款""信用卡存款"等明细账户。本账户期末借方余额，反映单位实际持有的其他货币资金。

其他货币资金的主要账务处理如下：

（1）单位按照有关规定需要在异地开立银行账户，将款项委托本地银行汇往异地开立账户时，借记"其他货币资金"账户，贷记"银行存款"账户。收到采购员交来供应单位发票账单等报销凭证时，借记"库存物品"等账户，贷记"其他货币资金"账户。将多余的外埠存款转回本地银行时，根据银行的收账通知，借记"银行存款"账户，贷记"其他货币资金"账户。

（2）将款项交存银行取得银行本票、银行汇票，按照取得的银行本票、银行汇票金额，借记"其他货币资金"账户，贷记"银行存款"账户。使用银行本票、银行汇票购买库存物品等资产时，按照实际支付金额，借记"库存物品"等账户，贷记"其他货币资金"账户。如有余款或因本票、汇票超过付款期等原因而退回款项，按照退款金额，借记"银行存款"账户，贷记"其他货币资金"账户。

（3）将款项交存银行取得信用卡，按照交存金额，借记"其他货币资金"账户，贷记"银行存款"账户。用信用卡购物或支付有关费用，按照实际支付金额，借记"单位管理费用""库存物品"等账户，贷记"其他货币资金"账户。单位信用卡在使用过程中，需向其账户续存资金的，按照续存金额，借记"其他货币资金"账户，贷记"银行存款"账户。

其他货币资金的"平行记账"方法，参见银行存款的平行记账。

第三节　应收及预付款项

政府单位的应收及预付款项包括财政应返还额度、应收票据、应收账款、预付账款、应收股利、应收利息和其他应收款等。各种应收及预付款项应及时清理并按规定办理结算，不得长期挂账。

事业单位的应收股利和应收利息业务参见本章"对外投资"的账务处理。

一、财政应返还额度

财政应返还额度包括可以使用的以前年度财政直接支付资金额度和财政应返还的财政授权支付资金额度。实行国库集中支付的政府单位应当设置"财政应返还额度"账户，并在该账户下设置"财政直接支付""财政授权支付"两个明细账户进行明细核算。本账户期末借方余额，反映单位应收财政返还的资金额度。

财政应返还的授权支付额度账务处理参见零余额账户用款额度核算的内容。财政应返还的直接支付资金额度主要账务处理如下：

（1）年末，单位根据本年度财政直接支付预算指标数大于当年财政直接支付实际支付数的差额，借记"财政应返还额度——财政直接支付"账户，贷记"财政拨款收入"账户。

（2）单位使用以前年度财政直接支付额度支付款项时，借记"业务活动费用""单位管理费用"等账户，贷记"财政应返还额度——财政直接支付"账户。

[例5-11] 12月15日，某事业单位使用以前年度的财政直接支付额度支付业务部门购买服务的费用5 000元、支付行政管理部门购买服务的费用1 200元。财务会计分录为：

借：业务活动费用——商品和服务费用　　　　　　　　　　5 000

单位管理费用——商品和服务费用　　　　　　　　　　1 200

贷：财政应返还额度——财政直接支付　　　　　　　　　　　　6 200

同时，预算会计分录为：

借：事业支出——商品和服务支出　　　　　　　　　　　　6 200

贷：资金结存——财政应返还额度　　　　　　　　　　　　　　6 200

[例5-12] 年末，某事业单位本年度财政直接支付预算指标数大于财政直接支付实际支付数的差额为300 000元。财务会计分录为：

借：财政应返还额度——财政直接支付　　　　　　　　　300 000

贷：财政拨款收入　　　　　　　　　　　　　　　　　　　　300 000

同时，预算会计分录为：

借：资金结存——财政应返还额度　　　　　　　　　　　　　　　300 000

　　贷：财政拨款预算收入　　　　　　　　　　　　　　　　　　　300 000

（3）财政应返还额度业务"平行记账"方法见表5-8。

表5-8　财政应返还额度业务"平行记账"方法

经济业务活动	财务会计分录	预算会计分录
1.年末直接支付当年预算指标数大于已实际支付数	借：财政应返还额度——财政直接支付 　　贷：财政拨款收入	借：资金结存——财政应返还额度 　　贷：财政拨款预算收入
2.使用以前年度直接支付额度支付款项	借：业务活动费用/单位管理费用/应付账款/固定资产/库存物品等 　　贷：财政应返还额度——财政直接支付	借：行政支出/事业支出/其他支出等 　　贷：资金结存——财政应返还额度
3.财政应返还额度的其他业务平行记账，参见"财政授权支付"业务的处理		

75

二、应收票据

应收票据是指事业单位因开展经营活动销售产品、提供有偿服务等而收到的商业汇票，包括银行承兑汇票和商业承兑汇票。事业单位应当设置"应收票据"账户，并应当按照开出、承兑商业汇票的单位等进行明细核算。该账户期末借方余额，反映事业单位持有的商业汇票票面金额。

事业单位应当设置"应收票据备查簿"，逐笔登记每一应收票据的种类、号数、出票日期、到期日、票面金额、交易合同号和付款人、承兑人、背书人姓名或单位名称、背书转让日、贴现日期、贴现率和贴现净额、收款日期、收回金额和退票情况等。应收票据到期结清票款或退票后，应当在备查簿内逐笔注销。

应收票据的主要账务处理如下：

（1）因销售产品、提供服务等收到商业汇票，按照商业汇票的票面金额，借记"应收票据"账户，按照确认的收入金额，贷记"经营收入"等账户，按应缴增值税的金额贷记"应交增值税"账户。

（2）持未到期的商业汇票向银行贴现，按照实际收到的金额（即扣除贴现息后的净额），借记"银行存款"账户，按照贴现息金额，借记"经营费用"等账户，按照商业汇票的票面金额，贷记"应收票据"账户（无追索权）或"短期借款"账户（有追索权）。附追索权的商业汇票到期未发生追索事项的，按照商业汇票的票面金额，借记"短期借款"账户，贷记"应收票据"账户。

（3）将持有的商业汇票背书转让以取得所需物资时，按照取得物资的成本，借记"库存物品"等账户，按照商业汇票的票面金额，贷记"应收票据"账户，如有差额，借记或贷记"银行存款"等账户。

（4）商业汇票到期时，应当分别以下情况处理：收回票款时，按照实际收到的商业汇票票面金额，借记"银行存款"账户，贷记"应收票据"账户；因付款人无力支付票款，收到银行退回的商业承兑汇票、委托收款凭证、未付票款通知书或拒付款证明等，按照商业汇票的票面金额，借记"应收账款"账户，贷记"应收票据"账户。

[例5-13] 12月5日，某事业单位出售其生产的甲产品150件，含增值税价款45 200元，增值税税率13%，收到承兑期6个月的银行承兑汇票一张。根据产品出库单、销售发票、银行票据等有关单据填制记账凭证，财务会计分录为：

```
借：应收票据——银行承兑汇票                          45 200
    贷：经营收入                                       40 000
        应交增值税                                      5 200
```

若次年6月5日，上述银行承兑汇票到期，单位将银行承兑汇票、解讫通知，连同进账单送达开户银行办理转账，接到银行进账单据时，填制记账凭证，财务会计分录为：

```
借：银行存款                                         45 200
    贷：应收票据——银行承兑汇票                        45 200
```

同时，预算会计分录为：

```
借：资金结存——货币资金                              45 200
    贷：经营预算收入                                   45 200
```

（5）应收票据业务"平行记账"方法见表5-9。

表5-9 应收票据业务"平行记账"方法

经济业务活动	财务会计分录	预算会计分录
1. 收到商业汇票	借：应收票据 　　贷：经营收入等	—
2. 票据到期	（1）收到款项收回票据 借：银行存款 　　贷：应收票据	借：资金结存——货币资金 　　贷：经营预算收入等
	（2）付款人无力兑付 借：应收账款 　　贷：应收票据	—
3. 向银行贴现	借：银行存款［贴现净额］ 　　经营费用等［贴现利息］ 　　贷：应收票据［不附追索权］ 　　　　短期借款［附追索权］	借：资金结存——货币资金 　　贷：经营预算收入等［贴现净额］
4. 票据背书转让取得物资等	借：库存物品等 　　贷：应收票据 　　　　银行存款［差额］	借：经营支出等［支付的金额］ 　　贷：资金结存——货币资金

三、应收账款

应收账款是指政府单位出租资产、出售物资等应当收取的款项，以及事业单位提供服务、销售产品等应收取的款项。单位应当设置"应收账款"账户，并按照债务单位（或个人）进行明细核算。该账户期末借方余额，反映单位尚未收回的应收账款。

应收账款的主要账务处理如下：

（1）应收账款收回后不需上缴财政。单位发生应收账款时，按照应收未收金额，借记"应收账款"账户，贷记"事业收入""经营收入""租金收入""其他收入"等账户；涉及增值税业务的，参见"应交增值税"的账务处理；收回应收账款时，按照实际收到的金额，借记"银行存款"等账户，贷记"应收账款"账户。

（2）应收账款收回后需上缴财政。单位出租资产发生应收未收租金款项时，按照应收未收金额，借记"应收账款"账户，贷记"应缴财政款"账户；收回应收账款时，按照实际收到的金额，借记"银行存款"等账户，贷记"应收账款"账户。单位出售物资发生应收未收款项时，按照应收未收金额，借记"应收账款"账户，贷记"应缴财政款"账户；收回应收账款时，按照实际收到的金额，借记"银行存款"等账户，贷记"应收账款"账户。涉及增值税业务的，参见"应交增值税"的账务处理。

[例5-14] 12月8日，某事业单位对外提供专业技术服务，应收某单位含增值税服务收入53 000元（增值税税率为6%），尚未收到款项。根据劳务发票、劳务结算单据等填制记账凭证，财务会计分录为：

借：应收账款——某事业单位 53 000
　　贷：事业收入 50 000
　　　　应交增值税 3 000

[例5-15] 某事业单位经批准将一部分办公用房出租给某单位办公使用，11月30日计算当月应收未收的租金收入12 000元（按规定该单位资产出租收入应当上缴财政）。根据租赁合同及相关租金结算凭据，填制记账凭证，财务会计分录为：

借：应收账款——某事业单位 12 000
　　贷：应缴财政款 12 000

[例5-16] 12月12日，某事业单位收到A单位转来的专业技术服务费应收未收款30 000元。根据银行入账通知单，填制记账凭证，财务会计分录为：

借：银行存款 30 000
　　贷：应收账款——A单位 30 000

同时，预算会计分录为：

借：资金结存——货币资金 30 000
　　贷：事业预算收入 30 000

（3）应收账款业务"平行记账"方法见表5-10。

表 5-10 应收账款业务"平行记账"方法

经济业务活动	财务会计分录	预算会计分录
1. 发生应收账款时	（1）收回后不需上缴财政 借：应收账款 　贷：事业收入/经营收入/其他收入等	—
	（2）收回后需要上缴财政 借：应收账款 　贷：应缴财政款	
2. 收回应收账款时	（1）收回后不需上缴财政 借：银行存款 　贷：应收账款	借：资金结存——货币资金 　贷：事业预算收入/经营预算收入/其他预算收入等
	（2）收回后需要上缴财政 借：银行存款 　贷：应收账款	—

四、预付账款

预付账款是指政府单位按照购货、服务合同或协议规定预付给供应单位（或个人）的款项，以及按照合同规定向承包工程的施工企业预付的备料款和工程款。单位应当设置"预付账款"账户，并按照供应单位（或个人）及具体项目进行明细核算；对于基本建设项目发生的预付账款，还应当在本账户所属基建项目明细账户下设置"预付备料款""预付工程款""其他预付款"等明细账户，进行明细核算。本账户期末借方余额，反映单位实际预付但尚未结算的款项。

预付账款的主要账务处理如下：

（1）根据购货、服务合同或协议规定预付款项时，按照预付金额，借记"预付账款"账户，贷记"财政拨款收入""零余额账户用款额度""银行存款"等账户。

（2）收到所购资产或服务时，按照购入资产或服务的成本，借记"库存物品""固定资产""无形资产""业务活动费用"等相关账户，按照相关预付账款的账面余额，贷记"预付账款"账户，按照实际补付的金额，贷记"财政拨款收入""零余额账户用款额度"银行存款"等账户。涉及增值税业务的，参见"应交增值税"的账务处理。

（3）发生预付账款退回的，按照实际退回金额，借记"财政拨款收入"[本年直接支付]、"财政应返还额度"[以前年度直接支付]、"零余额账户用款额度""银行存款"等账户，贷记"预付账款"账户。

在建工程项目预付工程款及预付备料款的账务处理，参见"在建工程"业务相关内容。

[例5-17] 某事业单位12月发生下列预付账款经济业务：

（1）1日，通过财政授权支付方式预付给B公司采购×材料的合同款5 000元。根据财政授权支付通知书及相关凭证填制记账凭证，财务会计分录为：

借：预付账款——B公司　　　　　　　　　　　　　　　　　　5 000

　　贷：零余额账户用款额度　　　　　　　　　　　　　　　　　　5 000

同时，预算会计分录为：

借：事业支出——商品和服务支出　　　　　　　　　　　　　　5 000

　　贷：资金结存——零余额账户用款额度　　　　　　　　　　　　5 000

（2）15日，收到×材料并验收入库，通过财政直接支付（当年直接支付）补付货款25 000元。根据相关原始凭证填制记账凭证，财务会计分录为：

借：库存物品——×材料　　　　　　　　　　　　　　　　　　30 000

　　贷：预付账款——B公司　　　　　　　　　　　　　　　　　　5 000

　　　　财政拨款收入　　　　　　　　　　　　　　　　　　　　25 000

同时，预算会计分录为：

借：事业支出——商品和服务支出　　　　　　　　　　　　　　25 000

　　贷：财政拨款预算收入　　　　　　　　　　　　　　　　　　25 000

（4）预付账款业务"平行记账"方法见表5-11。

表5-11　预付账款业务"平行记账"方法

经济业务活动	财务会计分录	预算会计分录
1. 发生预付账款时（本年的预付账款退回做相反分录）	借：预付账款 　　贷：财政拨款收入/零余额账户用款额度/银行存款等	借：行政支出/事业支出等 　　贷：财政拨款预算收入/资金结存
2. 收到物资、劳务或结算工程价款时	借：业务活动费用/库存物品/固定资产/在建工程等 　　贷：预付账款 　　　　零余额账户用款额度/财政拨款收入/银行存款等［补付的款项］	借：行政支出/事业支出等［补付的款项］ 　　贷：财政拨款预算收入/资金结存
3. 以前年度预付账款退回	借：财政应返还额度/零余额账户用款额度/银行存款等 　　贷：预付账款	借：资金结存 　　贷：财政拨款结余——年初余额调整 　　　　财政拨款结转——年初余额调整等

五、其他应收款

其他应收款是指单位除财政应返还额度、应收票据、应收账款、预付账款、应收股利、应收利息以外的其他各项应收及暂付款项，如职工预借的差旅费、已经偿还银行尚未报销的本单位公务卡欠款、拨付给内部有关部门的备用金、应向职工收取的各种垫付款项、支付的可以收回的定金或押金、应收的上级补助和附属单位上缴款项等。

（一）其他应收款管理

（1）各种暂付款项，应按业务需要编制借款计划，填写借款收据，经本单位负责人签字批准，会计主管人员审核后办理。对于不符合规定的借款，会计部门应当拒付。

（2）借款人办事结束后应及时报销，如有余款应及时交回，以后需要时另行办理借款手续。尚未办理结算清账的，原则上不得再借。年终，借款原则上应全部结清，不得跨年度挂账。

（3）暂付给所属报销单位的备用金，要根据实际需要核定一个定额加以控制，平时报销后再予补充。年终时，原则上全部结清收回备用金，下年年初另行办理。

（二）其他应收款主要账务处理

单位应当设置"其他应收款"账户，并按其他应收款的类别以及债务单位（或个人）进行明细核算。本账户期末借方余额反映单位尚未收回的其他应收款项。

（1）发生其他各种应收及暂付款项时，按照实际发生金额，借记"其他应收款"账户，贷记"零余额账户用款额度""银行存款""库存现金""上级补助收入""附属单位上缴收入"等账户。涉及增值税业务的，参见"应交增值税"的账务处理。

（2）收回其他各种应收及暂付款项时，按照收回的金额，借记"库存现金""银行存款"等账户，贷记"其他应收款"账户。

（3）单位内部实行备用金制度的，有关部门使用备用金以后应当及时到财务部门报销并补足备用金。财务部门核定并发放备用金时，按照实际发放金额，借记"其他应收款"账户，贷记"库存现金"等账户。根据报销金额用现金补足备用金定额时，借记"业务活动费用""单位管理费用"等账户，贷记"库存现金"等账户。

（4）偿还尚未报销的本单位公务卡欠款时，按照偿还的款项，借记"其他应收款"账户，贷记"零余额账户用款额度""银行存款"等账户；持卡人报销时，按照报销金额，借记"业务活动费用""单位管理费用"等账户，贷记"其他应收款"账户。

🔔 **[例5-18]** 12月，某事业单位发生下列单位公务卡经济业务：

（1）12月25日，收到开户银行转来的扣款转账通知，扣收上月的单位公务卡欠款2 800元，该项单位公务卡欠款为持卡人上月刷卡支付，但截至银行扣款时尚未报销的款项。根据银行扣款转账通知填制记账凭证，财务会计分录为：

借：其他应收款——已偿还尚未报销的单位公务卡欠款　　　　　　　2 800
　　贷：银行存款　　　　　　　　　　　　　　　　　　　　　　　　　2 800

（2）12月26日，该单位持卡人将上月使用单位公务卡购买行政管理部门用零星办公用品费用 2 800 元报销。根据经批准的报销凭单填制记账凭证，财务会计分录为：

借：单位管理费用——商品和服务费用　　　　　　　　　 2 800

　　贷：其他应收款——已偿还尚未报销的单位公务卡欠款　 2 800

同时，预算会计分录为：

借：事业支出——商品和服务支出　　　　　　　　　　　 2 800

　　贷：资金结存——货币资金　　　　　　　　　　　　 2 800

（三）其他应收款业务"平行记账"方法

其他应收款业务"平行记账"法见表 5-12。

表 5-12 其他应收款业务"平行记账"方法

经济业务活动	财务会计分录	预算会计分录
1. 发生暂付款项时	（1）暂付款项时 借：其他应收款 　　贷：银行存款/库存现金/零余额账户用款额度等	—
	（2）报销时 借：业务活动费用/单位管理费用等［实际报销金额］ 　　贷：其他应收款	借：行政支出/事业支出等［实际报销金额］ 　　贷：资金结存
	（3）收回暂付款项时 借：库存现金/银行存款等 　　贷：其他应收款	—
2. 发生其他各种应收款项时	（1）确认其他应收款时 借：其他应收款 　　贷：上级补助收入/附属单位上缴收入/其他收入等	—
	（2）收到其他应收款项时 借：银行存款/库存现金等 　　贷：其他应收款	借：资金结存——货币资金 　　贷：上级补助预算收入/附属单位上缴预算收入/其他预算收入等
3. 部门备用金管理	（1）核定并拨付部门备用金 借：其他应收款 　　贷：库存现金	—
	（2）报销并补足部门备用金 借：业务活动费用/单位管理费用等 　　贷：库存现金	借：行政支出/事业支出等 　　贷：资金结存——货币资金

六、应收及预付款项年末检查与核销

（一）应收及预付款项年末检查基本要求

政府单位应当于每年年末，对应收账款、预付账款和其他应收款进行全面检查，并分别不同情况进行处理：

（1）事业单位应当于每年年末，对收回后不需上缴财政的应收账款和其他应收款进行全面检查，分析其可收回性，对预计可能产生的坏账损失计提坏账准备、确认坏账损失。

事业单位可以采用应收款项余额百分比法、账龄分析法、个别认定法等方法计提坏账准备。坏账准备计提方法一经确定，不得随意变更。如需变更，应当按照规定报经批准，并在财务报表附注中予以说明。当期应补提或冲减的坏账准备金额的计算公式如下：

当期应补提或冲减的坏账准备 = 按照期末应收账款和其他应收款计算应计提的坏账准备 − 期末"坏账准备"账户贷方余额（或 + 期末"坏账准备"账户借方余额）

（2）政府单位对于账龄超过规定年限、确认无法收回的应收账款和其他应收款，按照规定报经批准后予以核销。核销的应收账款和其他应收款应当在备查簿中保留登记。

（3）政府单位如果有确凿证据表明预付账款不再符合预付款项性质，或者因供应单位破产、撤销等原因可能无法收到所购货物、服务的，应当先将其转入其他应收款，再按照规定进行处理。

（二）应收及预付款项核销账务处理

（1）事业单位计提坏账准备。事业单位应当设置"坏账准备"账户，并分别按应收账款和其他应收款进行明细核算。本账户期末贷方余额，反映事业单位提取的坏账准备金额。坏账准备的主要账务处理如下：

提取坏账准备时，借记"其他费用"账户，贷记"坏账准备"账户；冲减坏账准备时，借记"坏账准备"账户，贷记"其他费用"账户。

（2）事业单位核销收回后不需要上缴财政的应收账款。经批准核销无法收回的应收账款时，借记"坏账准备"账户，贷记"应收账款"账户。

已核销的应收账款在以后期间又收回的，按照实际收回金额，借记"应收账款"账户，贷记"坏账准备"账户；同时，借记"银行存款"等账户，贷记"应收账款"账户。

（3）政府单位经批准核销其他应收款。按照批准核销的金额，事业单位借记"坏账准备"账户，贷记"其他应收款"账户；行政单位借记"资产处置费用"账户，贷记"其他应收款"账户。

已核销的其他应收款在以后期间又收回的，按照实际收回金额：事业单位借记"其他应收款"账户，贷记"坏账准备"账户；同时，借记"银行存款"等账户，贷记"其他应收款"账户。行政单位借记"银行存款"等账户，贷记"其他收入"账户。

（4）政府单位经批准核销收回后需要上缴财政的应收账款。应收账款收回后需要上缴财政的，政府单位按照批准核销的金额，借记"应缴财政款"账户，贷记"应收账款"账户。已核销的应收账款在以后期间又收回的，按照实际收回金额，借记"银行存款"

等账户，贷记"应缴财政款"账户。

（5）政府单位预付账款不再符合预付款项性质，或者因供应单位破产、撤销等原因可能无法收到所购货物、服务的，将预付账款账面余额转入其他应收款，借记"其他应收款"账户，贷记"预付账款"账户。

[例5-19] 12月15日，某事业单位对应收账款进行清查，确实无法收回的应收账款45 000元（收回后不需要上缴财政的应收账款35 000元，收回后需要上缴财政的应收账款10 000元），确实无法收回的其他应收款4 000元，按规定程序向财政部门申请核销。12月20日，财政部门批准核销上述无法收回的应收款项。根据应收款项清查明细表和财政部门的批复等单据填制记账凭证，财务会计分录为：

（1）核销收回后不需上缴财政的应收账款和其他应收款

借：坏账准备——应收账款   35 000

     坏账准备——其他应收款   4 000

     贷：应收账款——×××   35 000

         其他应收款——×××   4 000

（2）核销收回后需要上缴财政的应收账款

借：应缴财政款   10 000

     贷：应收账款——×××   10 000

[例5-20] 12月31日，某事业单位对应收账款和其他应收款进行清查，结果如下：

（1）年末，收回后不需要上缴财政的应收账款余额550 000元，其中：账龄3年以上（含3年）的余额250 000元，账龄1~3年（含1年不含3年）的余额200 000元，账龄1年以下（不含1年）的余额100 000元。

（2）年末，其他应收款余额80 000元，其中：账龄3年以上（含3年）的余额30 000元，账龄1~3年（含1年不含3年）的余额20 000元，账龄1年以下（不含1年）的余额30 000元。

（3）年末，"坏账准备——应收账款"账户贷方余额30 000元，"坏账准备——其他应收款"账户借方余额2 000元。

该事业单位采用余额百分比法计提坏账准备，其中：账龄3年以上（含3年）的按20%计提，账龄1~3年（含1年不含3年）的按10%计提，账龄1年以下（不含1年）的按5%计提。根据清查结果该事业单位应当计提的坏账准备为：

（1）应收账款应补提（冲减）坏账准备 = 250 000×20%+200 000×10%+100 000×5%－30 000 = 45 000（元）。

（2）其他应收款应补提（冲减）坏账准备 = 30 000×20%+20 000×10%+30 000×5%+2 000 = 11 500（元）。

根据应补提坏账准备计算结果填制记账凭证，财务会计分录为：

借：其他费用——坏账准备   56 500

     贷：坏账准备——应收账款   45 000

         坏账准备——其他应收款   11 500

（三）应收款项核销业务"平行记账"方法

应收款项核销业务"平行记账"方法见表 5-13。

表 5-13 应收款项核销业务"平行记账"方法

经济业务活动	财务会计分录	预算会计分录
1. 事业单位计提坏账准备（冲销做相反分录）	借：其他费用 　　贷：坏账准备	—
2. 经批准核销应收款项（收回后不需要上缴财政）	（1）事业单位核销应收款项 借：坏账准备 　　贷：应收账款/其他应收款	—
	（2）行政单位核销其他应收款 借：资产处置费用 　　贷：其他应收款	—
3. 已核销的应收款项（收回后不需要上缴财政）以后期间又收回	（1）事业单位 借：应收账款/其他应收款 　　贷：坏账准备 同时 借：银行存款 　　贷：应收账款/其他应收款	借：资金结存——货币资金等 　　贷：非财政拨款结余等［收回应收账款］ 　　　　其他预算收入［收回其他应收款］
	（2）行政单位 借：银行存款等 　　贷：其他收入	借：资金结存——货币资金 　　贷：其他预算收入

第四节 存 货

存货是指政府单位在开展业务活动及其他活动中为耗用或出售而储存的资产，如材料、产品、包装物和低值易耗品等，以及未达到固定资产标准的用具、装具、动植物等。

一、存货管理

政府会计准则第 1 号——存货

存货与固定资产相比较，其特点在于：

（1）使用期限较短。

（2）在使用过程中大部分要改变原来的实物形态。

（3）其价值大都在使用过程中一次全部消耗掉。

单位应当从以下几方面加强存货管理：

（1）明确相关部门和岗位的职责权限，对存货实施归口管理，落实存货的计划、采购、保管、领发和使用责任。有危险性或有保密等特殊要求的资产，应当指定专人保管、专人使用，并规定严格的接触限制条件和审批程序。

（2）建立存货台账，及时登记存货的入库、发出信息。定期清查盘点存货资产，确保账实相符。财会、存货管理和使用等部门或岗位应当定期对账，发现不符的，应当及时查明原因，并按照相关规定处理。

（3）建立和完善存货定额管理制度。为保证工作正常进行，政府单位需要储备一定数量的材料。但如果库存过大，势必造成占用预算资金过多，直接影响资金周转；库存不足，又会影响工作任务的完成或事业发展。因此，储备库存材料应当按照既保证需要又节约资金的原则，逐步建立材料储备定额和主要材料的消耗定额，实行定额管理。

（4）做好存货统计、报告、分析工作，对存货资产实行动态管理。

单位接受委托人的委托代管或需转赠给指定受赠人的物资，应作为"受托代理资产"进行管理和核算。

单位随买随用的办公用品，按购入数额直接计入当期费用，不作为本单位的存货管理。

二、存货的确认与计量

（一）存货确认条件

存货同时满足下列条件的，应当予以确认：

（1）与该存货相关的服务潜力很可能实现或者经济利益很可能流入会计主体。

（2）该存货的成本或者价值能够可靠地计量。

（二）取得存货时初始计量

存货在取得时应当按照成本进行初始计量：

（1）单位购入的存货，其成本包括购买价款、相关税费、运输费、装卸费、保险费以及使得存货达到目前场所和状态所发生的归属于存货成本的其他支出。

（2）单位自行加工的存货，其成本包括耗用的直接材料费用、发生的直接人工费用和按照一定方法分配的与存货加工有关的间接费用。

（3）委托加工的存货，其成本包括委托加工前存货成本、委托加工的成本（如委托加工费以及按规定应计入委托加工存货成本的相关税费等）以及使存货达到目前场所和状态所发生的归属于存货成本的其他支出。

下列各项应当在发生时确认为当期费用，不计入存货成本：① 非正常消耗的直接材料、直接人工和间接费用。② 仓储费用（不包括在加工过程中为达到下一个加工阶段所必需的费用）。③ 不能归属于使存货达到目前场所和状态所发生的其他支出。

（4）单位通过置换取得的存货，其成本按照换出资产的评估价值，加上支付的补价或减去收到的补价，加上为换入存货发生的其他相关支出确定。

（5）单位接受捐赠的存货，其成本按照有关凭据注明的金额加上相关税费、运输费等确定；没有相关凭据可供取得，但按规定经过资产评估的，其成本按照评估价值加上相关税费、运输费等确定；没有相关凭据可供取得也未经资产评估的，其成本比照同类或类似资产的市场价格加上相关税费、运输费等确定；没有相关凭据且未经资产评估，同类或类似资产的市场价格也无法可靠取得的，按照名义金额入账，相关税费、运输费等计入当期费用。

（6）单位无偿调入的存货，其成本按照调出方账面价值加上相关税费、运输费等确定。

（7）单位盘盈的存货，按规定经过资产评估的，其成本按照评估价值确定；未经资产评估的，其成本按照重置成本确定。

（三）发出存货计价

政府单位应当根据实际情况采用先进先出法、加权平均法或者个别计价法确定发出存货的实际成本。计价方法一经确定，不得随意变更。

1. 先进先出法

先进先出法是假定先购进的材料先消耗，日常发出材料的价格按库存材料中最先购进的那批材料的单价计价的一种方法。收入材料时要逐笔登记购进的每一批材料的数量、单价和金额；发出时按先进先出的原则确定单价，逐笔登记材料发出和结存金额。

[例5-21] 某事业单位A材料采用先进先出法对发出的材料进行计价。12月初，A材料库存30千克，单价4元。12月当月发生下列A材料的购进和发出业务：

（1）8日，购入A材料150千克，单价5元。

（2）10日，发出A材料150千克。

（3）15日，购进A材料200千克，单价6元。

（4）18日，发出A材料180千克。

根据以上资料，登记12月份A材料明细账如表5-14所示。

表5-14　材料明细账

材料类别　　　　　　　　　　　　　　　　　　　　　　　　　　　计量单位：千克

材料编号：　　　　　　　　　　　　　　　　　　　　　　　　　　材料名称：A材料

20×9年		凭证编号	摘要	收入			发出			结存		
月	日			数量	单价	金额	数量	单价	金额	数量	单价	金额
12	1	略	期初							30	4	120
	8		购入	150	5	750				30 150	4 5	120 750
	10		发出				30 120	4 5	120 600	30	5	150
	15		购入	200	6	1 200				30 200	5 6	150 1 200
	18		发出				30 150	5 6	150 900	50	6	300
	31		合计	350	—	1 950	330	—	1 770	50	6	300

计算 12 月发出和结存材料的成本：

（1）12 月 10 日，发出材料 150 千克。

当日发出材料的成本＝30×4+120×5＝720（元）

（2）12 月 18 日，发出材料 180 千克。

当日发出材料的成本＝30×5+150×6＝1 050（元）

（3）12 月 31 日，结存材料 50 千克。

月末，结存材料的成本＝50×6＝300（元）

2. 加权平均法

加权平均法是按各批材料的平均成本进行计价的方法。以本月初累计的库存材料金额与本月购入材料金额之和除以月初库存材料数量与本月购入材料数量之和，求得材料加权平均单价，作为本月领用材料和结存材料的计价标准。用公式表示如下：

某种材料加权平均单价＝（月初该种材料结存金额+本月购入该种材料的金额）÷（月初该种材料的结存数量+本月购入该种材料的数量）

[例 5-22] 某事业单位 B 材料采用加权平均法对发出的材料进行计价。12 月，B 材料明细账如表 5-15 所示。

表 5-15　材料明细账

材料类别　　　　　　　　　　　　　　　　　　　　　　　　计量单位：千克
材料编号：　　　　　　　　　　　　　　　　　　　　　　　材料名称：B 材料

| 20×9 年 | | 凭证编号 | 摘要 | 收入 | | | 发出 | | | 结存 | | |
月	日			数量	单价	金额	数量	单价	金额	数量	单价	金额
12	1	略	期初							30	4	120
	8		购入	150	5	750						
	10		发出				150					
	15		购入	170	6	1 020						
	18		发出				150					
	31		合计	320		1 770	300	5.4	1 620	50	5.4	270

计算 12 月发出材料的成本：

12 月该材料的加权平均单价＝（120+1 770）÷（30+320）＝5.4（元）

12 月发出材料的加权平均成本＝300×5.4＝1 620（元）

12 月末结存材料的成本＝50×5.4＝270（元）

3. 个别计价法

个别计价法亦称个别认定法，是把每一种存货的实际成本作为计算发出存货成本和期末存货成本的方法。

对于性质和用途相似的存货，应当采用相同的成本计价方法确定发出存货的成本。对于不能替代使用的存货、为特定项目专门购入或加工的存货，通常采用个别计价法确定发出存货的成本。

三、存货核算

（一）存货核算要求

（1）对于已发出的存货，应当将其成本结转为当期费用或者计入相关资产成本。按规定报经批准对外捐赠、无偿调出的存货，应当将其账面余额予以转销，对外捐赠、无偿调出中发生的归属于捐出方、调出方的相关费用应当计入当期费用。对低值易耗品、包装物应当采用一次转销法或者五五摊销法进行摊销，将其成本计入当期费用或者相关资产成本。

（2）对于发生的存货毁损，应当将存货账面余额转销计入当期费用，并将毁损存货处置收入扣除相关处置税费后的差额按规定作应缴款项处理（差额为净收益时）或计入当期费用（差额为净损失时）。存货盘亏造成的损失，按规定报经批准后应当计入当期费用。

（3）单位存货的核算应当由财务部门和存货管理部门同时进行。会计部门应当对存货按"在途物品""库存物品""加工物品"进行总分类核算，登记存货的收入、发出、结存金额；存货管理部门负责存货明细账的会计核算，登记存货收入、发出、结存的数量和金额。单位对出租、出借的存货，应当设置备查簿进行登记。

（二）在途物品账务处理

单位应当设置"在途物品"账户，核算单位采购材料等物资时货款已付或已开出商业汇票但尚未验收入库的在途物品的采购成本。本账户可按照供应单位和物品种类进行明细核算。期末借方余额，反映单位在途物品的采购成本。

在途物品的主要账务处理如下：

（1）单位购入材料等物品，按照确定的物品采购成本的金额，借记"在途物品"账户，按照实际支付的金额，贷记"财政拨款收入""零余额账户用款额度""银行存款"等账户。涉及增值税业务的，参见"应交增值税"的账务处理。

（2）所购材料等物品到达验收入库，按照确定的库存物品成本金额，借记"库存物品"账户，按照物品采购成本金额，贷记"在途物品"账户，按照使得入库物品达到目前场所和状态所发生的其他支出，贷记"银行存款"等账户。

[例5-23] 12月10日，某事业单位向A公司采购一批材料，通过财政授权支付的方式支付采购价款25 000元，材料尚未验收入库。根据相关原始单据填制记账凭证，财务会计分录为：

借：在途物品——××材料　　　　　　　　　　　　　　　　25 000
　　贷：零余额账户用款额度　　　　　　　　　　　　　　　　　　25 000

同时，预算会计分录为：

借：事业支出——商品和服务支出　　　　　　　　　　　　　25 000
　　贷：资金结存——零余额账户用款额度　　　　　　　　　　　　25 000

（三）库存物品账务处理

单位应当设置"库存物品"账户，并按库存物品的种类、规格、保管地点等进行明细核算。本账户核算单位在开展业务活动及其他活动中为耗用或出售而储存的各种材料、产品、包装物、低值易耗品，以及达不到固定资产标准的用具、装具、动植物等的成本。已完成的测绘、地质勘察、设计成果等的成本，也通过本账户核算。单位随买随用的零星办公用品，可以在购进时直接列作费用，不通过本账户核算。单位控制的政府储备物资，应当通过"政府储备物资"账户核算，不通过本账户核算。单位受托存储保管的物资和受托转赠的物资，应当通过"受托代理资产"账户核算，不通过本账户核算。单位为在建工程购买和使用的材料物资，应当通过"工程物资"账户核算，不通过本账户核算。单位储存的低值易耗品、包装物较多的，可以在本账户（低值易耗品、包装物）下按照"在库""在用"和"摊销"等进行明细核算。本账户期末借方余额，反映单位库存物品的实际成本。

1. 取得库存物品的账务处理

单位取得的库存物品，应当按照其取得时的成本入账。

（1）外购的库存物品验收入库，按照确定的成本，借记"库存物品"账户，贷记"财政拨款收入""零余额账户用款额度""银行存款""应付账款""在途物品"等账户。涉及增值税业务的，参见"应交增值税"的账务处理。

（2）接受捐赠的库存物品验收入库，按照确定的成本，借记"库存物品"账户，按照发生的相关税费、运输费等，贷记"银行存款"等账户，按照其差额，贷记"捐赠收入"账户。接受捐赠的库存物品按照名义金额入账的，按照名义金额，借记"库存物品"账户，贷记"捐赠收入"账户；同时，按照发生的相关税费、运输费等，借记"其他费用"账户，贷记"银行存款"等账户。

（3）无偿调入的库存物品验收入库，按照确定的成本，借记"库存物品"账户，按照发生的相关税费、运输费等，贷记"银行存款"等账户，按照其差额，贷记"无偿调拨净资产"账户。

（4）置换换入的库存物品验收入库，按照确定的成本，借记"库存物品"账户，按照换出资产的账面余额，贷记相关资产账户（换出资产为固定资产、无形资产的，还应当借记"固定资产累计折旧""无形资产累计摊销"账户），按照置换过程中发生的其他相关支出，贷记"银行存款"等账户，按照借贷方差额，借记"资产处置费用"账户或贷记"其他收入"账户。涉及补价的，分别以下情况处理：

支付补价的，按照确定的成本，借记"库存物品"账户，按照换出资产的账面余额，贷记相关资产账户（换出资产为固定资产、无形资产的，还应当借记"固定资产累计折旧""无形资产累计摊销"账户），按照支付的补价和置换过程中发生的其他相关支出，贷记"银行存款"等账户，按照借贷方差额，借记"资产处置费用"账户或贷记"其他收入"账户。

收到补价的，按照确定的成本，借记"库存物品"账户，按照收到的补价，借记"银行存款"等账户，按照换出资产的账面余额，贷记相关资产账户（换出资产为固定资产、无形资产的，还应当借记"固定资产累计折旧""无形资产累计摊销"账户），按照置换过程中发生的其他相关支出，贷记"银行存款"等账户，按照补价扣减其他相关支出后的净收入，贷记"应缴财政款"账户，按照借贷方差额，借记"资产处置费用"账户或贷记"其他收入"账户。

[例5-24] 某事业单位为增值税一般纳税人，12月发生下列经济业务：

1.6日，外购材料一批，通过财政直接支付（当年直接支付）方式支付材料采购价款56 500元，当日收到材料并验收入库（取得的增值税专用发票上注明该批材料的增值税进项税额6 500元）。根据相关原始单据填制记账凭证，财务会计分录为：

借：库存物品——××材料   50 000
  应交增值税——应交税金（进项税额） 6 500
  贷：财政拨款收入   56 500

同时，预算会计分录为：

借：事业支出——商品和服务支出   56 500
  贷：财政拨款预算收入   56 500

2.15日，经批准，使用本单位一台闲置不用的专用设备与B单位置换一批库存物品。该专用设备的账面余额300 000元，累计已计提折旧200 000元，设备评估价值120 000元，该事业单位通过财政授权支付的方式支付补价40 000元，通过银行转账方式支付材料运杂费2 600元。材料已验收入库。根据相关原始单据填制记账凭证，财务会计分录为：

该批换入库存物品的初始成本＝换出设备的评估价值120 000元＋支付的补价40 000元＋支付的运杂费2 600元＝162 600（元）

借：库存物品——××材料   162 600
  固定资产累计折旧   200 000
  贷：固定资产   300 000
    零余额账户用款额度   40 000
    银行存款   2 600
    其他收入   20 000

同时，预算会计分录为：

借：事业支出——商品和服务支出   42 600
  贷：资金结存——零余额账户用款额度 40 000
      ——货币资金   2 600

假设，本例中不是支付补价40 000元，而是收到B单位的补价40 000元。则该批换入库存物品的初始成本＝换出设备的评估价值120 000元－收到的补价40 000元＋支付的运杂费2 600元＝82 600（元）；收到的补价中属于应缴财政款的金额＝收到的补价40 000元－支付的运杂费2 600元＝37 400（元）。财务会计分录为：

借：库存物品——××材料   82 600
  固定资产累计折旧   200 000
  银行存款   40 000

资产处置费用	17 400
贷：固定资产	300 000
银行存款	2 600
应缴财政款	37 400

2. 发出库存物品的账务处理

（1）单位开展业务活动等领用、按照规定自主出售发出或加工发出库存物品，按照领用、出售等发出物品的实际成本，借记"业务活动费用""单位管理费用""经营费用""加工物品"等账户，贷记"库存物品"账户。采用一次转销法摊销低值易耗品、包装物的，在首次领用时将其账面余额一次性摊销计入有关成本费用，借记有关账户，贷记"库存物品"账户。采用五五摊销法摊销低值易耗品、包装物的，首次领用时，将其账面余额的50%摊销计入有关成本费用，借记有关账户，贷记"库存物品"账户；使用完时，将剩余的账面余额转销计入有关成本费用，借记有关账户，贷记"库存物品"账户。

（2）经批准对外出售的库存物品（不含可自主出售的库存物品）发出时，按照库存物品的账面余额，借记"资产处置费用"账户，贷记"库存物品"账户；同时，按照收到的价款，借记"银行存款"等账户，按照处置过程中发生的相关费用，贷记"银行存款"等账户，按照其差额，贷记"应缴财政款"账户。

（3）经批准对外捐赠的库存物品发出时，按照库存物品的账面余额和对外捐赠过程中发生的归属于捐出方的相关费用合计数，借记"资产处置费用"账户，按照库存物品账面余额，贷记"库存物品"账户，按照对外捐赠过程中发生的归属于捐出方的相关费用，贷记"银行存款"等账户。

（4）经批准无偿调出的库存物品发出时，按照库存物品的账面余额，借记"无偿调拨净资产"账户，贷记"库存物品"账户；同时，按照无偿调出过程中发生的归属于调出方的相关费用，借记"资产处置费用"账户，贷记"银行存款"等账户。

（5）经批准置换换出的库存物品，参照本账户有关置换换入库存物品的规定进行账务处理。

[例5-25] 承例5-22，事业单位发出材料账务处理举例：

根据例5-22中12月的材料明细账，本月发出B材料的实际成本=1 620（元）。

编制"发出材料汇总表"（见表5-16），连同领料单送会计部门，经会计部门审核无误后据以编制记账凭证，登记总账。

表5-16　发出材料汇总表

（××年12月31日）

材料编号	材料名称	单位	单价	业务领用		调出		合计	
×××	B材料	千克	5.4	300	1 620			300	1 620
					1 620				1 620

假定12月发出的B材料均为业务部门领用，则结转发出材料成本时的财务会计分录为：

借：业务活动费用——商品和服务费用　　　　　　　　　　　　1 620

　　贷：库存物品——B 材料　　　　　　　　　　　　　　　　　　　1 620

🔔 [例 5-26] 某事业单位对外捐赠、无偿调出存货账务处理举例：

1. 经批准将乙材料 200 千克捐赠给受灾地区，材料账面价值为 8 000 元，银行转账支付捐赠材料的运费 600 元。根据材料出库单、捐赠审批单和转账支票收账通知单等单据填制记账凭证，财务会计分录为：

借：资产处置费用——对外捐赠资产　　　　　　　　　　　　　8 600

　　贷：库存物品——乙材料　　　　　　　　　　　　　　　　　　8 000

　　　　银行存款　　　　　　　　　　　　　　　　　　　　　　　 600

同时，预算会计分录为：

借：其他支出　　　　　　　　　　　　　　　　　　　　　　　　600

　　贷：资金结存——货币资金　　　　　　　　　　　　　　　　　　600

2. 经批准将丙材料 100 千克调拨给某事业单位，材料账面价值为 4 000 元，通过财政授权支付方式支付运费 300 元。根据材料出库单、调拨审批单和授权支付转账通知单等单据填制记账凭证，财务会计分录为：

借：无偿调拨净资产　　　　　　　　　　　　　　　　　　　　4 000

　　贷：库存物品——丙材料　　　　　　　　　　　　　　　　　　4 000

同时：

借：资产处置费用——无偿调拨资产　　　　　　　　　　　　　 300

　　贷：零余额账户用款额度　　　　　　　　　　　　　　　　　　 300

同时，预算会计分录为：

借：其他支出　　　　　　　　　　　　　　　　　　　　　　　　300

　　贷：资金结存——零余额账户用款额度　　　　　　　　　　　　 300

（四）加工物品账务处理

单位应当设置"加工物品"账户，核算单位自制或委托外单位加工的各种物品的实际成本。未完成的测绘、地质勘察、设计成果的实际成本，也通过"加工物品"账户核算。本账户应当设置"自制物品""委托加工物品"两个一级明细账户，并按照物品类别、品种、项目等设置明细账，进行明细核算。本账户"自制物品"一级明细账户下应当设置"直接材料""直接人工""其他直接费用"等二级明细账户归集自制物品发生的直接材料、直接人工（专门从事物品制造人员的人工费）等直接费用；对于自制物品发生的间接费用，应当在本账户"自制物品"一级明细账户下单独设置"间接费用"二级明细账户予以归集，期末，再按照一定的分配标准和方法，分配计入有关物品的成本。

加工物品的主要账务处理如下：

1. 自制物品

（1）为自制物品领用材料等，按照材料成本，借记"加工物品"账户（自制物品——直接材料），贷记"库存物品"账户。

（2）专门从事物品制造的人员发生的直接人工费用，按照实际发生的金额，借记

"加工物品"账户（自制物品——直接人工），贷记"应付职工薪酬"账户。

（3）为自制物品发生的其他直接费用，按照实际发生的金额，借记"加工物品"账户（自制物品——其他直接费用），贷记"零余额账户用款额度""银行存款"等账户。

（4）为自制物品发生的间接费用，按照实际发生的金额，借记"加工物品"账户（自制物品——间接费用），贷记"零余额账户用款额度""银行存款""应付职工薪酬""固定资产累计折旧""无形资产累计摊销"等账户。间接费用一般按照生产人员工资、生产人员工时、机器工时、耗用材料的数量或成本、直接费用（直接材料和直接人工）或产品产量等进行分配。单位可根据具体情况自行选择间接费用的分配方法。分配方法一经确定，不得随意变更。

（5）已经制造完成并验收入库的物品，按照所发生的实际成本（包括耗用的直接材料费用、直接人工费用、其他直接费用和分配的间接费用），借记"库存物品"账户，贷记"加工物品"账户（自制物品）。

2. 委托加工物品

（1）发给外单位加工的材料等，按照其实际成本，借记"加工物品"账户（委托加工物品），贷记"库存物品"账户。

（2）支付加工费、运输费等费用，按照实际支付的金额，借记"加工物品"账户（委托加工物品），贷记"零余额账户用款额度""银行存款"等账户。涉及增值税业务的，参见"应交增值税"的账务处理。

（3）委托加工完成的材料等验收入库，按照加工前发出材料的成本和加工、运输成本等，借记"库存物品"等账户，贷记"加工物品"账户（委托加工物品）。

四、存货清查盘点

（1）存货清查盘点的要求。存货清查，是指通过对存货实地盘点，确定存货的实有数量，并与账面结存数量进行核对，从而确定存货实存数与账面结存数是否一致的专门方法。单位应当定期对库存物品进行清查盘点，每年至少盘点一次。对于发生的库存物品盘盈、盘亏或者报废、毁损，应当先记入"待处理财产损溢"账户，按照规定报经批准后及时进行后续账务处理。

（2）盘盈存货的成本计量。盘盈的库存物品，其成本按照有关凭据注明的金额确定；没有相关凭据但按照规定经过资产评估的，其成本按照评估价值确定；没有相关凭据也未经过评估的，其成本按照重置成本确定。如无法采用上述方法确定盘盈的库存物品成本的，按照名义金额入账。

（3）存货清查盘点的账务处理。① 盘盈的库存物品，按照确定的入账成本，借记"库存物品"账户，贷记"待处理财产损溢"账户。② 盘亏或者毁损、报废的库存物品，按照待处理库存物品的账面余额，借记"待处理财产损溢"账户，贷记"库存物品"账户。属于增值税一般纳税人的单位，若因非正常原因导致的库存物品盘亏或毁损，还应当将与该库存物品相关的增值税进项税额转出，按照其增值税进项税额，借记"待处理财产损溢"账户，贷记"应交增值税——应交税金（进项税额转出）"账户。

存货清查盘点和处置业务的实务举例参见"资产处置费用"和"待处理财产损溢"的账务处理。

五、存货业务"平行记账"方法

存货业务"平行记账"方法见表5-17。

表5-17 存货业务"平行记账"方法

经济业务活动	财务会计分录	预算会计分录
一、取得存货业务的平行记账方法		
1. 外购存货	借：在途物品/库存物品等 贷：财政拨款收入/财政应返还额度/零余额账户用款额度/银行存款/应付账款等	借：行政支出/事业支出/经营支出等［实际支付的金额］ 贷：财政拨款预算收入/资金结存
2. 接受捐赠的存货	借：库存物品［按照确定的成本］ 贷：银行存款等［相关税费］ 捐赠收入	借：其他支出［实际支付的相关税费］ 贷：资金结存
3. 无偿调入的存货	借：库存物品［按照确定的成本］ 贷：银行存款等［相关税费］ 无偿调拨净资产	借：其他支出［实际支付的相关税费］ 贷：资金结存
4. 置换取得的存货	（1）支付补价的 借：库存物品［换出资产评估价值+其他相关支出+补价］ 固定资产累计折旧/无形资产累计摊销 资产处置费用［借差］ 贷：库存物品/固定资产/无形资产等［账面余额］ 银行存款等［其他相关支出+补价］ 其他收入［贷差］	借：其他支出［实际支付的补价和其他相关支出］ 贷：资金结存
	（2）收到补价的 借：库存物品［换出资产评估价值+其他相关支出-补价］ 银行存款等［补价］ 固定资产累计折旧/无形资产累计摊销 资产处置费用［借差］ 贷：库存物品/固定资产/无形资产等［账面余额］ 银行存款等［其他相关支出］ 应缴财政款［补价-其他相关支出］ 其他收入［贷差］	借：其他支出［其他相关支出大于收到的补价的差额］ 贷：资金结存

经济业务活动	财务会计分录	预算会计分录
5. 接受捐赠、无偿调入名义价值入账的存货	借：库存物品［名义金额］ 　　贷：捐赠收入［接受捐赠］ 　　　　无偿调拨净资产［无偿调入］	—
	借：其他费用［发生的相关税费］ 　　贷：银行存款等	借：其他支出 　　贷：资金结存
6. 自行加工或委托加工存货	（1）自行加工或委托加工发出材料 借：加工物品 　　贷：库存物品	—
	（2）加工物品发生费用 借：加工物品 　　贷：财政拨款收入/零余额账户用款额度/银行存款/应付职工薪酬等	借：事业支出/经营支出等［实际支付金额］ 　　贷：财政拨款预算收入/资金结存
	（3）加工物品验收入库 借：库存物品 　　贷：加工物品	—
二、发出存货业务的平行记账方法		
1. 开展业务活动发出库存物品	借：业务活动费用/单位管理费用/经营费用/加工物品等 　　贷：库存物品［按照领用、发出成本］	—
2. 对外捐赠发出库存物品	借：资产处置费用 　　贷：库存物品［账面余额］ 　　　　银行存款［归属于捐出方的相关费用］	借：其他支出［实际支付的相关费用］ 　　贷：资金结存
3. 无偿调出发出库存物品	借：无偿调拨净资产 　　贷：库存物品［账面余额］ 借：资产处置费用 　　贷：银行存款等［归属于调出方的相关费用］	借：其他支出［实际支付的相关费用］ 　　贷：资金结存
4. 出售或转让库存物品	借：资产处置费用 　　贷：库存物品［账面余额］ 借：银行存款等［收到的价款］ 　　贷：银行存款等［发生的相关税费］ 　　　　应缴财政款	—
三、库存物品的盘点业务平行记账参见"待处理财产损溢"业务处理		

第五节　固定资产

固定资产是指政府单位为满足自身开展业务活动或其他活动需要而控制的，使用年限超过 1 年（不含 1 年）、单位价值在规定标准以上，并在使用过程中基本保持原有物质形态的资产，一般包括房屋及构筑物、专用设备、通用设备等。单位价值虽未达到规定标准，但是使用年限超过 1 年（不含 1 年）的大批同类物资，如图书、家具、用具、装具等，应当确认为固定资产。

一、固定资产分类

政府会计准则第 3 号——固定资产

（一）固定资产分类国家标准

根据国家标准《固定资产分类与代码》（GB/T 14885-2010），固定资产具体分类如表 5-18 所示：

表 5-18　固定资产分类

资产分类名称	资产分类名称	资产分类名称
一、土地、房屋及构筑物	计量标准器具及量具、衡器	纺织设备
土地、海域及无居民海岛	三、专用设备	缝纫、服饰、制革和毛皮加工设备
房屋	探矿、采矿、选矿和造矿设备	
构筑物	石油天然气开采专用设备	造纸和印刷机械
二、通用设备	石油和化学工业专用设备	化学药品和中药专用设备
计算机设备及软件	炼焦和金属冶炼轧制设备	医疗设备
办公设备	电力工业专用设备	电工、电子专用生产设备
车辆	非金属矿物制品工业专用设备	安全生产设备
图书档案设备	核工业专用设备	邮政专用设备
机械设备	航空航天工业专用设备	环境污染防治设备
电气设备	工程机械	公安专用设备
雷达、无线电和卫星导航设备	农业和林业机械	水工机械
	木材采集和加工设备	殡葬设备及用品
通信设备	食品加工专用设备	铁路运输设备
广播、电视、电影设备	饮料加工设备	水上交通运输设备
仪器仪表	烟草加工设备	航空器及其配套设备
电子和通信测量仪器	粮油作物和饲料加工设备	专用仪器仪表

续表

资产分类名称	资产分类名称	资产分类名称
文艺设备	陈列品	被服装具
体育设备	五、图书、档案	特种用途动物
娱乐设备	图书、档案	特种用途植物
四、文物和陈列品	六、家具、用具、装具及动植物	
文物	家具用具	

（二）固定资产管理分类

政府单位的固定资产种类较多，为了加强固定资产管理，便于组织会计核算，应当对其进行科学、合理的分类。在日常财务和资产管理工作中常用的分类方法主要包括：

1. 按经济用途分类

固定资产按经济用途分类，可分为房屋及构筑物；专用设备；通用设备；文物和陈列品；图书、档案；家具、用具、装具及动植物六类。

2. 按使用情况分类

固定资产按使用情况，可分为在用固定资产和非在用固定资产。在用固定资产，按使用方向又可分为单位自用固定资产和出租、出借固定资产；按其使用属性又可分为非经营性固定资产和经营性固定资产。

二、固定资产管理

《政府会计准则第 3 号——固定资产》应用指南

单位固定资产管理活动，应当坚持资产管理与预算管理相结合、资产管理与财务管理相结合、实物管理与价值管理相结合的原则。

（一）资产配置管理

资产配置应当符合规定的配置标准；没有规定配置标准的，应当从严控制，合理配置。经同级财政部门或主管部门批准的资产购置计划，单位应当列入年度部门预算。购置纳入政府采购范围的资产，应当按照国家有关政府采购的规定执行。

（二）资产使用管理

单位应当建立健全资产保管、使用等内部管理制度，对固定资产进行定期清查，做到账账、账卡、账实相符。政府单位出租、出借固定资产，事业单位利用国有资产对外投资或担保等，应当进行必要的可行性论证，经主管部门审核同意后，报同级财政部门审批。行政单位不得利用国有资产对外投资、担保。单位应当对本单位用于对外投资、出租和出借的资产实行专项管理，并在单位财务会计报告中对相关信息进行充分披露。

（三）资产处置管理

资产处置，是指单位国有资产产权的转移及核销，包括各类国有资产的无偿转让、出售、置换、报损、报废等。处置国有资产，应当严格履行审批手续，未经批准不得自行处置。处置应当按照公开、公正、公平的原则进行。资产的出售与置换应当采取拍卖、招投标、协议转让及国家法律、行政法规规定的其他方式进行。国有资产处置的变价收入和残值收入，按照政府非税收入管理的规定执行。

（四）资产产权登记

国有资产产权登记是国家对单位占有、使用的国有资产进行登记，依法确认国家对国有资产的所有权和单位对国有资产的占有、使用权的行为。政府单位应当向同级财政部门或者经同级财政部门授权的主管部门申报、办理产权登记。

三、固定资产确认

（一）固定资产的确认条件

固定资产同时满足下列条件的，应当予以确认：

（1）与该固定资产相关的服务潜力很可能实现或者经济利益很可能流入会计主体。

（2）该固定资产的成本或者价值能够可靠地计量。

（二）固定资产确认时点

通常情况下，购入、换入、接受捐赠、无偿调入不需安装的固定资产，在固定资产验收合格时确认；购入、换入、接受捐赠、无偿调入需要安装的固定资产，在固定资产安装完成交付使用时确认；自行建造、改建、扩建的固定资产，在建造完成交付使用时确认。

（三）确认固定资产时应当考虑的情况

（1）固定资产的各组成部分具有不同使用年限或者以不同方式为单位实现服务潜力或提供经济利益，适用不同折旧率或折旧方法且可以分别确定各自原价的，应当分别将各组成部分确认为单项固定资产。

（2）应用软件构成相关硬件不可缺少的组成部分的，应当将该软件的价值包括在所属的硬件价值中，一并确认为固定资产；不构成相关硬件不可缺少的组成部分的，应当将该软件确认为无形资产。

（3）购建房屋及构筑物时，不能分清购建成本中的房屋及构筑物部分与土地使用权部分的，应当全部确认为固定资产；能够分清购建成本中的房屋及构筑物部分与土地使用权部分的，应当将其中的房屋及构筑物部分确认为固定资产，将其中的土地使用权部分确认为无形资产。

（四）固定资产在使用过程中后续支出的确认

固定资产在使用过程中发生的后续支出，符合固定资产确认条件的，应当计入固定资产成本；不符合固定资产确认条件的，应当在发生时计入当期费用或者相关资产成本。将发生的固定资产后续支出计入固定资产成本的，应当同时从固定资产账面价值中扣除被替换部分的账面价值。

四、固定资产初始计量

固定资产在取得时应当按照成本进行初始计量。

（一）外购的固定资产

单位外购的固定资产，其成本包括购买价款、相关税费以及固定资产交付使用前所发生的可归属于该项资产的运输费、装卸费、安装费和专业人员服务费等。以一笔款项购入多项没有单独标价的固定资产，应当按照各项固定资产同类或类似资产市场价格的比例对总成本进行分配，分别确定各项固定资产的成本。

（二）自行建造的固定资产

单位自行建造的固定资产，其成本包括该项资产至交付使用前所发生的全部必要支出。在原有固定资产基础上进行改建、扩建、修缮后的固定资产，其成本按照资产账面价值加上改建、扩建、修缮发生的支出，再扣除固定资产被替换部分的账面价值后的金额确定。为建造固定资产借入的专门借款的利息，属于建设期间发生的，计入在建工程成本；不属于建设期间发生的，计入当期费用。已交付使用但尚未办理竣工决算手续的固定资产，应当按照估计价值入账，待办理竣工决算后再按实际成本调整原来的暂估价值。

（三）置换取得的固定资产

单位通过置换取得的固定资产，其成本按照换出资产的评估价值加上支付的补价或减去收到的补价，加上换入固定资产发生的其他相关支出确定。

（四）接受捐赠的固定资产

接受捐赠的固定资产，其成本按照有关凭据注明的金额加上相关税费、运输费等确定；没有相关凭据可供取得，但按规定经过资产评估的，其成本按照评估价值加上相关税费、运输费等确定；没有相关凭据可供取得也未经资产评估的，其成本比照同类或类似资产的市场价格加上相关税费、运输费等确定；没有相关凭据且未经资产评估、同类或类似资产的市场价格也无法可靠取得的，按照名义金额入账，相关税费、运输费等计入当期费用。如受赠的系旧的固定资产，在确定其初始入账成本时应当考虑该项资产的新旧程度。

（五）无偿调入的固定资产

单位无偿调入的固定资产，其成本按照调出方账面价值加上相关税费、运输费等确定。

（六）盘盈的固定资产

单位盘盈的固定资产，按规定经过资产评估的，其成本按照评估价值确定；未经资产评估的，其成本按照重置成本确定。

（七）融资租赁取得的固定资产

事业单位融资租赁取得的固定资产，其成本按照租赁协议或者合同确定的租赁价款、相关税费以及固定资产交付使用前所发生的可归属于该项资产的运输费、途中保险费、安装调试费等确定。

五、固定资产后续计量

（一）固定资产折旧

折旧是指在固定资产的预计使用年限内，按照确定的方法对应计的折旧额进行系统分摊。

1. 折旧额

固定资产应计的折旧额为其成本，计提固定资产折旧时不考虑预计净残值。

2. 折旧范围

除下列固定资产外，单位应当对固定资产计提折旧：

（1）文物和陈列品；

（2）动植物；

（3）图书、档案；

（4）单独计价入账的土地；

（5）以名义金额计量的固定资产。

单位应当对暂估入账的固定资产计提折旧，实际成本确定后不需调整原已计提的折旧额。

3. 折旧年限

单位应当根据相关规定以及固定资产的性质和使用情况，合理确定固定资产的使用年限。固定资产的使用年限一经确定，不得随意变更。确定固定资产使用年限，应当考虑下列因素：

（1）预计实现服务潜力或提供经济利益的期限；

（2）预计有形损耗和无形损耗；

（3）法律或者类似规定对资产使用的限制。

4. 折旧方法

单位一般应当采用年限平均法或者工作量法计提固定资产折旧。在确定固定资产的折旧方法时，应当考虑与固定资产相关的服务潜力或经济利益的预期实现方式。固定资产折旧方法一经确定，不得随意变更。

5. 折旧时点

固定资产应当按月计提折旧，并根据用途计入当期费用或者相关资产成本。当月增加的固定资产，当月开始计提折旧；当月减少的固定资产，当月不再计提折旧。固定资产提足折旧后，无论能否继续使用，均不再计提折旧；提前报废的固定资产，也不再补提折旧。已提足折旧的固定资产，可以继续使用的，应当继续使用，规范实物管理。

固定资产因改建、扩建或修缮等原因而延长其使用年限的，应当按照重新确定的固定资产的成本以及重新确定的折旧年限计算折旧额。

（二）固定资产处置

（1）单位按规定报经批准出售、转让固定资产或固定资产报废、毁损的，应当将固定资产账面价值转销计入当期费用，并将处置收入扣除相关处置税费后的差额按规定作应缴款项处理（差额为净收益时）或计入当期费用（差额为净损失时）。

（2）单位按规定报经批准对外捐赠、无偿调出固定资产的，应当将固定资产的账面价值予以转销，对外捐赠、无偿调出中发生的归属于捐出方、调出方的相关费用应当计入当期费用。

（3）单位按规定报经批准以固定资产对外投资的，应当将该固定资产的账面价值予以转销，并将固定资产在对外投资时的评估价值与其账面价值的差额计入当期收入或费用。

（4）固定资产盘亏造成的损失，按规定报经批准后应当计入当期费用。

六、固定资产核算

单位应当设置"固定资产"账户，并按照固定资产类别和项目进行明细核算。本账户期末借方余额，反映单位固定资产的原值。

固定资产核算时，应当考虑以下情况：

（1）购入需要安装的固定资产，应当先通过"在建工程"账户核算，安装完毕交付使用时再转入"固定资产"账户核算。

（2）以借入、经营租赁租入方式取得的固定资产，不通过"固定资产"账户核算，应当设置备查簿进行登记。

（3）采用融资租入方式取得的固定资产，通过"固定资产"账户核算，并在"固定资产"账户下设置"融资租入固定资产"明细账户。

（4）经批准在境外购买具有所有权的土地作为固定资产，通过"固定资产"账户核算；单位应当在"固定资产"账户下设置"境外土地"明细账户，进行相应明细核算。

（一）取得固定资产的账务处理

（1）购入不需安装的固定资产验收合格时，按照确定的固定资产成本，借记"固定资产"账户，贷记"财政拨款收入""零余额账户用款额度""应付账款""银行存款"等账户。购入需要安装的固定资产，在安装完毕交付使用前通过"在建工程"账户核算，安装完毕交付使用时再转入"固定资产"账户。

购入固定资产扣留质量保证金的，应当在取得固定资产时，按照确定的固定资产成本，借记"固定资产"账户［不需安装］或"在建工程"账户［需安装］，按照实际支付或应付的金额，贷记"财政拨款收入""零余额账户用款额度""应付账款"［不含质量保证金］"银行存款"等账户，按照扣留的质量保证金数额，贷记"其他应付款"［扣留期在1年以内（含1年）］或"长期应付款"［扣留期超过1年］账户。质保期满支付质量保证金时，借记"其他应付款""长期应付款"账户，贷记"财政拨款收入""零余额账户用款额度""银行存款"等账户。

（2）自行建造的固定资产交付使用时，按照在建工程成本，借记"固定资产"账户，贷记"在建工程"账户。已交付使用但尚未办理竣工决算手续的固定资产，按照估计价值入账，待办理竣工决算后再按照实际成本调整原来的暂估价值。

（3）融资租入的固定资产，按照确定的成本，借记"固定资产"账户［不需安装］或"在建工程"账户［需安装］，按照租赁协议或者合同确定的租赁付款额，贷记"长期应付款"账户，按照支付的运输费、途中保险费、安装调试费等金额，贷记"财政拨款收入""零余额账户用款额度""银行存款"等账户。定期支付租金时，按照实际支付金额，借记"长期应付款"账户，贷记"财政拨款收入""零余额账户用款额度""银行存款"等账户。

（4）按照规定跨年度分期付款购入固定资产的账务处理，参照融资租入的固定资产。

（5）接受捐赠的固定资产，按照确定的固定资产成本，借记"固定资产"账户［不需安装］或"在建工程"账户［需安装］，按照发生的相关税费、运输费等，贷记"零余额账户用款额度""银行存款"等账户，按照其差额，贷记"捐赠收入"账户。接受捐赠的固定资产按照名义金额入账的，按照名义金额，借记"固定资产"账户，贷记"捐赠收入"账户；按照发生的相关税费、运输费等，借记"其他费用"账户，贷记"零余额账户用款额度""银行存款"等账户。

（6）无偿调入的固定资产，按照确定的固定资产成本，借记"固定资产"账户［不需安装］或"在建工程"账户［需安装］，按照发生的相关税费、运输费等，贷记"零余额账户用款额度""银行存款"等账户，按照其差额，贷记"无偿调拨净资产"账户。

（7）置换取得的固定资产，参照"库存物品"账户中置换取得库存物品的相关规定进行账务处理。

固定资产取得时涉及增值税业务的，参见"应交增值税"的账务处理。

［例5-27］ 某事业单位为增值税一般纳税人，12月取得固定资产业务举例：

1. 12月10日，购入不需安装的专用设备一台，设备单价226 000元（含增值税金额26 000元），设备价款已通过财政直接支付（上年直接支付）方式付款。同时，通过银行转账支付相关税费、运输费用等1 200元。设备已验收入库。根据相关原始单据填制记账凭证，财务会计分录为：

借：固定资产——专用设备	201 200	
应交增值税——应交税金（进项税额）	26 000	
贷：财政应返还额度——财政直接支付	226 000	
银行存款	1 200	

同时，预算会计分录为：

借：事业支出——资本性支出	227 200	
贷：资金结存——财政应返还额度	226 000	
——货币资金	1 200	

2. 12月12日，购入需安装的专用设备一台，设备单价452 000元（含增值税金额52 000元）。已通过财政直接支付（当年直接支付）方式支付设备款428 000元；余款24 000元作为质保金，两年以后无质量问题再付款；通过银行转账支付相关税费、运输费用等1 500元。设备已交付安装。根据相关原始单据填制记账凭证，财务会计分录为：

借：在建工程——专用设备	401 500	
应交增值税——应交税金（进项税额）	52 000	
贷：财政拨款收入	428 000	
银行存款	1 500	
长期应付款	24 000	

同时，预算会计分录为：

借：事业支出——资本性支出	429 500	
贷：财政拨款预算收入	428 000	

　　　　资金结存——货币资金　　　　　　　　　　　　　　　　1 500

　　3.12 月 13 日，前例中设备安装领用材料 5 000 元，安装过程中通过财政授权支付方式支付安装费用 7 000 元。12 月 15 日，设备安装完毕交付使用。根据相关原始单据填制记账凭证：

　　（1）领用材料、支付安装费用，财务会计分录为：

　　借：在建工程——专用设备　　　　　　　　　　　　　　12 000
　　　　贷：零余额账户用款额度　　　　　　　　　　　　　　　7 000
　　　　　　库存物品　　　　　　　　　　　　　　　　　　　　5 000

　　同时，预算会计分录为：

　　借：事业支出——资本性支出　　　　　　　　　　　　　　7 000
　　　　贷：资金结存——零余额账户用款额度　　　　　　　　　7 000

　　（2）安装完成交付使用，财务会计分录为：

　　借：固定资产——专用设备　　　　　　　　　　　　　413 500
　　　　贷：在建工程——专用设备　　　　　　　　　　　　413 500

　　4. 12 月 22 日，主管部门从其他单位无偿调入一批办公家具，通过财政授权支付方式支付了该批家具的运杂费 2 000 元。调拨单上注明该调出单位此批办公家具账面余额350 000 元，已累计计提固定资产折旧 130 000 元，办公家具已验收并交付使用。根据相关原始单据填制记账凭证，财务会计分录为：

　　借：固定资产——家具、用具、装具及动植物　　　　　222 000
　　　　贷：无偿调拨净资产　　　　　　　　　　　　　　　220 000
　　　　　　零余额账户用款额度　　　　　　　　　　　　　　2 000

　　同时，预算会计分录为：

　　借：事业支出——资本性支出　　　　　　　　　　　　　2 000
　　　　贷：资金结存——零余额账户用款额度　　　　　　　　2 000

（二）固定资产后续计量的账务处理

　　1. 固定资产后续支出的账务处理

　　（1）符合固定资产确认条件的后续支出。通常情况下，将固定资产转入改建、扩建时，按照固定资产的账面价值，借记"在建工程"账户，按照固定资产已计提折旧，借记"固定资产累计折旧"账户，按照固定资产的账面余额，贷记"固定资产"账户。为增加固定资产使用效能或延长其使用年限而发生的改建、扩建等后续支出，借记"在建工程"账户，贷记"财政拨款收入""零余额账户用款额度""银行存款"等账户。固定资产改建、扩建等完成交付使用时，按照在建工程成本，借记"固定资产"账户，贷记"在建工程"账户。

　　（2）不符合固定资产确认条件的后续支出。为保证固定资产正常使用发生的日常维修等支出，借记"业务活动费用""单位管理费用"等账户，贷记"财政拨款收入""零余额账户用款额度""银行存款"等账户。

　　[例 5-28] 某事业单位固定资产后续支出实务举例：

1. 12月1日，经批准对一幢业务用房进行改扩建。该业务用房账面余额15 000 000元，已累计计提折旧7 000 000元。将该业务用房账面价值转入在建工程，根据相关原始单据填制记账凭证，财务会计分录为：

借：在建工程——房屋及构筑物　　　　　　　　　　　　　8 000 000

　　累计折旧——房屋及构筑物　　　　　　　　　　　　　7 000 000

　　贷：固定资产　　　　　　　　　　　　　　　　　　　　　　　15 000 000

2. 12月8日，对行政管理部门办公用房进行日常维修，通过银行转账支付维修费用30 000元。根据相关原始单据填制记账凭证，财务会计分录为：

借：单位管理费用——商品和服务费用　　　　　　　　　　30 000

　　贷：银行存款　　　　　　　　　　　　　　　　　　　　　　　30 000

同时，预算会计分录为：

借：事业支出——商品和服务支出　　　　　　　　　　　　30 000

　　贷：资金结存——货币资金　　　　　　　　　　　　　　　　　30 000

2. 固定资产折旧的账务处理

单位应当设置"固定资产累计折旧"账户，并应当按照所对应固定资产的明细分类进行明细核算。本账户期末贷方余额，反映单位计提的固定资产折旧累计数。公共基础设施和保障性住房计提的累计折旧，应当分别通过"公共基础设施累计折旧（摊销）"账户和"保障性住房累计折旧"账户核算，不通过本账户核算。单位计提融资租入固定资产折旧时，应当采用与自有固定资产相一致的折旧政策。能够合理确定租赁期届满时将会取得租入固定资产所有权的，应当在租入固定资产尚可使用年限内计提折旧；无法合理确定租赁期届满时能够取得租入固定资产所有权的，应当在租赁期与租入固定资产尚可使用年限两者中较短的期间内计提折旧。

（1）按月计提固定资产折旧时，按照应计提折旧金额，借记"业务活动费用""单位管理费用""经营费用""加工物品""在建工程"等账户，贷记"固定资产累计折旧"账户。

（2）经批准处置或处理固定资产时，按照所处置或处理固定资产的账面价值，借记"资产处置费用""无偿调拨净资产""待处理财产损溢"等账户，按照已计提折旧，借记"固定资产累计折旧"账户，按照固定资产的账面余额，贷记"固定资产"账户。

[例5-29] 12月31日，某事业单位固定资产台账与财务会计的固定资产明细账核对一致。在此基础上按规定计算当月应计提的固定资产折旧额为450 000元。其中：房屋构筑物应计提折旧300 000元（业务部门用房折旧200 000元、行政管理和后勤部门用房折旧100 000元）、通用设备应计提折旧60 000元（业务部门通用设备折旧40 000元、行政管理及后勤部门通用设备折旧20 000元）、专用设备应提折旧70 000元、家具应计提折旧20 000元（业务部门与行政管理部门家具折旧各10 000元）。

上述折旧费用中，应记入"业务活动用费用"的折旧金额＝200 000＋40 000＋70 000＋10 000＝320 000元；应记入"单位管理费用"的折旧金额＝100 000＋20 000＋10 000＝130 000元。

根据相关原始单据填制记账凭证，财务会计分录为：

借：业务活动费用——固定资产折旧费　　　　　　　　320 000

　　单位管理费用——固定资产折旧费　　　　　　　　130 000

　　贷：固定资产累计折旧——房屋及构筑物　　　　　　300 000

　　　　　　　　　　　　——通用设备　　　　　　　　 60 000

　　　　　　　　　　　　——专用设备　　　　　　　　 70 000

　　　　　　　　　　　　——家具、用具、装具及动植物　 20 000

（三）固定资产处置账务处理

（1）报经批准出售、转让固定资产，按照被出售、转让固定资产的账面价值，借记"资产处置费用"账户，按照固定资产已计提的折旧，借记"固定资产累计折旧"账户，按照固定资产账面余额，贷记"固定资产"账户；同时，按照收到的价款，借记"银行存款"等账户，按照处置过程中发生的相关费用，贷记"银行存款"等账户，按照其差额，贷记"应缴财政款"账户。

（2）报经批准对外捐赠固定资产，按照固定资产已计提的折旧，借记"固定资产累计折旧"账户，按照被处置固定资产账面余额，贷记"固定资产"账户，按照捐赠过程中发生的归属于捐出方的相关费用，贷记"银行存款"等账户，按照其差额，借记"资产处置费用"账户。

（3）报经批准无偿调出固定资产，按照固定资产已计提的折旧，借记"固定资产累计折旧"账户，按照被处置固定资产账面余额，贷记"固定资产"账户，按照其差额，借记"无偿调拨净资产"账户；同时，按照无偿调出过程中发生的归属于调出方的相关费用，借记"资产处置费用"账户，贷记"银行存款"等账户。

（4）报经批准置换换出固定资产，参照"库存物品"中置换换入库存物品的规定进行账务处理。

固定资产处置时涉及增值税业务的，参见"应交增值税"的账务处理。

固定资产处置实务参见资产处置费用的业务举例。

（四）固定资产清查盘点

单位应当定期对固定资产进行清查盘点，每年至少盘点一次。对于发生的固定资产盘盈、盘亏或毁损、报废，应当先记入"待处理财产损溢"账户，按照规定报经批准后及时进行后续账务处理。

（1）盘盈的固定资产，其成本按照有关凭据注明的金额确定；没有相关凭据但按照规定经过资产评估的，其成本按照评估价值确定；没有相关凭据也未经过评估的，其成本按照重置成本确定。如无法采用上述方法确定盘盈固定资产成本的，按照名义金额（人民币1元）入账。盘盈的固定资产，按照确定的入账成本，借记"固定资产"账户，贷记"待处理财产损溢"账户。

（2）盘亏、毁损或报废的固定资产，按照待处理固定资产的账面价值，借记"待处理财产损溢"账户，按照已计提折旧，借记"固定资产累计折旧"账户，按照固定资产的账面余额，贷记"固定资产"账户。

固定资产盘点业务的实务参见"待处理财产损溢"的实务举例。

（五）固定资产业务"平行记账"方法

固定资产业务"平行记账"方法见表 5-19。

表 5-19 固定资产业务"平行记账"方法

经济业务活动	财务会计分录	预算会计分录
一、取得固定资产业务的平行记账方法		
1. 外购固定资产	借：固定资产［不需安装］ 在建工程［需安装］ 贷：财政拨款收入/财政应返还额度/零余额账户用款额度/银行存款/应付账款等 其他应付款［质保金扣留期在 1 年以内（含 1 年）］ 长期应付款［质保金扣留期超过 1 年］	借：行政支出/事业支出/经营支出等［实际支付的金额］ 贷：财政拨款预算收入/资金结存
2. 融资租入固定资产	借：固定资产［不需安装］ 在建工程［需安装］ 贷：长期应付款［协议或合同确定的租赁价款］ 财政拨款收入/零余额账户用款额度/银行存款等［实际支付的相关税费、运输费等］	借：行政支出/事业支出/经营支出等［实际支付的相关税费、运输费等］ 贷：财政拨款预算收入/资金结存
3. 接受捐赠、无偿调入和置换取得的固定资产业务平行记账会计分录参见"存货"业务处理		
二、与固定资产相关的后续支出业务的平行记账方法		
1. 符合固定资产确认条件的后续支出平行记账的会计分录，参见"在建工程"业务处理		
2. 不符合固定资产确认条件的	借：业务活动费用/单位管理费用/经营费用等 贷：财政拨款收入/零余额账户用款额度/银行存款等	借：行政支出/事业支出/经营支出等 贷：财政拨款预算收入/资金结存
3. 计提固定资产折旧	借：业务活动费用/单位管理费用/经营费用等 贷：固定资产累计折旧	—
三、固定资产处置和清查盘点业务的平行记账参见"资产处置费用"和"待处理财产损溢"的业务处理		

第六节 工程物资和在建工程

一、基本建设项目管理

政府单位应当规范基本建设财务行为，加强基本建设财务管理，提高财政资金使用效益，保障财政资金安全。

（1）建立健全建设项目的内部管理制度。单位应当合理设置岗位，明确内部相关部门和岗位的职责权限，确保项目建议和可行性研究与项目决策、概预算编制与审核、项目实施与价款支付、竣工决算与竣工审计等不相容岗位相互分离。

（2）建立建设项目的议事决策机制。单位应当建立与建设项目相关的议事决策机制，严禁任何个人单独决策或者擅自改变集体决策意见。决策过程及各方面意见应当形成书面文件，与相关资料一同妥善归档保管。

（3）建立建设项目的审核机制。单位应当建立与建设项目相关的审核机制。项目建议书、可行性研究报告、概预算、竣工决算报告等应当由单位内部的规划、技术、财会、法律等相关工作人员或者根据国家有关规定委托具有相应资质的中介机构进行审核，出具评审意见。

（4）按规定组织招投标和政府采购工作。单位应当依据国家有关规定组织建设项目招标工作，并接受有关部门的监督。单位应当采取签订保密协议、限制接触等必要措施，确保标底编制、评标等工作在严格保密的情况下进行。

（5）建设项目资金应当专款专用。单位应当按照审批单位下达的投资计划和预算对建设项目资金实行专款专用，严禁截留、挪用和超批复内容使用资金。财会部门应当加强与建设项目承建单位的沟通，准确掌握建设进度，加强价款支付审核，按照规定办理价款结算。实行国库集中支付的建设项目，单位应当按照财政国库管理制度相关规定支付资金。

（6）及时办理项目竣工决算和资产移交。建设项目竣工后，单位应当按照规定的时限及时办理竣工决算，组织竣工决算审计，并根据批复的竣工决算和有关规定办理建设项目档案和资产移交等工作。建设项目已实际投入使用但超时限未办理竣工决算的，单位应当根据对建设项目的实际投资暂估入账，转作相关资产管理。

二、工程物资核算

单位应当设置"工程物资"账户，核算单位为在建工程准备的各种物资的成本，包括工程用材料、设备等。本账户可按照"库存材料""库存设备"等工程物资类别进行明细核算。本账户期末借方余额，反映单位为在建工程准备的各种物资的成本。

工程物资的主要账务处理如下：

（1）购入为工程准备的物资，按照确定的物资成本，借记"工程物资"账户，贷记"财政拨款收入""零余额账户用款额度""银行存款""应付账款"等账户。

（2）领用工程物资，按照物资成本，借记"在建工程"账户，贷记"工程物资"账户。工程完工后将领出的剩余物资退库时做相反的会计分录。

（3）工程完工后将剩余的工程物资转作本单位存货等的，按照物资成本，借记"库存物品"等账户，贷记"工程物资"账户。

涉及增值税业务的，参见"应交增值税"的账务处理。

[例5-30] 某事业单位12月2日购入在建工程所需的工程物资一批，采购价款

800 000元，物资已验收入库。当日，通过财政直接支付（当年直接支付）方式支付物资采购款，并通过财政授权支付方式支付运费2 000元。12月5日，在建工程项目领用工程物资，物资已出库。"工程物资出库单"上标明领用物资的成本300 000元。根据相关原始单据填制记账凭证。

（1）购入工程物资，财务会计分录为：

借：工程物资 802 000
　　贷：财政拨款收入 800 000
　　　　零余额账户用款额度 2 000

同时，预算会计分录为：

借：事业支出——资本性支出 802 000
　　贷：财政拨款预算收入 800 000
　　　　资金结存——零余额账户用款额度 2 000

（2）领用工程物资，财务会计分录为：

借：在建工程 300 000
　　贷：工程物资 300 000

（4）工程物资业务"平行记账"方法见表5-20。

表5-20　工程物资业务"平行记账"方法

经济业务活动	财务会计分录	预算会计分录
1. 购入工程物资	借：工程物资 　　贷：财政拨款收入/零余额账户用款额度/银行存款/应付账款/其他应付款等	借：行政支出/事业支出/经营支出等［实际支付的款项］ 　　贷：财政拨款预算收入/资金结存
2. 领用工程物资	借：在建工程 　　贷：工程物资	—

三、在建工程核算

（一）在建工程账户设置

单位应当设置"在建工程"账户，本账户核算单位在建的建设项目工程的实际成本。单位在建的信息系统项目工程、公共基础设施项目工程、保障性住房项目工程的实际成本，也通过本账户核算。本账户应当设置"建筑安装工程投资""设备投资""待摊投资""其他投资""待核销基建支出""基建转出投资"等明细账户，并按照具体项目进行明细核算。本账户期末借方余额，反映单位尚未完工的建设项目工程发生的实际成本。

（1）"建筑安装工程投资"明细账户，核算单位发生的构成建设项目实际支出的建筑工程和安装工程的实际成本，不包括被安装设备本身的价值以及按照合同规定支付给施工单位的预付备料款和预付工程款。本明细账户应当设置"建筑工程"和"安装工程"两个明细账户进行明细核算。

（2）"设备投资"明细账户，核算单位发生的构成建设项目实际支出的各种设备的实际成本。

（3）"待摊投资"明细账户，核算单位发生的构成建设项目实际支出的、按照规定应当分摊计入有关工程成本和设备成本的各项间接费用和税费支出。本明细账户的具体核算内容包括以下方面：

① 勘察费、设计费、研究试验费、可行性研究费及项目其他前期费用。

② 土地征用及迁移补偿费、土地复垦及补偿费、森林植被恢复费及其他为取得土地使用权、租用权而发生的费用。

③ 土地使用税、耕地占用税、契税、车船税、印花税及按照规定缴纳的其他税费。

④ 项目建设管理费、代建管理费、临时设施费、监理费、招投标费、社会中介审计（审查）费及其他管理性质的费用。项目建设管理费是指项目建设单位从项目筹建之日起至办理竣工财务决算之日止发生的管理性质的支出，包括不在原单位发工资的工作人员工资及相关费用、办公费、办公场地租用费、差旅交通费、劳动保护费、工具用具使用费、固定资产使用费、招募生产工人费、技术图书资料费（含软件）、业务招待费、施工现场津贴、竣工验收费等。

⑤ 项目建设期间发生的各类专门借款利息支出或融资费用。

⑥ 工程检测费、设备检验费、负荷联合试车费及其他检验检测类费用。

⑦ 固定资产损失、器材处理亏损、设备盘亏及毁损、单项工程或单位工程报废、毁损净损失及其他损失。

⑧ 系统集成等信息工程的费用支出。

⑨ 其他待摊性质支出。

本明细账户应当按照上述费用项目进行明细核算，其中有些费用（如项目建设管理费等），还应当按照更为具体的费用项目进行明细核算。

（4）"其他投资"明细账户，核算单位发生的构成建设项目实际支出的房屋购置支出，基本畜禽、林木等购置、饲养、培育支出，办公生活用家具、器具购置支出，软件研发和不能计入设备投资的软件购置等支出。单位为进行可行性研究而购置的固定资产，以及取得土地使用权支付的土地出让金，也通过本明细账户核算。本明细账户应当设置"房屋购置""基本畜禽支出""林木支出""办公生活用家具、器具购置""可行性研究固定资产购置""无形资产"等明细账户。

（5）"待核销基建支出"明细账户，核算建设项目发生的江河清障、航道清淤、飞播造林、补助群众造林、水土保持、城市绿化、取消项目的可行性研究费以及项目整体报废等不能形成资产部分的基建投资支出。本明细账户应按照待核销基建支出的类别进行明细核算。

（6）"基建转出投资"明细账户，核算为建设项目配套而建成的、产权不归属本单位的专用设施的实际成本。本明细账户应按照转出投资的类别进行明细核算。

单位基本建设项目发生的预付账款不在本账户核算，应当在"预付账款"下按基建项目设置"预付备料款""预付工程款""其他预付款"等明细账户，进行明细核算。

（二）建筑安装工程投资账务处理

（1）将固定资产等资产转入改建、扩建等时，按照固定资产等资产的账面价值，借记"在建工程"账户（建筑安装工程投资），按照已计提的折旧或摊销，借记"固定资产累计折旧"等账户，按照固定资产等资产的原值，贷记"固定资产"等账户。

固定资产等资产改建、扩建过程中涉及替换（或拆除）原资产的某些组成部分的，按照被替换（或拆除）部分的账面价值，借记"待处理财产损溢"账户，贷记"在建工程"账户（建筑安装工程投资）。

（2）单位对于发包建筑安装工程，根据建筑安装工程价款结算账单与施工企业结算工程价款时，按照应承付的工程价款，借记"在建工程"账户（建筑安装工程投资），按照预付工程款余额，贷记"预付账款"账户，按照其差额，贷记"财政拨款收入""零余额账户用款额度""银行存款""应付账款"等账户。

（3）单位自行施工的小型建筑安装工程，按照发生的各项支出金额，借记"在建工程"账户（建筑安装工程投资），贷记"工程物资""零余额账户用款额度""银行存款""应付职工薪酬"等账户。

（4）工程竣工，办妥竣工验收交接手续交付使用时，按照建筑安装工程成本（含应分摊的待摊投资），借记"固定资产"等账户，贷记"在建工程"账户（建筑安装工程投资）。

[**例 5-31**] 某单位实验楼建设项目实行工程发包方式施工，12 月发生下列建筑安装工程投资经济业务：

1. 12 月 1 日，通过财政直接支付（当年直接支付）方式向工程施工方预付工程款 1 000 000 元，预付备料款 600 000 元。根据相关原始单据填制记账凭证，财务会计分录为：

借：预付账款——预付工程款	1 000 000
——预付备料款	600 000
贷：财政拨款收入	1 600 000

同时，预算会计分录为：

借：事业支出——资本性支出	1 600 000
贷：财政拨款预算收入	1 600 000

2. 12 月 15 日，工程施工方送来工程价款结算账单结算工程价款，根据工程完工进度应结算工程款 1 100 000 元，应结算备料款 600 000 元。根据相关原始单据填制记账凭证，财务会计分录为：

借：在建工程——建筑安装工程投资——建筑工程	1 700 000
贷：预付账款——预付工程款	1 000 000
——预付备料款	600 000
应付账款——××工程施工方	100 000

3. 12 月 30 日，项目竣工交付使用。该项目累计发生的"建筑安装工程投资"成本 43 500 000 元（含已分配的待摊投资，不含"设备安装工程投资"成本）。根据相关原始单据填制记账凭证，财务会计分录为：

借：固定资产——房屋及构筑物	43 500 000

　　贷：在建工程——建筑安装工程投资　　　　　　　　　　　43 500 000

（三）设备投资账务处理

　　（1）购入设备时，按照购入成本，借记"在建工程"账户（设备投资），贷记"财政拨款收入""零余额账户用款额度""银行存款"等账户；采用预付款方式购入设备的，有关预付款的账务处理参照"在建工程"账户有关"建筑安装工程投资"明细账户的规定。

　　（2）设备安装完毕，办妥竣工验收交接手续交付使用时，按照设备投资成本（含设备安装工程成本和分摊的待摊投资），借记"固定资产"等账户，贷记"在建工程"账户（设备投资、建筑安装工程投资——安装工程）。将不需要安装的设备和达不到固定资产标准的工具、器具交付使用时，按照相关设备、工具、器具的实际成本，借记"固定资产""库存物品"账户，贷记"在建工程"账户（设备投资）。

🔔 **[例5-32]** 某单位实验楼建设项目，12月发生下列设备投资经济业务：

　　1. 12月3日，购入该项目使用的设备一组，设备价款500 000元已通过银行转账支付，设备已到货。根据相关原始单据填制记账凭证，财务会计分录为：

　　借：在建工程——设备投资　　　　　　　　　　　　　　500 000
　　　　贷：银行存款　　　　　　　　　　　　　　　　　　　　500 000

　　同时，预算会计分录为：

　　借：事业支出——资本性支出　　　　　　　　　　　　　500 000
　　　　贷：资金结存——货币资金　　　　　　　　　　　　　　500 000

　　2. 12月8日，通过银行转账支付该组设备安装费用20 000元。根据相关原始单据填制记账凭证，财务会计分录为：

　　借：在建工程——建筑安装工程投资——安装工程　　　20 000
　　　　贷：银行存款　　　　　　　　　　　　　　　　　　　　20 000

　　同时，预算会计分录为：

　　借：事业支出——资本性支出　　　　　　　　　　　　　20 000
　　　　贷：资金结存——货币资金　　　　　　　　　　　　　　20 000

　　3. 12月30日，项目竣工交付使用。该项目累计发生的"设备投资"成本2 300 000元、"设备安装工程"投资成本170 000元，均含已分配的待摊投资成本。根据相关原始单据填制记账凭证，财务会计分录为：

　　借：固定资产——（专用设备/通用设备）　　　　　　　2 470 000
　　　　贷：在建工程——设备投资　　　　　　　　　　　　　　2 300 000
　　　　　　在建工程——建筑安装工程投资——设备安装　　　　170 000

（四）待摊投资账务处理

　　建设工程发生的构成建设项目实际支出的、按照规定应当分摊计入有关工程成本和设备成本的各项间接费用和税费支出，先在本明细账户中归集；建设工程办妥竣工验收手续交付使用时，按照合理的分配方法，摊入相关工程成本、在安装设备成本等。

　　（1）单位发生的构成待摊投资的各类费用，按照实际发生金额，借记"在建工程"

账户（待摊投资），贷记"财政拨款收入""零余额账户用款额度""银行存款""应付利息""长期借款""其他应交税费""固定资产累计折旧""无形资产累计摊销"等账户。

（2）对于建设过程中试生产、设备调试等产生的收入，按照取得的收入金额，借记"银行存款"等账户，按照依据有关规定应当冲减建设工程成本的部分，贷记"在建工程"账户（待摊投资），按照其差额贷记"应缴财政款"或"其他收入"账户。

（3）由于自然灾害、管理不善等原因造成的单项工程或单位工程报废或毁损，扣除残料价值和过失人或保险公司等赔款后的净损失，报经批准后计入继续施工的工程成本的，按照工程成本扣除残料价值和过失人或保险公司等赔款后的净损失，借记"在建工程"账户（待摊投资），按照残料变价收入、过失人或保险公司赔款等，借记"银行存款""其他应收款"等账户，按照报废或毁损的工程成本，贷记"在建工程"账户（建筑安装工程投资）。

（4）工程交付使用时，按照合理的分配方法分配待摊投资，借记"在建工程"账户（建筑安装工程投资、设备投资），贷记"在建工程"账户（待摊投资）。

待摊投资的分配方法，可按照下列公式计算：

① 按照实际分配率分配。适用于建设工期较短、整个项目的所有单项工程一次竣工的建设项目。

实际分配率=待摊投资明细账户余额÷（建筑工程明细账户余额+安装工程明细账户余额+设备投资明细账户余额）×100%

② 按照概算分配率分配。适用于建设工期长、单项工程分期分批建成投入使用的建设项目。

概算分配率=（概算中各待摊投资项目的合计数-其中可直接分配部分）÷（概算中建筑工程、安装工程和设备投资合计）×100%

③ 某项固定资产应分配的待摊投资=该项固定资产的建筑工程成本或该项固定资产（设备）的采购成本和安装成本合计×分配率

🔔 **[例5-33]** 某单位实验楼建设项目，12月发生下列待摊投资经济业务：

1. 12月5日，通过银行转账方式支付该项目工程监理费用30 000元、建设项目管理费20 000元以及相关税费120 000元。根据相关原始单据填制记账凭证，财务会计分录为：

借：在建工程——待摊投资——××费用 170 000
  贷：银行存款 170 000

同时，预算会计分录为：

借：事业支出——资本性支出 170 000
  贷：资金结存——货币资金 170 000

2. 12月30日，该实验楼项目工程完工，该建设项目的待摊投资总额120万元。该项目"建筑工程"投资总额5 000万元、"安装工程"投资总额600万元、"设备投资"总额400万元，对待摊投资按实际分配率法进行分配。

待摊投资实际分配率=待摊投资120万元÷（建筑工程投资5 000万元+安装工程投资

600 万元+设备投资 400 万元）×100% = 2%

建筑工程应分配的待摊投资额=5 000 万元×2%=100（万元）

安装工程应分配的待摊投资额=600 万元×2%=12（万元）

设备投资应分配的待摊投资额=400 万元×2%=8（万元）

根据相关原始单据填制记账凭证，财务会计分录为：

借：在建工程——建筑安装工程投资——建筑工程 　　　　　1 000 000

　　　　　　——建筑安装工程投资——安装工程 　　　　　120 000

　　　　　　——设备投资 　　　　　80 000

　　贷：在建工程——待摊投资 　　　　　1 200 000

（五）其他投资账务处理

（1）单位为建设工程发生的房屋购置支出，基本畜禽、林木等的购置、饲养、培育支出，办公生活用家具、器具购置支出，软件研发和不能计入设备投资的软件购置等支出，按照实际发生金额，借记"在建工程"账户（其他投资），贷记"财政拨款收入""零余额账户用款额度""银行存款"等账户。

（2）工程完成将形成的房屋、基本畜禽、林木等各种财产以及无形资产交付使用时，按照其实际成本，借记"固定资产""无形资产"等账户，贷记"在建工程"账户（其他投资）。

[例5-34] 12 月 3 日，某单位实验楼项目指挥部购置一批办公家具 1 830 000 元，办公家具采购款通过基建专户转账支付；12 月 25 日，该实验楼竣工，该批办公家具随实验楼一并交付使用。根据相关原始单据填制记账凭证。

（1）采购办公家具时，财务会计分录为：

借：在建工程——其他投资 　　　　　1 830 000

　　贷：银行存款 　　　　　1 830 000

同时，预算会计分录为：

借：事业支出——资本性支出 　　　　　1 830 000

　　贷：资金结存——货币资金 　　　　　1 830 000

（2）交付使用时，财务会计分录为：

借：固定资产——家具、用具、装具及动植物 　　　　　1 830 000

　　贷：在建工程——其他投资 　　　　　1 830 000

（六）待核销基建支出账务处理

（1）建设项目发生的江河清障、航道清淤、飞播造林、补助群众造林、水土保持、城市绿化等不能形成资产的各类待核销基建支出，按照实际发生金额，借记"在建工程"账户（待核销基建支出），贷记"财政拨款收入""零余额账户用款额度""银行存款"等账户。

（2）取消的建设项目发生的可行性研究费，按照实际发生金额，借记"在建工程"账户（待核销基建支出），贷记"在建工程"账户（待摊投资）。

（3）由于自然灾害等原因发生的建设项目整体报废所形成的净损失，报经批准后转

113

入待核销基建支出，按照项目整体报废所形成的净损失，借记"在建工程"账户（待核销基建支出），按照报废工程回收的残料变价收入、保险公司赔款等，借记"银行存款""其他应收款"等账户，按照报废的工程成本，贷记"在建工程"账户（建筑安装工程投资等）。

（4）建设项目竣工验收交付使用时，对发生的待核销基建支出进行冲销，借记"资产处置费用"账户，贷记"在建工程"账户（待核销基建支出）。

（七）基建转出投资账务处理

为建设项目配套而建成的、产权不归属本单位的专用设施，在项目竣工验收交付使用时，按照转出的专用设施的成本，借记"在建工程"账户（基建转出投资），贷记"在建工程"账户（建筑安装工程投资）；同时，借记"无偿调拨净资产"账户，贷记"在建工程"账户（基建转出投资）。

（八）在建工程业务"平行记账"方法

在建工程业务"平行记账"方法见表5−21。

表5−21 在建工程业务"平行记账"方法

经济业务活动	财务会计分录	预算会计分录
一、在建工程——建筑安装工程投资业务		
1. 将固定资产转入改、扩建	借：在建工程——建筑安装工程投资 　　固定资产累计折旧等 　　贷：固定资产等	—
2. 发包工程预付工程款时	借：预付账款——预付工程款 　　贷：财政拨款收入/零余额账户用款额度/银行存款等	借：行政支出/事业支出等 　　贷：财政拨款预算收入/资金结存
3. 按工程进度结算工程款或支付零星工程款时	借：在建工程——建筑安装工程投资 　　贷：预付账款——预付工程款 　　　　财政拨款收入/零余额账户用款额度/银行存款/应付账款等	借：行政支出/事业支出等［补付款项或实际支付的零星款项］ 　　贷：财政拨款预算收入/资金结存
4. 工程竣工交付使用	借：固定资产 　　贷：在建工程——建筑安装工程投资	—
二、在建工程——设备投资业务		
1. 购入设备时	借：在建工程——设备投资 　　贷：财政拨款收入/零余额账户用款额度/应付账款/银行存款等	借：行政支出/事业支出等［实际支付的款项］ 　　贷：财政拨款预算收入/资金结存
2. 安装完毕，交付使用时	借：固定资产等 　　贷：在建工程——设备投资 　　　　——建筑安装工程投资 　　　　［安装工程］	—

经济业务活动	财务会计分录	预算会计分录
三、在建工程——待摊投资业务		
1. 发生待摊投资的各项费用	借：在建工程——待摊投资 　　贷：财政拨款收入/零余额账户用款额度/银行存款/应付利息/长期借款/其他应交税费等	借：行政支出/事业支出等［实际支付的款项］ 　　贷：财政拨款预算收入/资金结存
2. 经批准将单项工程或单位工程净损失计入工程成本	借：在建工程——待摊投资 　　银行存款/其他应收款等［残料变价收入、赔款等］ 　　贷：在建工程——建筑安装工程投资［毁损报废工程成本］	—
3. 工程交付使用时分配待摊投资	借：在建工程——建筑安装工程投资 　　　　　　——设备投资 　　贷：在建工程——待摊投资	—
四、在建工程其他相关业务		
1. 发生其他投资或待核销基建支出	借：在建工程——其他投资 　　在建工程——待核销基建支出 　　贷：财政拨款收入/零余额账户用款额度/银行存款等	借：行政支出/事业支出［实际支付的款项］ 　　贷：财政拨款预算收入/资金结存
2. 取消项目的可行性研究费	借：在建工程——待核销基建支出 　　贷：在建工程——待摊投资	—
3. 工程整体报废的净损失	借：在建工程——待核销基建支出 　　银行存款/其他应收款等［残料变价收入、保险赔款等］ 　　贷：在建工程——建筑安装工程投资等	—
4. 其他投资资产交付使用	借：固定资产/无形资产等 　　贷：在建工程——其他投资	—
5. 经批准冲销待核销基建支出	借：资产处置费用 　　贷：在建工程——待核销基建支出	—
6. 转出基建投资	借：在建工程——基建转出投资 　　贷：在建工程——建筑安装工程投资 借：无偿调拨净资产 　　贷：在建工程——基建转出投资	

第七节　无形资产

一、无形资产概念

无形资产是指单位控制的没有实物形态的可辨认非货币性资产，如专利权、商标权、著作权、土地使用权、非专利技术等。

资产满足下列条件之一的，符合无形资产定义中的可辨认性标准：

（1）能够从会计主体中分离或者划分出来，并能单独或者与相关合同、资产或负债一起，用于出售、转移、授予许可、租赁或者交换。

（2）源自合同性权利或其他法定权利，无论这些权利是否可以从会计主体或其他权利和义务中转移或者分离。

二、无形资产确认

政府会计准则第 4 号——无形资产

（一）无形资产的确认条件

无形资产同时满足下列条件的，应当予以确认：① 与该无形资产相关的服务潜力很可能实现或者经济利益很可能流入会计主体；② 该无形资产的成本或者价值能够可靠地计量。单位在判断无形资产的服务潜力或经济利益是否很可能实现或流入时，应当对无形资产在预计使用年限内可能存在的各种社会、经济、科技因素做出合理估计，并且应当有确凿的证据支持。单位购入的不构成相关硬件不可缺少组成部分的软件，应当确认为无形资产。

（二）无形资产研发支出

单位自行研究开发项目的支出，应当区分研究阶段支出与开发阶段支出。研究是指为获取并理解新的科学或技术知识而进行的独创性的有计划调查。开发是指在进行生产或使用前，将研究成果或其他知识应用于某项计划或设计，以生产出新的或具有实质性改进的材料、装置、产品等。单位自行研究开发项目研究阶段的支出，应当于发生时计入当期费用。自行研究开发项目开发阶段的支出，先按合理方法进行归集，如果最终形成无形资产的，应当确认为无形资产；如果最终未形成无形资产的，应当计入当期费用。单位自行研究开发项目尚未进入开发阶段，或者确实无法区分研究阶段支出和开发阶段支出，但按法律程序已申请取得无形资产的，应当将依法取得时发生的注册费、聘请律师费等费用确认为无形资产。

政府单位自创商誉及内部产生的品牌、报刊名等，不应确认为无形资产。

（三）无形资产后续支出

与无形资产有关的后续支出，符合无形资产确认条件的，应当计入无形资产成本；不符合无形资产确认条件的，应当在发生时计入当期费用或者相关资产成本。

三、无形资产计量

（一）无形资产的初始计量

无形资产在取得时应当按照成本进行初始计量。

1. 外购的无形资产

外购的无形资产，其成本包括购买价款、相关税费以及可归属于该项资产达到预定用途前所发生的其他支出。委托软件公司开发的软件，视同外购无形资产确定其成本。

2. 自行开发的无形资产

自行开发的无形资产，其成本包括自该项目进入开发阶段后至达到预定用途前所发生的支出总额。

3. 置换取得的无形资产

置换取得的无形资产，其成本按照换出资产的评估价值加上支付的补价或减去收到的补价，加上换入无形资产发生的其他相关支出确定。

4. 接受捐赠的无形资产

接受捐赠的无形资产，其成本按照有关凭据注明的金额加上相关税费确定；没有相关凭据可供取得，但按规定经过资产评估的，其成本按照评估价值加上相关税费确定；没有相关凭据可供取得也未经资产评估的，其成本比照同类或类似资产的市场价格加上相关税费确定；没有相关凭据且未经资产评估、同类或类似资产的市场价格也无法可靠取得的，按照名义金额入账，相关税费计入当期费用。确定接受捐赠无形资产的初始入账成本时，应当考虑该项资产尚可为政府会计主体带来服务潜力或经济利益的能力。

5. 无偿调入的无形资产

无偿调入的无形资产，其成本按照调出方账面价值加上相关税费确定。

（二）无形资产的后续计量

1. 无形资产的摊销

摊销是指在无形资产使用年限内，按照确定的方法对应摊销金额进行系统分摊。单位应当于取得或形成无形资产时合理确定其使用年限。无形资产的使用年限为有限的，应当估计该使用年限。无法预见无形资产为单位提供服务潜力或者带来经济利益期限的，应当视为使用年限不确定的无形资产。单位应当对使用年限有限的无形资产进行摊销，但已摊销完毕仍继续使用的无形资产和以名义金额计量的无形资产除外。

对于使用年限有限的无形资产，单位应当按照以下原则确定无形资产的摊销年限：① 法律规定了有效年限的，以法律规定的有效年限作为摊销年限；② 法律没有规定有效年限的，以相关合同或单位申请书中的受益年限作为摊销年限；③ 法律没有规定有效年限、相关合同或单位申请书也没有规定受益年限的，应当根据无形资产为单位带来服务潜力或经济利益的实际情况，预计其使用年限；④ 非大批量购入、单价小于 1 000 元的无形资产，可以于购买的当期将其成本一次性全部转销。

单位应当按月对使用年限有限的无形资产进行摊销，并根据用途计入当期费用或者相关资产成本。无形资产进行摊销应当采用年限平均法或者工作量法，应摊销金额为其成本，不考虑预计残值。因发生后续支出而增加无形资产成本的，对于使用年限有限的无形资产，应当按照重新确定的无形资产成本以及重新确定的摊销年限计算摊销额。使用年限不确定的无形资产不应摊销。

2. 无形资产的处置

（1）单位按规定报经批准出售无形资产，应当将无形资产账面价值转销计入当期费用，并将处置收入大于相关处置税费后的差额按规定计入当期收入或者做应缴款项处理，将处置收入小于相关处置税费后的差额计入当期费用。

（2）单位按规定报经批准对外捐赠、无偿调出无形资产的，应当将无形资产的账面价值予以转销，对外捐赠、无偿调出中发生的归属于捐出方、调出方的相关费用应当计入当期费用。

（3）单位按规定报经批准以无形资产对外投资的，应当将该无形资产的账面价值予以转销，并将无形资产在对外投资时的评估价值与其账面价值的差额计入当期收入或费用。

（4）无形资产预期不能为会计主体带来服务潜力或者经济利益的，应当在报经批准后将该无形资产的账面价值予以转销。

四、无形资产账务处理

（一）账户设置

（1）单位应当设置"无形资产"账户，核算单位无形资产的原值。本账户应当按照无形资产的类别、项目等进行明细核算。本账户期末借方余额，反映单位无形资产的成本。

（2）单位应当设置"无形资产累计摊销"账户，核算单位对使用年限有限的无形资产计提的累计摊销。本账户应当按照所对应无形资产的明细分类进行明细核算。本账户期末贷方余额，反映单位计提的无形资产摊销累计数。

（3）自行研究开发无形资产的单位，应当设置"研发支出"账户，核算单位自行研究开发项目研究阶段和开发阶段发生的各项支出。本账户应当按照自行研究开发项目，分别研究支出、开发支出进行明细核算。建设项目中的软件研发支出，应当通过"在建工程"账户核算，不通过本账户核算。本账户期末借方余额，反映单位预计能达到预定用途的研究开发项目在开发阶段发生的累计支出数。

（二）取得无形资产核算

（1）外购的无形资产，按照确定的成本，借记"无形资产"账户，贷记"财政拨款收入""零余额账户用款额度""应付账款""银行存款"等账户。

（2）委托软件公司开发软件，视同外购无形资产进行处理。合同中约定预付开发费用的，按照预付金额，借记"预付账款"账户，贷记"财政拨款收入""零余额账户用款额度""银行存款"等账户。软件开发完成交付使用并支付剩余或全部软件开发费用时，按照软件开发费用总额，借记"无形资产"账户，按照相关预付账款金额，贷记"预付账款"账户，按照支付的剩余金额，贷记"财政拨款收入""零余额账户用款额度""银行存款"等账户。

（3）接受捐赠的无形资产，按照确定的无形资产成本，借记"无形资产"账户，按照发生的相关税费等，贷记"零余额账户用款额度""银行存款"等账户，按照其差额，贷记"捐赠收入"账户。接受捐赠的无形资产按照名义金额入账的，按照名义金额，借记"无形资产"账户，贷记"捐赠收入"账户；同时，按照发生的相关税费等，借记"其他费用"账户，贷记"零余额账户用款额度""银行存款"等账户。

（4）无偿调入的无形资产，按照确定的无形资产成本，借记"无形资产"账户，按照发生的相关税费等，贷记"零余额账户用款额度""银行存款"等账户，按照其差额，贷记"无偿调拨净资产"账户。

（5）置换取得的无形资产，参照"库存物品"账户中置换取得库存物品的相关规定进行账务处理。

无形资产取得时涉及增值税业务的，参见"应交增值税"的账务处理。

[**例 5-35**] 某事业单位某年发生下列与取得无形资产相关的经济业务：

1. 9 月 1 日，与某软件公司签订软件开发合同，合同总金额 300 000 元，并于当日通过财政直接支付方式（当年直接支付）预付软件开发合同款 90 000 元。根据相关原始单据填制记账凭证，财务会计分录为：

借：预付账款——某软件公司　　　　　　　　　　　　　90 000
　　贷：财政拨款收入　　　　　　　　　　　　　　　　　　　　90 000

同时，预算会计分录为：

借：事业支出——资本性支出　　　　　　　　　　　　　90 000
　　贷：财政拨款预算收入　　　　　　　　　　　　　　　　　　90 000

2. 12 月 25 日，前例中软件开发完成，通过第三方验收交付使用。又通过财政直接支付方式（当年直接支付）支付软件开发合同款 180 000 元，余款 30 000 元作为质量保证金，6 个月后系统运行正常无质量问题后再付款。根据相关原始单据填制记账凭证，财务会计分录为：

借：无形资产　　　　　　　　　　　　　　　　　　　300 000
　　贷：预付账款——某软件公司　　　　　　　　　　　　　　　90 000
　　　　财政拨款收入　　　　　　　　　　　　　　　　　　　 180 000
　　　　其他应付款——某软件公司　　　　　　　　　　　　　　30 000

同时，预算会计分录为：

借：事业支出——资本性支出　　　　　　　　　　　　180 000
　　贷：财政拨款预算收入　　　　　　　　　　　　　　　　　 180 000

（三）与无形资产有关的后续支出核算

（1）符合无形资产确认条件的后续支出。为增加无形资产的使用效能对其进行升级改造或扩展其功能时，如需暂停对无形资产进行摊销的，按照无形资产的账面价值，借记"在建工程"账户，按照无形资产已摊销金额，借记"无形资产累计摊销"账户，按照无形资产的账面余额，贷记"无形资产"账户。无形资产后续支出符合无形资产确认条件的，按照支出的金额，借记"无形资产"账户［不需暂停摊销的］或"在建工程"账户［需暂停摊销的］，贷记"财政拨款收入""零余额账户用款额度""银行存款"等账户。暂停摊销的无形资产升级改造或扩展功能等完成交付使用时，按照在建工程成本，借记"无形资产"账户，贷记"在建工程"账户。

（2）不符合无形资产确认条件的后续支出。为保证无形资产正常使用发生的日常维护等支出，借记"业务活动费用""单位管理费用"等账户，贷记"财政拨款收入""零余额账户用款额度""银行存款"等账户。

无形资产后续支出业务的实务举例，参见固定资产后续支出的账务处理。

（四）无形资产处置及清查盘点核算

（1）报经批准出售、转让无形资产，按照被出售、转让无形资产的账面价值，借记"资产处置费用"账户，按照无形资产已计提的摊销，借记"无形资产累计摊销"账户，按照无形资产账面余额，贷记"无形资产"账户；同时，按照收到的价款，借记"银行存款"等账户，按照处置过程中发生的相关费用，贷记"银行存款"等账户，按照其差额，贷记"应缴财政款"［按照规定应上缴无形资产转让净收入的］或"其他收入"［按照规定将无形资产转让收入纳入本单位预算管理的］账户。

（2）报经批准对外捐赠无形资产，按照无形资产已计提的摊销，借记"无形资产累计摊销"账户，按照被处置无形资产账面余额，贷记"无形资产"账户，按照捐赠过程中发生的归属于捐出方的相关费用，贷记"银行存款"等账户，按照其差额，借记"资产处置费用"账户。

（3）报经批准无偿调出无形资产，按照无形资产已计提的摊销，借记"无形资产累计摊销"账户，按照被处置无形资产账面余额，贷记"无形资产"账户，按照其差额，借记"无偿调拨净资产"账户；同时，按照无偿调出过程中发生的归属于调出方的相关费用，借记"资产处置费用"账户，贷记"银行存款"等账户。

（4）报经批准置换换出无形资产，参照"库存物品"账户中置换换入库存物品的规定进行账务处理。

（5）无形资产预期不能为单位带来服务潜力或经济利益，按照规定报经批准核销时，按照待核销无形资产的账面价值，借记"资产处置费用"账户，按照已计提摊销，借记"无形资产累计摊销"账户，按照无形资产的账面余额，贷记"无形资产"账户。

（6）单位应当定期对无形资产进行清查盘点，每年至少盘点一次。单位资产清查盘点过程中发现的无形资产盘盈、盘亏等，参照"固定资产"账户相关规定进行账务处理。

无形资产处置时涉及增值税业务的，参见"应交增值税"的账务处理。

无形资产处置业务的实务参见固定资产处置的实务举例。

（五）无形资产摊销核算

（1）按月对无形资产进行摊销时，按照应摊销金额，借记"业务活动费用""单位管理费用""加工物品""在建工程"等账户，贷记"无形资产累计摊销"账户。

（2）经批准处置无形资产时，按照所处置无形资产的账面价值，借记"资产处置费用""无偿调拨净资产""待处理财产损溢"等账户，按照已计提摊销，借记"无形资产累计摊销"账户，按照无形资产的账面余额，贷记"无形资产"账户。

[例5-36] 某事业单位12月31日对无形资产进行清查核对后，计算当月应计提的无形资产摊销费用金额为8 000元，其中归属于业务部门的无形资产摊销费用为5 000元，归属于行政管理部门的无形资产摊销费用为3 000元。根据相关原始单据填制记账凭证，财务会计分录为：

借：业务活动费用——无形资产摊销费　　　　　　　　　5 000
　　单位管理费用——无形资产摊销费　　　　　　　　　3 000
　　　贷：无形资产累计摊销　　　　　　　　　　　　　　　　8 000

（六）研发支出核算

（1）自行研究开发项目研究阶段的支出，应当先在"研发支出——研究支出"账户归集。按照从事研究及其辅助活动人员计提的薪酬，研究活动领用的库存物品，发生的与研究活动相关的管理费、间接费和其他各项费用，借记"研发支出——研究支出"账户，贷记"应付职工薪酬""库存物品""财政拨款收入""零余额账户用款额度""固定资产累计折旧""银行存款"等账户。期（月）末，应当将本账户归集的研究阶段的支出金额转入当期费用，借记"业务活动费用"等账户，贷记"研发支出——研究支出"账户。

[例5-37] 12月，某事业单位研发项目处于研究阶段，当月发生下列经济业务：10月1日，计算研发人员的应付薪酬120 000元；10月15日，通过财政授权支付方式支付该研究项目技术协作费13 000元；10月31日，计提该研究项目的固定资产折旧费用2 000元；12月31日转出该研究阶段项目当月发生的研究费用。根据相关原始单据填制记账凭证。

（1）计算应付研发人员薪酬，财务会计分录为：

借：研发支出——研究支出　　　　　　　　　　　　　120 000
　　　贷：应付职工薪酬　　　　　　　　　　　　　　　　　120 000

（2）支付技术协作费，财务会计分录为：

借：研发支出——研究支出　　　　　　　　　　　　　　13 000
　　　贷：零余额账户用款额度　　　　　　　　　　　　　　13 000

同时，预算会计分录为：

借：事业支出——商品和服务支出　　　　　　　　　　　13 000
　　　贷：资金结存——零余额账户用款额度　　　　　　　　13 000

（3）计提固定资产折旧费用，财务会计分录为：

借：研发支出——研究支出　　　　　　　　　　　　　　　2 000
　　　贷：固定资产累计折旧　　　　　　　　　　　　　　　　2 000

（4）月末，转出本月研究阶段费用，财务会计分录为：

本月研究阶段发生的费用＝120 000＋13 000＋2 000＝135 000（元）

借：业务活动费用　　　　　　　　　　　　　　　　　135 000
　　　贷：研发支出——研究支出　　　　　　　　　　　　　135 000

（2）自行研究开发项目开发阶段的支出，先通过"研发支出——开发支出"账户进行归集。按照从事开发及其辅助活动人员计提的薪酬，开发活动领用的库存物品，发生的与开发活动相关的管理费、间接费和其他各项费用,借记"研发支出——开发支出",贷记"应付职工薪酬""库存物品""财政拨款收入""零余额账户用款额度""固定资产累计折旧""银行存款"等账户。自行研究开发项目完成,达到预定用途形成无形资产的,按照本账户归集的开发阶段的支出金额,借记"无形资产"账户,贷记"研发支出——开发支出"。单位应于每年年度终了评估研究开发项目是否能达到预定用途,如预计不能达到预定用途(如无法最终完成开发项目并形成无形资产的),应当将已发生的开发支出金额全部转入当期费用,借记"业务活动费用"等账户,贷记"研发支出——开发支出"。

自行研究开发项目时涉及增值税业务的,参见"应交增值税"的账务处理。

[例 5-38] 某事业单位研发项目开发阶段支出的实务举例。

1. 12 月 25 日,某事业单位处于开发阶段的 A 项目开发完成,达到预定用途并形成无形资产。该项目开发阶段累计发生的开发支出 860 000 元。根据相关原始单据填制记账凭证,财务会计分录为:

借:无形资产 860 000
　　贷:研发支出——开发支出 860 000

2. 12 月 31 日,该单位对处于开发阶段尚未开发完成的项目进行评估。B 项目已累计发生开发支出 350 000 元,经评估预计无法达到预定用途,按规定转出已发生的开发支出。根据相关原始单据填制记账凭证,财务会计分录为:

借:业务活动费用 350 000
　　贷:研发支出——开发支出 350 000

(3)自行研究开发项目尚未进入开发阶段,或者确实无法区分研究阶段支出和开发阶段支出,但按照法律程序已申请取得无形资产的,按照依法取得时发生的注册费、聘请律师费等费用,借记"无形资产"账户,贷记"财政拨款收入""零余额账户用款额度""银行存款"等账户;按照依法取得前所发生的研究开发支出,借记"业务活动费用"等账户,贷记"研发支出"账户。

[例 5-39] 某事业单位某研发项目无法区分研究阶段和开发阶段。12 月 20 日,该项目已申请获得专利权,通过财政授权支付方式支付申请专利发生的注册费、聘请律师费等费用 320 000 元。此前,该项目累计发生的研发支出 410 000 元。根据相关原始单据填制记账凭证。

(1)注册专利权确认无形资产,财务会计分录为:

借:无形资产——专利权 320 000
　　贷:零余额账户用款额度 320 000

同时,预算会计分录为:

借:事业支出——资本性支出 320 000
　　贷:资金结存——零余额账户用款额度 320 000

(2)转出发生的研发支出,财务会计分录为:

借:业务活动费用 410 000

　　　　贷：研发支出　　　　　　　　　　　　　　　　　　　　410 000

（七）无形资产和研发支出业务"平行记账"方法

无形资产和研发支出业务"平行记账"方法见表5-22。

表5-22　无形资产和研发支出业务"平行记账"方法

经济业务活动	财务会计分录	预算会计分录
一、无形资产业务		
1. 委托软件公司开发软件	（1）按开发合同预付软件开发费时 借：预付账款 　　贷：财政拨款收入/零余额账户用款额度/银行存款等	借：行政支出/事业支出/经营支出等［预付的款项］ 　　贷：财政拨款预算收入/资金结存
	（2）交付使用并支付剩余费用时 借：无形资产［开发费总额］ 　　贷：预付账款 　　　　财政拨款收入/零余额账户用款额度/银行存款等［支付的剩余款项］	借：行政支出/事业支出/经营支出等［支付的剩余款项金额］ 　　贷：财政拨款预算收入/资金结存
2. 外购、接受捐赠、无偿调入、置换换入无形资产以及无形资产后续支出业务的平行记账参见"固定资产"业务的账务处理		
3. 无形资产处置业务的平行记账参见"资产处置费用"和"待处理财产损溢"业务的账务处理		
二、研发支出业务		
1. 自行研发项目研究阶段支出	（1）发生研究支出 借：研发支出——研究支出 　　贷：应付职工薪酬/库存物品/财政拨款收入/零余额账户用款额度/银行存款等	借：事业支出/经营支出等［实际支付的款项］ 　　贷：财政拨款预算收入/资金结存
	（2）月末，结转研究支出 借：业务活动费用等 　　贷：研发支出——研究支出	—
2. 自行研发项目开发阶段支出	借：研发支出——开发支出 　　贷：应付职工薪酬/库存物品/财政拨款收入/零余额账户用款额度/银行存款等	借：事业支出/经营支出等［实际支付的款项］ 　　贷：财政拨款预算收入/资金结存
3. 自行研发项目完成形成无形资产	借：无形资产 　　贷：研发支出——开发支出	—
4. 自行研发项目达不到预定用途	借：业务活动费用等 　　贷：研发支出——开发支出	—

123

第八节 对外投资

投资是事业单位按规定以货币资金、实物资产、无形资产等方式形成的债权或股权投资。投资分为短期投资和长期投资。短期投资，是指事业单位取得的持有时间不超过 1 年（含 1 年）的投资。长期投资，是事业单位取得的除短期投资以外的债权和股权性质的投资。行政单位不得利用国有资产对外投资、担保或举办经济实体。

一、短期投资

政府会计准则第 2 号——投资

（一）短期投资确认和计量

短期投资在取得时，应当按照实际成本（包括购买价款和相关税费，下同）作为初始投资成本。实际支付价款中包含的已到付息期但尚未领取的利息，应当于收到时冲减短期投资成本。短期投资持有期间的利息，应当于实际收到时确认为投资收益。短期投资应当按照账面余额计量。按规定出售或到期收回短期投资，应当将收到的价款扣除短期投资账面余额和相关税费后的差额计入投资损益。

（二）短期投资账务处理

事业单位利用国有资产进行短期投资的，应当设置"短期投资"账户，核算事业单位按照规定取得的，持有时间不超过 1 年（含 1 年）的投资。本账户应当按照投资的种类等进行明细核算。本账户期末借方余额，反映事业单位持有短期投资的成本。

（1）取得短期投资时，按照确定的投资成本，借记"短期投资"账户，贷记"银行存款"等账户。收到取得投资时实际支付价款中包含的已到付息期但尚未领取的利息，按照实际收到的金额，借记"银行存款"账户，贷记"短期投资"账户。

（2）收到短期投资持有期间的利息时，按照实际收到的金额，借记"银行存款"账户，贷记"投资收益"账户。

（3）出售短期投资或到期收回短期投资本息时，按照实际收到的金额，借记"银行存款"账户，按照出售或收回短期投资的账面余额，贷记"短期投资"账户，按照其差额，借记或贷记"投资收益"账户。涉及增值税业务的，参见"应交增值税"的账务处理。

[例 5-40] 某事业单位 12 月发生下列与短期投资相关的经济业务：

1. 12 月 1 日，经批准用单位自有资金购买 8 个月到期的短期债券，通过银行转账支付购买价款和税费 500 000 元。支付的价款中，包含已到付息期但尚未领取的利息 12 000 元。根据相关原始单据填制记账凭证，财务会计分录为：

借：短期投资——××债券   500 000

  贷：银行存款   500 000

同时，预算会计分录为：

```
借：投资支出                                              500 000
    贷：资金结存——货币资金                                   500 000
```

2. 12 月 25 日，收到上述短期债券的利息 20 000 元。其中，属于购买该短期债券时包含在购买价款中已到付息期尚未收到的利息 12 000 元，属于持有期间的利息收入 8 000 元。根据相关原始单据填制记账凭证，财务会计分录为：

```
借：银行存款                                              20 000
    贷：投资收益                                            8 000
        短期投资——××债券                                  12 000
```

同时，预算会计分录为：

```
借：资金结存——货币资金                                     20 000
    贷：投资预算收益                                         8 000
        投资支出                                           12 000
```

（三）短期投资业务"平行记账"方法

短期投资业务"平行记账"方法见表 5-23。

表 5-23　短期投资业务"平行记账"方法

经济业务活动	财务会计分录	预算会计分录
1. 取得短期投资	借：短期投资 　　贷：银行存款等	借：投资支出 　　贷：资金结存——货币资金
2. 收到购买时已到付息期但尚未领取的利息	借：银行存款 　　贷：短期投资	借：资金结存——货币资金 　　贷：投资支出
3. 短期投资持有期间收到利息	借：银行存款 　　贷：投资收益	借：资金结存——货币资金 　　贷：投资预算收益
4. 出售或到期收回短期投资本息	借：银行存款［实际收到的金额］ 　　投资收益［借差］ 　　贷：短期投资［账面余额］ 　　　　投资收益［贷差］	借：资金结存——货币资金［实收款］ 　　投资预算收益［实收款小于投资成本的差额］ 　　贷：投资支出［投资成本，收回当年投资的］ 　　　　其他结余［投资成本，收回以前年度投资的］ 　　　　投资预算收益［实收款大于投资成本的差额］

二、长期债券投资

（一）长期债券投资确认和计量

长期债券投资在取得时，应当按照实际成本作为初始投资成本。实际支付价款中包含的已到付息期但尚未领取的债券利息，应当单独确认为应收利息，不计入长期债券投资初始投资成本。

长期债券投资持有期间，应当按期以票面金额与票面利率计算确认利息收入。对于分期付息、一次还本的长期债券投资，应当将计算确定的应收未收利息确认为应收利息，计入投资收益；对于一次还本付息的长期债券投资，应当将计算确定的应收未收利息计入投资收益，并增加长期债券投资的账面余额。

按规定出售或到期收回长期债券投资，应当将实际收到的价款扣除长期债券投资账面余额和相关税费后的差额计入投资损益。

（二）长期债券投资账务处理

事业单位进行长期债券投资的，应当设置"长期债券投资"和"应收利息"账户。

"长期债券投资"账户核算事业单位按照规定取得的，持有时间超过 1 年（不含 1 年）的债券投资。本账户应当设置"成本"和"应计利息"明细账户，并按照债券投资的种类进行明细核算。本账户期末借方余额，反映事业单位持有的长期债券投资的价值。

"应收利息"核算事业单位长期债券投资应当收取的利息。事业单位购入的到期一次还本付息的长期债券投资持有期间的利息，应当通过"长期债券投资——应计利息"账户核算，不通过本账户核算。本账户应当按照被投资单位等进行明细核算。本账户期末借方余额，反映事业单位应收未收的长期债券投资利息。

（1）长期债券投资在取得时，应当按照其实际成本作为投资成本。取得的长期债券投资，按照确定的投资成本，借记"长期债券投资"账户（成本），按照支付的价款中包含的已到付息期但尚未领取的利息，借记"应收利息"账户，按照实际支付的金额，贷记"银行存款"等账户。实际收到取得债券时所支付价款中包含的已到付息期但尚未领取的利息时，借"银行存款"账户，贷记"应收利息"账户。

（2）长期债券投资持有期间，按期以债券票面金额与票面利率计算确认利息收入时，如为到期一次还本付息的债券投资，借记"长期债券投资"账户（应计利息），贷记"投资收益"账户；如为分期付息、到期一次还本的债券投资，借记"应收利息"账户，贷记"投资收益"账户。收到分期支付的利息时，按照实收的金额，借记"银行存款"等账户，贷记"应收利息"账户。

（3）到期收回长期债券投资，按照实际收到的金额，借记"银行存款"账户，按照长期债券投资的账面余额，贷记"长期债券投资"账户，按照相关应收利息金额，贷记"应收利息"账户，按照其差额，贷记"投资收益"账户。

（4）对外出售长期债券投资，按照实际收到的金额，借记"银行存款"账户，按照长期债券投资的账面余额，贷记"长期债券投资"账户，按照已记入"应收利息"账户但尚未收取的金额，贷记"应收利息"账户，按照其差额，贷记或借记"投资收益"账户。涉及增值税业务的，参见"应交增值税"的账务处理。

事业单位进行除债券以外的其他债权投资，参照长期债券投资进行会计处理。

[例 5-41] 某事业单位某年发生下列与长期债券投资相关的经济业务：

1. 9 月 26 日，经批准用单位自有资金购买 2 年期的长期债券，债券票面金额

1 000 000元，票面年利率5%，每季末的25日结算并支付一次债券利息。购买该债券通过银行转账支付购买价款及相关税费1 020 000元，支付的价款中，包含已到付息期但尚未领取的利息18 000元。根据相关原始单据填制记账凭证，财务会计分录为：

借：长期债券投资——××债券——成本　　　　　　　　　　1 002 000

　　应收利息——××债券　　　　　　　　　　　　　　　　　18 000

　　贷：银行存款　　　　　　　　　　　　　　　　　　　　　　　1 020 000

同时，预算会计分录为：

借：投资支出　　　　　　　　　　　　　　　　　　　　　　1 020 000

　　贷：资金结存——货币资金　　　　　　　　　　　　　　　　　1 020 000

2. 9月28日，收到购买该长期债券时包含在购买价款中已到付息期尚未收到的利息18 000元。根据相关原始单据填制记账凭证，财务会计分录为：

借：银行存款　　　　　　　　　　　　　　　　　　　　　　　18 000

　　贷：应收利息——××债券　　　　　　　　　　　　　　　　　18 000

同时，预算会计分录为：

借：资金结存——货币资金　　　　　　　　　　　　　　　　　18 000

　　贷：投资支出　　　　　　　　　　　　　　　　　　　　　　　18 000

3. 12月25日，按照前例长期债券票面金额和利率，计算确认4季度的利息收入。根据相关原始单据填制记账凭证，财务会计分录为：

四季度应确认的利息收入 = 1 000 000元×5%÷12×3 = 12 500（元）

借：应收利息——××债券　　　　　　　　　　　　　　　　　12 500

　　贷：投资收益　　　　　　　　　　　　　　　　　　　　　　　12 500

4. 12月29日，经批准将前例长期债券投资转让给某事业单位，债券转让款1 015 000元已汇到本单位银行账户。根据相关原始单据填制记账凭证，财务会计分录为：

借：银行存款　　　　　　　　　　　　　　　　　　　　　　1 015 000

　　贷：长期债券投资——××债券——成本　　　　　　　　　　　1 002 000

　　　　应收利息——××债券　　　　　　　　　　　　　　　　　12 500

　　　　投资收益　　　　　　　　　　　　　　　　　　　　　　　500

同时，预算会计分录为：

借：资金结存——货币资金　　　　　　　　　　　　　　　　1 015 000

　　贷：投资支出　　　　　　　　　　　　　　　　　　　　　　　1 002 000

　　　　投资预算收益　　　　　　　　　　　　　　　　　　　　　13 000

（三）长期债券投资业务"平行记账"方法

长期债券投资业务"平行记账"方法见表5-24。

表 5-24 长期债券投资业务"平行记账"方法

经济业务活动	财务会计分录	预算会计分录
1. 取得长期债券投资	借：长期债券投资——成本 应收利息［实际支付价款中包含的已到付息期但尚未领取的利息］ 贷：银行存款等［实际支付价款］	借：投资支出［实际支付价款］ 贷：资金结存——货币资金
2. 收到取得投资时支付价款中包含的已到付息期但尚未领取的利息	借：银行存款 贷：应收利息	借：资金结存——货币资金 贷：投资支出等
3. 按票面金额和利率确认持有期间的利息收入时	借：应收利息［分期付息、到期还本］ 长期债券投资——应计利息［到期一次还本付息］ 贷：投资收益	—
4. 收到分期付息的利息收入时	借：银行存款 贷：应收利息	借：资金结存——货币资金 贷：投资预算收益
5. 出售或到期收回长期投资本息	借：银行存款等［实际收到的款项］ 投资收益［借差］ 贷：长期债券投资［账面余额］ 应收利息 投资收益［贷差］	借：资金结存——货币资金 投资预算收益［借差］ 贷：投资支出［投资成本，收回当年投资的］ 其他结余［投资成本，收回以前年度投资的］ 投资预算收益［贷差］

三、长期股权投资

事业单位进行长期股权投资的，应当设置"长期股权投资"和"应收股利"账户。

"长期股权投资"账户，核算事业单位按照规定取得的，持有时间超过 1 年（不含 1 年）的股权性质的投资。本账户应当按照被投资单位和长期股权投资取得方式等进行明细核算。长期股权投资采用权益法核算的，还应当按照"成本""损益调整""其他权益变动"设置明细账户，进行明细核算。本账户期末借方余额，反映事业单位持有的长期股权投资的价值。

"应收股利"账户，核算事业单位持有长期股权投资应当收取的现金股利或应当分得的利润。本账户应当按照被投资单位等进行明细核算。本账户期末借方余额，反映事业单位应当收取但尚未收到的现金股利或利润。

（一）取得长期股权投资账务处理

长期股权投资在取得时，应当按照实际成本作为初始投资成本。

（1）以支付现金取得的长期股权投资，按照实际支付的全部价款（包括购买价款和相关税费）作为实际成本。实际支付价款中包含的已宣告但尚未发放的现金股利，应当单独确认为应收股利，不计入长期股权投资初始投资成本。按照确定的投资成本，借记"长期股权投资"账户或"长期股权投资"账户（成本），按照支付的价款中包含的已宣告但尚未发放的现金股利，借记"应收股利"账户，按照实际支付的全部价款，贷记"银行存款"等账户。实际收到取得投资时所支付价款中包含的已宣告但尚未发放的现金股利时，借记"银行存款"账户，贷记"应收股利"账户。

（2）以现金以外的其他资产置换取得的长期股权投资，其成本按照换出资产的评估价值加上支付的补价或减去收到的补价，加上换入长期股权投资发生的其他相关支出确定。以现金以外的其他资产置换取得的长期股权投资，参照"库存物品"账户中置换取得库存物品的相关规定进行账务处理。以未入账的无形资产取得的长期股权投资，按照评估价值加相关税费作为投资成本，借记"长期股权投资"账户，按照发生的相关税费，贷记"银行存款""其他应交税费"等账户，按其差额，贷记"其他收入"账户。

（3）接受捐赠的长期股权投资，其成本按照有关凭证注明的金额加上相关税费确定；没有相关凭证可供取得，但按规定经过资产评估的，其成本按照评估价值加上相关税费确定；没有相关凭证可供取得也未经资产评估的，其成本比照同类或类似资产的市场价格加上相关税费确定。按照确定的投资成本，借记"长期股权投资"账户或"长期股权投资"账户（成本），按照发生的相关税费，贷记"银行存款"等账户，按照其差额，贷记"捐赠收入"账户。

（4）无偿调入的长期股权投资，其成本按照调出方账面价值加上相关税费确定。按照确定的投资成本，借记"长期股权投资"账户或"长期股权投资"账户（成本），按照发生的相关税费，贷记"银行存款"等账户，按照其差额，贷记"无偿调拨净资产"账户。

[例5-42] 某事业单位12月经批准用一台专用设备出资，与其他单位共同发起设立一个股份有限公司，该公司总股本2 000 000元。经评估和投资方共同协商，该设备作价1 020 000元，占被投资公司51%的股权；通过银行转账支付该投资发生的相关税费12 000元。该台专用设备账面余额1 100 000元，累计已计提折旧费用100 000元，预计使用年限10年。该事业单位对此项股权投资采用权益法核算。根据相关原始单据填制记账凭证，财务会计分录为：

借：长期股权投资——成本　　　　　　　　　　　　　1 032 000
　　固定资产累计折旧　　　　　　　　　　　　　　　　100 000
　　贷：固定资产——专用设备　　　　　　　　　　　　　　　1 100 000
　　　　银行存款　　　　　　　　　　　　　　　　　　　　　　12 000
　　　　其他收入　　　　　　　　　　　　　　　　　　　　　　20 000

同时，预算会计分录为：

借：其他支出　　　　　　　　　　　　　　　　　　　　12 000
　　贷：资金结存——货币资金　　　　　　　　　　　　　　　　12 000

（二）长期股权投资持有期间收益账务处理

长期股权投资在持有期间，通常应当采用权益法进行核算。事业单位无权决定被投资单位的财务和经营政策或无权参与被投资单位的财务和经营政策决策的，应当采用成本法进行核算。

1. 成本法核算

成本法是指投资按照投资成本计量的方法。在成本法下，长期股权投资的账面余额通常保持不变，但追加或收回投资时，应当相应调整其账面余额。长期股权投资持有期间，被投资单位宣告分派的现金股利或利润，事业单位应当按照宣告分派的现金股利或利润中属于单位应享有的份额确认为投资收益。

采用成本法核算，被投资单位宣告发放现金股利或利润时，按照应收的金额，借记"应收股利"账户，贷记"投资收益"账户。收到现金股利或利润时，按照实际收到的金额，借记"银行存款"等账户，贷记"应收股利"账户。

[例 5-43] 某事业单位持有一项长期股权投资，对该股权投资采用成本法核算。7月 25 日，被投资企业宣告每股发放现金股利 0.1 元，该事业单位应分得现金股利 102 000元；7 月 31 日，收到现金股利 102 000 元。根据相关原始单据填制记账凭证。

（1）被投资企业宣告发放现金股利时，财务会计分录为：

借：应收股利　　　　　　　　　　　　　　　　　　　102 000
　　贷：投资收益　　　　　　　　　　　　　　　　　　　　102 000

（2）收到发放的现金股利时，财务会计分录为：

借：银行存款　　　　　　　　　　　　　　　　　　　102 000
　　贷：应收股利　　　　　　　　　　　　　　　　　　　　102 000

同时，预算会计分录为：

借：资金结存——货币资金　　　　　　　　　　　　　102 000
　　贷：投资预算收益　　　　　　　　　　　　　　　　　　102 000

2. 权益法核算

权益法是指投资最初以投资成本计量，以后根据在被投资单位所享有的所有者权益份额的变动对投资的账面余额进行调整的方法。采用权益法进行核算的，按照如下原则进行会计处理：

（1）事业单位取得长期股权投资后，对于被投资单位所有者权益的变动，按照应享有或应分担的被投资单位实现的净损益的份额，确认为投资损益，同时调整长期股权投资的账面余额；按照被投资单位宣告分派的现金股利或利润计算应享有的份额，确认为应收股利，同时减少长期股权投资的账面余额；按照被投资单位除净损益和利润分配以外的所有者权益变动的份额，确认为净资产，同时调整长期股权投资的账面余额。

（2）事业单位确认被投资单位发生的净亏损，应当以长期股权投资的账面余额减记至零为限，事业单位负有承担额外损失义务的除外。被投资单位发生净亏损，但以后年度又实现净利润的，事业单位应当在其收益分享额弥补未确认的亏损分担额等后，恢复确认投资收益。

采用权益法核算的具体账务处理如下：

（1）被投资单位实现净利润的，按照应享有的份额，借记"长期股权投资"账户

（损益调整），贷记"投资收益"账户。被投资单位发生净亏损的，按照应分担的份额，借记"投资收益"账户，贷记"长期股权投资"账户（损益调整），但以"长期股权投资"账户的账面余额减记至零为限。

发生亏损的被投资单位以后年度又实现净利润的，按照收益分享额弥补未确认的亏损分担额等后的金额，借记"长期股权投资"账户（损益调整），贷记"投资收益"账户。

（2）被投资单位宣告分派现金股利或利润的，按照应享有的份额，借记"应收股利"账户，贷记"长期股权投资"账户（损益调整）。

（3）被投资单位发生除净损益和利润分配以外的所有者权益变动的，按照应享有或应分担的份额，借记或贷记"权益法调整"账户，贷记或借记"长期股权投资"账户（其他权益变动）。

[例5-44] 承例5-42，12月31日，被投资企业实现净利润300 000元，同时发生除净损益和利润分配以外的所有者权益变动金额为60 000元。根据相关原始单据填制记账凭证。

（1）被投资单位实现净利润时，财务会计分录为：

对被投资企业实现净利润享有的份额＝300 000×51%＝153 000（元）

借：长期股权投资——损益调整　　　　　　　　　　153 000

　　贷：投资收益　　　　　　　　　　　　　　　　　153 000

（2）被投资单位发生除净损益以外的所有者权益变动，财务会计分录为：

对被投资企业其他权益变动享有的份额＝60 000×51%＝30 600（元）

借：长期股权投资——其他权益变动　　　　　　　　30 600

　　贷：权益法调整　　　　　　　　　　　　　　　　30 600

3. 权益法与成本法转换

事业单位因处置部分长期股权投资等原因无权再决定被投资单位的财务和经营政策或者参与被投资单位的财务和经营政策决策的，应当对处置后的剩余股权投资改按成本法核算，并以该剩余股权投资在权益法下的账面余额作为按照成本法核算的初始投资成本。其后，被投资单位宣告分派现金股利或利润时，属于已计入投资账面余额的部分，作为成本法下长期股权投资成本的收回，冲减长期股权投资的账面余额。

事业单位因追加投资等原因对长期股权投资的核算从成本法改为权益法的，应当自有权决定被投资单位的财务和经营政策或者参与被投资单位的财务和经营政策决策时，按成本法下长期股权投资的账面余额加上追加投资的成本作为按照权益法核算的初始投资成本。

（1）单位因处置部分长期股权投资等原因而对处置后的剩余股权投资由权益法改按成本法核算的，应当按照权益法下"长期股权投资"账户账面余额作为成本法下"长期股权投资"（成本）账户账面余额。其后，被投资单位宣告分派现金股利或利润时，属于单位已计入投资账面余额的部分，按照应分得的现金股利或利润份额，借记"应收股利"账户，贷记"长期股权投资"账户。

（2）单位因追加投资等原因对长期股权投资的核算从成本法改为权益法的，应当按照成本法下"长期股权投资"账户账面余额与追加投资成本的合计金额，借记"长期股权投资"账户（成本），按照成本法下"长期股权投资"账户账面余额，贷记"长期股权投资"账户，按照追加投资的成本，贷记"银行存款"等账户。

（三）长期股权投资处置

事业单位按规定报经批准处置长期股权投资，应当冲减长期股权投资的账面余额，并按规定将处置价款扣除相关税费后的余额作应缴款项处理，或者按规定将处置价款扣除相关税费后的余额与长期股权投资账面余额的差额计入当期投资损益。采用权益法核算的长期股权投资，因被投资单位除净损益和利润分配以外的所有者权益变动而将应享有的份额计入净资产的，处置该项投资时，还应当将原计入净资产的相应部分转入当期投资损益。

长期股权投资处置的账务处理如下：

（1）按照规定报经批准出售（转让）长期股权投资时，应当区分长期股权投资取得方式分别进行处理。

① 处置以现金取得的长期股权投资，按照实际取得的价款，借记"银行存款"等账户，按照被处置长期股权投资的账面余额，贷记"长期股权投资"账户，按照尚未领取的现金股利或利润，贷记"应收股利"账户，按照发生的相关税费等支出，贷记"银行存款"等账户，按照借贷方差额，借记或贷记"投资收益"账户。

② 处置以现金以外的其他资产取得的长期股权投资，按照被处置长期股权投资的账面余额，借记"资产处置费用"账户，贷记"长期股权投资"账户；同时，按照实际取得的价款，借记"银行存款"等账户，按照尚未领取的现金股利或利润，贷记"应收股利"账户，按照发生的相关税费等支出，贷记"银行存款"等账户，按照贷方差额，贷记"应缴财政款"账户。按照规定将处置时取得的投资收益纳入本单位预算管理的，应当按照所取得价款大于被处置长期股权投资账面余额、应收股利账面余额和相关税费支出合计的差额，贷记"投资收益"账户。

（2）因被投资单位破产清算等原因，有确凿证据表明长期股权投资发生损失，按照规定报经批准后予以核销时，按照予以核销的长期股权投资的账面余额，借记"资产处置费用"账户，贷记"长期股权投资"账户。

（3）报经批准置换转出长期股权投资时，参照"库存物品"账户中置换换入库存物品的规定进行账务处理。

（4）采用权益法核算的长期股权投资的处置，除进行上述账务处理外，还应结转原直接计入净资产的相关金额，借记或贷记"权益法调整"账户，贷记或借记"投资收益"账户。

🔔 **[例5-45]** 某事业单位投资收益纳入单位预算管理。12月发生下列长期股权处置业务：

（1）12月20日，经批准出让一项上年以货币资金方式取得的长期股权投资，出让款425 000元当日到账。该长期股权投资账面余额400 000元，已确认尚未收到的应收股利13 000元。银行转账支付相关税费2 000元。根据相关原始单据填制记账凭证，财务会计分录为：

借：银行存款　　　　　　　　　　　　　　　　　　425 000

```
    贷：长期股权投资                                    400 000
        应收股利                                        13 000
        银行存款                                         2 000
        投资收益                                        10 000
```

同时，预算会计分录为：

```
    借：资金结存——货币资金                            423 000
        贷：其他结余                                    400 000
            投资预算收益                                 23 000
```

（2）12 月 22 日，经批准出让一项以非货币资金方式取得的长期股权投资，出让款 530 000 元已于当日到账。该长期股权投资账面余额 450 000 元，已确认尚未收到的应收股利 35 000 元。银行转账支付相关税费 3 000 元。该单位长期股权处置净收入不需要上缴财政。根据相关原始单据填制记账凭证，财务会计分录为：

```
    借：资产处置费用                                   450 000
        贷：长期股权投资                                450 000
```

同时：

```
    借：银行存款                                       530 000
        贷：应收股利                                     35 000
            银行存款                                      3 000
            投资收益                                     42 000
            应缴财政款                                  450 000
```

按取得价款扣减投资账面余额和相关税费后的差额，预算会计分录为：

```
    借：资金结存——货币资金                             77 000
        贷：投资预算收益                                 77 000
```

（四）长期股权投资业务"平行记账"方法

长期股权投资业务"平行记账"方法见表 5-25。

表 5-25　长期股权投资业务"平行记账"方法

经济业务活动	财务会计分录	预算会计分录
一、取得长期股权投资		
1. 以现金方式取得长期股权投资	借：长期股权投资——成本/长期股权投资 　　应收股利［实际支付价款中包含的已宣告但尚未发放的股利或利润］ 　　贷：银行存款等［实际支付的价款］	借：投资支出［实际支付的价款］ 　　贷：资金结存——货币资金
2. 收到取得投资时支付价款中包含的已宣告但尚未发放的股利或利润	借：银行存款 　　贷：应收股利	借：资金结存——货币资金 　　贷：投资支出等

133

经济业务活动	财务会计分录	预算会计分录
3. 以未入账的无形资产取得的长期股权投资	借：长期股权投资 　　贷：银行存款/其他应交税费 　　其他收入［借贷方差额］	借：其他支出［支付的相关税费］ 　　贷：资金结存

4. 以非现金资产置换、接受捐赠、无偿调入方式取得的长期股权投资业务平行记账，参见"存货"业务的账务处理。

二、长期股权投资持有期间收益

1. 成本法下	（1）被投资单位宣告发放现金股利或利润时 借：应收股利 　　贷：投资收益	—
	（2）收到被投资单位发放的现金股利或利润 借：银行存款 　　贷：应收股利	借：资金结存——货币资金 　　贷：投资预算收益
2. 权益法下	（1）被投资单位实现净利润的按其份额（发生净亏损的做相反分录） 借：长期股权投资——损益调整 　　贷：投资收益	—
	（2）被投资单位宣告发放现金股利或利润时 借：应收股利 　　贷：长期股权投资——损益调整	—
	（3）收到被投资单位的现金股利 借：银行存款 　　贷：应收股利	借：资金结存——货币资金 　　贷：投资预算收益

三、长期股权投资的处置

1. 出售（转让）以现金取得的长期股权投资	借：银行存款［实际取得价款］ 　　投资收益［借差］ 　　贷：长期股权投资［账面余额］ 　　　　应收股利［尚未领取的现金股利或利润］ 　　　　银行存款等［支付的相关税费］ 　　　　投资收益［贷差］	借：资金结存——货币资金［取得价款扣减支付的相关税费后的金额］ 　　贷：投资支出/其他结余［投资款］ 　　　　投资预算收益

续表

经济业务活动	财务会计分录	预算会计分录
2. 出售（转让）以非现金资产取得的长期股权投资	（1）处置净收入需上缴财政的 借：资产处置费用 　　贷：长期股权投资 借：银行存款［实际取得价款］ 　　贷：应收股利［尚未领取的现金股利或利润］ 　　　　银行存款等［支付的相关税费］ 　　　　应缴财政款	借：资金结存——货币资金 　　贷：投资预算收益［获得的现金股利或利润］
	（2）处置净收入不需上缴财政的 借：资产处置费用 　　贷：长期股权投资 借：银行存款［实际取得价款］ 　　贷：应收股利［尚未领取的现金股利或利润］ 　　　　银行存款等［支付的相关税费］ 　　　　投资收益［取得价款扣减投资账面余额、应收股利和相关税费后的差额］ 　　　　应缴财政款［贷差］	借：资金结存——货币资金［取得价款扣减投资账面余额和相关税费后的差额］ 　　贷：投资预算收益

第九节　经管资产

　　政府单位"经管"的资产包括公共基础设施、政府储备物资、文物文化资产和保障性住房等。政府单位的存货和固定资产与"经管"资产的区别主要在于：① 政府单位对存货和固定资产具有法律上的占有权，而对"经管"资产则不具有法律上的占有权；② 存货和固定资产是政府单位为满足自身履行职能、完成各项工作任务、开展各项业务活动所需的资产，而"经管"资产则是政府单位为满足社会公众需求（或特定的公共需求）而管理或控制的资产。"经管"资产以管理（或控制）为界定标准，按照"谁负责管理维护、谁入账"的原则，由负责管理（或控制）的政府会计主体确认。通过政府购买服务委托其他方维护管理的，由委托方确认。

一、公共基础设施

政府会计准则第 5 号——公共基础设施

（一）公共基础设施概念

公共基础设施是指政府单位为满足社会公共需求而控制的，同时具有以下特征的有形资产：① 是一个有形资产系统或网络的组成部分；② 具有特定用途；③ 一般不可移动。

公共基础设施主要包括市政基础设施（如城市道路、桥梁、隧道、公交场站、路灯、广场、公园绿地、室外公共健身器材，以及环卫、排水、供水、供电、供气、供热、污水处理、垃圾处理系统等）、交通基础设施（如公路、航道、港口等）、水利基础设施（如大坝、堤防、水闸、泵站、渠道等）和其他公共基础设施。

（二）公共基础设施确认

1. 公共基础设施的确认主体

通常情况下，公共基础设施应当由按规定对其负有管理维护职责的单位予以确认。多个单位共同管理维护的公共基础设施，应当由对该资产负有主要管理维护职责或者承担后续主要支出责任的单位予以确认。分为多个组成部分由不同单位分别管理维护的公共基础设施，应当由各个单位分别对其负责管理维护的公共基础设施的相应部分予以确认。负有管理维护公共基础设施职责的单位通过政府购买服务方式委托企业或其他会计主体代为管理维护公共基础设施的，该公共基础设施应当由委托方予以确认。

对于企业控制的公共基础设施，由企业按照企业会计准则进行核算；对于政府将其特许经营权授予企业的存量公共基础设施，其会计处理由财政部另行规定。

2. 公共基础设施的确认条件

公共基础设施同时满足下列条件的，应当予以确认：

（1）与该公共基础设施相关的服务潜力很可能实现或者经济利益很可能流入会计主体。

（2）该公共基础设施的成本或者价值能够可靠地计量。

3. 公共基础设施的确认应注意的事项

（1）通常情况下，对于自建或外购的公共基础设施，应当在该项公共基础设施验收合格并交付使用时确认；对于无偿调入、接受捐赠的公共基础设施，应当在开始承担该项公共基础设施管理维护职责时确认。

（2）单位应当根据公共基础设施提供公共产品或服务的性质或功能特征对其进行分类确认。

（3）公共基础设施的各组成部分具有不同使用年限或者以不同方式提供公共产品或服务，适用不同折旧率或折旧方法且可以分别确定各自原价的，应当分别将各组成部分确认为该类公共基础设施的一个单项公共基础设施。

（4）在购建公共基础设施时，能够分清购建成本中的构筑物部分与土地使用权部分的，应当将其中的构筑物部分和土地使用权部分分别确认为公共基础设施；不能分清购建成本中的构筑物部分与土地使用权部分的，应当整体确认为公共基础设施。

（5）公共基础设施在使用过程中发生的后续支出，符合确认条件的，应当计入公共基础设施成本；不符合确认条件的，应当在发生时计入当期费用。通常情况下，为增加公共基础设施使用效能或延长其使用年限而发生的改建、扩建等后续支出，应当计入公共基础设施成本；为维护公共基础设施的正常使用而发生的日常维修、养护等后续支出，应当计入当期费用。

（三）取得公共基础设施时初始计量及其账务处理

1. 公共基础设施初始计量方法

公共基础设施在取得时应当按照成本进行初始计量。

（1）自行建造的公共基础设施，其成本包括完成批准的建设内容所发生的全部必要支出，包括建筑安装工程投资支出、设备投资支出、待摊投资支出和其他投资支出。为建造公共基础设施借入的专门借款的利息，属于建设期间发生的，计入该公共基础设施在建工程成本；不属于建设期间发生的，计入当期费用。已交付使用但尚未办理竣工决算手续的公共基础设施，应当按照估计价值入账，待办理竣工决算后再按照实际成本调整原来的暂估价值。

（2）接受其他会计主体无偿调入的公共基础设施，其成本按照该项公共基础设施在调出方的账面价值加上归属于调入方的相关费用确定。

（3）接受捐赠的公共基础设施，其成本按照有关凭据注明的金额加上相关费用确定；没有相关凭据可供取得，但按规定经过资产评估的，其成本按照评估价值加上相关费用确定；没有相关凭据可供取得也未经资产评估的，其成本比照同类或类似资产的市场价格加上相关费用确定。如受赠的系旧的公共基础设施，在确定其初始入账成本时应当考虑该项资产的新旧程度。

（4）外购的公共基础设施，其成本包括购买价款、相关税费以及公共基础设施交付使用前所发生的可归属于该项资产的运输费、装卸费、安装费和专业人员服务费等。

对于包括不同组成部分的公共基础设施，其只有总成本、没有单项组成部分成本的，可以按照各单项组成部分同类或类似资产的成本或市场价格比例对总成本进行分配，分别确定公共基础设施中各单项组成部分的成本。

2. 取得公共基础设施的账务处理

负责管理维护公共基础设施的单位应当设置"公共基础设施"账户，本账户核算单位控制的公共基础设施的原值，并按照公共基础设施的类别、项目等进行明细核算。本账户期末借方余额，反映公共基础设施的原值。单位应当根据行业主管部门对公共基础设施的分类规定，制定适合于本单位管理的公共基础设施目录、分类方法，作为进行公共基础设施核算的依据。

（1）自行建造的公共基础设施完工交付使用时，按照在建工程的成本，借记"公共基础设施"账户，贷记"在建工程"账户。已交付使用但尚未办理竣工决算手续的公共基础设施，按照估计价值入账，待办理竣工决算后再按照实际成本调整原来的暂估价值。

（2）接受其他单位无偿调入的公共基础设施，按照确定的成本，借记"公共基础设施"账户，按照发生的归属于调入方的相关费用，贷记"财政拨款收入""零余额账户用款额度""银行存款"等账户，按照其差额，贷记"无偿调拨净资产"账户。无偿调入的公共基础设施成本无法可靠取得的，按照发生的相关税费、运输费等金额，借记"其他费用"账户,贷记"财政拨款收入""零余额账户用款额度""银行存款"等账户。

（3）接受捐赠的公共基础设施,按照确定的成本,借记"公共基础设施"账户,按照发生的相关费用,贷记"财政拨款收入""零余额账户用款额度""银行存款"等账户,按照其差额,贷记"捐赠收入"账户。

接受捐赠的公共基础设施成本无法可靠取得的,按照发生的相关税费等金额,借记"其他费用"账户,贷记"财政拨款收入""零余额账户用款额度""银行存款"等账户。

（4）外购的公共基础设施,按照确定的成本,借记"公共基础设施"账户,贷记"财政拨款收入""零余额账户用款额度""银行存款"等账户。

（5）对于成本无法可靠取得的公共基础设施,单位应当设置备查簿进行登记,待成本能够可靠确定后按照规定及时入账。

取得公共基础设施业务的实务举例,参见固定资产的相关账务处理。

（四）公共基础设施折旧或摊销

1. 公共基础设施折旧的规定

（1）单位应当对公共基础设施计提折旧,但持续进行良好的维护使得其性能得到永久维持的公共基础设施和确认为公共基础设施的单独计价入账的土地使用权除外。

（2）公共基础设施应计提的折旧总额为其成本,计提公共基础设施折旧时不考虑预计净残值。应当对暂估入账的公共基础设施计提折旧,实际成本确定后不需调整原已计提的折旧额。

（3）应当根据公共基础设施的性质和使用情况,合理确定公共基础设施的折旧年限。确定公共基础设施折旧年限,应当考虑下列因素:设计使用年限或设计基准期;预计实现服务潜力或提供经济利益的期限;预计有形损耗和无形损耗;法律或者类似规定对资产使用的限制。公共基础设施的折旧年限一经确定,不得随意变更。对于接受无偿调入、捐赠的公共基础设施,应当考虑该项资产的新旧程度,按照其尚可使用的年限计提折旧。

（4）单位一般应当采用年限平均法或者工作量法计提公共基础设施折旧。确定公共基础设施的折旧方法时,应当考虑与公共基础设施相关的服务潜力或经济利益的预期实现方式。公共基础设施折旧方法一经确定,不得随意变更。

（5）公共基础设施应当按月计提折旧,并计入当期费用。当月增加的公共基础设施,当月开始计提折旧;当月减少的公共基础设施,当月不再计提折旧。处于改建、扩建等建造活动期间的公共基础设施,应当暂停计提折旧。因改建、扩建等原因而延长公共基础设施使用年限的,应当按照重新确定的公共基础设施的成本和重新确定的折旧年限计算折旧额,不需调整原已计提的折旧额。公共基础设施提足折旧后,无论能否继续使用,均不再计提折旧;已提足折旧的公共基础设施,可以继续使用的,应当继续使用,并规范实物管理。提前报废的公共基础设施,不再补提折旧。

（6）对于确认为公共基础设施的单独计价入账的土地使用权,应当按照无形资产摊销的相关规定进行摊销。

2. 公共基础设施折旧的账务处理

负责管理维护公共基础设施的单位应当设置"公共基础设施累计折旧（摊销）"账户,本账户核算单位计提的公共基础设施累计折旧和累计摊销。本账户应当按照所对应公共基础设施的明细分类进行明细核算。期末贷方余额，反映单位提取的公共基础设施折旧和摊销的累计数。①按月计提公共基础设施折旧时，按照应计提的折旧额，借记"业务活动费用"账户，贷记"公共基础设施累计折旧（摊销）"账户。②按月对确认为公共基础设施的单独计价入账的土地使用权进行摊销时，按照应计提的摊销额，借记"业务活动费用"账户，贷记"公共基础设施累计折旧（摊销）"账户。

公共基础设施的折旧业务，参见固定资产折旧的相关实务举例。

（五）公共基础设施改扩建及日常维护

在原有公共基础设施基础上进行改建、扩建等建造活动后的公共基础设施，其成本按照原公共基础设施账面价值加上改建、扩建等建造活动发生的支出，再扣除公共基础设施被替换部分的账面价值后的金额确定。将公共基础设施转入改建、扩建时，按照公共基础设施的账面价值，借记"在建工程"账户，按照公共基础设施已计提折旧，借记"公共基础设施累计折旧（摊销）"账户，按照公共基础设施的账面余额，贷记"公共基础设施"账户。为增加公共基础设施使用效能或延长其使用年限而发生的改建、扩建等后续支出，借记"在建工程"账户，贷记"财政拨款收入""零余额账户用款额度""银行存款"等账户。公共基础设施改建、扩建完成，竣工验收交付使用时，按照在建工程成本，借记"公共基础设施"账户，贷记"在建工程"账户。

为保证公共基础设施正常使用发生的日常维修等支出，借记"业务活动费用""单位管理费用"等账户，贷记"财政拨款收入""零余额账户用款额度""银行存款"等账户。

公共基础设施的后续计量业务，参见固定资产后续计量的相关实务举例。

（六）公共基础设施处置及其账务处理

按规定报经批准无偿调出、对外捐赠公共基础设施的，应当将公共基础设施的账面价值予以转销，无偿调出、对外捐赠中发生的归属于调出方、捐出方的相关费用应当计入当期费用。公共基础设施报废或遭受重大毁损的，应当在报经批准后将公共基础设施账面价值予以转销，并将报废、毁损过程中取得的残值变价收入扣除相关费用后的差额按规定做应缴款项处理（差额为净收益时）或计入当期费用（差额为净损失时）。

（1）报经批准对外捐赠公共基础设施，按照公共基础设施已计提的折旧或摊销，借记"公共基础设施累计折旧（摊销）"账户，按照被处置公共基础设施账面余额，贷记"公共基础设施"账户，按照捐赠过程中发生的归属于捐出方的相关费用，贷记"银行存款"等账户，按照其差额，借记"资产处置费用"账户。

（2）报经批准无偿调出公共基础设施，按照公共基础设施已计提的折旧或摊销，借记"公共基础设施累计折旧（摊销）"账户，按照被处置公共基础设施账面余额，贷记"公共基础设施"账户，按照其差额，借记"无偿调拨净资产"账户；同时，按照无偿调出过程中发生的归属于调出方的相关费用，借记"资产处置费用"账户，贷记"银行存款"等账户。

公共基础设施的处置业务，参见固定资产处置的相关实务举例。

（七）公共基础设施进行清查盘点

单位应当定期对公共基础设施进行清查盘点。对于发生的公共基础设施盘盈、盘亏、毁损或报废，应当先记入"待处理财产损溢"账户，按照规定报经批准后及时进行后续账务处理。

（1）盘盈的公共基础设施，其成本按照有关凭据注明的金额确定；没有相关凭据但按照规定经过资产评估的，其成本按照评估价值确定；没有相关凭据也未经过评估的，其成本按照重置成本确定。盘盈的公共基础设施成本无法可靠取得的，单位应当设置备查簿进行登记，待成本确定后按照规定及时入账。盘盈的公共基础设施，按照确定的入账成本，借记"公共基础设施"账户，贷记"待处理财产损溢"账户。

（2）盘亏、毁损或报废的公共基础设施，按照待处置公共基础设施的账面价值，借记"待处理财产损溢"账户，按照已计提折旧或摊销，借记"公共基础设施累计折旧（摊销）"账户，按照公共基础设施的账面余额，贷记"公共基础设施"账户。

公共基础设施的清查盘点业务，参见待处理财产损溢的相关实务举例。

二、政府储备物资

政府会计准则第 6 号——政府储备物资

（一）政府储备物资概念

政府储备物资，是指单位为满足实施国家安全与发展战略、进行抗灾救灾、应对公共突发事件等特定公共需求而控制的，同时具有下列特征的有形资产：① 在应对可能发生的特定事件或情形时动用；② 其购入、存储保管、更新（轮换）、动用等由政府及相关部门发布的专门管理制度规范。

政府储备物资包括战略及能源物资、抢险抗灾救灾物资、农产品、医药物资和其他重要商品物资，通常情况下由委托承储单位存储。

（二）政府储备物资确认

1. 政府储备物资的确认主体

通常情况下，政府储备物资应当由按规定对其负有行政管理职责的单位予以确认。行政管理职责主要指提出或拟定收储计划、更新（轮换）计划、动用方案等。相关行政管理职责由不同单位行使的政府储备物资，由负责提出收储计划的单位予以确认。对政府储备物资不负有行政管理职责但接受委托具体负责执行其存储保管等工作的单位，应当将受托代储的政府储备物资作为受托代理资产核算。

2. 政府储备物资的确认条件

政府储备物资同时满足下列条件的，应当予以确认：

（1）与该政府储备物资相关的服务潜力很可能实现或者经济利益很可能流入会计主体。

（2）该政府储备物资的成本或者价值能够可靠地计量。

（三）政府储备物资初始计量

1. 政府储备物资初始计量的要求

政府储备物资在取得时应当按照成本进行初始计量。

（1）购入的政府储备物资，其成本包括购买价款和单位承担的相关税费、运输费、装卸费、保险费、检测费以及使政府储备物资达到目前场所和状态所发生的归属于政府储备物资成本的其他支出。

（2）委托加工的政府储备物资，其成本包括委托加工前物料成本、委托加工的成本（如委托加工费以及按规定应计入委托加工政府储备物资成本的相关税费等）以及单位承担的使政府储备物资达到目前场所和状态所发生的归属于政府储备物资成本的其他支出。

（3）接受捐赠的政府储备物资，其成本按照有关凭据注明的金额加上单位承担的相关税费、运输费等确定；没有相关凭据可供取得，但按规定经过资产评估的，其成本按照评估价值加上单位承担的相关税费、运输费等确定；没有相关凭据可供取得也未经资产评估的，其成本比照同类或类似资产的市场价格加上单位承担的相关税费、运输费等确定。

（4）接受无偿调入的政府储备物资，其成本按照调出方账面价值加上归属于单位的相关税费、运输费等确定。

（5）下列各项不计入政府储备物资成本：仓储费用；日常维护费用；不能归属于使政府储备物资达到目前场所和状态所发生的其他支出。

2. 取得政府储备物资的账务处理

对政府储备物资有行政管理职责的单位应当设置"政府储备物资"账户，核算单位管理的政府储备物资的成本。本账户应当按照政府储备物资的种类、品种、存放地点等进行明细核算，并根据需要在本账户下设置"在库""发出"等明细账户进行明细核算。对政府储备物资不负有行政管理职责但接受委托具体负责执行其存储保管等工作的单位，其受托代储的政府储备物资应当通过"受托代理资产"账户核算，不通过本账户核算。

（1）购入的政府储备物资验收入库，按照确定的成本，借记"政府储备物资"账户，贷记"财政拨款收入""零余额账户用款额度""银行存款"等账户。

（2）涉及委托加工政府储备物资业务的，相关账务处理参照"加工物品"账户。

（3）接受捐赠的政府储备物资验收入库，按照确定的成本，借记"政府储备物资"账户，按照单位承担的相关税费、运输费等，贷记"零余额账户用款额度""银行存款"等账户，按照其差额，贷记"捐赠收入"账户。

（4）接受无偿调入的政府储备物资验收入库，按照确定的成本，借记"政府储备物资"账户，按照单位承担的相关税费、运输费等，贷记"零余额账户用款额度""银行存款"等账户，按照其差额，贷记"无偿调拨净资产"账户。

（四）政府储备物资后续计量

单位应当根据实际情况采用先进先出法、加权平均法或者个别计价法确定政府储备物资发出的成本。计价方法一经确定，不得随意变更。对于性质和用途相似的政府储备物资，应当采用相同的成本计价方法确定发出物资的成本。对于不能替代使用的政府储备物资、为特定项目专门购入或加工的政府储备物资，通常应采用个别计价法确定发出物资的成本。

（1）因动用而发出无须收回的政府储备物资的，应当在发出物资时将其账面余额予以转销，计入当期费用。按照发出物资的账面余额，借记"业务活动费用"账户，贷记"政府储备物资"账户。

（2）因动用而发出需要收回或者预期可能收回的政府储备物资的，应当在按规定的质量验收标准收回物资时，将未收回物资的账面余额予以转销，计入当期费用。在发出物资时，按照发出物资的账面余额，借记"政府储备物资"账户（发出），贷记"政府储备物资"账户（在库）；按照规定的质量验收标准收回物资时，按照收回物资原账面余额，借记"政府储备物资"账户（在库），按照未收回物资的原账面余额，借记"业务活动费用"账户，按照物资发出时登记在"政府储备物资"账户所属"发出"明细账户中的余额，贷记"政府储备物资"账户（发出）。

（3）因行政管理主体变动等原因而将政府储备物资调拨给其他主体的，应当在发出物资时将其账面余额予以转销。按照无偿调出政府储备物资的账面余额，借记"无偿调拨净资产"账户，贷记"政府储备物资"账户。

（4）对外销售政府储备物资的，应当在发出物资时将其账面余额转销计入当期费用，并按规定确认相关销售收入或将销售取得的价款大于所承担的相关税费后的差额做应缴款项处理。

① 对外销售政府储备物资并将销售收入纳入单位预算统一管理的，发出物资时，按照发出物资的账面余额，借记"业务活动费用"账户，贷记"政府储备物资"账户；实现销售收入时，按照确认的收入金额，借记"银行存款""应收账款"等账户，贷记"事业收入"等账户。

② 对外销售政府储备物资并按照规定将销售净收入上缴财政的，发出物资时，按照发出物资的账面余额，借记"资产处置费用"账户，贷记"政府储备物资"账户；取得销售价款时，按照实际收到的款项金额，借记"银行存款"等账户，按照发生的相关税费，贷记"银行存款"等账户，按照销售价款大于所承担的相关税费后的差额，贷记"应缴财政款"账户。

采取销售采购方式对政府储备物资进行更新（轮换）的，应当将物资轮出视为物资销售，将物资轮入视为物资采购。

（五）政府储备物资清查盘点及处置

单位应当定期对政府储备物资进行清查盘点，每年至少盘点一次。对于发生的政府储备物资盘盈、盘亏或者报废、毁损，应当先记入"待处理财产损溢"账户，按照规定报经批准后及时进行后续账务处理。

（1）盘盈的政府储备物资，其成本按照有关凭据注明的金额确定；没有相关凭据但按规定经过资产评估的，其成本按照评估价值确定；没有相关凭据也未经资产评估的，其成本按照重置成本确定。按照确定的入账成本，借记"政府储备物资"账户，贷记"待处理财产损溢"账户。

（2）政府储备物资报废、毁损、盘亏的，应当按规定报经批准后将报废、毁损、盘亏的政府储备物资的账面余额予以转销，确认应收款项（确定追究相关赔偿责任的）或计入当期费用（因储存年限到期报废或非人为因素致使报废、毁损的，或属于正常耗费或不可抗力因素造成的盘亏）；同时，将报废、毁损过程中取得的残值变价收入扣除单位承担的相关费用后的差额按规定作应缴款项处理（差额为净收益时）或计入当期费用（差额为净损失时）。盘亏或者毁损、报废的政府储备物资，按照待处理政府储备物资的账面余额，借记"待处理财产损溢"账户，贷记"政府储备物资"账户。

[例5-46] 政府储备物资实务举例

某行政单位负责救灾物资收储计划的制定、更新和动用等管理工作。12 月发生下列政府储备物资经济业务：

1.6 日，购入一批救灾物资，采购价款 1 200 000 元，途中运费等费用 3 000 元，通过财政直接支付（当年直接支付）方式付款。根据相关原始单据填制记账凭证，财务会计分录为：

借：政府储备物资——救灾物资　　　　　　　　　　　　　1 203 000
　　贷：财政拨款收入　　　　　　　　　　　　　　　　　　　1 203 000

同时，预算会计分录为：

借：行政支出——商品和服务支出　　　　　　　　　　　　1 203 000
　　贷：财政拨款预算收入　　　　　　　　　　　　　　　　　1 203 000

2.10 日，该单位经批准向受暴雪灾害影响的地区发出救灾物资 400 000 元（预计不能收回）。根据相关原始单据填制记账凭证，财务会计分录为：

借：业务活动费用——商品和服务费用　　　　　　　　　　400 000
　　贷：政府储备物资——救灾物资　　　　　　　　　　　　　400 000

三、文物文化资产

文物文化资产是单位为满足社会公共需求而控制的文物文化资产。对文物文化资产负责管理和维护的单位应当设置"文物文化资产"账户，核算单位为满足社会公共需求而控制的文物文化资产的成本。本账户应当按照文物文化资产的类别、项目等进行明细核算。本账户期末借方余额，反映文物文化资产的成本。单位为满足自身开展业务活动或其他活动需要而控制的文物和陈列品，应当通过"固定资产"账户核算。

（一）取得文物文化资产时账务处理

文物文化资产在取得时，应当按照其成本入账。

（1）外购的文物文化资产，其成本包括购买价款、相关税费以及可归属于该项资产达到预定用途前所发生的其他支出（如运输费、安装费、装卸费等）。外购的文物文化资产，按照确定的成本，借记"文物文化资产"账户，贷记"财政拨款收入""零余额账户用款额度""银行存款"等账户。

（2）接受其他单位无偿调入的文物文化资产，其成本按照该项资产在调出方的账面价值加上归属于调入方的相关费用确定。调入的文物文化资产，按照确定的成本，借记"文物文化资产"账户，按照发生的归属于调入方的相关费用，贷记"零余额账户用款额度""银行存款"等账户，按照其差额，贷记"无偿调拨净资产"账户。无偿调入的文物文化资产成本无法可靠取得的，按照发生的归属于调入方的相关费用，借记"其他费用"账户，贷记"零余额账户用款额度""银行存款"等账户。

（3）接受捐赠的文物文化资产，其成本按照有关凭据注明的金额加上相关费用确定；没有相关凭据可供取得，但按照规定经过资产评估的，其成本按照评估价值加上相关费用确定；没有相关凭据可供取得也未经评估的，其成本比照同类或类似资产的市场价格加上相关费用确定。接受捐赠的文物文化资产，按照确定的成本，借记"文物文化资产"账户，按照发生的相关税费、运输费等金额，贷记"零余额账户用款额度""银行存款"等账户，按照其差额，贷记"捐赠收入"账户。接受捐赠的文物文化资产成本无法可靠取得的，按照发生的相关税费、运输费等金额，借记"其他费用"账户，贷记"零余额账户用款额度""银行存款"等账户。

（4）对于成本无法可靠取得的文物文化资产，单位应当设置备查簿进行登记，待成本能够可靠确定后按照规定及时入账。

（二）与文物文化资产有关后续支出

与文物文化资产有关的后续支出，参照"公共基础设施"账户相关规定进行处理。

（三）文物文化资产处置

按照规定报经批准处置文物文化资产，应当分别以下情况处理：

（1）报经批准对外捐赠文物文化资产，按照被处置文物文化资产账面余额和捐赠过程中发生的归属于捐出方的相关费用合计数，借记"资产处置费用"账户，按照被处置文物文化资产账面余额，贷记"文物文化资产"账户，按照捐赠过程中发生的归属于捐出方的相关费用，贷记"银行存款"等账户。

（2）报经批准无偿调出文物文化资产，按照被处置文物文化资产账面余额，借记"无偿调拨净资产"账户，贷记"文物文化资产"账户；同时，按照无偿调出过程中发生的归属于调出方的相关费用，借记"资产处置费用"账户，贷记"银行存款"等账户。

（四）文物文化资产清查盘点

单位应当定期对文物文化资产进行清查盘点，每年至少盘点一次。对于发生的文物文化资产盘盈、盘亏、毁损或报废等，参见"公共基础设施"的账务处理。

四、保障性住房

保障性住房是指政府为中低收入住房困难家庭所提供的限定标准、限定价格或租金的住房，一般由廉租房、经济适用房、政策性租赁住房、定向安置房等组成。负责保障性住房管理维护的单位应当设置"保障性住房"和"保障性住房累计折旧"账户，分别核算单位为满足社会公共需求而控制的保障性住房的原值和累计计提的折旧额。这两个账户都应当按照保障性住房的类别、项目等进行明细核算。

（一）取得保障性住房时初始计量

保障性住房在取得时，应当按其成本入账。

（1）外购的保障性住房，其成本包括购买价款、相关税费以及可归属于该项资产达到预定用途前所发生的其他支出。外购的保障性住房，按照确定的成本，借记"保障性住房"账户，贷记"财政拨款收入""零余额账户用款额度""银行存款"等账户。

（2）自行建造的保障性住房交付使用时，按照在建工程成本，借记"保障性住房"账户，贷记"在建工程"账户。已交付使用但尚未办理竣工决算手续的保障性住房，按照估计价值入账，待办理竣工决算后再按照实际成本调整原来的暂估价值。

（3）接受其他单位无偿调入的保障性住房，其成本按照该项资产在调出方的账面价值加上归属于调入方的相关费用确定。无偿调入的保障性住房，按照确定的成本，借记

"保障性住房"账户，按照发生的归属于调入方的相关费用，贷记"零余额账户用款额度""银行存款"等账户，按照其差额，贷记"无偿调拨净资产"账户。

（4）接受捐赠、融资租赁取得的保障性住房，参照"固定资产"账户相关规定进行处理。

（二）与保障性住房有关后续计量

（1）与保障性住房有关的后续支出。与保障性住房有关的后续支出，参照"固定资产"账户相关规定进行处理。

（2）保障性住房折旧。单位应当参照固定资产折旧的相关规定，按月对其控制的保障性住房计提折旧，核算计提的保障性住房的累计折旧。按月计提保障性住房折旧时，按照应计提的折旧额，借记"业务活动费用"账户，贷记"保障性住房累计折旧"账户。

（三）保障性住房租金收入账务处理

按照规定出租保障性住房并将出租收入上缴同级财政，按照收取的租金金额，借记"银行存款"等账户，贷记"应缴财政款"账户。

（四）保障性住房处置账务处理

按照规定报经批准处置保障性住房，应当分别以下情况处理：

（1）报经批准无偿调出保障性住房，按照保障性住房已计提的折旧，借记"保障性住房累计折旧"账户，按照被处置保障性住房账面余额，贷记"保障性住房"账户，按照其差额，借记"无偿调拨净资产"账户；同时，按照无偿调出过程中发生的归属于调出方的相关费用，借记"资产处置费用"账户，贷记"银行存款"等账户。

（2）报经批准出售保障性住房，按照被出售保障性住房的账面价值，借记"资产处置费用"账户，按照保障性住房已计提的折旧，借记"保障性住房累计折旧"账户，按照保障性住房账面余额，贷记"保障性住房"账户；同时，按照收到的价款，借记"银行存款"等账户，按照出售过程中发生的相关费用，贷记"银行存款"等账户，按照其差额，贷记"应缴财政款"账户。

（五）保障性住房清查盘点

单位应当定期对保障性住房进行清查盘点。对于发生的保障性住房盘盈、盘亏、毁损或报废等，参照"固定资产"账户相关规定进行账务处理。

第十节 其他资产

政府单位的其他资产类主要包括受托代理资产、待摊费用、长期待摊费用、待处理财产损溢等。

一、受托代理资产

受托代理资产是指单位接受委托方委托管理的各项资产，包括受托指定转赠的物资、受托存储保管的物资等。受托代理资产应当在单位收到受托代理的资产时确认。

单位应当设置"受托代理资产"账户，核算单位受托指定转赠的物资、受托存储保管的物资等的成本。本账户应当按照资产的种类和委托人进行明细核算；属于转赠资产的，还应当按照受赠人进行明细核算。单位管理的罚没物资也应当通过本账户核算。本账户期末借方余额，反映单位受托代理实物资产的成本。

单位收到的受托代理资产为现金和银行存款的，不通过"受托代理资产"账户核算，应当通过"库存现金""银行存款"账户进行核算。

受托代理资产的主要账务处理如下：

（一）受托转赠物资

（1）接受委托人委托需要转赠给受赠人的物资，其成本按照有关凭据注明的金额确定。接受委托转赠的物资验收入库，按照确定的成本，借记"受托代理资产"账户，贷记"受托代理负债"账户。受托协议约定由受托方承担相关税费、运输费等的，还应当按照实际支付的相关税费、运输费等金额，借记"其他费用"账户，贷记"银行存款"等账户。

（2）将受托转赠物资交付受赠人时，按照转赠物资的成本，借记"受托代理负债"账户，贷记"受托代理资产"账户。

（3）转赠物资的委托人取消了对捐赠物资的转赠要求，且不再收回捐赠物资的，应当将转赠物资转为单位的存货、固定资产等。按照转赠物资的成本，借记"受托代理负债"账户，贷记"受托代理资产"账户；同时，借记"库存物品""固定资产"等账户，贷记"其他收入"账户。

（二）受托存储保管物资

（1）接受委托人委托存储保管的物资，其成本按照有关凭据注明的金额确定。接受委托储存的物资验收入库，按照确定的成本，借记"受托代理资产"账户，贷记"受托代理负债"账户。

（2）发生由受托单位承担的与受托存储保管的物资相关的运输费、保管费等费用时，按照实际发生的费用金额，借记"其他费用"等账户，贷记"银行存款"等账户。

（3）根据委托人要求交付或发出受托存储保管的物资时，按照发出物资的成本，借记"受托代理负债"账户，贷记"受托代理资产"账户。

（三）罚没物资

（1）取得罚没物资时，其成本按照有关凭据注明的金额确定。罚没物资验收（入库），按照确定的成本，借记"受托代理资产"账户，贷记"受托代理负债"账户。罚没物资成本无法可靠确定的，单位应当设置备查簿进行登记。

（2）按照规定处置或移交罚没物资时，按照罚没物资的成本，借记"受托代理负债"账户，贷记"受托代理资产"账户。处置时取得款项的，按照实际取得的款项金额，借记"银行存款"等账户，贷记"应缴财政款"等账户。

单位受托代理的其他实物资产，参照有关受托转赠物资、受托存储保管物资的规定进行账务处理。

[例5-47] 12月3日，某事业单位接受A单位委托，将500只书包转赠给希望小

学。委托方转赠物资单据上注明的书包单价 80 元/只，已验收入库。12 月 5 日，按照委托方的要求，将 500 只书包转赠给希望小学，并通过银行转账支付运输费用 600 元。根据相关原始单据填制记账凭证。

1. 物资验收入库，财务会计分录为：

借：受托代理资产——A 单位——书包——希望小学　　　40 000
　　贷：受托代理负债——A 单位　　　　　　　　　　　　　　　40 000

2. 按照委托方要求转赠书包，财务会计分录为：

借：受托代理负债——A 单位　　　　　　　　　　　　40 000
　　贷：受托代理资产——A 单位——书包——希望小学　　　　40 000

3. 支付转赠书包的运费，财务会计分录为：

借：其他费用　　　　　　　　　　　　　　　　　　　　600
　　贷：银行存款　　　　　　　　　　　　　　　　　　　　　600

同时，预算会计分录为：

借：其他支出　　　　　　　　　　　　　　　　　　　　600
　　贷：资金结存——货币资金　　　　　　　　　　　　　　　600

受托代理的库存现金和银行存款业务的实务，参见库存现金和银行存款相关业务的实务举例。

（四）受托代理资产业务"平行记账"方法

受托代理资产业务"平行记账"方法见表 5-26。

表 5-26　受托代理资产业务"平行记账"方法

经济业务活动	财务会计分录	预算会计分录
1. 接受委托人委托需转赠或存储保管的物资	借：受托代理资产 　　贷：受托代理负债	—
2. 受托方支付相关税费、运输费的	借：其他费用 　　贷：财政拨款收入/零余额账户用款额度/银行存款等	借：其他支出［实际支付的相关税费、运输费等］ 　　贷：财政拨款预算收入/资金结存
3. 按照委托人要求转赠或交付物资时	借：受托代理负债 　　贷：受托代理资产	—
4. 取得罚没物资时	借：受托代理资产 　　贷：受托代理负债	—
5. 按规定处置罚没物资时	借：受托代理负债 　　贷：受托代理资产 借：银行存款等［取得的处置款］ 　　贷：应缴财政款	—

二、待摊费用及长期待摊费用

（一）待摊费用

待摊费用是指单位已经支付，但应当由本期和以后各期分别负担的分摊期在 1 年以内（含 1 年）的各项费用，如预付航空保险费、预付租金等。待摊费用应当在其受益期限内分期平均摊销，如预付航空保险费应在保险期的有效期内、预付租金应在租赁期内分期平均摊销，计入当期费用。单位应当设置"待摊费用"账户，并按照待摊费用种类进行明细核算。本账户期末借方余额，反映单位各种已支付但尚未摊销的分摊期在 1 年以内（含 1 年）的费用。

待摊费用的主要账务处理如下：

（1）发生待摊费用时，按照实际预付的金额，借记"待摊费用"账户，贷记"财政拨款收入""零余额账户用款额度""银行存款"等账户。

（2）按照受益期限分期平均摊销时，按照摊销金额，借记"业务活动费用""单位管理费用""经营费用"等账户，贷记"待摊费用"账户。

（3）如果某项待摊费用已经不能使单位受益，应当将其摊余金额一次全部转入当期费用。按照摊销金额，借记"业务活动费用""单位管理费用""经营费用"等账户，贷记"待摊费用"账户。

[例5-48] 某事业单位12月1日租赁某单位厂房用于业务部门存储物资，租赁时间8个月，租金16 000元已于当日通过财政直接支付（当年财政直接支付）一次性预付。根据相关原始单据填制记账凭证。

1. 支付租金，财务会计分录为：

借：待摊费用——房屋租金　　　　　　　　　　　　　　　　16 000

　　贷：财政拨款收入　　　　　　　　　　　　　　　　　　　　16 000

同时，预算会计分录为：

借：事业支出——商品和服务费用　　　　　　　　　　　　　16 000

　　贷：财政拨款预算收入　　　　　　　　　　　　　　　　　　16 000

2. 计算12月份应分摊的租金费用，财务会计分录为：

借：业务活动费用——商品和服务费用　　　　　　　　　　　2 000

　　贷：待摊费用——房屋租金　　　　　　　　　　　　　　　　2 000

（二）长期待摊费用

长期待摊费用是指单位已经支出，但应由本期和以后各期负担的分摊期限在 1 年以上（不含 1 年）的各项费用，如以经营租赁方式租入的固定资产发生的改良支出等。单位应当设置"长期待摊费用"账户，并按照长期待摊费用项目进行明细核算。本账户期末借方余额，反映单位尚未摊销完毕的长期待摊费用。

长期待摊费用的主要账务处理如下：

（1）发生长期待摊费用时，按照支出金额，借记"长期待摊费用"账户，贷记"财政拨款收入""零余额账户用款额度""银行存款"等账户。

（2）按照受益期间摊销长期待摊费用时，按照摊销金额，借记"业务活动费用""单位管理费用""经营费用"等账户，贷记"长期待摊费用"账户。

（3）如果某项长期待摊费用已经不能使单位受益，应当将其摊余金额一次全部转入当期费用。按照摊销金额，借记"业务活动费用""单位管理费用""经营费用"等账户，贷记"长期待摊费用"账户。

[例5-49] 某事业单位租用B单位专业设备一台，租赁期3年。12月1日，为满足开展业务的需要，对该设备进行改良，通过财政授权支付方式支付设备改良支出36 000元。根据相关原始单据填制记账凭证。

1. 支付设备改良支出，财务会计分录为：

借：长期待摊费用——经营性租赁设备改良支出   36 000

    贷：零余额账户用款额度   36 000

同时，预算会计分录为：

借：事业支出——商品和服务支出   36 000

    贷：零余额账户用款额度   36 000

2. 计算12月份应分摊的设备改良费用，财务会计分录为：

借：业务活动费用——商品和服务费用   1 000

    贷：长期待摊费用——经营性租赁设备改良支出   1 000

（三）待摊类费用业务"平行记账"方法

待摊类费用业务"平行记账"方法见表5-27。

表5-27 待摊类费用业务"平行记账"方法

经济业务活动	财务会计分录	预算会计分录

1. 发生待摊类费用时	借：待摊费用/长期待摊费用
	    贷：财政拨款收入/零余额账户用款额度/银行存款等
		借：行政支出/事业支出等
		    贷：财政拨款预算收入/资金结存

2. 按规定摊销待摊类费用时	借：业务活动费用/单位管理费用/经营费用等 贷：待摊费用/长期待摊费用	—

三、待处理财产损溢

待处理财产损溢是指单位在资产清查过程中查明的各种资产盘盈、盘亏和报废、毁损的价值。单位应当设置"待处理财产损溢"账户，并按照待处理的资产项目进行明细核算；对于在资产处理过程中取得收入或发生相关费用的项目，还应当设置"待处理财产价值""处理净收入"明细账户，进行明细核算。

单位资产清查中查明的资产盘盈、盘亏、报废和毁损，一般应当先记入"待处理财产损溢"账户，按照规定报经批准后及时进行账务处理。本账户期末如为借方余额，反映尚未处理完毕的各种资产的净损失；期末如为贷方余额，反映尚未处理完毕的各种资产净溢余。年末结账前一般应处理完毕，年末经批准处理后，本账户一般应无余额。主要账务处理如下：

（一）账款核对时发现库存现金短缺或溢余

（1）每日账款核对中发现现金短缺或溢余，属于现金短缺，按照实际短缺的金额，借记"待处理财产损溢"账户，贷记"库存现金"账户；属于现金溢余，按照实际溢余的金额，借记"库存现金"账户，贷记"待处理财产损溢"账户。

（2）如为现金短缺，属于应由责任人赔偿或向有关人员追回的，借记"其他应收款"账户，贷记"待处理财产损溢"账户；属于无法查明原因的，报经批准核销时，借记"资产处置费用"账户，贷记"待处理财产损溢"账户。

（3）如为现金溢余，属于应支付给有关人员或单位的，借记"待处理财产损溢"账户，贷记"其他应付款"账户；属于无法查明原因的，报经批准后，借记"待处理财产损溢"账户，贷记"其他收入"账户。

库存现金短缺或溢余业务的实务，参见库存现金业务的实务举例。

（二）资产清查过程中发现资产盘盈、盘亏或报废、毁损

1. 盘盈的各类资产

（1）转入待处理资产时，按照确定的成本，借记"库存物品""固定资产""无形资产""公共基础设施""政府储备物资""文物文化资产""保障性住房"等账户，贷记"待处理财产损溢"账户。

（2）按照规定报经批准后处理时，对于盘盈的流动资产，借记"待处理财产损溢"账户，贷记"单位管理费用"［事业单位］或"业务活动费用"［行政单位］账户。对于盘盈的非流动资产，如属于本年度取得的，按照当年新取得相关资产进行账务处理；如属于以前年度取得的，按照前期差错处理，借记"待处理财产损溢"账户，贷记"以前年度盈余调整"账户。

［例5-50］ 12月5日，某事业单位进行资产清查，盘盈材料一批，单位按规定对该批材料确定的重置成本为13 000元；盘盈专用设备1台，该设备为1年前购入但未入账，设备评估价值为80 000元。12月10日，报经主管部门批准，对上述盘盈的材料和设备进行处理。根据相关原始单据填制记账凭证，财务会计分录为：

（1）盘盈资产时：

借：库存物品——××材料　　　　　　　　　　　　　　13 000
　　固定资产——专用设备　　　　　　　　　　　　　　80 000
　　贷：待处理财产损溢　　　　　　　　　　　　　　　　　　93 000

（2）经批准处理盘盈的材料：

借：待处理财产损溢　　　　　　　　　　　　　　　　　13 000
　　贷：单位管理费用　　　　　　　　　　　　　　　　　　　13 000

（3）经批准处理盘盈的设备时：

借：待处理财产损溢　　　　　　　　　　　　　　　　　　　　80 000

　　贷：以前年度盈余调整　　　　　　　　　　　　　　　　　　80 000

2. 盘亏或者毁损、报废的各类资产

（1）转入待处理资产时，借记"待处理财产损溢"账户（待处理财产价值）[盘亏、毁损、报废固定资产、无形资产、公共基础设施、保障性住房的，还应借记"固定资产累计折旧""无形资产累计摊销""公共基础设施累计折旧（摊销）""保障性住房累计折旧"账户]，贷记"库存物品""固定资产""无形资产""公共基础设施""政府储备物资""文物文化资产""保障性住房""在建工程"等账户。涉及增值税业务的，参见"应交增值税"的账务处理。报经批准处理时，借记"资产处置费用"账户，贷记"待处理财产损溢"账户（待处理财产价值）。

（2）处理毁损、报废实物资产过程中取得的残值或残值变价收入、保险理赔和过失人赔偿等，借记"库存现金""银行存款""库存物品""其他应收款"等账户，贷记"待处理财产损溢"账户（处理净收入）；处理毁损、报废实物资产过程中发生的相关费用，借记"待处理财产损溢"账户（处理净收入），贷记"库存现金""银行存款"等账户。处理收支结清，如果处理收入大于相关费用的，按照处理收入减去相关费用后的净收入，借记"待处理财产损溢"账户（处理净收入），贷记"应缴财政款"等账户；如果处理收入小于相关费用的，按照相关费用减去处理收入后的净支出，借记"资产处置费用"账户，贷记"待处理财产损溢"账户（处理净收入）。

[例5-51] 12月25日，某事业单位进行财产清查盘点，清查发现有一台通用设备已不能继续使用，账面原值25 000元，累计已计提折旧23 000元。报经主管部门批准后进行处置，取得处置收入1 500元，用银行存款支付处置税费800元。同日，将处理净收入700元上缴财政。根据相关原始单据填制记账凭证，财务会计分录为：

（1）将报废资产账面价值转入待处理财产损溢：

借：待处理财产损溢——待处理财产价值　　　　　　　　　　　2 000

　　固定资产累计折旧——通用设备　　　　　　　　　　　　23 000

　　贷：固定资产——通用设备　　　　　　　　　　　　　　25 000

（2）经批准处置时：

借：资产处置费用　　　　　　　　　　　　　　　　　　　　2 000

　　贷：待处理财产损溢——待处理财产价值　　　　　　　　　2 000

（3）取得的处置收入：

借：银行存款　　　　　　　　　　　　　　　　　　　　　　1 500

　　贷：待处理财产损溢——处理净收入　　　　　　　　　　　1 500

（4）支付的处置税费：

借：待处理财产损溢——处理净收入　　　　　　　　　　　　　800

　　贷：银行存款　　　　　　　　　　　　　　　　　　　　　800

（5）计算处置净收入：

借：待处理财产损溢——处理净收入　　　　　　　　　　　　　700

　　　　　贷：应缴财政款　　　　　　　　　　　　　　　　　700

　　（6）处置净收入上缴财政：

　　　　借：应缴财政款　　　　　　　　　　　　　　　　　700

　　　　　贷：银行存款　　　　　　　　　　　　　　　　　700

（三）待处理财产损溢业务"平行记账"方法

待处理财产损溢业务"平行记账"方法见表5-28。

表5-28　待处理财产损溢业务"平行记账"方法

经济业务活动	财务会计分录	预算会计分录
一、现金盘点溢余与短缺业务，参见"库存现金"业务的账务处理		
二、盘盈非现金资产		
1. 转入待处理资产	借：库存物品/固定资产/无形资产/公共基础设施/ 政府储备物资/文物文化资产/保障性住房等 　贷：待处理财产损溢	—
2. 报经批准后处理	借：待处理财产损溢 　贷：单位管理费用〔事业单位，流动资产〕 　　业务活动费用〔行政单位，流动资产〕 　　以前年度盈余调整〔非流动资产〕	—
三、盘亏或毁损、报废非现金资产		
1. 转入待处理财产	借：待处理财产损溢——待处理财产价值 　固定资产累计折旧/公共基础设施累计折旧 （摊销）/无形资产累计摊销/保障性住房累计折旧 　　贷：库存物品/固定资产/公共基础设施/无形 资产/政府储备物资/文物文化资产/保障性住房等	—
2. 报经批准处理时	借：资产处置费用 　贷：待处理财产损溢——待处理财产价值	—
3. 取得处置收入或过失人赔偿款	借：库存现金/银行存款/库存物品/其他应收款等 　贷：待处理财产损溢——处理净收入	—
4. 发生处置费用	借：待处理财产损溢——处理净收入 　贷：库存现金/银行存款等	—
5. 处置收入大于处置费用的	借：待处理财产损溢——处理净收入 　贷：应缴财政款	—
6. 处置收入小于处置费用的	借：资产处置费用 　贷：待处理财产损溢——处理净收入	借：其他支出 　贷：资金结存等〔支付的处理净支出〕

复习思考题

1. 政府单位资产如何分类？
2. 政府单位资产的初始成本如何计量？
3. 现金管理应遵守哪些原则？
4. 银行账户管理有哪些原则？
5. 存货确认条件是什么？
6. 固定资产常用分类方法是什么？
7. 无形资产确认条件是什么？
8. 政府单位存货和固定资产与经管资产的区别是什么？

同步测试题

习题一

目的：练习库存现金、银行存款的核算。

资料：某事业单位6月1日发生下列现金收支业务。

1. 开出现金支票从银行提取现金 2 000 元备用。

2. 用现金 800 元购买文具用品。

3. 本单位业务部门工作人员陈某因公出差预借差旅费 1 000 元。

4. 本单位开展服务收到现金收入 1 060 元（增值税税率为6%）。

要求：根据以上经济业务，编制该事业单位的会计分录。

习题二

目的：练习库存现金余缺的核算。

资料：某事业单位发生如下业务。

1. 盘点库存现金，发现库存数比账面数短少 800 元，暂时无法查明原因。

2. 经查明，短少的现金是由于工作失误所致，经单位领导批准同意报销 600 元，其余 200 元由有关责任人赔偿。

3. 某日盘点库存现金时发现溢余 500 元，暂时未查清原因。

4. 经查明，现金长款其中 200 元是少付某人，现金退还原主；另有 300 元没找到原因，经批准作无主款处理。

要求：根据以上经济业务，编制该事业单位的会计分录。

习题三

目的：练习财政直接支付和财政授权支付方式下零余额账户用款额度、财政应返还额度的核算。

资料：

1. 某事业单位收到代理银行转来的财政授权支付到账通知书，财政部门向单位零余额账户下达授权支付用款额度 600 000 元。

2. 年末，某事业单位代理银行提供的对账单，注销了零余额账户用款额度 80 000 元，本年度财政授权支付预算指标数大于财政授权支付额度下达数 120 000 元，本年度财政直接支付预算指标数与财政直接支付实际支出数的差额 70 000 元。

3. 下年度年初，该事业单位收到代理银行提供的上述额度恢复到账通知书；收到财政部门批复的上述上年未下达的零余额账户用款额度。

4. 事业单位以财政直接支付方式（上年直接支付）支付业务部门的委托业务费 60 000 元，支付行政管理部门的资料印刷费 3 000 元。

要求：根据以上经济业务，编制该事业单位的会计分录。

习题四

目的：练习库存物品领用、出售，应收及预付账款核销及以后期间收回等会计核算业务。

资料：

1. 某事业单位为增值税小规模纳税人（下同）。9 月 2 日发出可自主出售的库存产品一批，发出库存产品的成本 65 000 元，应收销售款 84 750 元（该库存物品的增值税税率为 13%）。当日开户银行收到该批产品的出售款 50 000 元，余款买方尚未支付。9 月 15 日，收到买方支付的余款 34 750 元。

2. 某事业单位 5 月份开展业务活动和行政管理活动领用库存物品若干，根据材料出库单和库存物品明细账，该单位当月开展业务活动领用库存物品的加权平均成本为 150 000 元，行政管理活动领用的库存物品加权平均成本 30 000 元。

3. 某事业单位 10 月 15 日经批准核销一项应收账款（收回后不需要上缴财政）15 000 元；11 月 25 日，已核销的应收账款 8 000 元又收回（收回后不需要上缴财政）；12 月 31 日，该单位收回后不需要上缴财政的"应收账款"余额 250 000 元，"坏账准备——应收账款"账户贷方余额 20 000 元，按规定对应收账款计提坏账准备（该单位按收回后不需要上缴财政应收账款余额的 10% 计提坏账准备）。

4. 某事业单位 8 月 8 日与 B 单位签订合同购买 B 单位的专业服务，合同总金额 300 000 元，签订合同的当日通过财政授权支付的方式支付 30% 的合同预付款；8 月 25 日，B 单位履行完该服务合同并通过验收，该事业单位支付余款 210 000 元。12 月 31 日，该事业单位对预付账款进行清查核对，发现有 25 000 元的预付账款因供货单位破产无法收到货物，按规定转出该项预付账款余额。

要求：根据以上经济业务，编制该事业单位有关会计分录。

习题五

目的：练习事业单位（增值税小规模纳税人）固定资产、在建工程和资产处置等会计核算业务。

资料：

1. 8 月 5 日，采购复印机一台，采购价款 22 000 元已通过财政直接支付（当年直接支付）方式付款；同时，发生运输费 500 元，通过银行转账支付。

2. 8 月 10 日，采购设备一台，采购价款 320 000 元已通过银行转账支付，设备需要安装；通过财政授权支付的方式支付设备运输费、途中保险费等费用 3 500 元；8 月 15 日，该设备安装领用零配件等库存物品 8 000 元，通过银行转账支付设备安装费用 6 000 元；8 月 20 日，设备安装完毕，交付使用。

3. 8 月 1 日，某事业单位一改扩建的在建工程项目通过招标发包工程，通过财政直接支付（当年直接支付）方式预付工程款 1 000 000 元；8 月 20 日，工程施工方送来工程价款结算单，根据工程施工进度结算应付工程款 1 200 000 元，当日通过银行转账补付工程款 200 000 元；9 月 20 日，该项改扩建工程竣工通过验收并交付使用，该项在建工程竣工决算的建筑安装投资成本为 3 500 000 元，设备投资成本为 400 000 元。

4. 11 月 30 日，某事业单位年终盘点固定资产，盘盈设备一台，重置价值 5 000 元，经批准作为本单位固定资产入账。盘亏库存物品 3 000 元，报经批准予以核销。申请报废办公设备一批，该批设备账面余额 200 000 元，累计已计提折旧 199 000 元；12 月 15 日，经批准对该批报废的设备予以处置，收到处置收入 1 200 元存入银行，银行转账支付处置发生的税费 900 元；同日将处置净收入上缴财政。

要求：根据以上经济业务，编制该事业单位有关会计分录。

第六章

政府单位负债

学习目标

本章着重阐述政府单位负债的概念、分类和各项负债的核算方法。通过本章学习，要求明确各项负债的概念和确认条件，熟悉政府单位负债的管理，掌握政府单位负债的核算方法。

第一节　政府单位负债概述

一、负债概念

负债是指由政府单位过去的经济业务或者事项形成的，预期会导致经济资源流出会计主体的现时义务。现时义务，是指会计主体在现行条件下已承担的义务。未来发生的经济业务或者事项形成的义务不属于现时义务，不应当确认为负债。

符合负债定义的义务，在同时满足以下条件时，确认为负债：① 履行该义务很可能导致含有服务潜力或者经济利益的经济资源流出会计主体；② 该义务的金额能够可靠地计量。

政府单位应当加强负债管理，建立健全债务风险控制机制和管理制度，对不同性质的负债进行分类管理，及时清理并按照规定办理结算，保证各项负债在规定期限内归还，有效防范和控制债务风险。

二、负债分类

政府会计准则第8号——负债

（一）按负债的流动性划分

政府单位的负债按照流动性，分为流动负债和非流动负债。流动负债是指预计在1年内（含1年）偿还的负债，包括短期借款、应付及预收款项、应缴款项等。非流动负债是指流动负债以外的负债，包括长期借款、长期应付款等。

（二）按负债偿还时间与金额的确定性划分

政府单位的负债按偿还时间与金额的确定性划分，分为偿还时间与金额基本确定的负债和由或有事项形成的预计负债。偿还时间与金额基本确定的负债按单位的业务性质及风险程度，分为融资活动形成的举借债务及其应付利息、运营活动形成的应付及预收款项和暂收性负债。

第二节　事业单位举借债务

一、事业单位举借债务管理

事业单位举借的债务是指事业单位经批准从银行或其他金融机构等借入的款项，包括短期借款和长期借款。行政单位不得举借债务。

事业单位对举借的债务应当按下列要求加强管理：

（1）根据国家规定可以举借债务的单位应当建立健全债务内部管理制度，明确债务管理岗位的职责权限，不得由一人办理债务业务的全过程。

（2）严格执行审批程序，不得违反规定举借债务和提供担保。大额债务的举借和偿还属于重大经济事项，应当进行充分论证，并由单位领导班子集体研究决定。

（3）加强债务的对账和检查控制，定期与债权人核对债务余额，进行债务清理，防范和控制财务风险。

二、事业单位举借债务及借款费用的确认与计量

（一）举借债务确认和初始计量

1. 举借债务的确认

事业单位举借债务，应当在与债权人签订借款合同或协议并取得举借资金时予以确认。

2. 初始计量

举借债务初始确认为负债时，应当按照实际发生额计量。对于借入款项，初始确认为

负债时应当按照借款本金计量；借款本金与取得的借款资金的差额应当计入当期费用。

（二）举借债务利息及借款费用的确认和计量

1. 债务利息的确认和计量

事业单位应当按照借款本金（或债券本金）和合同或协议约定的利率（或债券票面利率）按期计提举借债务的利息。对于属于流动负债的举借债务以及属于非流动负债的分期付息、一次还本的举借债务，应当将计算确定的应付未付利息确认为流动负债，计入应付利息；对于其他举借债务，应当将计算确定的应付未付利息确认为非流动负债，计入相关非流动负债的账面余额。

2. 借款费用的确认和计量

借款费用，是指事业单位因举借债务而发生的利息及其他相关费用，包括借款利息、辅助费用以及因外币借款而发生的汇兑差额等。其中，辅助费用是指在举借债务过程中发生的手续费、佣金等费用。

（1）专用借款费用。为购建固定资产等工程项目借入专门借款的，对于发生的专门借款费用，应当按照借款费用减去尚未动用的借款资金产生的利息收入后的金额，属于工程项目建设期间发生的，计入工程成本；不属于工程项目建设期间发生的，计入当期费用。工程项目建设期间是指自工程项目开始建造起至交付使用时止的期间。工程项目建设期间发生非正常中断且中断时间连续超过3个月（含3个月）的，应当将非正常中断期间的借款费用计入当期费用。如果中断是使工程项目达到交付使用所必需的程序，则中断期间所发生的借款费用仍应计入工程成本。

（2）其他借款费用。因举借债务所发生的除专门借款以外的借款费用，应当计入当期费用。

三、事业单位举借债务账务处理

（一）短期借款核算

短期借款是指事业单位经批准向银行或其他金融机构等借入的期限在1年内（含1年）的各种借款。借入短期借款的事业单位，应当设置"短期借款"账户，并应当按照债权人和借款种类进行明细核算。本账户期末贷方余额，反映事业单位尚未偿还的短期借款本金。短期借款的主要账务处理如下：

借入各种短期借款时，按照实际借入的金额，借记"银行存款"账户，贷记"短期借款"账户。银行承兑汇票到期，本单位无力支付票款的，按照应付票据的账面余额，借记"应付票据"账户，贷记"短期借款"账户。归还短期借款时，借记"短期借款"账户，贷记"银行存款"账户。

（二）长期借款核算

长期借款是指事业单位经批准向银行或其他金融机构等借入的期限超过1年（不含1年）的各种借款本息。借入长期借款的事业单位应当设置"长期借款"账户，在本账户下设置"本金"和"应计利息"明细账户，并按照贷款单位和贷款种类进行明细核算。对于建设项目借款，还应按照具体项目进行明细核算。本账户期末贷方余额，反映事业单位尚未偿还的长期借款本息金额。长期借款的主要账务处理如下：

借入各项长期借款时，按照实际借入的金额，借记"银行存款"账户，贷记"长期借款"账户（本金）。到期归还长期借款本金时，借记"长期借款"账户（本金），贷记"银行存款"账户。

（三）借款利息核算

举借债务的事业单位应当设置"应付利息"账户，核算按照合同约定应支付的借款利息，包括短期借款、分期付息到期还本的长期借款等应支付的利息。本账户应当按照债权人等进行明细核算，期末贷方余额，反映事业单位应付未付的利息金额。

按期计提到期一次性还本付息的长期借款利息，通过"长期借款——应计利息"明细账户核算。借款利息的主要账务处理如下：

（1）为建造固定资产、公共基础设施等借入的专门借款的利息，属于建设期间发生的，按期计提利息费用时，按照计算确定的金额，借记"在建工程"账户，贷记"应付利息"账户；不属于建设期间发生的，按期计提利息费用时，按照计算确定的金额，借记"其他费用"账户，贷记"应付利息"账户。

（2）对于其他借款，按期计提利息费用时，按照计算确定的金额，借记"其他费用"账户，贷记"应付利息"账户［短期借款和分期付息、到期还本长期借款的利息］或"长期借款（应计利息）"［到期一次还本付息长期借款的利息］。

（3）实际支付应付利息时，按照支付的金额，借记"应付利息"账户，贷记"银行存款"等账户。到期一次性还本付息的长期借款到期，偿还长期借款利息时，借记"长期借款"账户（应计利息），贷记"银行存款"账户。

🔔 ［例6-1］12月，某事业单位发生下列借款经济业务：

1. 12月1日，经批准向银行借款1 000 000元，用于在建的建设工程项目，借款期限24个月，月利率0.4%。借款利息按月偿付，借款本金到期一次性偿还。根据相关原始单据填制记账凭证。

（1）收到银行借入款到账通知，财务会计分录为：

借：银行存款　　　　　　　　　　　　　　　　　　　　　　　1 000 000

贷：长期借款——本金　　　　　　　　　　　　　　　　　1 000 000

同时，预算会计分录为：

借：资金结存——货币资金　　　　　　　　　　　　　　　　　1 000 000

贷：债务预算收入　　　　　　　　　　　　　　　　　　　1 000 000

（2）12月31日，计算本月利息费用，财务会计分录为：

12月长期借款利息 = 1 000 000元×0.4% = 4 000（元）

借：在建工程——待摊投资——借款利息　　　　　　　　　　　　4 000

贷：应付利息　　　　　　　　　　　　　　　　　　　　　　4 000

2. 12月25日，从B银行借入的到期一次性还本付息的长期借款到期，该项长期借款本金500 000元和应付利息48 000元，通过银行转账偿还本息。根据相关原始单据填制记账凭证，财务会计分录为：

借：长期借款——本金 500 000

    长期借款——应计利息 48 000

    贷：银行存款 548 000

同时，预算会计分录为：

借：债务还本支出 500 000

    其他支出 48 000

    贷：资金结存——货币资金 548 000

（四）举借债务业务"平行记账"方法

举借债务业务"平行记账"方法见表6-1。

表6-1　举借债务业务"平行记账"方法

经济业务活动	财务会计分录	预算会计分录
一、借入和偿还本金		
1. 借入债务	借：银行存款 　　贷：短期借款/长期借款——本金	借：资金结存——货币资金 　　贷：债务预算收入（本金）
2. 偿还借款本金	借：短期借款/长期借款——本金 　　贷：银行存款	借：债务还本支出 　　贷：资金结存——货币资金
二、借款利息		
1. 计算确认基建项目专门借款利息	借：在建工程［工程建设期间］ 　　其他费用［工程建设完成交付使用后］ 　　贷：应付利息［分期付息、到期还本］ 　　　　长期借款——应计利息［到期一次还本付息］	—
2. 计算确认其他利息	借：其他费用 　　贷：应付利息［分期付息、到期还本］ 　　　　长期借款——应计利息［到期一次还本付息］	—
3. 归还借款利息	借：应付利息 　　长期借款——应计利息［到期一次还本付息］ 　　贷：银行存款等	借：其他支出 　　贷：资金结存
4. 银行承兑汇票到期无力支付	借：应付票据 　　贷：短期借款	借：经营支出等 　　贷：债务预算收入

第三节　应付及预收款项

应付及预收款项是政府单位在运营活动中形成的应当支付而尚未支付的款项及预先收

到但尚未实现收入的款项，包括应付职工薪酬、应付账款、预收款项、应交税费和其他应付未付款项。

一、应付职工薪酬

（一）应付职工薪酬核算内容

应付职工薪酬是指单位为获得职工（含长期聘用人员）提供的服务或解除劳动关系而给予各种形式的报酬或补偿而形成的负债。职工薪酬包括：① 基本工资、国家统一规定的津贴补贴、规范津贴补贴（绩效工资）、改革性补贴、社会保险费（如职工基本养老保险费、企业年金、基本医疗保险费等）、住房公积金；② 因解除与职工的劳动关系给予的补偿；③ 其他与获得职工提供的服务相关的支出。

（二）应付职工薪酬确认

（1）单位应当在职工为其提供服务的会计期间，将应支付的职工薪酬确认为负债，除因解除与职工的劳动关系给予的补偿外，应当根据职工提供服务的受益对象，分别下列情况处理：① 应由自制物品负担的职工薪酬，计入自制物品成本。② 应由在建工程负担的职工薪酬，属于建设期间发生的，计入在建工程成本；不属于建设期间发生的，计入当期费用。③ 应由自行研发项目负担的职工薪酬，在研究阶段发生的，计入当期费用；在开发阶段发生并且最终形成无形资产的，计入无形资产成本。④ 其他职工薪酬，计入当期费用。

（2）单位按照有关规定为职工缴纳的医疗保险费、养老保险费、职业年金等社会保险费和住房公积金，应当在职工为其提供服务的会计期间，根据工资总额的一定比例计算并确认为负债。

（3）单位因解除与职工的劳动关系而给予的补偿，应当于相关补偿金额报经批准时确认为负债，并计入当期费用。

（三）应付职工薪酬账务处理

单位应当设置"应付职工薪酬"账户，核算单位按照有关规定应付给职工（含长期聘用人员）及为职工支付的各种薪酬。本账户应当根据国家有关规定按照"基本工资"（含离退休费）、"国家统一规定的津贴补贴""规范津贴补贴（绩效工资）""改革性补贴""社会保险费""住房公积金""其他个人收入"等进行明细核算。其中，"社会保险费""住房公积金"明细账户核算内容包括单位从职工工资中代扣代缴的社会保险费、住房公积金，以及单位为职工计算缴纳的社会保险费、住房公积金。本账户期末贷方余额，反映单位应付未付的职工薪酬。

应付职工薪酬的主要账务处理如下：

（1）计算确认当期应付职工薪酬（含单位为职工计算缴纳的社会保险费、住房公积金）。① 计提从事专业及其辅助活动人员的职工薪酬，借记"业务活动费用""单位管理费用"账户，贷记"应付职工薪酬"账户。② 计提应由在建工程、加工物品、自行研发无形资产负担的职工薪酬，借记"在建工程""加工物品""研发支出"等账户，贷记"应付职工薪酬"账户。③ 计提从事专业及其辅助活动之外的经营活动人员的职工薪酬，借记"经营费用"账户，贷记"应付职工薪酬"账户。④ 因解除与职工的劳动关系而给予的补偿，借记"单位管理费用"等账户，贷记"应付职工薪酬"账户。

（2）向职工支付工资、津贴补贴等薪酬时，按照实际支付的金额，借记"应付职工薪酬"账户，贷记"财政拨款收入""零余额账户用款额度""银行存款"等账户。

（3）按照税法规定代扣职工个人所得税时，借记"应付职工薪酬"账户（基本工资），贷记"其他应交税费——应交个人所得税"账户。从应付职工薪酬中代扣为职工垫付的水电费、房租等费用时，按照实际扣除的金额，借记"应付职工薪酬"账户（基本工资），贷记"其他应收款"等账户。从应付职工薪酬中代扣社会保险费和住房公积金，按照代扣的金额，借记"应付职工薪酬"账户（基本工资），贷记"应付职工薪酬"账户（社会保险费、住房公积金）。

（4）按照国家有关规定缴纳职工社会保险费和住房公积金时，按照实际支付的金额，借记"应付职工薪酬"账户（社会保险费、住房公积金），贷记"财政拨款收入""零余额账户用款额度""银行存款"等账户。

（5）从应付职工薪酬中支付的其他款项，借记"应付职工薪酬"账户，贷记"零余额账户用款额度""银行存款"等账户。

🔔 **［例6-2］** 事业单位12月应付职工薪酬实务举例：

1. 计算12月应发本单位职工工资，其中业务部门职工应发工资250 000元（基本工资100 000元、绩效工资150 000元），管理部门职工应发工资80 000元（基本工资30 000元、绩效工资50 000元）。根据相关原始单据填制记账凭证，财务会计分录为：

借：业务活动费用——工资福利费用　　　　　　　　　250 000
　　单位管理费用——工资福利费用　　　　　　　　　　80 000
　　　贷：应付职工薪酬——基本工资　　　　　　　　　　　　130 000
　　　　　应付职工薪酬——绩效工资　　　　　　　　　　　　200 000

2. 计算12月应由单位缴纳的职工养老保险30 000元（业务部门20 000元、管理部门10 000元）、住房公积金20 000元（业务部门15 000元、管理部门5 000元）。根据相关原始单据填制记账凭证，财务会计分录为：

借：业务活动费用——工资福利费用　　　　　　　　　　35 000
　　单位管理费用——工资福利费用　　　　　　　　　　15 000
　　　贷：应付职工薪酬——社会保险费　　　　　　　　　　　30 000
　　　　　应付职工薪酬——住房公积金　　　　　　　　　　　20 000

3. 扣回为职工垫付的水电费1 000元。根据相关原始单据填制记账凭证，财务会计分录为：

借：应付职工薪酬——基本工资　　　　　　　　　　　　1 000
　　　贷：其他应收款——××职工　　　　　　　　　　　　　1 000

4. 按规定计算应代扣的职工个人所得税5 000元，应代扣个人缴纳的养老保险20 000元、住房公积金10 000元。根据相关原始单据填制记账凭证，财务会计分录为：

借：应付职工薪酬——基本工资　　　　　　　　　　　　35 000
　　　贷：其他应交税费——应交个人所得税　　　　　　　　　5 000

应付职工薪酬——社会保险费	20 000
应付职工薪酬——住房公积金	10 000

5. 将应发给职工个人的工资 294 000 元，通过财政授权支付发放至个人工资卡上。根据相关原始单据填制记账凭证，财务会计分录为：

借：应付职工薪酬——基本工资	94 000
应付职工薪酬——绩效工资	200 000
贷：零余额账户用款额度	294 000

同时，预算会计分录为：

借：事业支出——基本工资	94 000
——绩效工资	200 000
贷：资金结存——零余额账户用款额度	294 000

6. 通过财政授权支付缴纳代扣的个人所得税 5 000 元，缴纳职工养老保险费 50 000 元（单位缴纳的 30 000 元+代扣个人缴纳的 20 000 元），缴纳职工住房公积金 30 000 元（单位缴纳的 20 000 元+代扣个人缴纳的 10 000 元）。根据相关原始单据填制记账凭证，财务会计分录为：

借：其他应交税费——应交个人所得税	5 000
应付职工薪酬——社会保险费	50 000
应付职工薪酬——住房公积金	30 000
贷：零余额账户用款额度	85 000

同时，预算会计分录为：

借：事业支出——基本工资（代扣的个人所得税）	5 000
——基本工资（代扣个人缴纳的保险和公积金）	30 000
——社会保险缴费（单位缴纳的养老保险）	30 000
——住房公积金（单位缴纳的住房公积金）	20 000
贷：资金结存——零余额账户用款额度	85 000

（四）应付职工薪酬业务"平行记账"方法

应付职工薪酬业务"平行记账"方法见表 6-2。

表6-2　应付职工薪酬业务"平行记账"方法

经济业务活动	财务会计分录	预算会计分录
1. 计算确认当期应付职工薪酬	借：业务活动费用/单位管理费用/经营费用/在建工程/加工物品/研发支出等 　　贷：应付职工薪酬	—
2. 向职工支付薪酬、缴纳职工社会保险费和住房公积金等	借：应付职工薪酬——基本工资 　　　　——社会保险费 　　　　——住房公积金 　　贷：财政拨款收入/零余额账户用款额度/银行存款等	借：行政支出/事业支出/经营支出等 　　贷：财政拨款预算收入/资金结存
3. 代扣代缴个人所得税业务参见"其他应交税费"的业务处理		

二、应付票据及应付账款

应付账款等应付款项是指单位因取得资产、接受劳务、开展工程建设等而形成的负债。对于应付账款等应付款项，单位应当在取得资产、接受劳务，或外包工程完成规定进度时，按照应付未付款项的金额予以确认。

（一）应付票据核算

事业单位应当设置"应付票据"账户，本账户核算事业单位因购买材料、物资等而开出、承兑的商业汇票，包括银行承兑汇票和商业承兑汇票。本账户应当按照债权人进行明细核算。期末贷方余额，反映事业单位开出、承兑的尚未到期的应付票据金额。

单位应当设置"应付票据备查簿"，详细登记每一应付票据的种类、号数、出票日期、到期日、票面金额、交易合同号、收款人姓名或单位名称，以及付款日期和金额等。应付票据到期结清票款后，应当在备查簿内逐笔注销。

应付票据的主要账务处理如下：

（1）开出、承兑商业汇票时，借记"库存物品""固定资产"等账户，贷记"应付票据"账户。涉及增值税业务的，参见"应交增值税"的账务处理。以商业汇票抵付应付账款时，借记"应付账款"账户，贷记"应付票据"账户。

（2）支付银行承兑汇票的手续费时，借记"业务活动费用""经营费用"等账户，贷记"银行存款""零余额账户用款额度"等账户。

（3）商业汇票到期时，应当分别以下情况处理：① 收到银行支付到期票据的付款通知时，借记"应付票据"账户，贷记"银行存款"账户。② 银行承兑汇票到期，单位无力支付票款的，按照应付票据账面余额，借记"应付票据"账户，贷记"短期借款"账户。③ 商业承兑汇票到期，单位无力支付票款的，按照应付票据账面余额，借记"应付票据"账户，贷记"应付账款"账户。

[例6-3] 某事业单位为增值税一般纳税人。12月份发生下列经济业务：

1. 12月1日，因开展业务活动采购材料一批，取得的增值税专用发票上注明的材料价款33 900元（含增值税3 900元，增值税专用发票已通过税务机关认证），材料已验收入库。单位开出3个月到期的银行承兑汇票1张，支付银行承兑手续费150元。根据相关原始单据填制记账凭证。

（1）购入材料开出银行承兑汇票时，财务会计分录为：

借：库存物品——××材料　　　　　　　　　　　　　　30 000
　　应交增值税——应交税金（进项税额）　　　　　　　3 900
　　　贷：应付票据　　　　　　　　　　　　　　　　　　　33 900

（2）支付银行承兑手续费时，财务会计分录为：

借：业务活动费用　　　　　　　　　　　　　　　　　　150
　　　贷：银行存款　　　　　　　　　　　　　　　　　　　150

同时，预算会计分录为：

借：事业支出——商品和服务支出 150
　　贷：资金结存——货币资金 150

2.12月16日，原于6月15日开出的6个月到期的银行承兑汇票200 000元到期（购买经营活动所用材料开出的银行汇票），因资金紧张只转账支付了150 000元票款，其余50 000元未能支付。根据相关原始单据填制记账凭证。

（1）票据到期已支付的部分，财务会计分录为：

借：应付票据 150 000
　　贷：银行存款 150 000

同时，预算会计分录为：

借：经营支出——商品和服务支出 150 000
　　贷：资金结存——货币资金 150 000

（2）票据到期无法支付的部分，财务会计分录为：

借：应付票据 50 000
　　贷：短期借款——××银行 50 000

同时，预算会计分录为：

借：经营支出——商品和服务支出 50 000
　　贷：债务预算收入 50 000

（二）应付账款核算

单位应当设置"应付账款"账户，核算单位因购买物资、接受服务、开展工程建设等而应付的偿还期限在1年以内（含1年）的款项。本账户应当按照债权人进行明细核算。对于建设项目，还应设置"应付器材款""应付工程款"等明细账户，并按照具体项目进行明细核算。本账户期末贷方余额，反映单位尚未支付的应付账款金额。

应付账款的主要账务处理如下：

（1）收到所购材料、物资、设备或服务以及确认完成工程进度但尚未付款时，根据发票及账单等有关凭证，按照应付未付款项的金额，借记"库存物品""固定资产""在建工程"等账户，贷记"应付账款"账户。涉及增值税业务的，参见"应交增值税"的账务处理。

（2）偿付应付账款时，按照实际支付的金额，借记"应付账款"账户，贷记"财政拨款收入""零余额账户用款额度""银行存款"等账户。

（3）开出、承兑商业汇票抵付应付账款时，借记"应付账款"账户，贷记"应付票据"账户。

（4）无法偿付或债权人豁免偿还的应付账款，应当按照规定报经批准后进行账务处理。经批准核销时，借记"应付账款"账户，贷记"其他收入"账户。单位核销的应付账款应在备查簿中保留登记。

[例6-4] 某事业单位为增值税一般纳税人。12月份发生下列经济业务：

1.12月6日，因开展业务活动采购专用设备一台，采购价款226 000元（含增值税26 000元，增值税专用发票已通过税务机关认证），设备已交付使用，设备采购款尚未支付。根据相关原始单据填制记账凭证，财务会计分录为：

借：固定资产——专用设备 200 000

应交增值税——应交税金（进项税额） 26 000

贷：应付账款——×× 226 000

2. 12 月 10 日，单位通过财政直接支付（当年直接支付）的方式支付设备采购款 226 000 元。根据相关原始单据填制记账凭证，财务会计分录为：

借：应付账款——×× 226 000

贷：财政拨款收入 226 000

同时，预算会计分录为：

借：事业支出——资本性支出 226 000

贷：财政拨款预算收入 226 000

（三）应付票据及应付账款业务"平行记账"方法

应付票据及应付账款业务"平行记账"方法见表 6-3。

表 6-3 应付票据及应付账款业务"平行记账"方法

经济业务活动	财务会计分录	预算会计分录
1. 购入物资、设备或服务开出、承兑商业汇票或发生应付未付款	借：库存物品/固定资产/在建工程等 贷：应付票据 应付账款	—
2. 票据到期兑付或偿还应付账款	借：应付票据/应付账款 贷：银行存款	借：行政支出/事业支出/经营支出等 贷：财政拨款预算收入/资金结存
3. 支付银行承兑汇票的手续费	借：业务活动费用/经营费用等 贷：银行存款等	借：事业支出/经营支出 贷：资金结存——货币资金
4. 银行承兑汇票到期，本单位无力支付票款	借：应付票据 贷：短期借款	借：事业支出/经营支出 贷：债务预算收入
5. 商业承兑汇票到期，本单位无力支付票款	借：应付票据 贷：应付账款	—
6. 无法偿付或债权人豁免偿还的应付账款	借：应付账款 贷：其他收入	—

三、预收账款

预收账款是指单位按照货物、服务合同或协议规定，向接受货物或服务的主体预先收款而形成的负债。对于预收账款，单位应当在收到预收款项时，按照实际收到款项的金额予以确认。

事业单位应当设置"预收账款"账户，核算事业单位预先收取但尚未结算的款项。

本账户应当按照债权人进行明细核算。期末贷方余额，反映事业单位预收但尚未结算的款项金额。

预收账款的主要账务处理如下：

（1）从付款方预收款项时，按照实际预收的金额，借记"银行存款"等账户，贷记"预收账款"账户。

（2）确认有关收入时，按照预收账款账面余额，借记"预收账款"账户，按照应确认的收入金额，贷记"事业收入""经营收入"等账户，按照付款方补付或退回付款方的金额，借记或贷记"银行存款"等账户。涉及增值税业务的，参见"应交增值税"的账务处理。

（3）无法偿付或债权人豁免偿还的预收账款，应当按照规定报经批准后进行账务处理。经批准核销时，借记"预收账款"账户，贷记"其他收入"账户。核销的预收账款应在备查簿中保留登记。

[例6-5] 某事业单位为增值税一般纳税人。12月发生下列经济业务：12月1日，事业单位与A公司签订技术服务合同，为A公司的B项目提供专业技术服务，合同总金额106 000元。A公司于签订合同时先预付30%的合同款，其余70%的合同款在合同履行完成后一次性支付。当日，收到A公司银行转来的预付款31 800元。该事业单位劳务收入的增值税税率为6%。根据相关原始单据填制记账凭证，财务会计分录为：

借：银行存款   31 800

    贷：预收账款——A公司   31 800

同时，预算会计分录为：

借：资金结存——货币资金   31 800

    贷：事业预算收入   31 800

12月25日，该事业单位与A公司的技术服务合同全部履行完成，与A公司结算技术服务费。当日收到A公司转来的合同余款74 200元。根据相关原始单据填制记账凭证，财务会计分录为：

借：预收账款   31 800

    银行存款   74 200

    贷：事业收入——技术服务收入   100 000

        应交增值税——应交税金（销项税额）   6 000

同时，预算会计分录为：

借：资金结存——货币资金   74 200

    贷：事业预算收入   74 200

（4）预收账款业务"平行记账"方法。

预收账款业务"平行记账"方法见表6-4。

表 6-4　预收账款业务"平行记账"方法

经济业务活动	财务会计分录	预算会计分录
1. 从付款方预收款项时	借：银行存款等 　　贷：预收账款	借：资金结存——货币资金 　　贷：事业预算收入/经营预算收入等
2. 确认有关收入时	借：预收账款 　　银行存款〔收到补付款〕 　　贷：事业收入/经营收入等 　　银行存款〔退回预收款〕	借：资金结存——货币资金 　　贷：事业预算收入/经营预算收入等〔收到补付款〕 　　退回预收款的金额做相反会计分录
3. 无法偿付或债权人豁免偿还的预收账款	借：预收账款 　　贷：其他收入	—

四、应交增值税

应交增值税是指单位按照税法规定计算应交纳的增值税。

（一）账户设置

发生增值税纳税义务的单位应当设置"应交增值税"账户。本账户期末贷方余额，反映单位应交未交的增值税；期末如为借方余额，反映单位尚未抵扣或多交的增值税。

属于增值税一般纳税人的单位，应当在本账户下设置"应交税金""未交税金""预交税金""待抵扣进项税额""待认证进项税额""待转销项税额""简易计税""转让金融商品应交增值税""代扣代交增值税"等明细账户。

（1）"应交税金"明细账内应当设置"进项税额""已交税金""转出未交增值税""减免税款""销项税额""进项税额转出""转出多交增值税"等专栏。其中：

①"进项税额"专栏，记录单位购进货物、加工修理修配劳务、服务、无形资产或不动产而支付或负担的、准予从当期销项税额中抵扣的增值税额；

②"已交税金"专栏，记录单位当月已交纳的应交增值税额；

③"转出未交增值税"和"转出多交增值税"专栏，分别记录一般纳税人月度终了转出当月应交未交或多交的增值税额；

④"减免税款"专栏，记录单位按照现行增值税制度规定准予减免的增值税额；

⑤"销项税额"专栏，记录单位销售货物、加工修理修配劳务、服务、无形资产或不动产应收取的增值税额；

⑥"进项税额转出"专栏，记录单位购进货物、加工修理修配劳务、服务、无形资产或不动产等发生非正常损失以及其他原因而不应从销项税额中抵扣、按照规定转出的进项税额。

（2）"未交税金"明细账户，核算单位月度终了从"应交税金"或"预交税金"明细账户转入当月应交未交、多交或预缴的增值税额，以及当月交纳以前期间未交的增值税额。

（3）"预交税金"明细账户，核算单位转让不动产、提供不动产经营租赁服务等，以及其他按照现行增值税制度规定应预缴的增值税额。

（4）"待抵扣进项税额"明细账户，核算单位已取得增值税扣税凭证并经税务机关认证，按照现行增值税制度规定准予以后期间从销项税额中抵扣的进项税额。

（5）"待认证进项税额"明细账户，核算单位由于未经税务机关认证而不得从当期销项税额中抵扣的进项税额。包括：一般纳税人已取得增值税扣税凭证并按规定准予从销项税额中抵扣，但尚未经税务机关认证的进项税额；一般纳税人已申请稽核但尚未取得稽核相符结果的海关缴款书进项税额。

（6）"待转销项税额"明细账户，核算单位销售货物、加工修理修配劳务、服务、无形资产或不动产，已确认相关收入（或利得）但尚未发生增值税纳税义务而需于以后期间确认为销项税额的增值税额。

（7）"简易计税"明细账户，核算单位采用简易计税方法发生的增值税计提、扣减、预缴、缴纳等业务。

（8）"转让金融商品应交增值税"明细账户，核算单位转让金融商品发生的增值税额。

（9）"代扣代交增值税"明细账户，核算单位购进在境内未设经营机构的境外单位或个人在境内的应税行为代扣代缴的增值税。

属于增值税小规模纳税人的单位只需在本账户下设置"转让金融商品应交增值税""代扣代交增值税"明细账户。

（二）应交增值税主要账务处理

1. 单位取得资产或接受劳务等业务（如不作特别说明，本部分内容中的"单位"指增值税一般纳税人）

（1）采购等业务进项税额允许抵扣。单位购买用于增值税应税项目的资产或服务等时，按照应计入相关成本费用或资产的金额，借记"业务活动费用""在途物品""库存物品""工程物资""在建工程""固定资产""无形资产"等账户，按照当月已认证的可抵扣增值税额，借记"应交增值税——应交税金（进项税额）"账户，按照当月未认证的可抵扣增值税额，借记"应交增值税——待认证进项税额"账户，按照应付或实际支付的金额，贷记"应付账款""应付票据""银行存款""零余额账户用款额度"等账户。发生退货的，如原增值税专用发票已做认证，应根据税务机关开具的红字增值税专用发票做相反的会计分录；如原增值税专用发票未做认证，应将发票退回并做相反的会计分录。

小规模纳税人购买资产或服务等时不能抵扣增值税，发生的增值税计入资产成本或相关成本费用。

（2）采购等业务进项税额不得抵扣。单位购进资产或服务等，用于简易计税方法计税项目、免征增值税项目、集体福利或个人消费等，其进项税额按照现行增值税制度规定不得从销项税额中抵扣的，取得增值税专用发票时，应按照增值税发票注明的金额，借记相关成本费用或资产账户，按照待认证的增值税进项税额，借记"应交增值税——待认证进项税额"账户，按照实际支付或应付的金额，贷记"银行存款""应付账款""零余额账户用款额度"等账户。经税务机关认证为不可抵扣进项税时，借记"应交增值税——应交税金（进项税额）"账户，贷记"应交增值税——待认证进项税额"，同时，将进项税额转出，借记相关成本费用账户，贷记"应交增值税——应交税金（进项税额转出）"。

（3）购进不动产或不动产在建工程按照规定进项税额分年抵扣。单位取得应税项目为不动产或者不动产在建工程，其进项税额按照现行增值税制度规定自取得之日起分 2 年从销项税额中抵扣的，应当按照取得成本，借记"固定资产""在建工程"等账户，按照当期可抵扣的增值税额，借记"应交增值税——应交税金（进项税额）"，按照以后期间可抵扣的增值税额，借记"应交增值税——待抵扣进项税额"，按照应付或实际支付的金额，贷记"应付账款""应付票据""银行存款""零余额账户用款额度"等账户。尚未抵扣的进项税额待以后期间允许抵扣时，按照允许抵扣的金额，借记"应交增值税——应交税金（进项税额）"，贷记"应交增值税——待抵扣进项税额"。

（4）进项税额抵扣情况发生改变。单位因发生非正常损失或改变用途等，原已计入进项税额、待抵扣进项税额或待认证进项税额，但按照现行增值税制度规定不得从销项税额中抵扣的，借记"待处理财产损溢""固定资产""无形资产"等账户，贷记"应交增值税——应交税金（进项税额转出）""应交增值税——待抵扣进项税额"或"应交增值税——待认证进项税额"；原不得抵扣且未抵扣进项税额的固定资产、无形资产等，因改变用途等用于允许抵扣进项税额的应税项目的，应按照允许抵扣的进项税额，借记"应交增值税——应交税金（进项税额）"，贷记"固定资产""无形资产"等账户。固定资产、无形资产等经上述调整后，应按照调整后的账面价值在剩余尚可使用年限内计提折旧或摊销。

单位购进时已全额计入进项税额的货物或服务等转用于不动产在建工程的，对于结转以后期间的进项税额，应借记"应交增值税——待抵扣进项税额"，贷记"应交增值税——应交税金（进项税额转出）"。

（5）购买方作为扣缴义务人。按照现行增值税制度规定，境外单位或个人在境内发生应税行为，在境内未设有经营机构的，以购买方为增值税扣缴义务人。境内一般纳税人购进服务或资产时，按照应计入相关成本费用或资产的金额，借记"业务活动费用""在途物品""库存物品""工程物资""在建工程""固定资产""无形资产"等账户，按照可抵扣的增值税额，借记"应交增值税——应交税金（进项税额）"［小规模纳税人应借记相关成本费用或资产账户］，按照应付或实际支付的金额，贷记"银行存款""应付账款"等账户，按照应代扣代缴的增值税额，贷记"应交增值税——代扣代交增值税"。实际缴纳代扣代缴增值税时，按照代扣代缴的增值税额，借记"应交增值税——代扣代交增值税"，贷记"银行存款""零余额账户用款额度"等账户。

2. 单位销售资产或提供服务等业务

（1）销售资产或提供服务业务。单位销售货物或提供服务，应当按照应收或已收的金额，借记"应收账款""应收票据""银行存款"等账户，按照确认的收入金额，贷记"经营收入""事业收入"等账户，按照现行增值税制度规定计算的销项税额（或采用简易计税方法计算的应纳增值税额），贷记"应交增值税——应交税金（销项税额）"或"应交增值税——简易计税"［小规模纳税人应贷记"应交增值税"］。发生销售退回的，应根据按照规定开具的红字增值税专用发票做相反的会计分录。

按照本制度及相关政府会计准则确认收入的时点早于按照增值税制度确认增值税纳税义务发生时点的，应将相关销项税额记入"应交增值税——待转销项税额"，待实际发生纳税义务时再转入"应交增值税——应交税金（销项税额）"或"应交增值税——简易计税"。

按照增值税制度确认增值税纳税义务发生时点早于按照本制度及相关政府会计准则确认收入的时点的，应按照应纳增值税额，借记"应收账款"账户，贷记"应交增值税——应交税金（销项税额）"或"应交增值税——简易计税"。

（2）金融商品转让按照规定以盈亏相抵后的余额作为销售额。金融商品实际转让，月末，如产生转让收益，则按照应纳税额，借记"投资收益"账户，贷记"应交增值税"（转让金融商品应交增值税）；如产生转让损失，则按照可结转下月抵扣税额，借记"应交增值税"（转让金融商品应交增值税），贷记"投资收益"账户。交纳增值税时，应借记"应交增值税"（转让金融商品应交增值税），贷记"银行存款"等账户。年末，"应交增值税——转让金融商品应交增值税"账户如有借方余额，则借记"投资收益"账户，贷记"应交增值税——转让金融商品应交增值税"。

3. 月末转出多交增值税和未交增值税

月度终了，单位应当将当月应交未交或多交的增值税自"应交税金"明细账户转入"未交税金"明细账户。对于当月应交未交的增值税，借记"应交增值税——应交税金（转出未交增值税）"，贷记"应交增值税——未交税金"；对于当月多交的增值税，借记"应交增值税——未交税金"，贷记"应交增值税——应交税金（转出多交增值税）"。

4. 交纳增值税

（1）交纳当月应交增值税。单位交纳当月应交的增值税，借记"应交增值税——应交税金（已交税金）"[小规模纳税人借记"应交增值税"]，贷记"银行存款"等账户。

（2）交纳以前期间未交增值税。单位交纳以前期间未交的增值税，借记"应交增值税——未交税金"[小规模纳税人借记"应交增值税"]，贷记"银行存款"等账户。

（3）预交增值税。单位预交增值税时，借记"应交增值税——预交税金"，贷记"银行存款"等账户。月末，单位应将"预交税金"明细账户余额转入"未交税金"明细账户，借记"应交增值税"（未交税金），贷记"应交增值税"（预交税金）账户。

（4）减免增值税。对于当期直接减免的增值税，借记"应交增值税——应交税金（减免税款）"，贷记"业务活动费用""经营费用"等账户。

按照现行增值税制度规定，单位初次购买增值税税控系统专用设备支付的费用以及缴纳的技术维护费允许在增值税应纳税额中全额抵减的，按照规定抵减的增值税应纳税额，借记"应交增值税——应交税金（减免税款）"[小规模纳税人借记"应交增值税"]，贷记"业务活动费用""经营费用"等账户。

[例6-6] 某事业单位为增值税一般纳税人（均为专业业务活动，无经营活动）。11月末应交未交增值税金额15 000元。12月又发生下列增值税经济业务：

1. 12月1日，购入物资一批用于增值税应税项目。物资采购价款58 500元，已通过银行转账支付。从供货方取得的增值税专用发票上注明的不含增值税价款为50 000元，增值税金额为 6 500 万元。物资已验收入库，增值税专用发票已经过税务机关认证。根据相关原始单据填制记账凭证，财务会计分录为：

借：库存物品　　　　　　　　　　　　　　　　　　　50 000
　　应交增值税——应交税金（进项税额）　　　　　　6 500
　　　贷：银行存款　　　　　　　　　　　　　　　　　　　56 500

同时，预算会计分录为：

借：事业支出——商品和服务支出　　　　　　　　　　56 500
　　　贷：资金结存——货币资金　　　　　　　　　　　　　56 500

2. 12 月 10 日，从原用于增值税应税项目的物资中，领用 20 000 元的物资用于职工食堂维修改造。根据相关原始单据填制记账凭证，财务会计分录为：

（1）应税物资改变用途用于非应税项目。

应转出增值税进项税金额 = 20 000×13% = 2 600（元）

借：库存物品　　　　　　　　　　　　　　　　　　　2 600
　　　贷：应交增值税——应交税金（进项税额转出）　　　　2 600

（2）食堂改造工程领用物资。

领用物资的实际成本 = 20 000+2 600 = 22 600（元）

借：在建工程——食堂改造　　　　　　　　　　　　　22 600
　　　贷：库存物品　　　　　　　　　　　　　　　　　　　22 600

3. 12 月 12 日，为 A 公司提供专业技术服务，收到 A 公司的技术服务费 318 000 元（含税）。已开出增值税专用发票，该项专业技术服务适用增值税税率 6%。根据相关原始单据填制记账凭证，财务会计分录为：

提供专业技术服务增值税销项税额 = 318 000÷（1+6%）×6% = 18 000（元）

借：银行存款　　　　　　　　　　　　　　　　　　　318 000
　　　贷：事业收入　　　　　　　　　　　　　　　　　　　300 000
　　　　　应交增值税——应交税金（销项税额）　　　　　　18 000

同时，预算会计分录为：

借：资金结存——货币资金　　　　　　　　　　　　　318 000
　　　贷：事业预算收入　　　　　　　　　　　　　　　　　318 000

4. 12 月 25 日，缴纳上月应交未交的增值税 15 000 元，缴纳本月应交增值税 12 900 元。当日通过银行转账缴纳。根据相关原始单据填制记账凭证，财务会计分录为：

借：应交增值税——未交税金（缴纳上月应交增值税）　　15 000
　　　　　　　　——应交税金（已交税金，缴纳本月应交增值税）12 900
　　　贷：银行存款　　　　　　　　　　　　　　　　　　　27 900

同时，预算会计分录为：

借：事业支出——商品和服务支出　　　　　　　　　　27 900
　　　贷：资金结存——货币资金　　　　　　　　　　　　　27 900

（三）应交增值税业务"平行记账"方法

应交增值税业务"平行记账"方法见表 6-5。

表 6-5 应交增值税业务"平行记账"方法

经济业务活动	财务会计分录	预算会计分录
一、增值税一般纳税人		
1. 购入应税资产或劳务	借：业务活动费用/在途物品/库存物品/工程物资/在建工程/固定资产/无形资产等 应交增值税——应交税金（进项税额）[当月已认证可抵扣] 应交增值税——待认证进项税额[当月未认证可抵扣] 贷：银行存款/零余额账户用款额度等[实际支付的金额]/应付票据[开出并承兑的商业汇票]/应付账款等[应付的金额]	借：事业支出/经营支出等 贷：资金结存等[实际支付的金额]
2. 销售应税产品或提供应税劳务	借：银行存款/应收账款/应收票据等[包含增值税的价款总额] 贷：事业收入/经营收入等[扣除增值税销项税额后的价款] 应交增值税——应交税金（销项税额）/应交增值税——简易计税	借：资金结存[实际收到的含税金额] 贷：事业预算收入/经营预算收入等
3. 缴纳增值税	借：应交增值税——应交税金（已交税金）[本月缴纳本月增值税] 应交增值税——未交税金[本月缴纳以前期间未交增值税] 贷：银行存款/零余额账户用款额度等	借：事业支出/经营支出等 贷：资金结存
4. 预缴增值税	预缴时： 借：应交增值税——预交税金 贷：银行存款/零余额账户用款额度等 月末： 借：应交增值税——未交税金 贷：应交增值税——预交税金	借：事业支出/经营支出等[按预缴金额] 贷：资金结存
5. 当期直接减免的增值税	借：应交增值税——应交税金（减免税款） 贷：业务活动费用/经营费用等	——
二、增值税小规模纳税人		
1. 购入应税资产或服务	借：业务活动费用/在途物品/库存物品等[按价税合计金额] 贷：银行存款等[实际支付的金额]/应付票据[开出并承兑的商业汇票]/应付账款等[应付的金额]	借：事业支出/经营支出等 贷：资金结存[实际支付的金额]

经济业务活动	财务会计分录	预算会计分录
2. 销售资产或提供服务	借：银行存款/应收账款/应收票据［包含增值税的价款总额］ 　贷：事业收入/经营收入等［扣除增值税金额后的价款］ 　　应交增值税	借：资金结存［实际收到的含税金额］ 　贷：事业预算收入/经营预算收入等
3. 缴纳增值税	借：应交增值税 　贷：银行存款等	借：事业支出/经营支出等 　贷：资金结存

五、其他应交税费

其他应交税费是指单位按照税法等规定计算应交纳的除增值税以外的各种税费，包括城市维护建设税、教育费附加、地方教育费附加、车船税、房产税、城镇土地使用税和企业所得税等。

单位应当设置"其他应交税费"账户，并应当按照应交纳的税费种类进行明细核算。本账户期末贷方余额，反映单位应交未交的除增值税以外的税费金额；期末如为借方余额，反映单位多交纳的除增值税以外的税费金额。单位代扣代缴的个人所得税，也通过本账户核算。单位应交纳的印花税不需要预提应交税费，直接通过"业务活动费用""单位管理费用""经营费用"等账户核算，不通过本账户核算。

其他应交税费的主要账务处理如下：

（1）发生城市维护建设税、教育费附加、地方教育费附加、车船税、房产税、城镇土地使用税等纳税义务的，按照税法规定计算的应缴税费金额，借记"业务活动费用""单位管理费用""经营费用"等账户，贷记"其他应交税费"账户（应交城市维护建设税、应交教育费附加、应交地方教育费附加、应交车船税、应交房产税、应交城镇土地使用税等）。

（2）按照税法规定计算应代扣代缴职工（含长期聘用人员）的个人所得税，借记"应付职工薪酬"账户，贷记"其他应交税费——应交个人所得税"账户。按照税法规定计算应代扣代缴支付给职工（含长期聘用人员）以外人员劳务费的个人所得税，借记"业务活动费用""单位管理费用"等账户，贷记"其他应交税费——应交个人所得税"账户。

（3）发生企业所得税纳税义务的，按照税法规定计算的应交所得税额，借记"所得税费用"账户，贷记"其他应交税费——单位应交所得税"账户。

（4）单位实际交纳上述各种税费时，借记"其他应交税费"账户（应交城市维护建设税、应交教育费附加、应交地方教育费附加、应交车船税、应交房产税、应交城镇土地使用税、应交个人所得税、单位应交所得税等），贷记"财政拨款收入""零余额账户用款额度""银行存款"等账户。

[例6-7] 某事业单位20×9年其他应交税费实务举例：

1.3月1日，计算并通过银行转账缴纳2月份应交城市维护建设税、教育费附加、地方教育费附加。该单位2月份因开展专业活动实际缴纳的增值税300 000元（未缴纳消费税），城市维护建设税、教育费附加、地方教育费附加缴纳税率（计征比率）分别为7%、3%和2%。根据相关原始单据填制记账凭证。

（1）计算应交其他税费，财务会计分录为：

应交城市维护建设税＝300 000×7%＝21 000（元）

应交教育费附加＝300 000×3%＝9 000（元）

应交地方教育费附加＝300 000×2%＝6 000（元）

借：业务活动费用　　　　　　　　　　　　　　　　　　　36 000

　　贷：其他应交税费——城市维护建设税　　　　　　　　　　　21 000

　　　　　　　　——教育费附加　　　　　　　　　　　　　　9 000

　　　　　　　　——地方教育费附加　　　　　　　　　　　　6 000

（2）缴纳税费时，财务会计分录为：

借：其他应交税费——城市维护建设税　　　　　　　　　　21 000

　　　　　　　——教育费附加　　　　　　　　　　　　　9 000

　　　　　　　——地方教育费附加　　　　　　　　　　　6 000

　　贷：银行存款　　　　　　　　　　　　　　　　　　　　　36 000

同时，预算会计分录为：

借：事业支出——商品和服务支出　　　　　　　　　　　　36 000

　　贷：资金结存——货币资金　　　　　　　　　　　　　　　36 000

2.4月15日，向税务部门报送一季度企业所得税预缴申报表。申报的一季度应纳税所得额550 000元，企业所得税税率25%，应预缴企业所得税137 500元。当日，通过银行转账缴纳企业所得税款。根据相关原始单据填制记账凭证。

（1）计算应缴企业所得税费用，财务会计分录为：

借：所得税费用　　　　　　　　　　　　　　　　　　　137 500

　　贷：其他应交税费——应交企业所得税　　　　　　　　　137 500

（2）缴纳企业所得税，财务会计分录为：

借：其他应交税费——应交企业所得税　　　　　　　　　137 500

　　贷：银行存款　　　　　　　　　　　　　　　　　　　　137 500

同时，预算会计分录为：

借：非财政拨款结余——累计结余　　　　　　　　　　　137 500

　　贷：资金结存——货币资金　　　　　　　　　　　　　　137 500

（5）其他应交税费业务"平行记账"方法见表6-6。

表 6-6 其他应交税费业务"平行记账"方法

经济业务活动	财务会计分录	预算会计分录
1. 发生企业所得税纳税义务	借：所得税费用 　　贷：其他应交税费——单位应交所得税	—
2. 代扣个人所得税	借：应付职工薪酬［代扣职工个人所得税］ 　　业务活动费用/单位管理费用等［代扣职工以外的其他人员个人所得税］ 　　贷：其他应交税费——应交个人所得税	—
3. 发生其他应交税费纳税义务	借：业务活动费用/单位管理费用/经营费用等 　　贷：其他应交税费——应交城市维护建设税/应交教育费附加/应交地方教育费附加/应交车船税/应交房产税/应交城镇土地使用税等	—
4. 缴纳税费时	借：其他应交税费——单位应交所得税 　　　其他应交税费——应交个人所得税 　　　其他应交税费——应交城市维护建设税/应交教育费附加/应交地方教育费附加/应交车船税/应交房产税/应交城镇土地使用税等 　　贷：财政拨款收入/零余额账户用款额度/银行存款等	借：非财政拨款结余——累计结余［缴纳企业所得税］ 　　　行政支出/事业支出/经营支出等［缴纳其他税费］ 　　贷：财政拨款预算收入/资金结存

六、应付政府补贴款

负责发放政府补贴的行政单位应当设置"应付政府补贴款"账户，核算按照规定应当支付给政府补贴接受者的各种政府补贴款。本账户应当按照应支付的政府补贴种类进行明细核算。单位还应当根据需要按照补贴接受者进行明细核算，或者建立备查簿对补贴接受者予以登记。本账户期末贷方余额，反映行政单位应付未付的政府补贴金额。

应付政府补贴款的主要账务处理如下：

（1）发生应付政府补贴时，按照依规定计算确定的应付政府补贴金额，借记"业务活动费用"账户，贷记"应付政府补贴款"账户。

（2）支付应付政府补贴款时，按照支付金额，借记"应付政府补贴款"账户，贷记"零余额账户用款额度""银行存款"等账户。

（3）应付政府补贴款业务"平行记账"方法见表 6-7。

表 6-7 应付政府补贴款业务"平行记账"方法

经济业务活动	财务会计分录	预算会计分录
1. 发生应付政府补贴时	借：业务活动费用 　　贷：应付政府补贴款	—
2. 支付政府补贴款时	借：应付政府补贴款 　　贷：零余额账户用款额度/银行存款等	借：行政支出 　　贷：资金结存

七、长期应付款

单位应当设置"长期应付款"账户，核算单位发生的偿还期限超过 1 年（不含 1 年）的应付款项，如以融资租赁方式取得固定资产应付的租赁费等。本账户应当按照长期应付款的类别以及债权人进行明细核算。期末贷方余额，反映单位尚未支付的长期应付款金额。

长期应付款的主要账务处理如下：

（1）发生长期应付款时，借记"固定资产""在建工程"等账户，贷记"长期应付款"账户。

（2）支付长期应付款时，按照实际支付的金额，借记"长期应付款"账户，贷记"财政拨款收入""零余额账户用款额度""银行存款"等账户。涉及增值税业务的，参见"应交增值税"的账务处理。

（3）无法偿付或债权人豁免偿还的长期应付款，应当按照规定报经批准后进行账务处理。经批准核销时，借记"长期应付款"账户，贷记"其他收入"账户。核销的长期应付款应在备查簿中保留登记。

（4）涉及质保金形成长期应付款的，相关账务处理参见"固定资产"的账务处理。

[例 6-8] 某事业单位为增值税一般纳税人。12 月，发生下列经济业务：

12 月 1 日，从 B 公司购入一台业务活动所需专用设备，设备总价 542 400 元。设备合同款分 24 个月平均支付，从 12 月起每月末支付一次合同款。收到 B 公司开具的增值税专用发票上注明的设备租赁费 480 000 元、增值税为 62 400 元，增值税专用发票已经税务机关认证。设备不需要安装，已于当日交付使用。根据相关原始单据填制记账凭证，财务会计分录为：

借：固定资产——专用设备 480 000
　　应交增值税——应交税金（进项税额） 62 400
　　贷：长期应付款—— B 公司 542 400

12 月 31 日，通过财政直接支付的方式（当年直接支付）支付前例中当月应支付的 B 公司设备款 22 600 元。根据相关原始单据填制记账凭证，财务会计分录为：

借：长期应付款—— B 公司 22 600
　　贷：财政拨款收入 22 600

同时，预算会计分录为：

借：事业支出——资本性支出 22 600

　　贷：财政拨款预算收入 22 600

（5）长期应付款业务"平行记账"方法见表6-8。

表6-8 长期应付款业务"平行记账"方法

经济业务活动	财务会计分录	预算会计分录
1. 发生长期应付款时	借：固定资产等 　　贷：长期应付款	—
2. 按期支付长期应付款时	借：长期应付款 　　贷：财政拨款收入/零余额账户 用款额度/银行存款等	借：行政支出/事业支出等 　　贷：财政拨款收入/资金结存

八、预提费用

单位应当设置"预提费用"账户，核算单位预先提取的已经发生但尚未支付的费用，如预提租金费用等。事业单位按规定从科研项目收入中提取的项目间接费用或管理费，也通过本账户核算。事业单位计提的借款利息费用，通过"应付利息""长期借款"账户核算，不通过本账户核算。本账户应当按照预提费用的种类进行明细核算。对于提取的项目间接费用或管理费，应当在本账户下设置"项目间接费用或管理费"明细账户，并按项目进行明细核算。本账户期末贷方余额，反映单位已预提但尚未支付的各项费用。

预提费用的主要账务处理如下：

（1）项目间接费用或管理费。按规定从科研项目收入中提取项目间接费用或管理费时，按照提取的金额，借记"单位管理费用"账户，贷记"预提费用"账户（项目间接费用或管理费）。实际使用计提的项目间接费用或管理费时，按照实际支付的金额，借记"预提费用——项目间接费用或管理费"账户，贷记"银行存款""库存现金"等账户。

（2）其他预提费用。按期预提租金等费用时，按照预提的金额，借记"业务活动费用""单位管理费用""经营费用"等账户，贷记"预提费用"账户。实际支付款项时，按照支付金额，借记"预提费用"账户，贷记"零余额账户用款额度""银行存款"等账户。

[例6-9] 12月1日，某事业单位按规定从某科研项目收入（该科研项目属于增值税免税项目）中计算并提取项目间接费和管理费用30 000元；12月5日，使用项目间接费和管理费开支会议费2 000元，通过银行转账支付。根据相关原始单据填制记账凭证。

提取项目间接费和管理费，财务会计分录为：

借：单位管理费用——商品和服务费用 30 000

　　贷：预提费用——项目间接费或管理费 30 000

同时，预算会计分录为：

借：非财政拨款结转——项目间接费或管理费　　　　　30 000

　　贷：非财政拨款结余——项目间接费或管理费　　　　　30 000

使用项目间接费和管理费支付会议费，财务会计分录为：

借：预提费用——项目间接费或管理费　　　　　　　　2 000

　　贷：银行存款　　　　　　　　　　　　　　　　　　2 000

同时，预算会计分录为：

借：事业支出——商品和服务支出　　　　　　　　　　2 000

　　贷：资金结存——货币资金　　　　　　　　　　　　2 000

（3）预提费用业务"平行记账"方法见表6-9。

表6-9　预提费用业务"平行记账"方法

经济业务活动	财务会计分录	预算会计分录
1. 按规定计提项目间接费用或管理费时	借：单位管理费用 　　贷：预提费用——项目间接费用或管理费	借：非财政拨款结转——项目间接费用或管理费 　　贷：非财政拨款结余——项目间接费用或管理费
2. 实际使用计提的项目间接费用或管理费时	借：预提费用——项目间接费用或管理费 　　贷：银行存款/库存现金	借：事业支出等 　　贷：资金结存
3. 按照规定预提每期租金等费用	借：业务活动费用/单位管理费用/经营费用等 　　贷：预提费用	—
4. 实际支付款项时	借：预提费用 　　贷：银行存款等	借：行政支出/事业支出/经营支出等 　　贷：资金结存

第四节　暂收性负债

　　暂收性负债是指政府单位暂时收取，随后应做上缴、退回、转拨等处理的款项。暂收性负债主要包括应缴财政款和其他暂收款项。

一、应缴财政款

　　应缴财政款是指政府单位暂时收取、按规定应当上缴国库或财政专户的款项而形成的负债。对于应缴财政款，单位通常应当在实际收到相关款项时，按照相关规定计算确定的上缴金额予以确认。

　　发生应缴财政款负债义务的单位应当设置"应缴财政款"账户，本账户核算单位取得或应收的按照规定应当上缴财政的款项，包括应缴国库的款项和应缴财政专户的款项。

单位按照国家税法等有关规定应当缴纳的各种税费，通过"应交增值税""其他应交税费"账户核算，不通过本账户核算。本账户应当按照应缴财政款项的类别进行明细核算。期末贷方余额，反映单位应当上缴财政但尚未缴纳的款项。年终清缴后，本账户一般应无余额。

应缴财政款的主要账务处理如下：

（1）单位取得或应收按照规定应缴财政的款项时，借记"银行存款""应收账款"等账户，贷记"应缴财政款"账户。

（2）单位处置资产取得的应上缴财政的处置净收入的账务处理，参见"待处理财产损溢"等账户。

（3）单位上缴应缴财政的款项时，按照实际上缴的金额，借记"应缴财政款"账户，贷记"银行存款"账户。

[例6-10] 12月3日，某事业单位经批准公开拍卖业务用车一辆。拍卖收入中扣除拍卖手续费及相关税费后，拍卖净收入83 500元已转至单位银行账户；12月4日，单位开具非税收入缴款书将拍卖净收入上缴财政。根据相关原始单据填制记账凭证，财务会计分录为：

（1）取得拍卖净收入

借：银行存款　　　　　　　　　　　　　　　　　　　83 500

　　贷：应缴财政款　　　　　　　　　　　　　　　　　　　83 500

（2）上缴财政

借：应缴财政款　　　　　　　　　　　　　　　　　　83 500

　　贷：银行存款　　　　　　　　　　　　　　　　　　　　83 500

二、其他暂收款项

其他暂收款项是指政府单位除应缴财政款以外的其他暂收性负债，包括单位暂时收取、随后应退还给其他方的押金或保证金、随后应转付给其他方的转拨款等款项。对于其他暂收款项，单位应当在实际收到相关款项时，按照实际收到的金额予以确认。

单位应当设置"其他应付款"账户，核算单位除应交增值税、其他应交税费、应缴财政款、应付职工薪酬、应付票据、应付账款、应付政府补贴款、应付利息、预收账款以外，其他各项偿还期限在1年内（含1年）的应付及暂收款项，如收取的押金、存入保证金、已经报销但尚未偿还银行的本单位公务卡欠款等。同级政府财政部门预拨的下期预算款和没有纳入预算的暂付款项，以及采用实拨资金方式通过本单位转拨给下属单位的财政拨款，也通过本账户核算。本账户应当按照其他应付款的类别以及债权人等进行明细核算。期末贷方余额，反映单位尚未支付的其他应付款金额。

其他应付款的主要账务处理如下：

（1）发生其他应付及暂收款项时，借记"银行存款"等账户，贷记"其他应付款"账户。支付（或退回）其他应付及暂收款项时，借记"其他应付款"账户，贷记"银行存款"等账户。将暂收款项转为收入时，借记"其他应付款"账户，贷记"事业收入"等账户。

（2）收到同级政府财政部门预拨的下期预算款和没有纳入预算的暂付款项，按照实际收到的金额，借记"银行存款"等账户，贷记"其他应付款"账户；待到下一预算期或批准纳入预算时，借记"其他应付款"账户，贷记"财政拨款收入"账户。

采用实拨资金方式通过本单位转拨给下属单位的财政拨款，按照实际收到的金额，借记"银行存款"账户，贷记"其他应付款"账户；向下属单位转拨财政拨款时，按照转拨的金额，借记"其他应付款"账户，贷记"银行存款"账户。

（3）本单位公务卡持卡人报销时，按照审核报销的金额，借记"业务活动费用""单位管理费用"等账户，贷记"其他应付款"账户；偿还公务卡欠款时，借记"其他应付款"账户，贷记"零余额账户用款额度"等账户。

（4）涉及质保金形成其他应付款的，相关账务处理参见"固定资产"账户。

（5）无法偿付或债权人豁免偿还的其他应付款项，应当按照规定报经批准后进行账务处理。经批准核销时，借记"其他应付款"账户，贷记"其他收入"账户。核销的其他应付款应在备查簿中保留登记。

[**例 6-11**] 某事业单位 12 月份发生下列经济业务：

12 月 10 日，建设项目工程进行招标，按规定收到参加招标的投标公司开户银行转来的保证金 10 000 元。根据相关原始单据填制记账凭证，财务会计分录为：

借：银行存款　　　　　　　　　　　　　　　　　　　 10 000
　　贷：其他应付款——保证金——××公司　　　　　　　　　　　10 000

12 月 13 日，前例中的工程招标结束，按规定通过银行转账退还投标公司的投标保证金 10 000 元。根据相关原始单据填制记账凭证，财务会计分录为：

借：其他应付款——保证金——××公司　　　　　　　　 10 000
　　贷：银行存款　　　　　　　　　　　　　　　　　　　　　　10 000

12 月 15 日，单位公务卡持卡人购买后勤部门使用的零星办公用品 800 元，款项使用单位公务卡刷卡支付，并于当日凭相关单据到财务报销。根据相关原始单据填制记账凭证，财务会计分录为：

借：单位管理费用——商品和服务费用　　　　　　　　　 800
　　贷：其他应付款——已报销尚未支付的单位公务卡欠款　　　　　800

12 月 25 日，收到开户银行扣款转账通知，扣收本单位的单位公务卡上月刷卡消费欠款 5 000 元。根据相关原始单据填制记账凭证，财务会计分录为：

借：其他应付款——已报销尚未支付的单位公务卡欠款　　 5 000
　　贷：银行存款　　　　　　　　　　　　　　　　　　　　　　5 000

同时，预算会计分录为：

借：事业支出——商品和服务支出　　　　　　　　　　　 5 000
　　贷：资金结存——货币资金　　　　　　　　　　　　　　　　5 000

（6）其他应付款业务"平行记账"方法见表 6-10。

表6-10　其他应付款业务"平行记账"方法

经济业务活动	财务会计分录	预算会计分录
一、暂收性款项		
1. 取得暂收性款项时	借：银行存款等 　　贷：其他应付款	—
2. 支付或退回暂收性款项时	借：其他应付款 　　贷：银行存款等	—
3. 确认收入时	借：其他应付款 　　贷：事业收入等	借：资金结存 　　贷：事业预算收入等
二、财政预拨下期预算款或未纳入预算的款项		
1. 收到款项时	借：银行存款等 　　贷：其他应付款	—
2. 到下一预算期或批准纳入预算时	借：其他应付款 　　贷：财政拨款收入	借：资金结存 　　贷：财政拨款预算收入
三、其他应付义务		
1. 确认其他应付款时	借：业务活动费用/单位管理费用等 　　贷：其他应付款	—
2. 支付其他应付款项时	借：其他应付款 　　贷：银行存款等	借：行政支出/事业支出等 　　贷：资金结存

三、受托代理负债

接受委托方委托的代理或管理相关资产的单位，应当设置"受托代理负债"账户，核算接受委托取得受托代理资产时形成的负债。本账户期末贷方余额，反映单位尚未交付或发出受托代理资产形成的受托代理负债金额。

受托代理负债的账务处理参见"受托代理资产""库存现金""银行存款"等账务处理。

受托代理负债业务的实务，参见受托代理资产业务的实务举例。

第五节　预计负债

一、预计负债概念

预计负债是指政府单位与或有事项相关且满足负债规定条件的现时义务。

或有事项，是指由过去的经济业务或者事项形成的，其结果须由某些未来事项的发生或不发生才能决定的不确定事项。未来事项是否发生不在政府单位控制范围内。

政府单位常见的或有事项主要包括：未决诉讼或未决仲裁、对外国政府或国际经济组织的贷款担保、承诺（补贴、代偿）、自然灾害或公共事件的救助等。

二、预计负债计量

预计负债应当按照履行相关现时义务所需支出的最佳估计数进行初始计量。所需支出存在一个连续范围，且该范围内各种结果发生的可能性是相同的，最佳估计数应当按照该范围内的中间值确定。在其他情况下，最佳估计数应当分别下列情况确定：① 或有事项涉及单个项目的，按照最可能发生金额确定。② 或有事项涉及多个项目的，按照各种可能结果及相关概率计算确定。

单位在确定最佳估计数时，应当综合考虑与或有事项有关的风险和不确定性等因素。单位清偿预计负债所需支出预期全部或部分由第三方补偿的，补偿金额只有在基本确定能够收到时才能作为资产单独确认。确认的补偿金额不应当超过预计负债的账面余额。

单位应当在报告日对预计负债的账面余额进行复核。有确凿证据表明该账面余额不能真实反映当前最佳估计数的，应当按照当前最佳估计数对该账面余额进行调整。履行该预计负债的相关义务不是很可能导致经济资源流出会计主体时，应当将该预计负债的账面余额予以转销。

单位不应当将下列与或有事项相关的义务确认为负债，但应当按照规定对该类义务进行披露：① 过去的经济业务或者事项形成的潜在义务，其存在须通过未来不确定事项的发生或不发生予以证实，未来事项是否能发生不在单位控制范围内。② 过去的经济业务或者事项形成的现时义务，履行该义务不是很可能导致经济资源流出会计主体或者该义务的金额不能可靠计量。

三、预计负债账务处理

发生预计负债义务的单位应当设置"预计负债"账户，核算单位对因或有事项所产生的现时义务而确认的负债，如对未决诉讼等确认的负债。本账户应当按照预计负债的项目进行明细核算。期末贷方余额，反映单位已确认但尚未支付的预计负债金额。

预计负债的主要账务处理如下：

（1）确认预计负债时，按照预计的金额，借记"业务活动费用""经营费用""其他费用"等账户，贷记"预计负债"账户。

（2）实际偿付预计负债时，按照偿付的金额，借记"预计负债"账户，贷记"银行存款""零余额账户用款额度"等账户。

（3）根据确凿证据需要对已确认的预计负债账面余额进行调整的，按照调整增加的金额，借记有关账户，贷记"预计负债"账户；按照调整减少的金额，借记"预计负债"账户，贷记有关账户。

（4）预计负债业务"平行记账"方法见表 6-11。

表 6-11　预计负债业务"平行记账"方法

经济业务活动	财务会计分录	预算会计分录
1. 确认预计负债	借：业务活动费用/经营费用/其他费用等 贷：预计负债	—
2. 实际偿付负债时	借：预计负债 贷：银行存款等	借：事业支出/经营支出/其他支出等 贷：资金结存

复习思考题

1. 简述政府单位负债的概念及分类。
2. 简述事业单位举借债务的管理要求。
3. 政府单位应付职工薪酬的核算内容包括哪些？
4. 何为政府单位预计负债？政府单位常见或有事项包括哪些？

同步测试题

习题一

目的：练习事业单位举借债务及利息费用的核算。

资料：某事业单位 3 月发生下列经济业务。

1. 3 月 1 日，因在建工程建设需要，经批准向银行借入款项 500 000 元，借款期限 6 个月，月利率 0.5%，每月月末结算并支付当月利息；3 月 31 日，结算并支付当月利息。

2. 4 月 1 日，因在建工程的需要，向银行借入到期一次性还本付息的长期借款 1 000 000元，期限 18 个月，月利率 0.4%；4 月 30 日，结算当月应付的该长期借款利息费用。

3. 5 月 31 日，向银行借入的一项短期借款到期，偿还借款本金 300 000 元、利息 12 000元；向银行借入的一项到期一次性还本付息的长期借款到期，偿还借款本金 800 000元、利息 135 000 元。

4. 6 月 30 日，计算本单位一项长期借款 6 月份的利息费用 15 000 元，该借款原用于某基本建设项目，该项目已于上个月办理竣工验收并交付使用。

要求：根据以上经济业务，编制该事业单位的会计分录。

习题二

目的：练习应付职工薪酬的核算。

资料：8 月份，某事业单位发生如下应付职工薪酬业务。

1. 8 月 1 日，该单位人事部门送来本单位职工工资单，本月本单位业务部门职工应发工资 100 000 元、行政管理部门职工应发工资 50 000 元；应由单位缴纳的本单位业务部门职工养老保险缴费 30 000 元、住房公积金 20 000 元，行政管理部门职工养老保险缴费 20 000 元、住房公积金 10 000 元；应代扣本单位职工个人所得税 5 000 元（其中：业务部门 3 000 元、行政管理部门 2 000 元），应代扣本单位职工个人缴纳的养老保险金 15 000 元（其中：业务部门 10 000 元、行政管理部门 5 000 元），应代扣本单位职工个人缴纳的住房公积金 12 000 元（其中：业务部门 8 000 元、行政管理部门 4 000 元）。

2. 8 月 2 日，通过财政授权支付按职工实发工资数将工资发至职工个人工资卡上。

3. 8 月 3 日，缴纳 8 月份职工养老保险、住房公积金（含应由单位缴纳和代扣职工个人的金额）和代扣的个人所得税。

要求：根据以上经济业务，编制该事业单位的会计分录。

习题三

目的：练习应交增值税的核算。

资料：某事业单位为增值税一般纳税人，9 月份发生如下应交增值税业务。

1. 9 月 7 日，购进库存物品一批，采购价款 67 800 元（含增值税金额 7 800 元）通过银行转账支付，材料已验收入库。购货取得的增值税专用发票已经税务机关认证。

2. 9 月 8 日，购买 B 公司的专业技术服务，通过银行转账支付服务费 31 800 元（含增值税金额 1 800 元），取得的增值税专用发票尚未经税务机关认证；9 月 12 日，该增值税专用发票经税务机关认证可以抵扣进项税。

3. 9 月 19 日，给 A 公司提供专业服务，A 公司通过银行转账汇来服务合同款 42 400 元，开具增值税专用发票。该事业单位技术服务收入增值税税率 6%。

4. 9 月 22 日，向 C 公司销售本单位专业活动的产品一批，取得产品销售收入 90 400 元，开具增值税专用发票（该产品增值税税率 13%）。买方已将销售款汇至本单位银行账户。

5. 9 月 30 日，通过银行转账缴纳本月应缴增值税 4 000 元、以前月份应交未交的增值税 3 000 元。

要求：根据以上经济业务，编制该事业单位的会计分录。

习题四

目的：练习应付及预收账款的核算。

资料：某事业单位为增值税小规模纳税人，7 月份发生如下经济业务。

1. 7 月 7 日，购进库存物品一批，采购价款 56 500 元，材料已验收入库，货款未付；7 月 15 日，通过财政直接支付（当年直接支付）的方式支付材料采购款 56 500 元。

2. 7 月 10 日，购买 B 公司的专业服务，应付技术服务费 21 200 元，开出银行承兑汇票，承兑期 6 个月；7 月 15 日，收到银行的银行承兑汇票兑付通知，本单位 2 月 15 日开给 C 公司的银行承兑汇票 60 000 元到期兑付。

3. 7 月 10 日，与某公司签订专业服务合同，为某公司提供专业技术服务，合同总金额 300 000 元。签订合同当日某公司先转来 30% 的合同预付款 90 000 元；7 月 31 日，该合同完成进度已达 80%，结算当月技术服务收入。

要求：根据以上经济业务，编制该事业单位的会计分录。

第七章

政府单位净资产

学习目标

本章着重阐述政府单位净资产的概念，各项净资产的核算方法。通过本章学习，要求熟悉政府单位净资产的管理，掌握政府单位净资产的核算方法。

第一节 政府单位净资产概述

一、净资产概念

净资产是指政府单位资产扣除负债后的净额，是属于单位所有并可以自由支配的资产。净资产金额取决于资产和负债的计量。

按照其使用是否受到限制，净资产可以分为：限定性净资产和非限定性净资产。

二、净资产内容

政府单位的净资产项目包括：累计盈余、专用基金、权益法调整、本期盈余、本年盈余分配、无偿调拨净资产和以前年度盈余调整等。其中累计盈余、本期盈余、本年盈余分配、无偿调拨净资产和以前年度盈余调整为政府单位共有的净资产项目，专用基金和权益法调整为事业单位特有的净资产项目。

本期盈余、本年盈余分配、无偿调拨净资产和以前年度盈余调整项目年末结转后应无余额。年末结转后，行政单位净资产总额全部反映为累计盈余，事业单位净资产总额为累计盈余、专用基金和权益法调整之和。

政府单位本期盈余、本年盈余分配、无偿调拨净资产、以前年度盈余调整、累计盈余与专用基金净资产之间的结转和变动情况如图7-1所示。

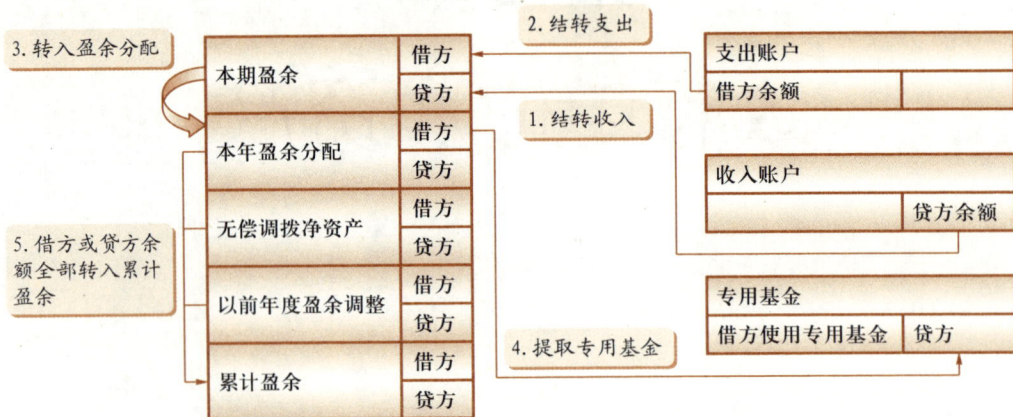

图 7-1

第二节　本期盈余及本年盈余分配

一、本期盈余

本期盈余是指单位本期各项收入、费用相抵后的余额。

单位应当设置"本期盈余"账户，核算单位本期各项收入、费用相抵后的余额。本账户期末如为贷方余额，反映单位自年初至当期期末累计实现的盈余；如为借方余额，反映单位自年初至当期期末累计发生的亏损。年末结账后，本账户应无余额。

主要账务处理如下：

（1）期末收入、费用结转。① 结转各项收入。期末，将各类收入账户的本期发生额转入本期盈余，借记"财政拨款收入""事业收入""上级补助收入""附属单位上缴收入""经营收入""非同级财政拨款收入""投资收益""捐赠收入""利息收入""租金收入""其他收入"账户，贷记"本期盈余"账户。② 结转各项费用。将各类费用账户本期发生额转入本期盈余，借记"本期盈余"账户，贷记"业务活动费用""单位管理费用""经营费用""所得税费用""资产处置费用""上缴上级费用""对附属单位补助费用""其他费用"账户。

（2）转入本年盈余分配。年末，完成上述结转后，将"本期盈余"账户余额转入"本年盈余分配"账户，借记或贷记"本期盈余"账户，贷记或借记"本年盈余分配"账户。

[例7-1] 事业单位期末收入费用结转和本期盈余核算实务举例：

1. 12月31日，期末结账前各收入账户余额（均为贷方余额）为：财政拨款收入账户余额3 000 000元，事业收入账户余额2 200 000元，上级补助收入账户余额800 000元，附属单位上缴收入账户余额500 000元，经营收入账户余额300 000元，非同级财政拨款收入账户余额300 000元，投资收益账户余额50 000元，其他收入账户余额8 000元。

2. 12月31日，期末结账前各费用账户余额（均为借方余额）为：业务活动费用账户余额5 000 000元，单位管理费用账户余额1 200 000元，经营费用账户余额250 000元，所得税费用账户余额30 000元，资产处置费用账户余额80 000元，对附属单位补助费用账户余额200 000元，其他费用账户余额20 000元。

12月31日，期末收入、费用结转的财务会计分录为：

（1）期末结转收入

借：财政拨款收入	3 000 000
事业收入	2 200 000
上级补助收入	800 000
附属单位上缴收入	500 000
经营收入	300 000
非同级财政拨款收入	300 000
投资收益	50 000
其他收入	8 000
贷：本期盈余	7 158 000

（2）期末结转费用

借：本期盈余	6 780 000
贷：业务活动费用	5 000 000
单位管理费用	1 200 000
经营费用	250 000
所得税费用	30 000
资产处置费用	80 000
对附属单位补助费用	200 000
其他费用	20 000

（3）结转本期盈余科目

借：本期盈余	378 000
贷：本年盈余分配	378 000

二、本年盈余分配

本年盈余分配是指单位本年度盈余分配的情况和结果。例如，事业单位规定从本年度非财政拨款结余或经营结余中提取专用基金等。

单位应当设置"本年盈余分配"账户，核算单位本年度盈余分配的情况和结果。年末结账后，本账户应无余额。

主要账务处理如下：

（1）年末，将"本期盈余"账户余额转入"本年盈余分配"账户，借记或贷记"本期盈余"账户，贷记或借记"本年盈余分配"账户。

（2）年末，根据有关规定从本年度非财政拨款结余或经营结余中提取专用基金的，按照预算会计下计算的提取金额，借记"本年盈余分配"账户，贷记"专用基金"账户。

（3）年末，按照规定完成上述处理后，将"本年盈余分配"账户余额转入累计盈余，借记或贷记"本年盈余分配"账户，贷记或借记"累计盈余"账户。

[例7-2]　承例7-1，假设事业单位期末基于预算会计核算的非财政拨款结余应计提的职工福利基金为83 000元。年末，本年盈余分配的会计处理如下：

1. 提取职工福利基金，财务会计分录为：

借：本年盈余分配 83 000
　　贷：专用基金——职工福利基金 83 000

同时，预算会计分录为：

借：非财政拨款结余分配 83 000
　　贷：专用结余——职工福利基金 83 000

2. 将本年盈余分配科目余额转入累计盈余，财务会计分录为：

本年盈余分配科目余额＝378 000－83 000＝295 000元

借：本年盈余分配 295 000
　　贷：累计盈余 295 000

第三节　累计盈余

一、累计盈余概念

累计盈余是指单位历年实现的盈余扣除盈余分配后滚存的金额，以及因无偿调入调出资产产生的净资产变动额，按照规定上缴、缴回、单位间调剂结转结余资金产生的净资产变动额，对以前年度盈余的调整金额。

二、累计盈余账务处理

单位应当设置"累计盈余"账户。本账户期末余额，反映单位未分配盈余（或未弥补亏损）的累计数以及截至上年年末无偿调拨净资产变动的累计数。本账户年末余额，反映单位未分配盈余（或未弥补亏损）以及无偿调拨净资产变动的累计数。

累计盈余的主要账务处理如下：

（1）年末，将"本年盈余分配"账户的余额转入累计盈余，借记或贷记"本年盈余分配"账户，贷记或借记"累计盈余"账户。

（2）年末，将"无偿调拨净资产"账户的余额转入累计盈余，借记或贷记"无偿调拨净资产"账户，贷记或借记"累计盈余"账户。

（3）按照规定上缴财政拨款结转结余、缴回非财政拨款结转资金、向其他单位调出财政拨款结转资金时，按照实际上缴、缴回、调出金额，借记"累计盈余"账户，贷记"财政应返还额度""零余额账户用款额度""银行存款"等账户。按照规定从其他单位调入财政拨款结转资金时，按照实际调入金额，借记"零余额账户用款额度""银行存款"等账户，贷记"累计盈余"账户。

（4）将"以前年度盈余调整"账户的余额转入本账户，借记或贷记"以前年度盈余调整"账户，贷记或借记"累计盈余"账户。

（5）按照规定使用专用基金购置固定资产、无形资产的，参见"专用基金"的账务处理。

191

🔔 [例7-3] 1月5日，某事业单位按财政部门的要求上缴财政拨款结转资金300 000元（财政直接支付结转资金）；按规定将上年已完成的科研项目结转资金80 000元缴回主管单位。财务会计分录为：

借：累计盈余		380 000
贷：财政应返还额度——财政直接支付		300 000
银行存款		80 000

同时，预算会计分录为：

借：财政拨款结转——归集上缴		300 000
非财政拨款结转——缴回资金		80 000
贷：资金结存——财政应返还额度		300 000
——货币资金		80 000

🔔 [例7-4] 12月31日，某事业单位无偿调拨净资产科目贷方余额70 000元，以前年度盈余调整科目借方余额8 600元。年末，按规定进行转账的财务会计分录如下：

结转无偿调拨净资产科目余额

借：无偿调拨净资产		70 000
贷：累计盈余		70 000

结转以前年度盈余调整科目余额

借：累计盈余   8 600

    贷：以前年度盈余调整   8 600

（6）累计盈余业务"平行记账"方法见表7-1。

表7-1　累计盈余业务"平行记账"方法

经济业务活动	财务会计分录	预算会计分录
1. 上缴、缴回或调出结转结余资金时	借：累计盈余 　　贷：财政应返还额度/零余额账户用款额度/银行存款等	借：财政拨款结转——归集上缴 　　财政拨款结余——归集上缴 　　财政拨款结转——归集调出 　　非财政拨款结转——缴回资金 　　贷：资金结存——财政应返还额度/零余额账户用款额度/货币资金
2. 调入财政拨款结转资金时	借：零余额账户用款额度/银行存款等 　　贷：累计盈余	借：资金结存——零余额账户用款额度/货币资金 　　贷：财政拨款结转——归集调入

第四节　专用基金

一、专用基金概念

专用基金是指事业单位按照规定提取或设置的具有专门用途的净资产。

专用基金管理应当遵循先提后用、收支平衡、专款专用的原则，支出不得超出基金规模。其中：

（一）修购基金

按照事业收入和经营收入的一定比例提取，并按照规定在相应的购置和修缮科目中列支（各列50%），以及按照其他规定转入，用于事业单位固定资产维修和购置的资金。事业收入和经营收入较少的事业单位可以不提取修购基金，实行固定资产折旧的事业单位不提取修购基金。按照政府会计准则制度规定，事业单位应当对固定资产计提折旧。因此，事业单位一般不再计提修购基金。

（二）职工福利基金

按照基于预算会计计算的非财政拨款结余的一定比例提取以及按照其他规定提取转入，用于单位职工的集体福利设施、集体福利待遇等的资金。

（三）其他基金

按照其他有关规定提取或者设置的专用资金。

各项基金的提取比例和管理办法，国家有统一规定的，按照统一规定执行；没有统一规定的，由主管部门会同同级财政部门确定。其中，事业单位从非财政拨款结余中提取职工福利基金的，提取比例不超过当年预算会计核算的非财政拨款结余的40%。

二、专用基金账务处理

单位应当设置"专用基金"账户，核算事业单位按照规定提取或设置的具有专门用途的净资产，如职工福利基金、科技成果转换基金、医疗风险基金等。本账户应当按照专用基金的类别进行明细核算。本账户期末贷方余额，反映事业单位累计提取或设置的尚未使用的专用基金。主要账务处理如下：

（1）年末，根据有关规定从本年度非财政拨款结余或经营结余中提取专用基金的，按照预算会计下计算的提取金额，借记"本年盈余分配"账户，贷记"专用基金"账户。

（2）根据有关规定从收入中提取专用基金并计入费用的，一般按照预算会计下基于预算收入计算提取的金额，借记"业务活动费用"等账户，贷记"专用基金"账户。国家另有规定的，从其规定。

（3）根据有关规定设置的其他专用基金，按照实际收到的基金金额，借记"银行存款"等账户，贷记"专用基金"账户。

（4）按照规定使用提取的专用基金时，借记"专用基金"账户，贷记"银行存款"等账户。

使用提取的专用基金购置固定资产、无形资产的，按照固定资产、无形资产成本金额，借记"固定资产""无形资产"账户，贷记"银行存款"等账户；同时，按照专用基金使用金额，借记"专用基金"账户，贷记"累计盈余"账户。

[例7-5] 事业单位专用基金业务实务举例

12月1日，按科研项目收入的一定比例计算提取科研成果转换基金30 000元。12月5日，从科研成果转换基金中转账支付劳务费10 000元。根据原始凭证和单据进行会计处理。

从收入中提取基金时，财务会计分录如下：

借：业务活动费用 　　　　　　　　　　　　　　　　　　　　　30 000
　　贷：专用基金——科研成果转换基金 　　　　　　　　　　　　　30 000

使用从收入中提取的基金时，财务会计分录如下：

借：专用基金——科研成果转换基金 　　　　　　　　　　　　　　10 000
　　贷：银行存款 　　　　　　　　　　　　　　　　　　　　　　10 000

同时，预算会计分录如下：

借：事业支出——商品和服务支出 　　　　　　　　　　　　　　　10 000
　　贷：资金结存——货币资金 　　　　　　　　　　　　　　　　10 000

12月10日，某事业单位从职工福利基金中支付职工食堂维修费用8 000元，已通过银行转账付款。财务会计分录如下：

借：专用基金——职工福利基金 　　　　　　　　　　　　　　　　8 000
　　贷：银行存款 　　　　　　　　　　　　　　　　　　　　　　8 000

同时，预算会计分录为：

借：专用结余——职工福利基金　　　　　　　　　　　　　　　　　　　8 000

　　贷：资金结存——货币资金　　　　　　　　　　　　　　　　　　　　8 000

（5）专用基金业务"平行记账"方法见表7-2。

表7-2　专用基金业务"平行记账"方法

经济业务活动	财务会计分录	预算会计分录
1. 从本年度非财政拨款结余或经营结余中提取专用基金的	借：本年盈余分配 　　贷：专用基金［按照预算会计下计算的提取金额］	借：非财政拨款结余分配 　　贷：专用结余
2. 从收入中提取专用基金并计入费用的	借：业务活动费用等 　　贷：专用基金［一般按照预算收入计算提取的金额］	—
3. 根据有关规定设置其他专用基金的	借：银行存款等 　　贷：专用基金	—
4. 按照规定使用专用基金时	借：专用基金 　　贷：银行存款等 如果购置固定资产、无形资产的： 借：固定资产/无形资产 　　贷：银行存款等 借：专用基金 　　贷：累计盈余	使用从收入中提取并列入费用的专用基金： 借：事业支出等 　　贷：资金结存 使用从非财政拨款结余或经营结余中提取的专用基金： 借：专用结余 　　贷：资金结存——货币资金

194

第五节　其他净资产

一、无偿调拨净资产

无偿调拨净资产是指单位无偿调入或调出非现金资产所引起的净资产变动金额。

单位应当设置"无偿调拨净资产"账户，核算单位无偿调入或调出非现金资产所引起的净资产变动金额。年末结账后，本账户应无余额。

无偿调拨净资产主要账务处理如下：

（1）经批准无偿调入资产。按照规定取得无偿调入的存货、长期股权投资、固定资产、无形资产、公共基础设施、政府储备物资、文物文化资产、保障性住房等，按照确定的成本，借记"库存物品""长期股权投资""固定资产""无形资产""公共基础设施""政府储备物资""文物文化资产""保障性住房"等账户，按照调入过程中发生的归属于调入方的相关费用，贷记"零余额账户用款额度""银行存款"等账户，按照其差额，贷记"无偿调拨净资产"账户。

（2）经批准无偿调出资产。按照规定经批准无偿调出存货、长期股权投资、固定资产、无形资产、公共基础设施、政府储备物资、文物文化资产、保障性住房等，按照调出资产的账面余额或账面价值，借记"无偿调拨净资产"账户，按照固定资产累计折旧、无形资产累计摊销、公共基础设施累计折旧或摊销、保障性住房累计折旧的金额，借记"固定资产累计折旧""无形资产累计摊销""公共基础设施累计折旧（摊销）""保障性住房累计折旧"账户，按照调出资产的账面余额，贷记"库存物品""长期股权投资""固定资产""无形资产""公共基础设施""政府储备物资""文物文化资产""保障性住房"等账户；同时，按照调出过程中发生的归属于调出方的相关费用，借记"资产处置费用"账户，贷记"零余额账户用款额度""银行存款"等账户。

（3）年末结转。年末，将"无偿调拨净资产"账户余额转入累计盈余，借记或贷记"无偿调拨净资产"账户，贷记或借记"累计盈余"账户。

无偿调拨净资产业务的实务，参见库存物品和固定资产相关业务的实务举例。

（4）无偿调拨净资产业务"平行记账"方法见表7-3。

表7-3　无偿调拨净资产业务"平行记账"方法

经济业务活动	财务会计分录	预算会计分录
1. 取得无偿调入的资产时	借：相关资产科目 　　贷：无偿调拨净资产 　　　　零余额账户用款额度/银行存款 　　　等〔发生的归属于调入方的相关费用〕	借：其他支出〔发生的归属于调入方的相关费用〕 　　贷：资金结存等
2. 经批准无偿调出资产时	借：无偿调拨净资产 　　调出资产相关的折旧（或摊销）科目〔累计已计提的折旧（或摊销）〕 　　　贷：调出资产相关科目〔账面余额〕 借：资产处置费用 　　贷：银行存款/零余额账户用款额度 　　　等〔发生的归属于调出方的相关费用〕	借：其他支出〔发生的归属于调出方的相关费用〕 　　贷：资金结存等

二、以前年度盈余调整

以前年度盈余调整是指单位本年度发生的调整以前年度盈余的事项，包括本年度发生的重要前期差错更正涉及调整以前年度盈余的事项。

单位应当设置"以前年度盈余调整"账户，核算单位本年度发生的调整以前年度盈余的事项。按照规定上缴、缴回、单位间调剂结转结余资金产生的净资产变动额通过"累计盈余"账户核算，不在本账户核算。本账户结转后应无余额。

以前年度盈余调整主要账务处理如下：

（1）调整增加以前年度收入时，按照调整增加的金额，借记有关账户，贷记"以前年度盈余调整"账户。调整减少的，做相反会计分录。

（2）调整增加以前年度费用时，按照调整增加的金额，借记"以前年度盈余调整"账户，贷记有关账户。调整减少的，做相反会计分录。

（3）盘盈的各种非流动资产，报经批准后处理时，借记"待处理财产损溢"账户，贷记"以前年度盈余调整"账户。

（4）经上述调整后，应将本账户的余额转入累计盈余，借记或贷记"累计盈余"账户，贷记或借记"以前年度盈余调整"账户。

[例7-6] 12月31日，某事业单位进行年终清查对账，发现上年7月1日购入的一批办公设备原值为150 000元，未作为固定资产登记入账，而记入"单位管理费用"账户。此外，上年12月15日有一笔预收账款60 000元，上年12月31日前已符合收入确认条件，当年未确认收入。根据相关原始凭证和单据进行会计处理（不考虑相关税费因素，且假设预算会计的平行记账没有差错）。

（1）调整办公设备价值并补提折旧费用，财务会计分录如下：

借：固定资产　　　　　　　　　　　　　　　　　　　　　　150 000
　　贷：以前年度盈余调整　　　　　　　　　　　　　　　　　　　150 000

同时，补提上年6个月的固定资产折旧费用（预计资产使用年限为10年）

借：以前年度盈余调整　　　　　　　　　　　　　　　　　　　7 500
　　贷：固定资产累计折旧　　　　　　　　　　　　　　　　　　　　7 500

（2）调整上年应确认的收入，财务会计分录如下：

借：预收账款　　　　　　　　　　　　　　　　　　　　　　　60 000
　　贷：以前年度盈余调整　　　　　　　　　　　　　　　　　　　60 000

（3）年末，将以前年度盈余调整账户余额转入累计盈余账户，财务会计分录如下：
年末以前年度盈余调整账户余额＝150 000+60 000-7 500＝202 500（元）。

借：以前年度盈余调整　　　　　　　　　　　　　　　　　　202 500
　　贷：累计盈余　　　　　　　　　　　　　　　　　　　　　　202 500

（5）以前年度盈余调整业务"平行记账"方法见表7-4。

表7-4　以前年度盈余调整业务"平行记账"方法

经济业务活动	财务会计分录	预算会计分录
1. 调整增加以前年度收入或减少以前年度费用时	借：有关资产或负债科目 　　贷：以前年度盈余调整	按照实际收到的金额 借：资金结存 　　贷：财政拨款结转/财政拨款结余/非财政拨款结转/非财政拨款结余（年初余额调整）
2. 调整减少以前年度收入或增加以前年度费用时	借：以前年度盈余调整 　　贷：有关资产或负债科目	按照实际支付的金额 借：财政拨款结转/财政拨款结余/非财政拨款结转/非财政拨款结余（年初余额调整） 　　贷：资金结存

三、权益法调整

权益法调整是指事业单位持有的长期股权投资采用权益法核算时，按照被投资单位除净损益和利润分配以外的所有者权益变动份额调整长期股权投资账面余额而计入净资产的金额。

持有长期股权投资采用权益法核算的事业单位，应当设置"权益法调整"账户，核算长期股权投资按照被投资单位除净损益和利润分配以外的所有者权益变动份额调整长期股权投资账面余额而计入净资产的金额。本账户应当按照被投资单位进行明细核算，期末余额反映事业单位在被投资单位除净损益和利润分配以外的所有者权益变动中累积享有（或分担）的份额。

权益法调整主要账务处理如下：

（1）年末，按照被投资单位除净损益和利润分配以外的所有者权益变动应享有（或应分担）的份额，借记或贷记"长期股权投资——其他权益变动"账户，贷记或借记"权益法调整"账户。

（2）采用权益法核算的长期股权投资，因被投资单位除净损益和利润分配以外的所有者权益变动而将应享有（或应分担）的份额计入单位净资产的，处置该项投资时，按照原计入净资产的相应部分金额，借记或贷记"权益法调整"账户，贷记或借记"投资收益"账户。

[例7-7] 某事业单位持有 A 公司 30% 的长期股权投资，对该项长期股权投资采用权益法核算。2 月 10 日，经批准处置该长期股权投资。处置时该项长期股权投资对应的"权益法调整"账户贷方余额为 150 000 元。处置长期股权投资转出权益法调整账户余额，根据相关原始单据填制记账凭证，财务会计分录为：

借：权益法调整　　　　　　　　　　　　　　　　　　150 000
　贷：投资收益　　　　　　　　　　　　　　　　　　　　150 000

复习思考题

1. 简述政府单位净资产的构成内容。
2. 简述事业单位专用基金提取或设置的种类和要求。

同步测试题

习题一

目的：练习期末收入、费用结转以及本期盈余的核算。

　　资料：某事业单位 12 月 31 日结账前收入、费用类各账户余额如下：

　　1. 12 月 31 日，期末财政拨款收入账户余额 3 200 000 元，事业收入账户余额 2 100 000 元，上级补助收入账户余额 500 000 元，附属单位上缴收入账户余额 300 000 元，经营收入账户余额 200 000 元，非同级财政拨款收入账户余额 100 000 元，投资收益账户贷方余额 60 000 元，其他收入账户余额 18 000 元。

　　2. 12 月 31 日，期末业务活动费用账户余额 4 600 000 元，单位管理费用账户余额 1 100 000 元，经营费用账户余额 180 000 元，所得税费用账户余额 20 000 元，资产处置费用账户余额 60 000 元，对附属单位补助费用账户余额 150 000 元，其他费用账户余额 15 000 元。

　　3. 将本期收入、费用结转后本期盈余账户余额转入本年盈余分配。

　　要求：根据以上资料，编制该事业单位期末收入、费用结转的会计分录。

　　习题二

　　目的：练习专用基金的核算。

　　资料：某事业单位发生如下专用基金经济业务。

　　1. 2 月 3 日，使用从收入中提取的某专用基金购入投影仪一台，价款 23 000 元已通过银行转账支付。

　　2. 2 月 8 日，使用职工福利基金支付职工食堂维修费用 15 000 元；使用职工福利基金购买职工食堂设备一台，价款 56 000 元，已通过银行转账支付。

　　3. 12 月 31 日，该单位当年预算会计下核算的经营结余 35 000 元、其他结余 120 000 元，根据规定按当年经营结余和其他结余的 20% 计提职工福利基金。

　　4. 12 月 31 日，该单位当年预算会计核算的事业预算收入为 2 300 000 元，根据规定按当年事业预算收入的 2% 计提专用基金。

　　要求：根据以上资料，编制该事业单位的相关会计分录。

第八章

政府单位收入

学习目标

本章着重阐述政府单位收入的概念、内容和管理要求，各项收入的核算方法。通过本章学习，要求明确各项收入的概念、内容和管理要求，熟悉政府单位收入的管理，掌握政府单位收入的核算方法。

第一节　政府单位收入概述

一、收入概念

收入是指报告期内导致政府单位净资产增加的、含有服务潜力或者经济利益的经济资源的流入。

政府单位收入的确认应当同时满足以下条件：① 与收入相关的含有服务潜力或者经济利益的经济资源很可能流入会计主体；② 含有服务潜力或者经济利益的经济资源流入会导致会计主体资产增加或者负债减少；③ 流入金额能够可靠地计量。

二、收入内容

政府单位的收入包括：

(1) 财政拨款收入，是指单位从同级政府财政部门取得的各类财政拨款，包括一般公共预算财政拨款、政府性基金预算财政拨款。

(2) 事业收入，是指事业单位开展专业业务活动及其辅助活动实现的收入，不包括从同级政府财政部门取得的各类财政拨款。

(3) 上级补助收入，是指事业单位从主管部门和上级单位取得的非财政拨款收入。上级补助收入是事业单位的主管部门或上级单位用自有的非财政拨款资金给予的补助，用于调剂事业单位的资金余缺或用于对事业单位特定工作任务的补助。上级补助收入属于调剂性收入，不属于事业单位经常性收入。

(4) 附属单位上缴收入，是指事业单位取得的附属独立核算单位按照有关规定上缴的收入。附属单位上缴收入来源于事业单位附属的独立核算事业单位自有的非财政拨款资金，附属独立核算事业单位收入上缴的具体办法应当由主管部门会同财政部门制定。

(5) 经营收入，是指事业单位在专业业务活动及其辅助活动之外开展非独立核算经营活动取得的收入。

(6) 非同级财政拨款收入，是指单位从非同级政府财政部门取得的经费拨款，包括从同级政府其他部门取得的横向转拨财政款、从上级或下级政府财政部门取得的经费拨款等。事业单位因开展科研及其辅助活动从非同级政府财政部门取得的经费拨款，应当作为事业收入管理。

(7) 投资收益，是指事业单位股权投资和债券投资所实现的收益或发生的损失。

(8) 捐赠收入，是指单位接受其他单位或者个人捐赠取得的收入。

(9) 利息收入，是指单位取得的银行存款利息收入。

(10) 租金收入，是指单位经批准利用国有资产出租取得并按照规定纳入本单位预算管理的租金收入。

(11) 其他收入，是指单位取得的除上述收入以外的各项收入，包括现金盘盈收入、按照规定纳入单位预算管理的科技成果转化收入、行政单位收回已核销的其他应收款、无法偿付的应付及预收款项、置换换出资产评估增值等。

上述收入中，事业收入、上级补助收入、附属单位上缴收入、经营收入、投资收益是事业单位特有的收入项目，其他各收入都是政府单位共有的收入项目。

三、收入管理要求

单位应当加强收入管理，取得的各项收入应当符合国家规定。收入管理的要求如下：

（一）建立健全收入内部管理制度

单位应当合理设置岗位，明确相关岗位的职责权限，确保收款、会计核算等不相容岗位相互分离。

（二）加强收入的会计核算和合同管理

(1) 单位的各项收入应当按照财务管理的要求，分项如实核算。各项收入的会计核算工作由财会部门归口管理，严禁设立账外账。

(2) 业务部门应当在涉及收入的合同协议签订后及时将合同等有关材料提交财会部

门作为账务处理依据，确保各项收入应收尽收，及时入账。财会部门应当定期检查收入金额是否与合同约定相符；对应收未收项目应当查明情况，明确责任主体，落实催收责任。

（三）规范政府非税收入的管理

行政单位依法取得的应当上缴财政的罚没收入、行政事业性收费、政府性基金、国有资产处置和出租出借收入等，属于政府非税收入，不属于行政单位的收入。事业单位对按照规定应当上缴国库或者财政专户的资金，应当按照国库集中收缴的有关规定及时足额上缴，不得隐瞒、滞留、截留、挪用和坐支。

第二节 财政拨款收入

一、账户设置及核算内容

单位应当设置"财政拨款收入"账户，核算单位从同级政府财政部门取得的各类财政拨款。

同级政府财政部门预拨的下期预算款和没有纳入预算的暂付款项，以及采用实拨资金方式通过本单位转拨给下属单位的财政拨款，通过"其他应付款"账户核算，不通过本账户核算。期末结转后，本账户应无余额。

同时取得一般公共预算财政拨款和政府性基金预算财政拨款的单位，应按照一般公共预算财政拨款、政府性基金预算财政拨款等拨款种类进行明细核算。

二、账务处理方法

（一）财政直接支付方式下

根据收到的"财政直接支付入账通知书"及相关原始凭证，按照通知书中的直接支付入账金额，借记"库存物品""固定资产""业务活动费用""单位管理费用""应付职工薪酬"等账户，贷记"财政拨款收入"账户。涉及增值税业务的，参见"应交增值税"的账务处理。

年末，根据本年度财政直接支付预算指标数与当年财政直接支付实际支付数的差额，借记"财政应返还额度——财政直接支付"账户，贷记"财政拨款收入"账户。

[例8-1] 12月31日，某事业单位与财政对账，本年度财政直接支付预算指标数与当年财政直接支付实际支付数的差额为350 000元。根据相关原始凭证和单据进行会计处理，财务会计分录为：

借：财政应返还额度——财政直接支付　　　　　　　　350 000
　　贷：财政拨款收入　　　　　　　　　　　　　　　　　　350 000

同时，预算会计分录为：

借：资金结存——财政应返还额度——财政直接支付　　　　　350 000

　　贷：财政拨款预算收入　　　　　　　　　　　　　　　　　350 000

（二）财政授权支付方式下

根据收到的"财政授权支付额度到账通知书"，按照通知书中的授权支付额度，借记"零余额账户用款额度"账户，贷记"财政拨款收入"账户。

年末，本年度财政授权支付预算指标数大于零余额账户用款额度下达数的，根据未下达的用款额度，借记"财政应返还额度——财政授权支付"账户，贷记"财政拨款收入"账户。

[例8-2] 12月31日，某事业单位与财政对账，本年度财政授权支付预算指标数大于零余额账户用款额度下达数的未下达用款额度为220 000元。根据相关原始凭证和单据进行会计处理，财务会计分录为：

借：财政应返还额度——财政授权支付　　　　　　　　　　220 000

　　贷：财政拨款收入　　　　　　　　　　　　　　　　　　220 000

同时，预算会计分录为：

借：资金结存——财政应返还额度——财政授权支付　　　　220 000

　　贷：财政拨款预算收入　　　　　　　　　　　　　　　　220 000

（三）其他方式取得的财政拨款

其他方式下收到财政拨款收入时，按照实际收到的金额，借记"银行存款"等账户，贷记"财政拨款收入"账户。

[例8-3] 12月10日，某事业单位收到开户银行入账通知，收到同级财政部门拨入的当年预算资金600 000元。根据相关原始凭证和单据进行会计处理，财务会计分录为：

借：银行存款　　　　　　　　　　　　　　　　　　　　　600 000

　　贷：财政拨款收入　　　　　　　　　　　　　　　　　　600 000

同时，预算会计分录为：

借：资金结存——货币资金　　　　　　　　　　　　　　　600 000

　　贷：财政拨款预算收入　　　　　　　　　　　　　　　　600 000

（四）发生财政直接支付付款退回时

因差错更正或购货退回等发生国库直接支付款项退回的，属于以前年度支付的款项，按照退回金额，借记"财政应返还额度——财政直接支付"账户，贷记"以前年度盈余调整""库存物品"等账户；属于本年度支付的款项，按照退回金额，借记"财政拨款收入"账户，贷记"业务活动费用""库存物品"等账户。

[例8-4] 1月4日，某事业单位收到财政直接支付退款入账通知，上年12月30日通过财政直接支付方式支付的业务部门培训费8 000元被退回；1月25日，收到A单位退回的业务部门委托业务费30 000元，该款项是在1月15日通过财政直接支付（当年直接支付）方式付款的。根据相关原始凭证和单据进行会计处理：

（1）收到上年财政直接支付退款通知，财务会计分录为：

借：财政应返还额度——财政直接支付　　　　　　　　　　8 000

　　　　贷：以前年度盈余调整　　　　　　　　　　　　　　　　　8 000
　　同时，预算会计分录为：
　　借：资金结存——财政应返还额度　　　　　　　　　　　8 000
　　　　贷：财政拨款结转——年初余额调整　　　　　　　　　　　8 000
　　（2）收到本年财政直接支付退款通知，财务会计分录为：
　　借：财政拨款收入　　　　　　　　　　　　　　　　　　30 000
　　　　贷：业务活动费用——商品和服务费用　　　　　　　　　30 000
　　同时，预算会计分录为：
　　借：财政拨款预算收入　　　　　　　　　　　　　　　　30 000
　　　　贷：事业支出——商品和服务支出　　　　　　　　　　　30 000

（五）期末结转

　　期末，将本账户本期发生额转入本期盈余，借记"财政拨款收入"账户，贷记"本期盈余"账户。

（六）财政拨款收入业务"平行记账"方法

　　财政拨款收入业务"平行记账"方法见表8-1。

表8-1　财政拨款收入业务"平行记账"方法

经济业务活动	财务会计分录	预算会计分录
1. 当年财政直接支付方式下收到财政拨款的	借：库存物品/固定资产/业务活动费用/单位管理费用/应付职工薪酬等 　　贷：财政拨款收入	借：行政支出/事业支出等 　　贷：财政拨款预算收入
2. 财政授权支付方式下收到用款额度的	借：零余额账户用款额度 　　贷：财政拨款收入	借：资金结存——零余额账户用款额度 　　贷：财政拨款预算收入
3. 其他方式下取得财政拨款的	借：银行存款等 　　贷：财政拨款收入	借：资金结存——货币资金 　　贷：财政拨款预算收入
4. 年末，本年度财政直接支付预算指标数与当年财政直接支付实际支付数的差额	借：财政应返还额度——财政直接支付 　　贷：财政拨款收入	借：资金结存——财政应返还额度 　　贷：财政拨款预算收入
5. 年末，本年度财政授权支付预算指标数大于零余额账户用款额度下达数的差额	借：财政应返还额度——财政授权支付 　　贷：财政拨款收入	借：资金结存——财政应返还额度 　　贷：财政拨款预算收入
6. 本年度直接支付付款发生退回	借：财政拨款收入 　　贷：业务活动费用/库存物品等	借：财政拨款预算收入 　　贷：行政支出/事业支出等
7. 年末，结转财政拨款收入	借：财政拨款收入 　　贷：本期盈余	借：财政拨款预算收入 　　贷：财政拨款结转——本年收支结转

第三节 事业单位特有收入

一、事业收入

事业单位应当设置"事业收入"账户,核算事业单位开展专业业务活动及其辅助活动实现的收入,不包括从同级政府财政部门取得的各类财政拨款。本账户应当按照事业收入的类别进行明细核算;为满足合并部门财务报告的需要,本账户应当按收入来源等进行明细核算。对于因开展科研及其辅助活动从非同级政府财政部门取得的经费拨款,应当在本账户下单设"非同级财政拨款"明细账户进行核算。期末结转后,本账户应无余额。

事业收入的主要账务处理如下:

(一) 采用财政专户返还方式管理的事业收入

(1) 实现应上缴财政专户的事业收入时,按照实际收到或应收的金额,借记"银行存款""应收账款"等账户,贷记"应缴财政款"账户。

(2) 向财政专户上缴款项时,按照实际上缴的款项金额,借记"应缴财政款"账户,贷记"银行存款"等账户。

(3) 收到从财政专户返还的事业收入时,按照实际收到的返还金额,借记"银行存款"等账户,贷记"事业收入"账户。

[**例 8-5**] 12 月 6 日,某事业单位开户银行转来收款通知,收到应当上缴财政专户的事业收入 50 000 元;同日,将该应缴财政专户的 50 000 元上缴财政专户。12 月 15 日,向财政部门申请拨付财政专户应返还的收入,同日财政部门将应返还的财政专户资金 45 000元拨到单位银行账户上。根据相关原始凭证和单据进行会计处理。

(1) 收到应当上缴的财政专户的资金,财务会计分录为:

借:银行存款 50 000
　　贷:应缴财政款——应缴财政专户资金 50 000

(2) 上缴财政专户资金,财务会计分录为:

借:应缴财政款——应缴财政专户资金 50 000
　　贷:银行存款 50 000

(3) 财政拨入专户返还的事业收入,财务会计分录为:

借:银行存款 45 000
　　贷:事业收入——财政专户管理资金 45 000

同时,预算会计分录为:

借:资金结存——货币资金 45 000
　　贷:事业预算收入——财政专户管理资金 45 000

(二) 采用预收款方式确认的事业收入

(1) 实际收到预收款项时,按照收到的款项金额,借记"银行存款"等账户,贷记

"预收账款"账户。

（2）以合同完成进度确认事业收入时，按照基于合同完成进度计算的金额，借记"预收账款"账户，贷记"事业收入"账户。

实务举例参见"预收账款"的账务处理。

（三）采用应收款方式确认的事业收入

（1）根据合同完成进度计算本期应收的款项，借记"应收账款"账户，贷记"事业收入"账户。

（2）实际收到款项时，借记"银行存款"等账户，贷记"应收账款"账户。

实务举例参见"应收账款"的账务处理。

（四）其他方式下确认的事业收入

按照实际收到的金额，借记"银行存款""库存现金"等账户，贷记"事业收入"账户。

上述（二）至（四）中涉及增值税业务的，参见"应交增值税"的账务处理。

（五）期末结转

期末，将"事业收入"账户本期发生额转入本期盈余，借记"事业收入"账户，贷记"本期盈余"账户。

（六）事业收入业务"平行记账"方法

事业收入业务"平行记账"方法见表8-2所示。

表8-2　事业收入业务"平行记账"方法

经济业务活动	财务会计分录	预算会计分录
一、财政专户返还的事业收入		
1. 收到或应收应上缴财政专户款时	借：银行存款/应收账款等 　贷：应缴财政款	—
2. 向财政专户上缴款项时	借：应缴财政款 　贷：银行存款等	—
3. 收到财政专户返还的款项时	借：银行存款 　贷：事业收入	借：资金结存——货币资金 　贷：事业预算收入
二、预收款方式取得的事业收入		
1. 收到预收款时	借：银行存款等 　贷：预收账款	借：资金结存——货币资金 　贷：事业预算收入
2. 按合同完成进度确认收入时	借：预收账款 　贷：事业收入	—
三、应收款方式取得的事业收入		
1. 根据合同完成进度计算本期应收款项时	借：应收账款 　贷：事业收入	—
2. 实际收到款项时	借：银行存款等 　贷：应收账款	借：资金结存——货币资金 　贷：事业预算收入

续表

经济业务活动	财务会计分录	预算会计分录
四、其他方式确认事业收入时	借：银行存款/库存现金等 　贷：事业收入	借：资金结存——货币资金 　贷：事业预算收入
五、年末，结转事业收入	借：事业收入 　贷：本期盈余	借：事业预算收入 　贷：非财政拨款结转——本年收支结转〔专项资金收入〕 　　　其他结余〔非专项资金收入〕

二、经营收入

事业单位取得经营收入的，应当设置"经营收入"账户，核算事业单位在专业业务活动及其辅助活动之外开展非独立核算经营活动取得的收入。本账户应当按照经营活动类别、项目和收入来源等进行明细核算。期末结转后，本账户应无余额。

经营收入应当在提供服务或发出存货，同时收讫价款或者取得索取价款的凭据时，按照实际收到或应收的金额予以确认。

经营收入的主要账务处理如下：

（1）实现经营收入时，按照确定的收入金额，借记"银行存款""应收账款""应收票据"等账户，贷记"经营收入"账户。涉及增值税业务的，参见"应交增值税"的账务处理。

（2）期末，将"经营收入"账户本期发生额转入本期盈余，借记"经营收入"账户；贷记"本期盈余"账户。

经营收入业务的实务，参见事业收入业务的实务举例。

（3）经营收入业务"平行记账"方法如表8-3所示。

表8-3　经营收入业务"平行记账"方法

经济业务活动	财务会计分录	预算会计分录
1. 确认经营收入时	借：银行存款/应收账款/应收票据等 　贷：经营收入	借：资金结存——货币资金〔按照实际收到的金额〕 　贷：经营预算收入
2. 实际收到款项时	借：银行存款 　贷：应收账款/应收票据/经营收入等	
3. 年末，结转经营收入	借：经营收入 　贷：本期盈余	借：经营预算收入 　贷：经营结余

三、上级补助收入

事业单位从主管部门和上级单位取得的非财政拨款收入，应当通过"上级补助收入"

账户核算。本账户应当按照发放补助单位、补助项目等进行明细核算。期末结转后，本账户应无余额。

上级补助收入的主要账务处理如下：

（1）确认上级补助收入时，按照应收或实际收到的金额，借记"其他应收款""银行存款"等账户，贷记"上级补助收入"账户。

实际收到应收的上级补助款时，按照实际收到的金额，借记"银行存款"等账户，贷记"其他应收款"账户。

（2）期末，将"上级补助收入"账户本期发生额转入本期盈余，借记"上级补助收入"账户，贷记"本期盈余"账户。

[例8-6] 某事业单位的上级主管部门规定，本年度用非财政拨款资金对该事业单位补助 1 200 000 元，补助资金分 12 个月平均拨付。截至 11 月 30 日，该事业单位未收到主管部门 11 月份的补助款。12 月 10 日，收到上级主管部门拨入 11 月和 12 月的补助款 200 000 元。根据相关原始凭证和单据填制记账凭证。

（1）11 月确认上级主管部门应补助收入，财务会计分录为：

借：其他应收款——上级主管部门　　　　　　　　　　　100 000
　　贷：上级补助收入　　　　　　　　　　　　　　　　　　　100 000

（2）12 月收到上级主管部门的补助收入，财务会计分录为：

借：银行存款　　　　　　　　　　　　　　　　　　　　200 000
　　贷：其他应收款——上级主管部门　　　　　　　　　　　100 000
　　　　上级补助收入　　　　　　　　　　　　　　　　　　100 000

同时，预算会计分录为：

借：资金结存——货币资金　　　　　　　　　　　　　　200 000
　　贷：上级补助预算收入　　　　　　　　　　　　　　　　200 000

（3）上级补助收入业务"平行记账"方法如表 8-4 所示。

表 8-4　上级补助收入业务"平行记账"方法

经济业务活动	财务会计分录	预算会计分录
1. 确认或收到上级补助收入时	借：银行存款/其他应收款等 　　贷：上级补助收入	借：资金结存——货币资金［按照实际收到的金额］ 　　贷：上级补助预算收入
2. 实际收到上级补助收入时	借：银行存款 　　贷：其他应收款	
3. 年末，结转上级补助收入	借：上级补助收入 　　贷：本期盈余	借：上级补助预算收入 　　贷：非财政拨款结转——本年收支结转［专项资金收入］ 　　　　其他结余［非专项资金收入］

四、附属单位上缴收入

事业单位按规定取得附属独立核算单位上缴的收入时，应当通过"附属单位上缴收入"账户核算。本账户应当按照附属单位、缴款项目等进行明细核算。期末结转后，本账户应无余额。

附属单位上缴收入的主要账务处理如下：

（1）确认附属单位上缴收入时，按照应收或收到的金额，借记"其他应收款""银行存款"等账户，贷记"附属单位上缴收入"账户。

实际收到应收附属单位上缴款时，按照实际收到的金额，借记"银行存款"等账户，贷记"其他应收款"账户。

（2）期末，将"附属单位上缴收入"账户本期发生额转入本期盈余，借记"附属单位上缴收入"账户，贷记"本期盈余"账户。

附属单位上缴收入业务的实务，参见上级补助收入业务的实务举例。

五、投资收益

经批准利用国有资产对外投资的事业单位，应当设置"投资收益"账户，核算事业单位股权投资和债券投资所实现的收益或发生的损失。本账户应当按照投资的种类等进行明细核算。期末结转后，本账户应无余额。

投资收益的主要账务处理如下：

（1）收到短期投资持有期间的利息，按照实际收到的金额，借记"银行存款"账户，贷记"投资收益"账户。

（2）出售或到期收回短期债券本息，按照实际收到的金额，借记"银行存款"账户；按照出售或收回短期投资的成本，贷记"短期投资"账户；按照其差额，贷记或借记"投资收益"账户。涉及增值税业务的，参见"应交增值税"的账务处理。

（3）持有的分期付息、一次还本的长期债券投资，按期确认利息收入时，按照计算确定的应收未收利息，借记"应收利息"账户，贷记"投资收益"账户；持有的到期一次还本付息的债券投资，按期确认利息收入时，按照计算确定的应收未收利息，借记"长期债券投资——应计利息"账户，贷记"投资收益"账户。

（4）出售长期债券投资或到期收回长期债券投资本息，按照实际收到的金额，借记"银行存款"等账户；按照债券初始投资成本和已计未收利息金额，贷记"长期债券投资——成本、应计利息"账户［到期一次还本付息债券］或"长期债券投资""应收利息"账户［分期付息债券］；按照其差额，贷记或借记"投资收益"账户。涉及增值税业务的，参见"应交增值税"的账务处理。

（5）采用成本法核算的长期股权投资持有期间，被投资单位宣告分派现金股利或利润时，按照宣告分派的现金股利或利润中属于单位应享有的份额，借记"应收股利"账户，贷记"投资收益"账户。

采用权益法核算的长期股权投资持有期间，按照应享有或应分担的被投资单位实现的净损益的份额，借记或贷记"长期股权投资——损益调整"账户，贷记或借记"投资收益"账户；被投资单位发生净亏损，但以后年度又实现净利润的，单位在其收益分享额弥补未确认的亏损分担额等后，恢复确认投资收益，借记"长期股权投资——损益调整"账户，贷记"投资收益"账户。

（6）按照规定处置长期股权投资时有关投资收益的账务处理，参见"长期股权投资"账户。

（7）期末，将"投资收益"账户本期发生额转入本期盈余，借记或贷记"投资收益"账户，贷记或借记"本期盈余"账户。

投资收益的实务举例，参见事业单位对外投资相关业务的账务处理。

第四节　其他各项收入

一、非同级财政拨款收入

单位应当设置"非同级财政拨款收入"账户，用于核算单位从非同级政府财政部门取得的经费拨款，包括从同级政府其他部门取得的横向转拨财政款、从上级或下级政府财政部门取得的经费拨款等。事业单位因开展科研及其辅助活动从非同级政府财政部门取得的经费拨款，应当通过"事业收入——非同级财政拨款"账户核算，不通过本账户核算。本账户应当按照本级横向转拨财政款和非本级财政拨款进行明细核算，并按照收入来源进行明细核算。期末结转后，本账户应无余额。

非同级财政拨款收入的主要账务处理如下：

（1）确认非同级财政拨款收入时，按照应收或实际收到的金额，借记"其他应收款""银行存款"等账户，贷记"非同级财政拨款收入"账户。

（2）期末，将"非同级财政拨款收入"账户本期发生额转入本期盈余，借记"非同级财政拨款收入"账户，贷记"本期盈余"账户。

二、捐赠收入

取得捐赠收入的单位应当设置"捐赠收入"账户，用于核算单位接受其他单位或者个人捐赠取得的收入。本账户应当按照捐赠资产的用途和捐赠单位等进行明细核算。期末结转后，本账户应无余额。

捐赠收入的主要账务处理如下：

（1）接受捐赠的货币资金，按照实际收到的金额，借记"银行存款""库存现金"等账户，贷记"捐赠收入"账户。

（2）接受捐赠的存货、固定资产等非现金资产，按照确定的成本，借记"库存物品"

"固定资产"等账户；按照发生的相关税费、运输费等，贷记"银行存款"等账户；按照其差额，贷记"捐赠收入"账户。

（3）接受捐赠的资产按照名义金额入账的，按照名义金额，借记"库存物品""固定资产"等账户，贷记"捐赠收入"账户；同时，按照发生的相关税费、运输费等，借记"其他费用"账户，贷记"银行存款"等账户。

（4）期末，将"捐赠收入"账户本期发生额转入本期盈余，借记"捐赠收入"账户，贷记"本期盈余"账户。

[例8-7] 某事业单位开展公益性活动，12月10日银行转来收款通知单收到某机构捐赠的货币资金200 000元；12月12日，收到该机构捐赠的专用设备一台，捐赠方提供的捐赠凭据上注明该设备的原值150 000元，已累计计提折旧50 000元。该事业单位通过银行转账支付设备的运输费1 000元。设备已交付使用。根据相关原始凭证和单据填制记账凭证。

收到捐赠的货币资金，财务会计分录为：

借：银行存款　　　　　　　　　　　　　　　　　　　200 000
　　贷：捐赠收入　　　　　　　　　　　　　　　　　　　200 000

同时，预算会计分录为：

借：资金结存——货币资金　　　　　　　　　　　　　200 000
　　贷：其他预算收入——捐赠收入　　　　　　　　　　200 000

收到捐赠的设备，财务会计分录为：

接受捐赠设备的初始成本=150 000-50 000+1 000=101 000（元）

财务会计应确认的捐赠收入=150 000-50 000=100 000（元）

借：固定资产——专用设备　　　　　　　　　　　　　101 000
　　贷：捐赠收入　　　　　　　　　　　　　　　　　　100 000
　　　　银行存款　　　　　　　　　　　　　　　　　　　1 000

同时，预算会计分录为：

借：其他支出　　　　　　　　　　　　　　　　　　　　1 000
　　贷：资金结存——货币资金　　　　　　　　　　　　　1 000

（5）捐赠收入业务"平行记账"方法如表8-5所示。

表8-5　捐赠收入业务"平行记账"方法

经济业务活动	财务会计分录	预算会计分录
1. 收到捐赠的货币资金	借：银行存款/库存现金 　　贷：捐赠收入	借：资金结存——货币资金 　　贷：其他预算收入——捐赠收入

经济业务活动	财务会计分录	预算会计分录
2. 接受捐赠的存货、固定资产等	按照确定的成本 借：库存物品/固定资产等 　贷：银行存款等［相关税费支出］ 　　　捐赠收入	借：其他支出［支付的相关税费等］ 　贷：资金结存
	假如按照名义金额入账 借：库存物品/固定资产等［名义金额］ 　贷：捐赠收入 借：其他费用 　贷：银行存款等［相关税费支出］	借：其他支出［支付的相关税费等］ 　贷：资金结存
3. 年末，结转捐赠收入	借：捐赠收入 　贷：本期盈余	借：其他预算收入——捐赠收入 　贷：非财政拨款结转——本年收支结转［专项资金收入］ 　　　其他结余［非专项资金收入］

三、利息收入

单位应当设置"利息收入"账户，用于核算单位取得的银行存款利息收入。期末结转后，本账户应无余额。

利息收入的主要账务处理如下：

（1）取得银行存款利息时，按照实际收到的金额，借记"银行存款"账户，贷记"利息收入"账户。

（2）期末，将"利息收入"账户本期发生额转入本期盈余，借记"利息收入"账户，贷记"本期盈余"账户。

（3）利息收入业务"平行记账"方法如表8-6所示。

表8-6　利息收入业务"平行记账"方法

经济业务活动	财务会计分录	预算会计分录
1. 收到利息收入	借：银行存款 　贷：利息收入	借：资金结存——货币资金 　贷：其他预算收入——利息收入
2. 年末，结转利息收入	借：利息收入 　贷：本期盈余	借：其他预算收入——利息收入 　贷：其他结余

四、租金收入

单位应当设置"租金收入"账户，用于核算经批准利用国有资产出租取得并按照规定纳入本单位预算管理的租金收入。单位取得的按规定应当上缴财政的租金收入，应当在"应缴财政款"账户中核算。本账户应当按照出租国有资产类别和收入来源等进行明细核算。期末结转后，本账户应无余额。

租金收入的主要账务处理如下：

（1）国有资产出租收入，应当在租赁期内各个期间按照直线法予以确认。

① 采用预收租金方式的，预收租金时，按照收到的金额，借记"银行存款"等账户，贷记"预收账款"账户；分期确认租金收入时，按照各期租金金额，借记"预收账款"账户，贷记"租金收入"账户。

② 采用后付租金方式的，每期确认租金收入时，按照各期租金金额，借记"应收账款"账户，贷记"租金收入"账户；收到租金时，按照实际收到的金额，借记"银行存款"等账户，贷记"应收账款"账户。

③ 采用分期收取租金方式的，每期收取租金时，按照租金金额，借记"银行存款"等账户，贷记"租金收入"账户。

涉及增值税业务的，参见"应交增值税"的账务处理。

（2）期末，将"租金收入"账户本期发生额转入本期盈余，借记"租金收入"账户，贷记"本期盈余"账户。

[例8-8] 12月1日，某事业单位经批准将一幢办公用房出租给某单位，租赁合同约定的租赁时间3年，年租金132 000元，自签订合同之日起，每半年预付一次租金。当日，租赁方开户银行转来第一个半年度的租金收入66 000元。按规定，该事业单位租金收入纳入单位预算管理，无须上缴财政。出租不动产增值税税率为10%，收到预收账款当日按增值税法规定计算并预交增值税。根据相关原始凭证和单据填制记账凭证。

（1）预收半年租金，财务会计分录为：

借：银行存款   66 000

    贷：预收账款——某单位——预收租金   66 000

同时，预算会计分录为：

借：资金结存——货币资金   66 000

    贷：其他预算收入——租金收入   66 000

（2）预交增值税时，财务会计分录为：

应预交的增值税＝66 000÷（1+10）×10%＝6 000（元）

借：应交增值税——预交税金   6 000

    贷：银行存款   6 000

同时，预算会计分录为：

借：事业支出——商品和服务支出   6 000

　　　　贷：资金结存——货币资金　　　　　　　　　　　　　　　　6 000

（3）确认 12 月份租金收入，财务会计分录为：

12 月份应确认的租金收入（含增值税）＝66 000÷6 个月＝11 000（元）

12 月份租金收入应交增值税＝11 000÷（1+10%）×10%＝1 000（元）

借：预收账款——某单位——预收租金　　　　　　　　　　11 000

　　贷：租金收入　　　　　　　　　　　　　　　　　　　　10 000

　　　　应缴增值税——应交税金（销项税额）　　　　　　　　1 000

（3）租金收入业务"平行记账"方法如表 8-7 所示。

表 8-7　租金收入业务"平行记账"方法

经济业务活动	财务会计分录	预算会计分录
1. 预收租金方式下收到预付的租金时	借：银行存款等 　　贷：预收账款	借：资金结存——货币资金 　　贷：其他预算收入——租金收入
2. 预收租金方式下直线法确认租金收入时	借：预收账款 　　贷：租金收入	—
3. 后付租金方式下确认租金收入时	借：应收账款 　　贷：租金收入	—
4. 后付租金方式下收到租金时	借：银行存款等 　　贷：应收账款	借：资金结存——货币资金 　　贷：其他预算收入——租金收入
5. 分期收取租金方式下按期收取租金时	借：银行存款等 　　贷：租金收入	借：资金结存——货币资金 　　贷：其他预算收入——租金收入
6. 年末，结转租金收入	借：租金收入 　　贷：本期盈余	借：其他预算收入——租金收入 　　贷：其他结余

五、其他收入

　　单位应当设置"其他收入"账户，用于核算单位取得的除财政拨款收入、事业收入、上级补助收入、附属单位上缴收入、经营收入、非同级财政拨款收入、投资收益、捐赠收入、利息收入、租金收入以外的各项收入，包括现金盘盈收入、按照规定纳入单位预算管理的科技成果转化收入、行政单位收回已核销的其他应收款、无法偿付的应付及预收款项、置换换出资产评估增值等。本账户应当按照其他收入的类别、来源等进行明细核算。期末结转后，本账户应无余额。

　　其他收入的主要账务处理如下：

　　（1）现金盘盈收入。每日现金账款核对中发现的现金溢余，属于无法查明原因的部分，报经批准后，借记"待处理财产损溢"账户，贷记"其他收入"账户。

（2）科技成果转化收入。单位科技成果转化所取得的收入，按照规定留归本单位的，按照所取得收入扣除相关费用之后的净收益，借记"银行存款"等账户，贷记"其他收入"账户。

（3）收回已核销的其他应收款。行政单位已核销的其他应收款在以后期间收回的，按照实际收回的金额，借记"银行存款"等账户，贷记"其他收入"账户。

（4）无法偿付的应付及预收款项。无法偿付或债权人豁免偿还的应付账款、预收账款、其他应付款及长期应付款，借记"应付账款""预收账款""其他应付款""长期应付款"等账户，贷记"其他收入"账户。

（5）置换换出资产评估增值。资产置换过程中，换出资产评估增值的，按照评估价值高于资产账面价值或账面余额的金额，借记有关账户，贷记"其他收入"账户。具体账务处理参见"库存物品"等账户。

以未入账的无形资产取得的长期股权投资，按照评估价值加相关税费作为投资成本，借记"长期股权投资"账户；按照发生的相关税费，贷记"银行存款""其他应交税费"等账户；按其差额，贷记"其他收入"账户。

（6）确认（1）至（5）以外的其他收入时，按照应收或实际收到的金额，借记"其他应收款""银行存款""库存现金"等账户，贷记"其他收入"账户。涉及增值税业务的，参见"应交增值税"的账务处理。

（7）期末，将"其他收入"账户本期发生额转入本期盈余，借记"其他收入"账户，贷记"本期盈余"账户。

其他收入业务的实务，参见有关章节相关业务的实务举例。

复习思考题

1. 简述政府单位收入的内容。
2. 政府单位收入的确认条件是什么？
3. 简述政府单位收入管理的要求。

同步测试题

习题一

目的：练习行政单位财政拨款收入的核算。

资料：某行政单位发生如下财政拨款收入经济业务。

1. 6 月 3 日，收到"财政授权支付额度到账通知书"，财政下达授权支付用款额度 500 000 元。

2. 6 月 8 日，通过财政直接支付的方式（当年财政直接支付）支付物资采购款 65 000 元，物资已验收入库。

3. 年末，该行政单位本年度财政直接支付预算指标数与当年财政直接支付实际支付数的差额为 210 000 元。

4. 年末，该行政单位本年度财政授权支付预算指标数大于零余额账户用款额度下达数的差额为 180 000 元。

要求：根据以上资料，编制该行政单位财政拨款收入的相关会计分录。

习题二

目的：练习事业单位事业收入和经营收入的核算。

资料：某事业单位为增值税一般纳税人，发生如下经济业务。

1.5 月 3 日，为 A 单位提供专业服务，取得事业收入 74 200 元（含增值税金额 4 200 元）。

2.5 月 10 日，收到财政部门从财政专户核拨的财政专户管理资金 350 000 元。

3.5 月 15 日，收到附属独立核算事业单位按规定上缴的收入 120 000 元。

4.6 月 20 日，因持有 B 公司的长期投资股权（成本法核算），B 公司宣告发放现金股利，该单位应分得现金股利 82 000 元。

5.6 月 25 日，因承担某科研项目，收到主管部门拨入的科研项目经费 160 000 元。

6.6 月 28 日，销售某经营性项目的产品 100 件，每件售价 585 元（该经营性项目未独立核算）。产品已发出并开出增值税专用发票（增值税税率 13%），销售款已于当日到账。

要求：根据以上资料，编制该事业单位的相关会计分录。

第九章

政府单位费用

学习目标

本章着重阐述政府单位费用的概念、分类、确认条件，各项费用的核算内容和核算方法。通过本章学习，要求明确各项费用的概念和内容，熟悉政府单位费用的管理，掌握政府单位费用的核算方法。

第一节　政府单位费用概述

一、费用概念

费用是指报告期内导致会计主体净资产减少的、含有服务潜力或者经济利益的经济资源的流出。

费用的确认应当同时满足以下条件：① 与费用相关的含有服务潜力或者经济利益的经济资源很可能流出会计主体；② 含有服务潜力或者经济利益的经济资源流出会导致会计主体资产减少或者负债增加；③ 流出金额能够可靠地计量。

二、费用分类

（一）按业务活动内容分类

单位的费用按业务活动内容来划分，可分为以下几类：

（1）业务活动费用，是指单位为实现其职能目标，依法履职或开展专业业务活动及其辅助活动所发生的各项费用。

（2）单位管理费用，是指事业单位本级行政及后勤管理部门开展管理活动发生的各项费用，包括单位行政及后勤管理部门发生的人员经费、公用经费、资产折旧（摊销）等费用，以及由单位统一负担的离退休人员经费、工会经费、诉讼费、中介费等。

（3）经营费用，是指事业单位在专业业务活动及其辅助活动之外开展非独立核算经营活动发生的各项费用。事业单位在开展非独立核算经营活动中，应当正确归集实际发生的各项费用数；不能归集的，应当按照规定的比例合理分摊。经营费用应当与经营收入配比。

（4）资产处置费用，是指单位经批准处置资产时发生的费用，包括转销的被处置资产价值，以及在处置过程中发生的相关费用或者处置收入小于相关费用形成的净支出。资产处置的形式按照规定包括无偿调拨、出售、出让、转让、置换、对外捐赠、报废、毁损以及货币性资产损失核销等。

（5）上缴上级费用，是指事业单位按照财政部门和主管部门的规定上缴上级单位款项发生的费用。事业单位上缴上级的资金是事业单位自有的非财政拨款资金，且应当由事业单位的主管部门会同财政部门制定收入上缴的办法。

（6）对附属单位补助费用，是指事业单位用财政拨款收入之外的收入对附属单位补助发生的费用。事业单位对附属单位补助的资金来源应当是事业单位自有的非财政拨款收入，同时被补助的附属单位应当是事业单位附属的独立核算事业单位。

（7）所得税费用，是指有企业所得税缴纳义务的事业单位按规定缴纳企业所得税所形成的费用。

（8）其他费用，是指单位发生的除业务活动费用、单位管理费用、经营费用、资产处置费用、上缴上级费用、附属单位补助费用、所得税费用以外的各项费用，包括利息费用、坏账损失、罚没支出、现金资产捐赠支出以及相关税费、运输费等。

上述各项费用中，单位管理费用、经营费用、上缴上级费用、对附属单位补助费用和所得税费用，是事业单位特有的费用项目，业务活动费用、资产处置费用和其他费用是政府单位共有的费用项目。

（二）按经济用途分类

业务活动费用、单位管理费用和经营费用按经济用途划分，还可分为工资福利费用、商品和服务费用、对个人和家庭的补助费用、对企业补助费用、固定资产折旧费、无形资产摊销费、公共基础设施折旧（摊销）费、保障性住房折旧费、计提专用基金等。

第二节　业务活动费用

一、账户设置

单位应当设置"业务活动费用"账户，核算单位为实现其职能目标，依法履职或开展专业业务活动及其辅助活动所发生的各项费用。期末结转后，本账户应无余额。

本账户应按下列要求设置明细账户：

（1）应当按照项目、服务或者业务类别进行明细核算。

（2）为满足合并部门财务报告的需要，应当按支付对象等进行明细核算。业务活动费用的支付对象主要包括本部门内部单位、本部门以外的同级政府单位和其他单位等。

（3）为了满足成本核算需要，本账户下还可按照"工资福利费用""商品和服务费用""对个人和家庭的补助费用""对企业补助费用""固定资产折旧费""无形资产摊销费""公共基础设施折旧（摊销）费""保障性住房折旧费""计提专用基金"等成本项目设置明细账户，归集能够直接计入业务活动或采用一定方法计算后计入业务活动的费用。

二、业务活动费用账务处理

（1）为履职或开展业务活动人员计提的薪酬，按照计算确定的金额，借记"业务活动费用"账户，贷记"应付职工薪酬"账户。

（2）为履职或开展业务活动发生的外部人员劳务费，按照计算确定的金额，借记"业务活动费用"账户；按照代扣代缴个人所得税的金额，贷记"其他应交税费——应交个人所得税"账户；按照扣税后应付或实际支付的金额，贷记"其他应付款""财政拨款收入""零余额账户用款额度""银行存款"等账户。

（3）为履职或开展业务活动领用库存物品，以及动用发出相关政府储备物资，按照领用库存物品或发出相关政府储备物资的账面余额，借记"业务活动费用"账户，贷记"库存物品""政府储备物资"账户。

（4）为履职或开展业务活动所使用的固定资产、无形资产以及为所控制的公共基础设施、保障性住房计提的折旧、摊销，按照计提金额，借记"业务活动费用"账户，贷记"固定资产累计折旧""无形资产累计摊销""公共基础设施累计折旧（摊销）""保障性住房累计折旧"等账户。

（5）为履职或开展业务活动发生的城市维护建设税、教育费附加、地方教育费附加、车船税、房产税、城镇土地使用税等，按照计算确定应交纳的金额，借记"业务活动费用"账户，贷记"其他应交税费"等账户。

（6）为履职或开展业务活动发生其他各项费用时，按照费用确认金额，借记"业务活动费用"账户，贷记"财政拨款收入""零余额账户用款额度""银行存款""应付账款""其他应付款""其他应收款"等账户。

（7）按照规定从收入中提取专用基金并计入费用的，一般按照预算会计下基于预算收入计算提取的金额，借记"业务活动费用"账户，贷记"专用基金"账户。国家另有规定的，从其规定。

（8）发生当年购货退回等业务，对于已计入本年业务活动费用的，按照收回或应收的金额，借记"财政拨款收入""零余额账户用款额度""银行存款""其他应收款"等账户，贷记"业务活动费用"账户。

（9）期末，将"业务活动费用"账户本期发生额转入本期盈余，借记"本期盈余"账户，贷记"业务活动费用"账户。

[例9-1] 某事业单位业务活动费用实务举例：

1.12月2日，根据人事部门的工资发放表，本月应发放开展业务活动人员的工资130 000元。根据相关原始凭证和单据填制记账凭证，财务会计分录如下：

借：业务活动费用——工资福利费用　　　　　　　　　　　　　130 000
　　贷：应付职工薪酬　　　　　　　　　　　　　　　　　　　　　　130 000

2.12月2日，为开展业务活动应发放外部人员劳务费35 000元，当日通过财政授权支付方式发放33 900元，代扣个人所得税1 100元。根据相关原始凭证和单据填制记账凭证，财务会计分录如下：

借：业务活动费用——商品和服务费用　　　　　　　　　　　　35 000
　　贷：零余额账户用款额度　　　　　　　　　　　　　　　　　　　33 900
　　　　其他应交税费——应交个人所得税　　　　　　　　　　　　　　1 100

同时，预算会计分录为：

借：事业支出——商品和服务支出　　　　　　　　　　　　　　33 900
　　贷：资金结存——零余额账户用款额度　　　　　　　　　　　　　33 900

3.12月31日，业务部门因开展科研活动领用材料，根据材料领用登记簿和加权平均单价计算的该部门本月领用材料成本16 000元。根据相关原始凭证和单据填制记账凭证，财务会计分录如下：

借：业务活动费用——商品和服务费用　　　　　　　　　　　　16 000
　　贷：库存物品　　　　　　　　　　　　　　　　　　　　　　　16 000

4.12月31日，按规定计提固定资产折旧和无形资产摊销，其中应归属于业务活动的固定资产折旧费用80 000元，应归属于业务活动的无形资产摊销费用30 000元。根据相关原始凭证和单据填制记账凭证，财务会计分录如下：

借：业务活动费用——固定资产折旧费用　　　　　　　　　　　80 000
　　　　　　　　　——无形资产摊销费用　　　　　　　　　　　30 000
　　贷：固定资产累计折旧　　　　　　　　　　　　　　　　　　　80 000
　　　　无形资产累计摊销　　　　　　　　　　　　　　　　　　　30 000

5.12月31日，按规定根据预算会计下事业收入的一定比例计提某专用基金。当年预算会计核算的可计提该项专用基金的事业收入为 5 200 000 元，规定的计提比例为 2%。根据相关原始凭证和单据填制记账凭证，财务会计分录如下：

当年应计提的该项专用基金＝5 200 000×2%＝104 000（元）。

借：业务活动费用——计提专用基金 104 000

贷：专用基金——××专用基金 104 000

三、业务活动费用业务"平行记账"方法

业务活动费用业务"平行记账"方法见表 9-1。

表 9-1　业务活动费用业务"平行记账"方法

经济业务活动	财务会计分录	预算会计分录
一、为履职或开展业务活动人员计提并支付职工薪酬		
1. 计提职工薪酬时，按照计算的金额	借：业务活动费用 　　贷：应付职工薪酬	—
2. 实际支付给职工并代扣个人所得税时	借：应付职工薪酬 　　贷：财政拨款收入/零余额账户用款额度/银行存款等 　　　　其他应交税费——应交个人所得税	借：行政支出/事业支出［按照支付给个人部分］ 　　贷：财政拨款预算收入/资金结存
3. 实际缴纳税款时	借：其他应交税费——应交个人所得税 　　贷：银行存款/零余额账户用款额度等	借：行政支出/事业支出［按照实际缴纳额］ 　　贷：资金结存等
二、为履职或开展业务活动发生的外部人员劳务费		
1. 计提劳务费时，按照计算的金额	借：业务活动费用 　　贷：其他应付款	—
2. 实际支付并代扣个人所得税时	借：其他应付款 　　贷：财政拨款收入/零余额账户用款额度/银行存款等 　　　　其他应交税费——应交个人所得税	借：行政支出/事业支出［按照支付给个人部分］ 　　贷：财政拨款预算收入/资金结存
3. 实际缴纳税款时	借：其他应交税费——应交个人所得税 　　贷：银行存款/零余额账户用款额度等	借：行政支出/事业支出［按照实际缴纳额］ 　　贷：资金结存等
三、为履职或开展业务活动发生的预付款项		

经济业务活动	财务会计分录	预算会计分录
1. 支付预付账款时	借：预付账款 　　贷：财政拨款收入/零余额账户用款额度/银行存款等	借：行政支出/事业支出 　　贷：财政拨款预算收入/资金结存
2. 按进度结算费用时	借：业务活动费用 　　贷：预付账款 　　　　财政拨款收入/零余额账户用款额度/银行存款等［补付金额］	借：行政支出/事业支出 　　贷：财政拨款预算收入/资金结存［补付金额］
四、暂付款项		
1. 支付暂付款项时	借：其他应收款 　　贷：银行存款等	—
2. 结算或报销费用时	借：业务活动费用 　　贷：其他应收款	借：行政支出/事业支出 　　贷：资金结存等
五、为履职或开展业务活动领用库存物品	借：业务活动费用［领用库存物品的成本］ 　　贷：库存物品等	—
六、为履职或开展业务活动计提资产折旧或摊销费用	借：业务活动费用 　　贷：固定资产累计折旧/无形资产累计摊销/公共基础设施累计折旧（摊销）/保障性住房累计折旧	—
七、为履职或开展业务活动发生应负担的税金和附加义务时		
1. 确认应负担的税金和附加时	借：业务活动费用 　　贷：其他应交税费	—
2. 实际缴纳税金和附加时	借：其他应交税费 　　贷：银行存款等	借：行政支出/事业支出 　　贷：资金结存等
八、为履职或开展业务活动发生其他各项费用时	借：业务活动费用 　　贷：财政拨款收入/零余额账户用款额度/银行存款/应付账款/其他应付款等	借：行政支出/事业支出［按照实际支付的金额］ 　　贷：财政拨款预算收入/资金结存
九、从收入中提取专用基金计入业务活动费用	借：业务活动费用 　　贷：专用基金	—

经济业务活动	财务会计分录	预算会计分录
十、年末，结转业务活动费用	借：本期盈余 　　贷：业务活动费用	借：财政拨款结转——本年收支结转［财政拨款支出］ 　　非财政拨款结转——本年收支结转［非同级财政专项资金支出］ 　　其他结余［非同级财政、非专项资金支出］ 　　贷：行政支出/事业支出

第三节　事业单位特有费用

一、单位管理费用

事业单位应当设置"单位管理费用"账户，用于核算事业单位本级行政及后勤管理部门开展管理活动发生的各项费用，包括单位行政及后勤管理部门发生的人员经费、公用经费、资产折旧（摊销）等费用，以及由单位统一负担的离退休人员经费、工会经费、诉讼费、中介费等。本账户应当按照项目、费用类别、支付对象等进行明细核算。为了满足成本核算需要，本账户下还可按照"工资福利费用""商品和服务费用""对个人和家庭的补助费用""固定资产折旧费""无形资产摊销费"等成本项目设置明细账户，归集能够直接计入单位管理活动或采用一定方法计算后计入单位管理活动的费用。期末结转后，本账户应无余额。

单位管理费用的主要账务处理如下：

（1）为管理活动人员计提的薪酬，按照计算确定的金额，借记"单位管理费用"账户，贷记"应付职工薪酬"账户。

（2）为开展管理活动发生的外部人员劳务费，按照计算确定的费用金额，借记"单位管理费用"账户；按照代扣代缴个人所得税的金额，贷记"其他应交税费——应交个人所得税"账户；按照扣税后应付或实际支付的金额，贷记"其他应付款""财政拨款收入""零余额账户用款额度""银行存款"等账户。

（3）开展管理活动内部领用库存物品，按照领用物品实际成本，借记"单位管理费用"账户，贷记"库存物品"账户。

（4）为管理活动所使用固定资产、无形资产计提的折旧、摊销，按照应提折旧、摊销额，借记"单位管理费用"账户，贷记"固定资产累计折旧""无形资产累计摊销"账户。

（5）为开展管理活动发生城市维护建设税、教育费附加、地方教育费附加、车船税、房产税、城镇土地使用税等，按照计算确定应交纳的金额，借记"单位管理费用"账户，贷记"其他应交税费"等账户。

（6）为开展管理活动发生的其他各项费用，按照费用确认金额，借记"单位管理费用"账户，贷记"财政拨款收入""零余额账户用款额度""银行存款""其他应付款""其他应收款"等账户。

（7）发生当年购货退回等业务，对于已计入本年单位管理费用的，按照收回或应收的金额，借记"财政拨款收入""零余额账户用款额度""银行存款""其他应收款"等账户，贷记"单位管理费用"账户。

（8）期末，将"单位管理费用"账户本期发生额转入本期盈余，借记"本期盈余"账户，贷记"单位管理费用"账户。

单位管理费用业务的实务举例及平行记账方法，参见业务活动费用及其他相关业务的账务处理。

二、经营费用

事业单位在专业业务活动及其辅助活动之外开展非独立核算经营活动的，应当设置"经营费用"账户，用于核算在专业业务活动及其辅助活动之外开展非独立核算经营活动发生的各项费用。本账户应当按照经营活动类别、项目、支付对象等进行明细核算。为了满足成本核算需要，本账户下还可按照"工资福利费用""商品和服务费用""对个人和家庭的补助费用""固定资产折旧费""无形资产摊销费"等成本项目设置明细账户，归集能够直接计入单位经营活动或采用一定方法计算后计入单位经营活动的费用。期末结转后，本账户应无余额。

经营费用的主要账务处理如下：

（1）为经营活动人员计提的薪酬，按照计算确定的金额，借记"经营费用"账户，贷记"应付职工薪酬"账户。

（2）开展经营活动领用或发出库存物品，按照物品实际成本，借记"经营费用"账户，贷记"库存物品"账户。

（3）为经营活动所使用固定资产、无形资产计提的折旧、摊销，按照应提折旧、摊销额，借记"经营费用"账户，贷记"固定资产累计折旧""无形资产累计摊销"账户。

（4）开展经营活动发生城市维护建设税、教育费附加、地方教育费附加、车船税、房产税、城镇土地使用税等，按照计算确定应交纳的金额，借记"经营费用"账户，贷记"其他应交税费"等账户。

（5）发生与经营活动相关的其他各项费用时，按照费用确认金额，借记"经营费用"账户，贷记"银行存款""其他应付款""其他应收款"等账户。涉及增值税业务的，参见"应交增值税"的账务处理。

（6）发生当年购货退回等业务，对于已计入本年经营费用的，按照收回或应收的金额，借记"银行存款""其他应收款"等账户，贷记"经营费用"账户。

（7）期末，将"经营费用"账户本期发生额转入本期盈余，借记"本期盈余"账户，贷记"经营费用"账户。

经营费用业务的实务举例及平行记账方法，参见业务活动费用及其他相关业务的账务处理。

三、上缴上级费用

事业单位按主管部门和财政部门规定应当向上级单位上缴费用的，应当设置"上缴上级费用"账户，用于核算事业单位按照财政部门和主管部门的规定上缴上级单位款项发生的费用。本账户应当按照收缴款项单位、缴款项目等进行明细核算。期末结转后，本账户应无余额。

上缴上级费用的主要账务处理如下：

（1）单位发生上缴上级支出的，按照实际上缴的金额或者按照规定计算出应当上缴上级单位的金额，借记"上缴上级费用"账户，贷记"银行存款""其他应付款"等账户。

（2）期末，将"上缴上级费用"账户本期发生额转入本期盈余，借记"本期盈余"账户，贷记"上缴上级费用"账户。

[例9-2] 12月31日，某事业单位按主管部门和财政部门的规定计算，当年应当上缴主管部门收入240 000元；同日，通过银行转账向主管部门划缴应上缴的款项。根据相关原始凭证和单据填制记账凭证。

计算上缴主管部门的收入，财务会计分录为：

借：上缴上级费用　　　　　　　　　　　　　　240 000
　　贷：其他应付款——主管部门　　　　　　　　　　　240 000

实际上缴款项时，财务会计分录为：

借：其他应付款——主管部门　　　　　　　　　240 000
　　贷：银行存款　　　　　　　　　　　　　　　　　240 000

同时，预算会计分录为：

借：上缴上级支出　　　　　　　　　　　　　　240 000
　　贷：资金结存——货币资金　　　　　　　　　　　　240 000

（3）上缴上级费用业务"平行记账"方法见表9-2。

表9-2　上缴上级费用业务"平行记账"方法

经济业务活动	财务会计分录	预算会计分录
1. 实际上缴或按规定计算应上缴额时	借：上缴上级费用 　　贷：银行存款/其他应付款等	借：上缴上级支出［实际上缴的金额］ 　　贷：资金结存——货币资金
2. 实际上缴应缴金额时	借：其他应付款 　　贷：银行存款等	借：上缴上级支出 　　贷：资金结存——货币资金
3. 年末，结转上缴上级费用时	借：本期盈余 　　贷：上缴上级费用	借：其他结余 　　贷：上缴上级支出

四、对附属单位补助费用

事业单位用财政拨款之外的收入对附属独立核算单位进行补助的，应当设置"对附属单位补助"账户，用于核算对附属单位补助发生的费用。本账户应当按照接受补助单位、补助项目等进行明细核算。期末结转后，本账户应无余额。

对附属单位补助费用的主要账务处理如下：

（1）单位发生对附属单位补助支出的，按照实际补助的金额或者按照规定计算出应当对附属单位补助的金额，借记"对附属单位补助"账户，贷记"银行存款""其他应付款"等账户。

（2）期末，将"对附属单位补助"账户本期发生额转入本期盈余，借记"本期盈余"账户，贷记"对附属单位补助"账户。

对附属单位补助费用业务的实务举例及平行记账方法，参见上缴上级费用的账务处理。

五、所得税费用

有企业所得税缴纳义务的事业单位应当设置"所得税费用"账户，用于核算按规定缴纳企业所得税所形成的费用。年末结转后，本账户应无余额。

所得税费用的主要账务处理如下：

（1）发生企业所得税纳税义务的，按照税法规定计算的应交税金数额，借记"所得税费用"账户，贷记"其他应交税费——单位应交所得税"账户。实际缴纳时，按照缴纳金额，借记"其他应交税费——单位应交所得税"账户，贷记"银行存款"账户。

（2）年末，将"所得税费用"账户本年发生额转入本期盈余，借记"本期盈余"账户，贷记"所得税费用"账户。

所得税费用的实务举例及平行记账方法，参见"其他应交税费"的账务处理。

第四节　其他各项费用

一、资产处置费用

单位应当设置"资产处置费用"账户，用于核算单位经批准处置资产时发生的费用，包括转销的被处置资产价值，以及在处置过程中发生的相关费用或者处置收入小于相关费用形成的净支出。资产处置的形式按照规定包括无偿调拨、出售、出让、转让、置换、对外捐赠、报废、毁损以及货币性资产损失核销等。本账户应当按照处置资产的类别、资产处置的形式等进行明细核算。期末结转后，本账户应无余额。

单位在资产清查中查明的资产盘亏、毁损以及资产报废等，应当先通过"待处理财产损溢"账户进行核算，再将处理资产价值和处理净支出计入"资产处置费用"账户。短期投资、长期股权投资、长期债券投资的处置，按照相关资产账户的规定进行账务处理。

资产处置费用的主要账务处理如下：

（一）不通过"待处理财产损溢"账户核算的资产处置

（1）按照规定报经批准处置资产时，按照处置资产的账面价值，借记"资产处置费用"账户［处置固定资产、无形资产、公共基础设施、保障性住房的，还应借记"固定资产累计折旧""无形资产累计摊销""公共基础设施累计折旧（摊销）""保障性住房累计折旧"等账户］；按照处置资产的账面余额，贷记"库存物品""固定资产""无形资产""公共基础设施""政府储备物资""文物文化资产""保障性住房""其他应收款""在建工程"等账户。

（2）处置资产过程中仅发生相关费用的，按照实际发生金额，借记"资产处置费用"账户，贷记"银行存款""库存现金"等账户。

（3）处置资产过程中取得收入的，按照取得的价款，借记"库存现金""银行存款"等账户；按照处置资产过程中发生的相关费用，贷记"银行存款""库存现金"等账户；按照其差额，借记"资产处置费用"账户或贷记"应缴财政款"等账户。

涉及增值税业务的，参见"应交增值税"的账务处理。

[例9-3] 12月5日，某事业单位经批准转让一批办公家具。该批办公家具的账面原值250 000元，累计已计提折旧220 000元。通过银行转账支付相关税费5 000元，取得的转让款32 000元已到本单位银行账户。根据相关原始凭证和单据填制记账凭证。

（1）将处置资产的账面价值转出，财务会计分录如下：

借：资产处置费用   30 000
    固定资产累计折旧   220 000
    贷：固定资产   250 000

（2）支付相关税费并取得转让收入时，财务会计分录如下：

借：银行存款   32 000
    贷：银行存款   5 000
        应缴财政款   27 000

[例9-4] 12月8日，某事业单位经批准无偿调出一台专用设备。该设备账面原值300 000元，累计已计提折旧180 000元。通过银行转账支付调出设备的运费3 000元；经批准对贫困地区捐赠一批计算机，该批计算机账面原值120 000元，累计已计提折旧70 000元，通过财政授权支付的方式支付运杂费2 000元。根据相关原始凭证和单据填制记账凭证。

（1）无偿调出设备，财务会计分录如下：

借：无偿调拨净资产   120 000
    固定资产累计折旧——专用设备   180 000

> 贷：固定资产——专用设备　　　　　　　　　　300 000

对支付的运费，财务会计分录为：

> 借：资产处置费用　　　　　　　　　　　　　　3 000
> 　　贷：银行存款　　　　　　　　　　　　　　　　3 000

同时，预算会计分录为：

> 借：其他支出　　　　　　　　　　　　　　　　3 000
> 　　贷：资金结存——货币资金　　　　　　　　　　3 000

（2）对外捐赠资产，财务会计分录如下：

> 借：资产处置费用　　　　　　　　　　　　　　52 000
> 　　固定资产累计折旧——通用设备　　　　　　70 000
> 　　贷：固定资产——通用设备　　　　　　　　　120 000
> 　　　　零余额账户用款额度　　　　　　　　　　　2 000

同时，预算会计分录为：

> 借：其他支出　　　　　　　　　　　　　　　　2 000
> 　　贷：资金结存——货币资金　　　　　　　　　　2 000

（二）通过"待处理财产损溢"账户核算的资产处置

（1）现金短缺。单位对账过程中发现现金短缺，属于无法查明原因的，报经批准核销时，借记"资产处置费用"账户，贷记"待处理财产损溢"账户。

（2）盘亏或者毁损、报废非现金资产。单位资产清查过程中盘亏或者毁损、报废的存货、固定资产、无形资产、公共基础设施、政府储备物资、文物文化资产、保障性住房等，报经批准处理时，按照处理资产价值，借记"资产处置费用"账户，贷记"待处理财产损溢——待处理财产价值"账户。处理收支结清时，处理过程中所取得收入小于所发生相关费用的，按照相关费用减去处理收入后的净支出，借记"资产处置费用"账户，贷记"待处理财产损溢——处理净收入"账户。

相关业务的实务举例，参见"库存现金"和"待处理财产损溢"的账务处理。

（三）期末结转

期末，将"资产处置费用"账户本期发生额转入本期盈余，借记"本期盈余"账户，贷记"资产处置费用"账户。

（四）资产处置费用业务"平行记账"方法

资产处置费用业务"平行记账"方法如表9-3所示。

表9-3　资产处置费用业务"平行记账"方法

经济业务活动	财务会计分录	预算会计分录
一、不通过"待处理财产损溢"账户核算的资产处置业务		
1. 转出处置资产的账面价值	借：资产处置费用 　相关资产的累计折旧（摊销）账户［累计已计提的折旧（摊销）金额］ 　贷：相关资产账户［账面余额］	—

续表

经济业务活动	财务会计分录	预算会计分录
2. 处置过程中仅发生相关的费用	借：资产处置费用 　　贷：银行存款/库存现金等	借：其他支出 　　贷：资金结存
3. 处置资产过程中取得收入的	借：库存现金/银行存款等〔取得的价款〕 　　贷：银行存款/库存现金等〔支付的相关费用〕 　　　　应缴财政款〔差额〕	—
二、通过"待处理财产损溢"账户核算的资产处置业务		
1. 经批准核销无法查明原因的现金短缺时	借：资产处置费用 　　贷：待处理财产损溢	
2. 经批准处理盘亏、毁损、报废的资产时	借：资产处置费用 　　贷：待处理财产损溢——待处理财产价值	
3. 处理资产发生的费用大于取得的收入的	借：资产处置费用 　　贷：待处理财产损溢——处理净收入	借：其他支出〔净支出〕 　　贷：资金结存

二、其他费用

单位应当设置"其他费用"账户，用于核算单位发生的除业务活动费用、单位管理费用、经营费用、资产处置费用、上缴上级费用、附属单位补助费用、所得税费用以外的各项费用，包括利息费用、坏账损失、罚没支出、现金资产捐赠支出以及相关税费、运输费等。本账户应当按照其他费用的类别等进行明细核算。期末结转后，本账户应无余额。

单位发生的利息费用较多的，可以单独设置"利息费用"账户。

（一）其他费用主要账务处理如下：

（1）利息费用。按期计算确认借款利息费用时，按照计算确定的金额，借记"在建工程"账户或"其他费用"账户，贷记"应付利息""长期借款——应计利息"账户。

（2）坏账损失。年末，事业单位按照规定对收回后不需上缴财政的应收账款和其他应收款计提坏账准备时，按照计提金额，借记"其他费用"账户，贷记"坏账准备"账户；冲减多提的坏账准备时，按照冲减金额，借记"坏账准备"账户，贷记"其他费用"账户。

（3）罚没支出。单位发生罚没支出的，按照实际缴纳或应当缴纳的金额，借记"其他费用"账户，贷记"银行存款""库存现金""其他应付款"等账户。

（4）现金资产捐赠。单位对外捐赠现金资产的，按照实际捐赠的金额，借记"其他费用"账户，贷记"银行存款""库存现金"等账户。

（5）其他相关费用。单位接受捐赠（或无偿调入）以名义金额计量的存货、固定资产、无形资产，以及成本无法可靠取得的公共基础设施、文物文化资产等发生的相关税费、运输费等，按照实际支付的金额，借记"其他费用"账户，贷记"财政拨款收入""零余额账户用款额度""银行存款""库存现金"等账户。单位发生的与受托代理资产相关的税费、运输费、保管费等，按照实际支付或应付的金额，借记"其他费用"账户，贷记"零余额账户用款额度""银行存款""库存现金""其他应付款"等账户。

（6）期末结转。期末，将"其他费用"账户本期发生额转入本期盈余，借记"本期盈余"账户，贷记"其他费用"账户。

[例9-5] 某事业单位20×9年其他费用实务举例：

1. 12月10日，经批准对某希望小学捐赠现金资产100 000元。捐赠款当日已通过银行转账支付。根据相关原始凭证和单据填制记账凭证，财务会计分录如下：

借：其他费用——现金资产捐赠　　　　　　　　　　　　　　　100 000
　　贷：银行存款　　　　　　　　　　　　　　　　　　　　　　　　100 000

同时，预算会计分录为：

借：其他支出——现金捐赠支出　　　　　　　　　　　　　　　100 000
　　贷：资金结存——货币资金　　　　　　　　　　　　　　　　　　100 000

2. 12月15日，接受A单位捐赠的专用设备一台，该设备的成本无法取得。设备已交付使用，通过财政授权支付方式支付设备运输费用800元。根据相关原始凭证和单据填制记账凭证。

（1）接受设备捐赠成本无法取得，财务会计分录如下：

借：固定资产——专用设备　　　　　　　　　　　　　　　　　　　1
　　贷：捐赠收入　　　　　　　　　　　　　　　　　　　　　　　　　1

（2）支付捐赠设备的运费，财务会计分录如下：

借：其他费用　　　　　　　　　　　　　　　　　　　　　　　800
　　贷：零余额账户用款额度　　　　　　　　　　　　　　　　　　　800

同时，预算会计分录为：

借：其他支出　　　　　　　　　　　　　　　　　　　　　　　800
　　贷：资金结存——货币资金　　　　　　　　　　　　　　　　　　800

（二）其他费用业务"平行记账"方法

其他费用业务"平行记账"方法见表9-4。

表9-4　其他费用业务"平行记账"方法

经济业务活动	财务会计分录	预算会计分录
1. 计算确认借款利息费用时	借：其他费用/在建工程 　　贷：应付利息/长期借款——应计利息	—
2. 支付利息费用时	借：应付利息等 　　贷：银行存款等	借：其他支出 　　贷：资金结存——货币资金
3. 用现金资产对外捐赠时	借：其他费用 　　贷：银行存款/库存现金等	借：其他支出 　　贷：资金结存——货币资金

经济业务活动	财务会计分录	预算会计分录
4. 事业单位计提坏账准备时	借：其他费用 　　贷：坏账准备 冲销坏账准备做相反分录	—
5. 罚没支出	借：其他费用 　　贷：银行存款/库存现金/其他应付款	借：其他支出 　　贷：资金结存——货币资金［实际支付数］
6. 发生其他相关税费、运输费等	借：其他费用 　　贷：零余额账户用款额度/银行存款等	借：其他支出 　　贷：资金结存
7. 期末/年末结转	借：本期盈余 　　贷：其他费用	借：其他结余［非财政、非专项资金支出］ 　　非财政拨款结转——本年收支结转［非财政专项资金支出］ 　　贷：其他支出

复习思考题

1. 政府单位费用的确认条件是什么？
2. 简述政府单位费用的分类。

同步测试题

目的：练习事业单位费用的核算。

资料：某事业单位发生如下经济业务。

1. 4月3日，人事部门送来本月职工工资发放表，本月应发放开展业务活动人员的工资 180 000 元，应发放行政管理部门职工工资 120 000 元，应发放离退休人员生活补助 65 000 元；本月应由单位缴纳的职工养老保险缴费 85 000 元、住房公积金 43 000 元。

2. 4月5日，通过财政授权支付的方式发放为开展业务活动而聘请的外部人员劳务费 16 000 元，其中代扣并已代缴个人所得税 1 700 元。

3. 4月8日，经营性活动销售产品，发出库存产品一批，产品出库成本为 220 000 元。

4. 4月10日，申报一季度企业所得税，一季度应纳税所得额 32 000 元，企业所得税税率 25%，应缴企业所得税 8 000 元，并于当日通过银行转账的方式缴纳企业所得税。

5. 4月份，业务部门因开展科研活动领用 A 材料若干，行政管理部门领用 B 材料若干。根据材料领用登记簿和加权平均单价计算业务部门领用 A 材料的实际成本为 47 000 元，行政管理部门领用 B 材料的实际成本为 21 000 元。

6.4 月 30 日，按规定计提固定资产折旧和无形资产摊销，其中应归属于业务活动的固定资产折旧费用 73 000 元、无形资产摊销费用 26 000 元；应归属于行政管理部门的固定资产折旧费用 52 000 元、无形资产摊销费用 19 000 元。

7.4 月 30 日，计算本月应缴的城市维护建设税、教育费附加和地方教育费附加，其中本月应缴纳归属于业务活动的城市维护建设税、教育费附加和地方教育费附加分别为 3 500 元、2 300 元和 1 600 元，并于同日通过银行转账的方式向税务机关缴纳。

8.4 月 30 日，经过批准，开出银行转账支票向某希望小学捐款 30 000 元。

要求：根据以上资料，编制该事业单位的相关会计分录。

第十章
政府单位预算收入

学习目标

本章着重阐述政府单位预算收入的概念、分类，预算收入的核算方法。通过本章学习，要求了解各项预算收入的概念和分类，熟悉政府单位预算收入的管理，掌握预算收入的核算方法。

第一节 政府单位预算收入概述

一、预算收入概念

预算收入是指政府单位在预算年度内依法取得的并纳入预算管理的现金流入。预算收入一般在实际收到时予以确认，以实际收到的金额计量。

二、预算收入分类

政府单位的预算收入按来源或业务活动内容划分，可分为：

（1）财政拨款预算收入，是指单位从同级政府财政部门取得的各类财政拨款。

（2）事业预算收入，是指事业单位开展专业业务活动及其辅助活动取得的现金流入。

（3）经营预算收入，是指事业单位在专业业务活动及其辅助活动之外开展非独立核算经营活动取得的现金流入。

（4）非同级财政拨款预算收入，是指政府单位从非同级政府财政部门取得的财政拨款，包括本级横向转拨财政款和非本级财政拨款。

（5）上级补助预算收入，是指事业单位从主管部门和上级单位取得的非财政补助现金流入。

（6）附属单位上缴预算收入，是指事业单位取得附属独立核算单位根据有关规定上缴的现金流入。

（7）投资预算收益，是指事业单位取得的按照规定纳入部门预算管理的属于投资收益性质的现金流入，包括股权投资收益、出售或收回债券投资所取得的收益和债券投资利息收入。

（8）债务预算收入，是指事业单位按照规定从银行和其他金融机构等借入的、纳入部门预算管理的、不以财政资金作为偿还来源的债务本金。

（9）其他预算收入，是指政府单位除上述预算收入以外的纳入部门预算管理的现金流入，包括捐赠预算收入、利息预算收入、租金预算收入、现金盘盈收入等。

三、预算收入管理

政府单位应当加强预算收入的管理，收入管理要求如下：

（1）依法组织收入。政府单位取得各项收入，应当符合国家规定。事业单位借入的债务预算收入必须按规定程序报经批准。

（2）加强收入预算管理。各项预算收入应当全部纳入单位预算，统一核算，统一管理。

（3）严格执行政府非税收入管理的各项规定。对应缴财政的各项非税收入应当及时足额上缴，不得截留或者动用应当上缴的预算收入。

（4）单位的各项预算收入应当分项如实核算。

第二节 财政拨款预算收入

一、账户设置及明细核算要求

单位预算会计应当设置"财政拨款预算收入"账户，用于核算单位从同级政府财政部门取得的各类财政拨款。年末结转后，本账户应无余额。

本账户下应当按下列要求进行明细核算：

（1）应当设置"基本支出"和"项目支出"明细账户。同时，在"基本支出"明细账户下按照"人员经费"和"日常公用经费"进行明细核算，在"项目支出"明细账户下按照具体项目进行明细核算。

（2）按照"政府收支分类科目"中"支出功能分类科目"的项级科目进行明细核算。

（3）有一般公共预算财政拨款、政府性基金预算财政拨款等两种或两种以上财政拨款的单位，还应当按照财政拨款的种类进行明细核算。

二、财政拨款预算收入账务处理

（1）财政直接支付方式下，单位根据收到的"财政直接支付入账通知书"及相关原始凭证，按照通知书中的直接支付金额，借记"行政支出""事业支出"等账户，贷记"财政拨款预算收入"账户。

年末，根据本年度财政直接支付预算指标数与当年财政直接支付实际支出数的差额，借记"资金结存——财政应返还额度"账户，贷记"财政拨款预算收入"账户。

（2）财政授权支付方式下，单位根据收到的"财政授权支付额度到账通知书"，按照通知书中的授权支付额度，借记"资金结存——零余额账户用款额度"账户，贷记"财政拨款预算收入"账户。

年末，单位本年度财政授权支付预算指标数大于零余额账户用款额度下达数的，按照两者差额，借记"资金结存——财政应返还额度"账户，贷记"财政拨款预算收入"账户。

（3）其他方式下，单位按照本期预算收到财政拨款预算收入时，按照实际收到的金额，借记"资金结存——货币资金"账户，贷记"财政拨款预算收入"账户。

单位收到下期预算的财政预拨款，应当在下个预算期，按照预收的金额，借记"资金结存——货币资金"账户，贷记"财政拨款预算收入"账户。

（4）因差错更正、购货退回等发生国库直接支付款项退回的，属于本年度支付的款项，按照退回金额，借记"财政拨款预算收入"账户，贷记"行政支出""事业支出"等账户。

（5）年末，将"财政拨款预算收入"账户本年发生额转入财政拨款结转，借记"财政拨款预算收入"账户，贷记"财政拨款结转——本年收支结转"账户。

财政拨款预算收入的实务举例，参见财务会计"财政拨款收入"的账务处理。

第三节 事业单位特有预算收入

一、事业预算收入

（一）账户设置及明细核算要求

事业单位应当设置"事业预算收入"账户，用于核算事业单位开展专业业务活动及其辅助活动取得的现金流入。事业单位因开展科研及其辅助活动从非同级政府财政部门取得的经费拨款，也通过本账户核算。年末结转后，本账户应无余额。

本账户应当按下列要求进行明细核算：

（1）应当按照事业预算收入类别、项目、来源进行明细核算。

（2）应当按"政府收支分类科目"中"支出功能分类科目"项级科目等进行明细核算。

（3）对于因开展科研及其辅助活动从非同级政府财政部门取得的经费拨款，应当在本账户下单设"非同级财政拨款"明细账户进行明细核算。

（4）事业预算收入中如有专项资金收入，还应按照具体项目进行明细核算。

（二）事业预算收入的账务处理

（1）采用财政专户返还方式管理的事业预算收入，收到从财政专户返还的事业预算收入时，按照实际收到的返还金额，借记"资金结存——货币资金"账户，贷记"事业预算收入"账户。

（2）收到其他事业预算收入时，按照实际收到的款项金额，借记"资金结存——货币资金"账户，贷记"事业预算收入"账户。

（3）年末，将"事业预算收入"账户本年发生额中的专项资金收入转入非财政拨款结转，借记"事业预算收入"账户下各专项资金收入明细账户，贷记"非财政拨款结转——本年收支结转"账户；将"事业预算收入"账户本年发生额中的非专项资金收入转入其他结余，借记"事业预算收入"账户下各非专项资金收入明细账户，贷记"其他结余"账户。

事业预算收入的实务举例，参见财务会计"事业收入"的账务处理。

二、经营预算收入

事业单位应当设置"经营预算收入"账户，用于核算事业单位在专业业务活动及其辅助活动之外开展非独立核算经营活动取得的现金流入。年末结转后，本账户应无余额。

本账户应当按照经营活动类别、项目、"政府收支分类科目"中"支出功能分类科目"的项级科目等进行明细核算。

经营预算收入的主要账务处理如下：

（1）收到经营预算收入时，按照实际收到的金额，借记"资金结存——货币资金"账户，贷记"经营预算收入"账户。

（2）年末，将本账户本年发生额转入经营结余，借记"经营预算收入"账户，贷记"经营结余"账户。

[**例10-1**] 12月3日，某事业单位未独立核算的技术咨询服务部向B单位销售技术培训资料，应收资料销售款30 900元（含增值税900元，该单位增值税实行3%的简易计税法），当日B公司开户银行转来货款20 000元，尚欠10 900元未付。根据相关原始凭证和单据进行会计处理，预算会计分录如下：

按实际收到的 B 单位资料款

借：资金结存——货币资金　　　　　　　　　　　　　　　20 000
　　贷：经营预算收入　　　　　　　　　　　　　　　　　　　　20 000
同时，财务会计分录为：
借：银行存款　　　　　　　　　　　　　　　　　　　　　20 000
　　应收账款　　　　　　　　　　　　　　　　　　　　　10 900
　　贷：经营收入　　　　　　　　　　　　　　　　　　　　　30 000
　　　　应交增值税——应交税金（简易计税）　　　　　　　　　 900

三、上级补助预算收入

事业单位应当设置"上级补助预算收入"账户，用于核算事业单位从主管部门和上级单位取得的非财政补助现金流入。本账户应当按照发放补助单位、补助项目、"政府收支分类科目"中"支出功能分类科目"的项级科目等进行明细核算。上级补助预算收入中如有专项资金收入，还应按照具体项目进行明细核算。年末结转后，本账户应无余额。

上级补助预算收入的主要账务处理

（1）收到上级补助预算收入时，按照实际收到的金额，借记"资金结存——货币资金"账户，贷记"上级补助预算收入"账户。

（2）年末，将"上级补助预算收入"账户本年发生额中的专项资金收入转入非财政拨款结转，借记"上级补助预算收入"账户下各专项资金收入明细账户，贷记"非财政拨款结转——本年收支结转"账户；将"上级补助预算收入"账户本年发生额中的非专项资金收入转入其他结余，借记"上级补助预算收入"账户下各非专项资金收入明细账户，贷记"其他结余"账户。

上级补助预算收入的实务举例，参见财务会计"上级补助收入"的账务处理。

四、附属单位上缴预算收入

事业单位应当设置"附属单位上缴预算收入"账户，用于核算事业单位取得附属独立核算单位根据有关规定上缴的现金流入。本账户应当按照附属单位、缴款项目、"政府收支分类科目"中"支出功能分类科目"的项级科目等进行明细核算。附属单位上缴预算收入中如有专项资金收入，还应按照具体项目进行明细核算。年末结转后，本账户应无余额。

附属单位上缴预算收入的主要账务处理如下：

（1）收到附属单位缴来款项时，按照实际收到的金额，借记"资金结存——货币资金"账户，贷记"附属单位上缴预算收入"账户。

（2）年末，将"附属单位上缴预算收入"账户本年发生额中的专项资金收入转入非财政拨款结转，借记"附属单位上缴预算收入"账户下各专项资金收入明细账户，贷记"非财政拨款结转——本年收支结转"账户；将"附属单位上缴预算收入"账户本年发生额中的非专项资金收入转入其他结余，借记"附属单位上缴预算收入"账户下各非专项资金收入明细账户，贷记"其他结余"账户。

[例10-2] 某事业单位有一个附属独立核算的事业单位（B单位）。按照财政和主管部门的规定，B单位应当每月按当月事业预算收入实际完成数的20%向该事业单位上缴收入。B单位11月份事业预算收入完成300 000元，应上缴60 000元。12月2日，该事业单位实际收到B单位上缴款40 000元，余款20 000元尚未收到。根据相关原始凭证和单据进行会计处理。

（1）11月30日，计算附属单位应上缴收入，财务会计分录如下：

借：其他应收款——B单位　　　　　　　　　　　　　　　60 000
　　贷：附属单位上缴收入　　　　　　　　　　　　　　　　　60 000

（2）12月2日收到上缴款时，预算会计分录如下：

借：资金结存——货币资金　　　　　　　　　　　　　　　40 000
　　贷：附属单位上缴预算收入　　　　　　　　　　　　　　　40 000

同时，财务会计分录为：

借：银行存款　　　　　　　　　　　　　　　　　　　　　40 000
　　贷：其他应收款——B单位　　　　　　　　　　　　　　　40 000

五、债务预算收入

（一）账户设置及明细核算要求

经批准向银行或其他金融机构借入款项的事业单位应当设置"债务预算收入"账户，用于核算事业单位按照规定从银行和其他金融机构等借入的、纳入部门预算管理的、不以财政资金作为偿还来源的债务本金。年末结转后，本账户应无余额。

事业单位对债务预算收入应当按下列要求进行明细核算：

（1）应当按照贷款单位、贷款种类进行明细核算。

（2）应当按"政府收支分类科目"中"支出功能分类科目"的项级科目等进行明细核算。

（3）债务预算收入中如有专项资金收入，还应按照具体项目进行明细核算。

（二）债务预算收入主要账务处理

（1）借入各项短期或长期借款时，按照实际借入的金额，借记"资金结存——货币资金"账户，贷记"债务预算收入"账户。

（2）年末，将"债务预算收入"账户本年发生额中的专项资金收入转入非财政拨款结转，借记"债务预算收入"账户下各专项资金收入明细账户，贷记"非财政拨款结转——本年收支结转"账户；将"债务预算收入"账户本年发生额中的非专项资金收入转入其他结余，借记"债务预算收入"账户下各非专项资金收入明细账户，贷记"其他结余"账户。

债务预算收入的实务举例，参见事业单位举借债务相关业务的账务处理。

六、投资预算收益

事业单位应当设置"投资预算收益"账户,用于核算事业单位取得的按照规定纳入部门预算管理的属于投资收益性质的现金流入,包括股权投资收益、出售或收回债券投资所取得的收益和债券投资利息收入。本账户应当按照"政府收支分类科目"中"支出功能分类科目"的项级科目等进行明细核算。年末结转后,本账户应无余额。

(一) 出售或到期收回对外投资

(1) 出售或到期收回本年度取得的短期、长期债券,按照实际取得的价款或实际收到的本息金额,借记"资金结存——货币资金"账户;按照取得债券时"投资支出"账户的发生额,贷记"投资支出"账户;按照其差额,贷记或借记"投资预算收益"账户。

(2) 出售或到期收回以前年度取得的短期、长期债券,按照实际取得的价款或实际收到的本息金额,借记"资金结存——货币资金"账户;按照取得债券时"投资支出"账户的发生额,贷记"其他结余"账户;按照其差额,贷记或借记"投资预算收益"账户。

(3) 出售、转让以货币资金取得的长期股权投资的,其账务处理参照出售或到期收回债券投资。

(4) 出售、转让以非货币性资产取得的长期股权投资时,按照实际取得的价款扣减支付的相关费用和应缴财政款后的余额(按照规定纳入单位预算管理的),借记"资金结存——货币资金"账户,贷记"投资预算收益"账户。

(二) 持有期间的收益

(1) 持有的短期投资以及分期付息、一次还本的长期债券投资收到利息时,按照实际收到的金额,借记"资金结存——货币资金"账户,贷记"投资预算收益"账户。

(2) 持有长期股权投资取得被投资单位分派的现金股利或利润时,按照实际收到的金额,借记"资金结存——货币资金"账户,贷记"投资预算收益"账户。

(三) 年末结转投资预算收益

年末,将"投资预算收益"账户本年发生额转入其他结余,借记或贷记"投资预算收益"账户,贷记或借记"其他结余"账户。

投资预算收益的实务举例,参见事业单位财务会计对外投资相关业务的账务处理。

第四节 其他各项预算收入

一、非同级财政拨款预算收入

(一) 账户设置及明细核算要求

单位应当设置"非同级财政拨款预算收入"账户,用于核算单位从非同级政府财政部门取得的财政拨款，包括本级横向转拨财政款和非本级财政拨款。对于因开展科研及其辅助活动从非同级政府财政部门取得的经费拨款，应当通过"事业预算收入——非同级财政拨款"账户进行核算，不通过本账户核算。年末结转后，本账户应无余额。单位取得的非同级财政拨款预算收入应当按下列要求进行明细核算：

（1）应当按照非同级财政拨款预算收入的类别、来源进行明细核算。

（2）应当按"政府收支分类科目"中"支出功能分类科目"的项级科目等进行明细核算。

（3）非同级财政拨款预算收入中如有专项资金收入，还应按照具体项目进行明细核算。

（二）非同级财政拨款预算收入主要账务处理

（1）取得非同级财政拨款预算收入时，按照实际收到的金额，借记"资金结存——货币资金"账户，贷记"非同级财政拨款预算收入"账户。

（2）年末，将"非同级财政拨款预算收入"账户本年发生额中的专项资金收入转入非财政拨款结转，借记"非同级财政拨款预算收入"账户下各专项资金收入明细账户，贷记"非财政拨款结转——本年收支结转"账户；将"非同级财政拨款预算收入"账户本年发生额中的非专项资金收入转入其他结余，借记"非同级财政拨款预算收入"账户下各非专项资金收入明细账户，贷记"其他结余"账户。

[例10-3] 12月1日，某省级事业单位收到非同级财政拨入的科研项目收入500 000元和其他补助200 000元。根据相关原始凭证和单据进行会计处理，预算会计分录如下：

借：资金结存——货币资金   700 000
    贷：非同级财政拨款预算收入   200 000
      事业预算收入——非同级财政拨款   500 000
同时，财务会计分录为：
借：银行存款   700 000
    贷：非同级财政拨款收入   200 000
      事业收入——非同级财政拨款——科研项目   500 000

二、其他预算收入

（一）账户设置及核算要求

单位应当设置"其他预算收入"账户，用于核算单位除财政拨款预算收入、事业预算收入、上级补助预算收入、附属单位上缴预算收入、经营预算收入、债务预算收入、非同级财政拨款预算收入、投资预算收益之外的纳入部门预算管理的现金流入，包括捐赠预算收入、利息预算收入、租金预算收入、现金盘盈收入等。年末结转后，本账户应无余额。单位其他预算收入应当按下列要求进行明细核算：

（1）应当按照其他收入类别进行明细核算。

（2）应当按"政府收支分类科目"中"支出功能分类科目"的项级科目等进行明细核算。

（3）其他预算收入中如有专项资金收入，还应按照具体项目进行明细核算。

单位发生的捐赠预算收入、利息预算收入、租金预算收入金额较大或业务较多的，可单独设置"6603 捐赠预算收入""6604 利息预算收入""6605 租金预算收入"等账户。

（二）其他预算收入账务处理

（1）接受捐赠现金资产、收到银行存款利息、收到资产承租人支付的租金时，按照实际收到的金额，借记"资金结存——货币资金"账户，贷记"其他预算收入"账户。

（2）每日现金账款核对中如发现现金溢余，按照溢余的现金金额，借记"资金结存——货币资金"账户，贷记"其他预算收入"账户。经核实，属于应支付给有关个人和单位的部分，按照实际支付的金额，借记"其他预算收入"账户，贷记"资金结存——货币资金"账户。

（3）收到其他预算收入时，按照收到的金额，借记"资金结存——货币资金"账户，贷记"其他预算收入"账户。

（4）年末，将"其他预算收入"账户本年发生额中的专项资金收入转入非财政拨款结转，借记"其他预算收入"账户下各专项资金收入明细账户，贷记"非财政拨款结转——本年收支结转"账户；将"其他预算收入"账户本年发生额中的非专项资金收入转入其他结余，借记"其他预算收入"账户下各非专项资金收入明细账户，贷记"其他结余"账户。

其他预算收入的实务举例，参见财务会计其他收入相关业务的账务处理。

复习思考题

1. 简述政府单位预算收入的分类。
2. 政府单位预算收入管理的要求有哪些？

同步测试题

241

目的：练习事业单位预算收入的核算。

资料：某事业单位发生如下经济业务。

1. 2 月 3 日，业务部门购买业务活动所用材料一批，材料采购款 25 000 元通过财政直接支付（当年直接支付）方式付款，材料已验收入库；12 月 31 日，与财政部门对账，本年度财政直接支付预算指标数与当年财政直接支付实际支付数的差额为 220 000 元。

2. 4 月 5 日，收到开户银行转来的"财政授权支付额度到账通知书"，收到财政部门下达的授权支付用款额度 260 000 元；12 月 31 日，与财政部门对账，本年度财政授权支付预算指标数大于零余额账户用款额度下达数的未下达用款额度为 150 000 元。

3.6 月 15 日，收到财政直接支付退款通知，该单位在 6 月 10 日通过财政直接支付（当年直接支付）方式付给某单位的购货款 12 000 元被退回。

4.7 月 3 日，未独立核算的技术咨询服务部向 B 单位销售技术培训资料，应收资料销售款 30 000 元，当日 B 公司开户银行转来货款 20 000 元，尚欠 10 000 元未付。

5.8 月 10 日，收到上级主管部门拨入的补助经费 230 000 元。

6.12 月 25 日，附属独立核算的事业单位本年度按规定应上缴收入 68 000 元，当日通过银行转账方式上缴款项 50 000 元，余款 18 000 元申请延迟到下一年度补缴。

7.12 月 25 日，持有的一项分期付息、一次还本的长期债券投资结算利息，收到利息收入 32 000 元。

8. 经批准将一楼的房屋出租。12 月 30 日，收到承租方银行转来的 4 季度租金收入 35 000 元。

要求：根据以上资料，编制该事业单位的相关会计分录。

第十一章
政府单位预算支出

学习目标

本章着重阐述政府单位预算支出的概念、分类、管理要求，预算支出的核算方法。通过本章学习，要求了解各项预算支出的概念和内容，熟悉政府单位预算支出的管理，掌握预算支出的核算方法。

第一节　政府单位预算支出概述

一、预算支出概念

预算支出是指政府单位在预算年度内依法发生并纳入预算管理的现金流出。

预算支出一般在实际支付时予以确认，以实际支付的金额计量。

二、预算支出分类

（一）行政单位预算支出分类

（1）行政支出，是指行政单位履行其职责实际发生的各项现金流出。行政单位的行政支出包括基本支出和项目支出。基本支出是指行政单位为保障机构正常运转和完成日常工作任务发生的支出，包括人员支出和公用支出。项目支出是指行政单位为完成特定的工作任务，在基本支出之外发生的支出。

（2）其他支出，是指行政单位发生的对外捐赠现金支出、现金盘亏损失、接受捐赠（调入）和对外捐赠（调出）非现金资产发生的税费支出、资产置换过程中发生的相关税费支出、罚没支出等。

（二）事业单位预算支出分类

（1）事业支出，是指事业单位开展专业业务活动及其辅助活动实际发生的各项现金流出。事业单位事业支出包括基本支出和项目支出。基本支出是指事业单位为了保障其正常运转、完成日常工作任务而发生的人员支出和公用支出。项目支出是指事业单位为了完成特定工作任务和事业发展目标，在基本支出之外所发生的支出。

（2）经营支出，是指事业单位在专业业务活动及其辅助活动之外开展非独立核算经营活动实际发生的各项现金流出。

（3）上缴上级支出，是指事业单位按照财政部门和主管部门的规定上缴上级单位款项发生的现金流出。

（4）对附属单位补助支出，是指事业单位用财政拨款预算收入之外的收入对附属单位补助发生的现金流出。

（5）投资支出，是指事业单位以货币资金对外投资发生的现金流出。

（6）债务还本支出，是指事业单位偿还自身承担的纳入预算管理的从金融机构举借的债务本金的现金流出。

（7）其他支出，是指事业单位除上述支出以外的纳入预算管理的其他现金流出。

三、预算支出管理

预算支出管理是政府单位财务管理的重要内容。预算支出管理的主要要求如下：

（1）强化支出预算管理。政府单位应当将各项支出全部纳入单位预算，各项支出由单位财务部门按照批准的预算和有关规定审核办理。

（2）建立健全支出管理制度。严格执行国家规定的开支范围及标准，对节约潜力大、管理薄弱的支出进行重点管理和控制。

（3）政府单位从财政部门或主管部门取得的项目资金，应当按照批准的项目和用途使用，专款专用、单独核算，并按照规定向同级财政部门或者主管部门报告资金使用情况，接受财政部门和主管部门的检查监督。

（4）政府单位应当严格执行国库集中支付制度和政府采购制度等规定。

（5）政府单位应当加强支出的绩效管理，提高资金的使用效益。

（6）政府单位应当依法加强各类票据管理，确保票据来源合法、内容真实、使用正确，不得使用虚假票据。

第二节　行 政 支 出

一、账户设置

行政单位应当设置"行政支出"账户，用于核算行政单位履行其职责实际发生的各项现金流出。年末结转后，本账户应无余额。

本账户应当按下列要求进行明细核算：

（1）应当分别按照"财政拨款支出""非财政专项资金支出"和"其他资金支出"进行明细核算。

（2）应当按"基本支出"和"项目支出"等进行明细核算。"基本支出"和"项目支出"明细账户下应当按照"政府收支分类科目"中"部门预算支出经济分类科目"的款级科目进行明细核算，同时在"项目支出"明细账户下按照具体项目进行明细核算。

（3）应当按照"政府收支分类科目"中"支出功能分类科目"的项级科目进行明细核算。

（4）有一般公共预算财政拨款、政府性基金预算财政拨款等两种或两种以上财政拨款的行政单位，还应当在"财政拨款支出"明细账户下按照财政拨款的种类进行明细核算。

（5）对于预付款项，可通过在本账户下设置"待处理"明细账户进行核算，待确认具体支出项目后再转入本账户下相关明细账户。年末结账前，应将本账户"待处理"明细账户余额全部转入本账户下相关明细账户。

二、行政支出的账务处理

（1）支付单位职工薪酬。行政单位向职工个人支付薪酬时，按照实际支付的金额，借记"行政支出"账户，贷记"财政拨款预算收入""资金结存"账户。按照规定代扣代缴个人所得税以及代扣代缴或为职工缴纳职工社会保险费、住房公积金等时，按照实际缴纳的金额，借记"行政支出"账户，贷记"财政拨款预算收入""资金结存"账户。

（2）支付外部人员劳务费。按照实际支付给外部人员个人的金额，借记"行政支出"账户，贷记"财政拨款预算收入""资金结存"账户。按照规定代扣代缴个人所得税时，按照实际缴纳的金额，借记"行政支出"账户，贷记"财政拨款预算收入""资金结存"账户。

（3）支付购货款或在建工程款。为购买存货、固定资产、无形资产等以及在建工程支付相关款项时，按照实际支付的金额，借记"行政支出"账户，贷记"财政拨款预算收入""资金结存"账户。

（4）支付预付账款。发生预付账款时，按照实际支付的金额，借记"行政支出"账户，贷记"财政拨款预算收入""资金结存"账户。对于暂付款项，在支付款项时可不做预算会计处理，待结算或报销时，按照结算或报销的金额，借记"行政支出"账户，贷记"资金结存"账户。

（5）发生其他各项支出。发生其他各项支出时，按照实际支付的金额，借记"行政支出"账户，贷记"财政拨款预算收入""资金结存"账户。

（6）购货退回。因购货退回等发生款项退回，或者发生差错更正的，属于当年支出收回的，按照收回或更正金额，借记"财政拨款预算收入""资金结存"账户，贷记"行政支出"账户。

（7）年末转账。年末，将"行政支出"账户本年发生额中的财政拨款支出转入财政拨款结转，借记"财政拨款结转——本年收支结转"账户，贷记"行政支出"账户下各财政拨款支出明细账户；将"行政支出"账户本年发生额中的非财政专项资金支出转入非财政拨款结转，借记"非财政拨款结转——本年收支结转"账户，贷记"行政支出"账户下各非财政专项资金支出明细账户；将"行政支出"账户本年发生额中的其他资金支出（非财政非专项资金支出）转入其他结余，借记"其他结余"账户，贷记"行政支出"账户下其他资金支出明细账户。

行政支出的实务举例，参见相关章节有关业务的账务处理。

第三节 事业单位特有预算支出

一、事业支出

（一）账户设置及明细核算要求

事业单位应当设置"事业支出"账户，用于核算事业单位开展专业业务活动及其辅助活动实际发生的各项现金流出。年末结转后，本账户应无余额。事业支出应当按下列要求进行明细核算：

（1）单位发生教育、科研、医疗、行政管理、后勤保障等活动的，可在本账户下设置相应的明细账户进行核算，或单设"教育支出""科研支出""医疗支出""行政管理支出""后勤保障支出"等一级会计账户进行核算。

（2）应当分别按照"财政拨款支出""非财政专项资金支出"和"其他资金支出"进行明细核算。

（3）应当按照"基本支出"和"项目支出"等进行明细核算。"基本支出"和"项目支出"明细账户下应当按照"政府收支分类科目"中"部门预算支出经济分类科目"的款级科目进行明细核算，同时在"项目支出"明细账户下按照具体项目进行明细核算。

（4）按照"政府收支分类科目"中"支出功能分类科目"的项级科目进行明细核算。

（5）有一般公共预算财政拨款、政府性基金预算财政拨款等两种或两种以上财政拨款的事业单位，还应当在"财政拨款支出"明细账户下按照财政拨款的种类进行明细核算。

（6）对于预付款项，可通过在本账户下设置"待处理"明细账户进行明细核算，待确认具体支出项目后再转入本账户下相关明细账户。年末结账前，应将本账户"待处理"明细账户余额全部转入本账户下相关明细账户。

（二）事业支出主要账务处理

（1）支付单位职工（经营部门职工除外）薪酬向单位职工个人支付薪酬时，按照实际支付的数额，借记"事业支出"账户，贷记"财政拨款预算收入""资金结存"账户。

按照规定代扣代缴个人所得税以及代扣代缴或为职工缴纳职工社会保险费、住房公积金等时，按照实际缴纳的金额，借记"事业支出"账户，贷记"财政拨款预算收入""资金结存"账户。

（2）为专业业务活动及其辅助活动支付外部人员劳务费按照实际支付给外部人员个人的金额，借记"事业支出"账户，贷记"财政拨款预算收入""资金结存"账户。

按照规定代扣代缴个人所得税时，按照实际缴纳的金额，借记"事业支出"账户，贷记"财政拨款预算收入""资金结存"账户。

（3）开展专业业务活动及其辅助活动过程中为购买存货、固定资产、无形资产等以及在建工程支付相关款项时，按照实际支付的金额，借记"事业支出"账户，贷记"财政拨款预算收入""资金结存"账户。

（4）开展专业业务活动及其辅助活动过程中发生预付账款时，按照实际支付的金额，借记"事业支出"账户，贷记"财政拨款预算收入""资金结存"账户。

对于暂付款项，在支付款项时可不做预算会计处理，待结算或报销时，按照结算或报销的金额，借记"事业支出"账户，贷记"资金结存"账户。

（5）开展专业业务活动及其辅助活动过程中缴纳的相关税费以及发生的其他各项支出，按照实际支付的金额，借记"事业支出"账户，贷记"财政拨款预算收入""资金结存"账户。

（6）开展专业业务活动及其辅助活动过程中因购货退回等发生款项退回，或者发生差错更正的，属于当年支出收回的，按照收回或更正金额，借记"财政拨款预算收入""资金结存"账户，贷记"事业支出"账户。

（7）年末，将"事业支出"账户本年发生额中的财政拨款支出转入财政拨款结转，借记"财政拨款结转——本年收支结转"账户，贷记"事业支出"账户下各财政拨款支出明细账户；将"事业支出"账户本年发生额中的非财政专项资金支出转入非财政拨款结转，借记"非财政拨款结转——本年收支结转"账户，贷记"事业支出"账户下各非财政专项资金支出明细账户；将"事业支出"账户本年发生额中的其他资金支出（非财政非专项资金支出）转入其他结余，借记"其他结余"账户，贷记"事业支出"账户下其他资金支出明细账户。

事业支出的实务举例，参见相关章节有关业务的账务处理。

二、经营支出

（一）账户设置及明细核算要求

事业单位应当设置"经营支出"账户，用于核算事业单位在专业业务活动及其辅助活动之外开展非独立核算经营活动实际发生的各项现金流出。年末结转后，本账户应无余额。

本账户应当按照经营活动类别、项目、"政府收支分类科目"中"支出功能分类科目"的项级科目和"部门预算支出经济分类科目"的款级科目等进行明细核算。

对于预付款项，可通过在本账户下设置"待处理"明细账户进行明细核算，待确认具体支出项目后再转入本账户下相关明细账户。年末结账前，应将本账户"待处理"明细账户余额全部转入本账户下相关明细账户。

（二）经营支出主要账务处理

（1）支付经营部门职工薪酬。向职工个人支付薪酬时，按照实际支付的金额，借记"经营支出"账户，贷记"资金结存"账户。

按照规定代扣代缴个人所得税以及代扣代缴或为职工缴纳职工社会保险费、住房公积金时，按照实际缴纳的金额，借记"经营支出"账户，贷记"资金结存"账户。

（2）为经营活动支付外部人员劳务费，按照实际支付给外部人员个人的金额，借记"经营支出"账户，贷记"资金结存"账户。按照规定代扣代缴个人所得税时，按照实际缴纳的金额，借记"经营支出"账户，贷记"资金结存"账户。

（3）开展经营活动过程中为购买存货、固定资产、无形资产等以及在建工程支付相关款项时，按照实际支付的金额，借记"经营支出"账户，贷记"资金结存"账户。

（4）开展经营活动过程中发生预付账款时，按照实际支付的金额，借记"经营支出"账户，贷记"资金结存"账户。

对于暂付款项，在支付款项时可不做预算会计处理，待结算或报销时，按照结算或报销的金额，借记"经营支出"账户，贷记"资金结存"账户。

（5）因开展经营活动缴纳的相关税费以及发生的其他各项支出，按照实际支付的金额，借记"经营支出"账户，贷记"资金结存"账户。

（6）开展经营活动中因购货退回等发生款项退回，或者发生差错更正的，属于当年支出收回的，按照收回或更正金额，借记"资金结存"账户，贷记"经营支出"账户。

（7）年末，将"经营支出"账户本年发生额转入经营结余，借记"经营结余"账户，贷记"经营支出"账户。

经营支出的实务举例，参见相关章节有关业务的账务处理。

三、上缴上级支出

事业单位应当设置"上缴上级支出"账户，用于核算事业单位按照财政部门和主管部门的规定上缴上级单位款项发生的现金流出。本账户应当按照收缴款项单位、缴款项目、"政府收支分类科目"中"支出功能分类科目"的项级科目和"部门预算支出经济分类科目"的款级科目等进行明细核算。年末结转后，本账户应无余额。

上缴上级支出的主要账务处理如下：

（1）按照规定将款项上缴上级单位的，按照实际上缴的金额，借记"上缴上级支出"账户，贷记"资金结存"账户。

（2）年末，将"上缴上级支出"账户本年发生额转入其他结余，借记"其他结余"账户，贷记"上缴上级支出"账户。

上缴上级支出的实务举例，参见事业单位上缴上级费用相关业务的账务处理。

四、对附属单位补助支出

事业单位应当设置"对附属单位补助支出"账户，用于核算事业单位用财政拨款预算收入之外的收入对附属单位补助发生的现金流出。本账户应当按照接受补助单位、补助项目、"政府收支分类科目"中"支出功能分类科目"的项级科目和"部门预算支出经济分类科目"的款级科目等进行明细核算。年末结转后，本账户应无余额。

对附属单位补助支出的主要账务处理如下：

（1）发生对附属单位补助支出的，按照实际补助的金额，借记"对附属单位补助支出"账户，贷记"资金结存"账户。

（2）年末，将"对附属单位补助支出"账户本年发生额转入其他结余，借记"其他结余"账户，贷记"对附属单位补助支出"账户。

对附属单位补助支出的实务举例，参见事业单位对附属单位补助费用相关业务的账务处理。

五、投资支出

事业单位应当设置"投资支出"账户，用于核算事业单位以货币资金对外投资发生的现金流出。本账户应当按照投资类型、投资对象、"政府收支分类科目"中"支出功能分类科目"的项级科目和"部门预算支出经济分类科目"的款级科目等进行明细核算。年末结转后，本账户应无余额。

投资支出的主要账务处理如下：

（1）以货币资金对外投资时，按照投资金额和所支付的相关税费金额的合计数，借记"投资支出"账户，贷记"资金结存"账户。

（2）出售、对外转让或到期收回本年度以货币资金取得的对外投资的，如果按规定将投资收益纳入单位预算，按照实际收到的金额，借记"资金结存"账户，按照取得投资时"投资支出"账户的发生额，贷记"投资支出"账户，按照其差额，贷记或借记"投资预算收益"账户；如果按规定将投资收益上缴财政的，按照取得投资时"投资支出"账户的发生额，借记"资金结存"账户，贷记"投资支出"账户。出售、对外转让或到期收回以前年度以货币资金取得的对外投资的，如果按规定将投资收益纳入单位预算，按照实际收到的金额，借记"资金结存"账户，按照取得投资时"投资支出"账户的发生额，贷记"其他结余"账户，按照其差额，贷记或借记"投资预算收益"账户；如果按规定将投资收益上缴财政的，按照取得投资时"投资支出"账户的发生额，借记"资金结存"账户，贷记"其他结余"账户。

（3）年末，将"投资支出"账户本年发生额转入其他结余，借记"其他结余"账户，贷记"投资支出"账户。

投资支出的实务举例，参见事业单位对外投资相关业务的账务处理。

六、债务还本支出

经批准举借债务的事业单位应当设置"债务还本支出"账户，用于核算事业单位偿还自身承担的纳入预算管理的从金融机构举借的债务本金的现金流出。本账户应当按照贷款单位、贷款种类、"政府收支分类科目"中"支出功能分类科目"的项级科目和"部门预算支出经济分类科目"的款级科目等进行明细核算。年末结转后，本账户应无余额。

债务还本支出的主要账务处理如下：

（1）偿还各项短期或长期借款时，按照偿还的借款本金，借记"债务还本支出"账户，贷记"资金结存"账户。

（2）年末，将"债务还本支出"账户本年发生额转入其他结余，借记"其他结余"账户，贷记"债务还本支出"账户。

债务还本支出的实务举例，参见事业单位举借债务相关业务的账务处理。

第四节　其他支出

一、账户设置及明细核算要求

单位应当设置"其他支出"账户，用于核算单位除行政支出、事业支出、经营支出、上缴上级支出、对附属单位补助支出、投资支出、债务还本支出以外的各项现金流出，包括利息支出、对外捐赠现金支出、现金盘亏损失、接受捐赠（调入）和对外捐赠（调出）非现金资产发生的税费支出、资产置换过程中发生的相关税费支出、罚没支出等。年末结转后，本账户应无余额。

本账户应按下列要求进行明细核算：

（1）应当按照其他支出的类别进行明细核算。

（2）应当按照"财政拨款支出""非财政专项资金支出"和"其他资金支出"进行明细核算。

（3）应当按照"政府收支分类科目"中"支出功能分类科目"的项级科目和"部门预算支出经济分类科目"的款级科目等进行明细核算。

（4）其他支出中如有专项资金支出，还应按照具体项目进行明细核算。

（5）有一般公共预算财政拨款、政府性基金预算财政拨款等两种或两种以上财政拨款的事业单位，还应当在"财政拨款支出"明细账户下按照财政拨款的种类进行明细核算。

单位发生利息支出、捐赠支出等其他支出金额较大或业务较多的，可单独设置"利息支出""捐赠支出"等账户。

二、其他支出账务处理

（1）利息支出。支付银行借款利息时，按照实际支付金额，借记"其他支出"账户，贷记"资金结存"账户。

（2）对外捐赠现金资产。对外捐赠现金资产时，按照捐赠金额，借记"其他支出"账户，贷记"资金结存——货币资金"账户。

（3）现金盘亏损失。每日现金账款核对中如发现现金短缺，按照短缺的现金金额，借记"其他支出"账户，贷记"资金结存——货币资金"账户。经核实，属于应当由有关人员赔偿的，按照收到的赔偿金额，借记"资金结存——货币资金"账户，贷记"其他支出"账户。

（4）接受捐赠（无偿调入）和对外捐赠（无偿调出）非现金资产发生的税费支出。接受捐赠（无偿调入）非现金资产发生的归属于捐入方（调入方）的相关税费、运输费等，以及对外捐赠（无偿调出）非现金资产发生的归属于捐出方（调出方）的相关税费、运输费等，按照实际支付金额，借记"其他支出"账户，贷记"资金结存"账户。

（5）资产置换过程中发生的相关税费支出。资产置换过程中发生的相关税费，按照实际支付金额，借记"其他支出"账户，贷记"资金结存"账户。

（6）其他支出。发生罚没等其他支出时，按照实际支出金额，借记"其他支出"账户，贷记"资金结存"账户。

（7）年末转账。年末，将"其他支出"账户本年发生额中的财政拨款支出转入财政拨款结转，借记"财政拨款结转——本年收支结转"账户，贷记"其他支出"账户下各财政拨款支出明细账户；将"其他支出"账户本年发生额中的非财政专项资金支出转入非财政拨款结转，借记"非财政拨款结转——本年收支结转"账户，贷记"其他支出"账户下各非财政专项资金支出明细账户；将"其他支出"账户本年发生额中的其他资金支出（非财政非专项资金支出）转入其他结余，借记"其他结余"账户，贷记"其他支出"账户下各其他资金支出明细账户。

其他支出的实务举例，参见财务会计其他费用相关业务的账务处理。

复习思考题

1. 简述政府单位预算支出的分类。

2. 政府单位预算支出管理的要求有哪些?

同步测试题

目的:练习事业单位预算支出的核算。

资料:某事业单位发生如下经济业务。

1.4月1日,通过财政授权支付方式发放职工工资(实发工资)322 000元,缴纳职工养老保险121 000元,缴纳职工住房公积金85 600元,缴纳代扣的个人所得税23 000元。

2.5月3日,临时聘用专家进行专家咨询,应付专家劳务费5 000元,其中应代扣个人所得税800元。当日,通过财政授权支付的方式发放专家的劳务费4 200元,缴纳代扣的个人所得税800元。

3.6月5日,采购材料一批,通过财政授权支付方式支付采购价款5 700元、运费400元,材料已验收入库;采购专用设备一台,当日通过财政直接支付方式(当年直接支付)支付设备采购款210 000元,通过银行转账款支付设备运费1 300元。

4.6月30日,按财政和主管部门规定,按上半年事业预算收入实际完成数的5%向上级主管部门划转上缴资金110 000元。

5.7月5日,经批准用本单位自有资金购买长期债券投资200 000元。

6.9月25日,通过银行转账方式偿还银行贷款本金300 000元,偿还银行借款利息22 000元。

7.10月25日,出纳进行现金盘点,发现现金短缺600元。

8.11月22日,收到某单位捐赠专用设备一台,设备捐赠单据上注明设备的账面价值为150 000元。设备已交付使用,通过财政授权支付方式支付捐赠设备的相关税费、运输费共计2 300元。

要求:根据以上资料,编制该事业单位的相关会计分录。

第十二章

政府单位预算结余

学习目标

本章着重阐述政府单位资金结存和预算结余的概念和管理要求，资金结存、财政拨款结转结余、非财政拨款结转结余以及其他各项结余的核算方法。通过本章学习，要求掌握政府单位资金结存和各项结余的核算方法。

第一节　政府单位预算结余概述

一、预算结余概念

预算结余是指会计主体预算年度内预算收入扣除预算支出后的资金余额，以及历年滚存的资金余额。

预算结余包括结余资金和结转资金。结余资金是指年度预算执行终了，预算收入实际完成数扣除预算支出和结转资金后剩余的资金。结转资金是指预算安排项目的支出年终尚未执行完毕或者因故未执行，且下年需要按原用途继续使用的资金。预算结余具体可分为以下几类：

（1）财政拨款结转，是指单位取得的同级财政拨款结转资金的滚存余额。

（2）财政拨款结余，是指单位取得的同级财政拨款项目支出结余资金的滚存余额。

（3）非财政拨款结转，是指单位除财政拨款收支、经营收支以外各非同级财政拨款专项资金的滚存余额。

（4）非财政拨款结余，是指单位历年滚存的非限定用途的非同级财政拨款结余资金，主要为非财政拨款结余扣除结余分配后滚存的金额。

（5）专用结余，是指事业单位按照规定从非财政拨款结余中提取的具有专门用途的资金的滚存余额。

（6）经营结余，是指事业单位本年度经营活动收支相抵后余额弥补以前年度经营亏损后的余额。

（7）其他结余，是指单位本年度除财政拨款收支、非同级财政专项资金收支和经营收支以外各项收支相抵后的余额。

二、预算结余管理

根据《行政单位财务规则》和《事业单位财务规则》的规定，政府单位的预算结余应当按下列要求进行管理：

（1）对财政拨款结转和结余的管理，应当按照同级财政部门的规定执行。

（2）非财政拨款结转按照规定结转下一年度继续使用。非财政拨款结余可以按照国家有关规定提取职工福利基金，剩余部分可用于弥补以后年度单位收支差额；国家另有规定的，从其规定。

（3）结转资金在规定使用年限未使用或者未使用完的，视为结余资金。

第二节　资金结存

一、账户设置

单位应当设置"资金结存"账户，用于核算单位纳入部门预算管理的资金的流入、流出、调整和滚存等情况。

设置"资金结存"账户，是为了保证复式记账借贷平衡，体现收付实现制下预算资金流入、流出和结存情况，用以反映各种结转结余类账户对应的资金形态。年末结账后"资金结存"账户余额为借方余额，各项结转结余类账户余额为贷方余额，两者方向相反、金额相等。

本账户应当设置下列明细账户：

（1）"零余额账户用款额度"账户。本明细账户核算实行国库集中支付的单位根据财政部门批复的用款计划收到和支用的零余额账户用款额度。年末结账后，本明细账户应无余额。

（2）"货币资金"账户。本明细账户核算单位以库存现金、银行存款、其他货币资金形态存在的资金。本明细账户年末借方余额，反映单位尚未使用的货币资金。

（3）"财政应返还额度"账户。本明细账户核算实行国库集中支付的单位可以使用的以前年度财政直接支付资金额度和财政应返还的财政授权支付资金额度。本明细账户下可设置"财政直接支付""财政授权支付"两个明细账户进行明细核算。本明细账户年末借方余额，反映单位应收财政返还的资金额度。

二、资金结存账务处理

（一）取得预算收入

财政授权支付方式下，单位根据代理银行转来的财政授权支付额度到账通知书，按照通知书中的授权支付额度，借记"资金结存"账户（零余额账户用款额度），贷记"财政拨款预算收入"账户。

以国库集中支付以外的其他支付方式取得预算收入时，按照实际收到的金额，借记"资金结存"账户（货币资金），贷记"财政拨款预算收入""事业预算收入""经营预算收入"等账户。

（二）发生预算支出

财政授权支付方式下，发生相关支出时，按照实际支付的金额，借记"行政支出""事业支出"等账户，贷记"资金结存"账户（零余额账户用款额度）。从零余额账户提取现金时，借记"资金结存"账户（货币资金），贷记"资金结存"账户（零余额账户用款额度）。退回现金时，做相反会计分录。使用以前年度财政直接支付额度发生支出时，按照实际支付金额，借记"行政支出""事业支出"等账户，贷记"资金结存"账户（财政应返还额度）。

国库集中支付以外的其他支付方式下，发生相关支出时，按照实际支付的金额，借记"事业支出""经营支出"等账户，贷记"资金结存"账户（货币资金）。

（三）缴回（或注销）结转结余资金

按照规定上缴财政拨款结转结余资金或注销财政拨款结转结余资金额度的，按照实际上缴资金数额或注销的资金额度数额，借记"财政拨款结转——归集上缴"或"财政拨款结余——归集上缴"账户，贷记"资金结存"账户（财政应返还额度、零余额账户用款额度、货币资金）。

按规定向原资金拨入单位缴回非财政拨款结转资金的，按照实际缴回资金数额，借记"非财政拨款结转——缴回资金"账户，贷记"资金结存"账户（货币资金）。

收到从其他单位调入的财政拨款结转资金的，按照实际调入资金数额，借记"资金结存"账户（财政应返还额度、零余额账户用款额度、货币资金），贷记"财政拨款结转——归集调入"账户。

（四）使用专用基金

按照规定使用专用基金时，按照实际支付金额，借记"专用结余"账户［从非财政拨款结余中提取的专用基金］或"事业支出"等账户［从预算收入中计提的专用基金］，贷记"资金结存"账户（货币资金）。

（五）购货退回或差错更正

因购货退回、发生差错更正等退回国库直接支付、授权支付款项，或者收回货币资金的，属于本年度支付的，借记"财政拨款预算收入"账户或"资金结存"账户（零余额账户用款额度、货币资金），贷记相关支出账户；属于以前年度支付的，借记"资金结存"账户（财政应返还额度、零余额账户用款额度、货币资金），贷记"财政拨款结转""财政拨款结余""非财政拨款结转""非财政拨款结余"账户。

（六）缴纳企业所得税

有企业所得税缴纳义务的事业单位缴纳所得税时，按照实际缴纳金额，借记"非财政拨款结余——累计结余"账户，贷记"资金结存"账户（货币资金）。

（七）年末集中支付业务处理

（1）财政直接支付预算指标未使用数。年末，根据本年度财政直接支付预算指标数与当年财政直接支付实际支出数的差额，借记"资金结存"账户（财政应返还额度），贷记"财政拨款预算收入"账户。

（2）注销零余额账户用款额度。年末，单位依据代理银行提供的对账单作注销额度的相关账务处理，借记"资金结存"账户（财政应返还额度），贷记"资金结存"账户（零余额账户用款额度）。

（3）财政授权支付预算指标未使用数。本年度财政授权支付预算指标数大于零余额账户用款额度下达数的，根据未下达的用款额度，借记"资金结存"账户（财政应返还额度），贷记"财政拨款预算收入"账户。

（4）恢复零余额账户用款额度。下年年初，单位依据代理银行提供的额度恢复到账通知书作恢复额度的相关账务处理，借记"资金结存"账户（零余额账户用款额度），贷记"资金结存"账户（财政应返还额度）。

（5）批复上年未下达的零余额账户用款额度。单位收到财政部门批复的上年年末未下达零余额账户用款额度的，借记"资金结存"账户（零余额账户用款额度），贷记"资金结存"账户（财政应返还额度）。

资金结存业务的实务举例，参见有关章节相关业务的账务处理。

第三节　财政拨款结转与结余

一、财政拨款结转

（一）账户设置

单位应当设置"财政拨款结转"账户，用于核算单位取得的同级财政拨款结转资金的调整、结转和滚存情况。本账户年末贷方余额，反映单位滚存的财政拨款结转资金数额。本账户应当设置下列明细账户：

1. 与会计差错更正、以前年度支出收回相关的明细账户

即"年初余额调整"账户，本明细账户核算因发生会计差错更正、以前年度支出收回等原因，需要调整财政拨款结转的金额。年末结账后，本明细账户应无余额。

2. 与财政拨款调拨业务相关的明细账户

（1）"归集调入"账户。本明细账户核算按照规定从其他单位调入财政拨款结转资金时，实际调增的额度数额或调入的资金数额。年末结账后，本明细账户应无余额。

（2）"归集调出"账户。本明细账户核算按照规定向其他单位调出财政拨款结转资金时，实际调减的额度数额或调出的资金数额。年末结账后，本明细账户应无余额。

（3）"归集上缴"账户。本明细账户核算按照规定上缴财政拨款结转资金时，实际核销的额度数额或上缴的资金数额。年末结账后，本明细账户应无余额。

（4）"单位内部调剂"账户。本明细账户核算经财政部门批准对财政拨款结余资金改变用途，调整用于本单位其他未完成项目等的调整金额。年末结账后，本明细账户应无余额。

3. 与年末财政拨款结转业务相关的明细账户

（1）"本年收支结转"账户。本明细账户核算单位本年度财政拨款收支相抵后的余额。年末结账后，本明细账户应无余额。

（2）"累计结转"账户。本明细账户核算单位滚存的财政拨款结转资金。本明细账户年末贷方余额，反映单位财政拨款滚存的结转资金数额。

本账户还应当设置"基本支出结转""项目支出结转"两个明细账户，并在"基本支出结转"明细账户下按照"人员经费""日常公用经费"进行明细核算，在"项目支出结转"明细账户下按照具体项目进行明细核算；同时，本账户还应按照"政府收支分类科目"中"支出功能分类科目"的相关科目进行明细核算。有一般公共预算财政拨款、政府性基金预算财政拨款等两种或两种以上财政拨款的，还应当在本账户下按照财政拨款的种类进行明细核算。

（二）财政拨款结转主要账务处理

1. 与会计差错更正、以前年度支出收回相关的账务处理

因发生会计差错更正退回以前年度国库直接支付、授权支付款项或财政性货币资金，或者因发生会计差错更正增加以前年度国库直接支付、授权支付支出或财政性货币资金支出，属于以前年度财政拨款结转资金的，借记或贷记"资金结存——财政应返还额度、零余额账户用款额度、货币资金"账户，贷记或借记"财政拨款结转"账户（年初余额调整）。

[例12-1] 1月10日，某事业单位发现上年12月5日通过财政直接支付方式支付的某项目劳务费用15 000元，记账时误记为1 500元；上年12月12日，通过财政授权支付方式支付的某项目培训费8 000元，记账时误记为8 800元。这两个项目上年年末均未完成，资金结转到今年继续实施（假设财务会计的账务处理没有差错），对上述会计差错进行更正。

根据相关原始凭证和单据进行会计处理，预算会计分录如下：

（1）补记上年少记的劳务费用。

借：财政拨款结转——年初余额调整　　　　　　　　　　13 500

　　贷：资金结存——财政应返还额度　　　　　　　　　　13 500

（2）更正上年多记的培训费用。

借：资金结存——零余额账户用款额度　　　　　　　　　800

　　贷：财政拨款结转——年初余额调整　　　　　　　　　800

因购货退回、预付款项收回等发生以前年度支出又收回国库直接支付、授权支付款项或收回财政性货币资金，属于以前年度财政拨款结转资金的，借记"资金结存——财政应返还额度""资金结存——零余额账户用款额度""资金结存——货币资金"账户，贷记"财政拨款结转"账户（年初余额调整）。

[例12-2] 2月15日，某事业单位收到供货商退回的材料款25 000元（该材料款为上年12月份通过银行转账支付的财政拨款资金），同时退回购买的材料；同日，某事业单位委托软件公司开发的软件通过验收，软件公司结算退回12 000元预付款（该预付账款是上年通过银行转账支付的）。根据相关原始凭证和单据进行会计处理，预算会计分录如下：

借：资金结存——货币资金　　　　　　　　　　　　　37 000

　　贷：财政拨款结转——年初余额调整　　　　　　　　37 000

同时，财务会计分录为：

借：银行存款　　　　　　　　　　　　　　　　　　　37 000

　　贷：库存物品　　　　　　　　　　　　　　　　　25 000

　　　　预付账款——某软件公司　　　　　　　　　　12 000

2. 与财政拨款结转结余资金调整业务相关的账务处理

（1）按照规定从其他单位调入财政拨款结转资金的，按照实际调增的额度数额或调入的资金数额，借记"资金结存——财政应返还额度、零余额账户用款额度、货币资金"账户，贷记"财政拨款结转"账户（归集调入）。

（2）按照规定向其他单位调出财政拨款结转资金的，按照实际调减的额度数额或调出的资金数额，借记"财政拨款结转"账户（归集调出），贷记"资金结存——财政应返还额度""资金结存——零余额账户用款额度""资金结存——货币资金"账户。

（3）按照规定上缴财政拨款结转资金或注销财政拨款结转资金额度的，按照实际上缴资金数额或注销的资金额度数额，借记"财政拨款结转"账户（归集上缴），贷记"资金结存——财政应返还额度""资金结存——零余额账户用款额度""资金结存——货币资金"账户。

（4）经财政部门批准对财政拨款结余资金改变用途，调整用于本单位基本支出或其他未完成项目支出的，按照批准调剂的金额，借记"财政拨款结余——单位内部调剂"账户，贷记"财政拨款结转"账户（单位内部调剂）。

[例12-3] 某事业单位发生下列财政拨款结转调整业务：

1. 12月5日，财政部门从其他单位调入上年结转的授权支付用款额度80 000元，用于该事业单位某项目的实施。根据相关原始凭证和单据进行会计处理，预算会计分录如下：

借：资金结存——零余额账户用款额度　　　　　　　　　　80 000

　　贷：财政拨款结转——归集调入　　　　　　　　　　　　80 000

同时，财务会计分录如下：

借：零余额账户用款额度　　　　　　　　　　　　　　　　80 000

　　贷：累计盈余　　　　　　　　　　　　　　　　　　　　80 000

2. 12月8日，财政部门从该事业单位上年结转的财政直接支付资金额度中调出60 000元给其他单位。根据相关原始凭证和单据进行会计处理，预算会计分录如下：

借：财政拨款结转——归集调出　　　　　　　　　　　　　60 000

　　贷：资金结存——财政应返还额度　　　　　　　　　　　60 000

同时，财务会计分录为：

借：累计盈余　　　　　　　　　　　　　　　　　　　　　60 000

　　贷：财政应返还额度——财政直接支付　　　　　　　　　60 000

3. 12月16日，经财政部门批准，同意该事业单位从A项目的财政拨款结余资金中调剂70 000元用于该单位正在实施中的B项目。根据相关原始凭证和单据进行会计处理，预算会计分录如下：

借：财政拨款结余——单位内部调剂——A项目　　　　　　70 000

　　贷：财政拨款结转——单位内部调剂——B项目　　　　　　70 000

3. 与年末财政拨款结转业务相关的账务处理

（1）年末，将财政拨款预算收入本年发生额转入"财政拨款结转"账户，借记"财政拨款预算收入"账户，贷记"财政拨款结转"账户（本年收支结转）；将各项支出中财政拨款支出本年发生额转入"财政拨款结转"账户，借记"财政拨款结转"账户（本年收支结转），贷记各项支出（财政拨款支出）账户。

（2）年末冲销有关明细账户余额。将"财政拨款结转"账户（本年收支结转、年初余额调整、归集调入、归集调出、归集上缴、单位内部调剂）余额转入"财政拨款结转"账户（累计结转）。结转后，"财政拨款结转"账户除"累计结转"明细账户外，其他明细账户应无余额。

（3）年末完成上述结转后，应当对财政拨款结转各明细项目执行情况进行分析，按照有关规定将符合财政拨款结余性质的项目余额转入财政拨款结余，借记"财政拨款结转"账户（累计结转），贷记"财政拨款结余——结转转入"账户。

[例12-4] 某事业单位年末财政拨款结转业务实务举例：

1. 12月31日，该事业单位年末转账前"财政拨款预算收入"账户贷方余额2 800 000元；"事业支出"账户下财政拨款支出明细账户借方余额2 600 000元，"其他支出"账户下财政拨款支出明细账户借方余额80 000元。年末进行财政拨款预算收入、支出转账，根据相关原始凭证和单据进行会计处理，预算会计分录如下：

（1）结转财政拨款预算收入：

借：财政拨款预算收入　　　　　　　　　　　　　　　2 800 000

　　贷：财政拨款结转——本年收支结转　　　　　　　　　　　　2 800 000

（2）结转财政拨款预算支出。

借：财政拨款结转——本年收支结转　　　　　　　　　2 680 000

　　贷：事业支出——财政拨款支出　　　　　　　　　　　　　2 600 000

　　　　其他支出——财政拨款支出　　　　　　　　　　　　　　　80 000

2. 12月31日，该事业单位年末收入、支出转账后，"财政拨款结转"账户下"年初余额调整"明细账户贷方余额65 000元、"归集调入"明细账户贷方余额220 000元、"归集调出"明细账户借方余额130 000元、"归集上缴"明细账户借方余额110 000元、"本年收支结转"账户贷方余额460 000元、"单位内部调剂"明细账户贷方余额90 000元。年末冲销"财政拨款结转"有关明细账户余额，根据相关原始凭证和单据进行会计处理，预算会计分录如下：

（1）转出贷方余额的明细账户余额。

借：财政拨款结转——年初余额调整　　　　　　　　　　65 000

　　　　　　　　　——归集调入　　　　　　　　　　　　220 000

　　　　　　　　　——本年收支结转　　　　　　　　　　460 000

　　　　　　　　　——单位内部调剂　　　　　　　　　　　90 000

　　贷：财政拨款结转——累计结转　　　　　　　　　　　　　835 000

（2）转出借方余额的明细账户余额。

借：财政拨款结转——累计结转　　　　　　　　　　　240 000

　　贷：财政拨款结转——归集调出　　　　　　　　　　　　　130 000

　　　　　　　　　　——归集上缴　　　　　　　　　　　　110 000

3. 12月31日，完成"财政拨款结转"明细账户余额转账后，对财政拨款结转项目余额进行分析。其中A项目已完工，该项目结余的130 000元财政拨款资金不需要继续结转。根据相关原始凭证和单据进行会计处理，预算会计分录如下：

借：财政拨款结转——累计结转——A项目　　　　　　130 000

　　贷：财政拨款结余——结转转入——A项目　　　　　　　　130 000

二、财政拨款结余

（一）账户设置

单位应当设置"财政拨款结余"账户，用于核算单位取得的同级财政拨款项目支出结余资金的调整、结转和滚存情况。本账户年末贷方余额，反映单位滚存的财政拨款结余资金数额。

本账户应当设置下列明细账户：

1. 与会计差错更正、以前年度支出收回相关的明细账户

即"年初余额调整"账户，本明细账户核算因发生会计差错更正、以前年度支出收回等原因，需要调整财政拨款结余的金额。年末结账后，本明细账户应无余额。

2. 与财政拨款结余资金调整业务相关的明细账户

（1）"归集上缴"账户。本明细账户核算按照规定上缴财政拨款结余资金时，实际核销的额度数额或上缴的资金数额。年末结账后，本明细账户应无余额。

（2）"单位内部调剂"账户。本明细账户核算经财政部门批准对财政拨款结余资金改变用途，调整用于本单位其他未完成项目等的调整金额。年末结账后，本明细账户应无余额。

3. 与年末财政拨款结余业务相关的明细账户

（1）"结转转入"账户。本明细账户核算单位按照规定转入财政拨款结余的财政拨款结转资金。年末结账后，本明细账户应无余额。

（2）"累计结余"账户。本明细账户核算单位滚存的财政拨款结余资金。本明细账户年末贷方余额，反映单位财政拨款滚存的结余资金数额。

本账户还应当按照具体项目、"政府收支分类科目"中"支出功能分类科目"的相关科目等进行明细核算。有一般公共预算财政拨款、政府性基金预算财政拨款等两种或两种以上财政拨款的，还应当在本账户下按照财政拨款的种类进行明细核算。

（二）财政拨款结余主要账务处理

1. 与会计差错更正、以前年度支出收回相关的账务处理

（1）因发生会计差错更正退回以前年度国库直接支付、授权支付款项或财政性货币资金，或者因发生会计差错更正增加以前年度国库直接支付、授权支付支出或财政性货币资金支出，属于以前年度财政拨款结余资金的，借记或贷记"资金结存——财政应返还额度""资金结存——零余额账户用款额度""资金结存——货币资金"账户，贷记或借记"财政拨款结余"账户（年初余额调整）。

（2）因购货退回、预付款项收回等发生以前年度支出又收回国库直接支付、授权支付款项或收回财政性货币资金，属于以前年度财政拨款结余资金的，借记"资金结存——财政应返还额度""资金结存——零余额账户用款额度""资金结存——货币资金"账户，贷记"财政拨款结余"账户（年初余额调整）。

2. 与财政拨款结余资金调整业务相关的账务处理

（1）经财政部门批准对财政拨款结余资金改变用途，调整用于本单位基本支出或其他未完成项目支出的，按照批准调剂的金额，借记"财政拨款结余"账户（单位内部调剂），贷记"财政拨款结转——单位内部调剂"账户。

（2）按照规定上缴财政拨款结余资金或注销财政拨款结余资金额度的，按照实际上缴资金数额或注销的资金额度数额，借记"财政拨款结余"账户（归集上缴），贷记"资金结存——财政应返还额度""资金结存——零余额账户用款额度""资金结存——货币资金"等账户。

3. 与年末财政拨款结余业务相关的账务处理

（1）年末，对财政拨款结转各明细项目执行情况进行分析，按照有关规定将符合财政拨款结余性质的项目余额转入财政拨款结余，借记"财政拨款结转——累计结转"账户，贷记"财政拨款结余"账户（结转转入）。

（2）年末冲销有关明细账户余额。将财政拨款结余账户（年初余额调整、归集上缴、

单位内部调剂、结转转入）余额转入"财政拨款结余"账户（累计结余）。结转后，"财政拨款结余"账户除"累计结余"明细账户外，其他明细账户应无余额。

财政拨款结余业务的实务举例，参见财政拨款结转业务的账务处理。

第四节 非财政拨款结转与结余

一、非财政拨款结转

（一）账户设置

单位应当设置"非财政拨款结转"账户，用于核算单位除财政拨款收支、经营收支以外各非同级财政拨款专项资金的调整、结转和滚存情况。本账户年末贷方余额，反映单位滚存的非同级财政拨款专项结转资金数额。

本账户应当设置下列明细账户：

（1）"年初余额调整"账户。本明细账户核算因发生会计差错更正、以前年度支出收回等原因，需要调整非财政拨款结转的资金。年末结账后，本明细账户应无余额。

（2）"缴回资金"账户。本明细账户核算按照规定缴回非财政拨款结转资金时，实际缴回的资金数额。年末结账后，本明细账户应无余额。

（3）"项目间接费用或管理费"账户。本明细账户核算单位取得的科研项目预算收入中，按照规定计提项目间接费用或管理费的数额。年末结账后，本明细账户应无余额。

（4）"本年收支结转"账户。本明细账户核算单位本年度非同级财政拨款专项收支相抵后的余额。年末结账后，本明细账户应无余额。

（5）"累计结转"账户。本明细账户核算单位滚存的非同级财政拨款专项结转资金。本明细账户年末贷方余额，反映单位非同级财政拨款滚存的专项结转资金数额。

本账户还应当按照具体项目、《政府收支分类科目》中"支出功能分类科目"的相关科目等进行明细核算。

（二）非财政拨款结转主要账务处理

1. 提取项目管理费或间接费

按照规定从科研项目预算收入中提取项目管理费或间接费时，按照提取金额，借记"非财政拨款结转"账户（项目间接费用或管理费），贷记"非财政拨款结余——项目间接费用或管理费"账户。

[例12-5] 12月8日，某事业单位承担某科研项目任务，按规定从该科研项目预算收入中按5%提取了项目间接费或管理费60 000元。根据相关原始凭证和单据进行会计处理，预算会计分录如下：

借：非财政拨款结转——项目间接费或管理费   60 000

  贷：非财政拨款结余——项目间接费或管理费   60 000

同时，财务会计分录为：

借：单位管理费用 60 000

贷：预提费用——项目间接费或管理费 60 000

2. 会计差错更正

因会计差错更正收到或支出非同级财政拨款货币资金，属于非财政拨款结转资金的，按照收到或支出的金额，借记或贷记"资金结存——货币资金"账户，贷记或借记"非财政拨款结转"账户（年初余额调整）。因收回以前年度支出等收到非同级财政拨款货币资金，属于非财政拨款结转资金的，按照收到的金额，借记"资金结存——货币资金"账户，贷记"非财政拨款结转"账户（年初余额调整）。

非财政拨款结转会计差错更正业务的实务举例，参见财政拨款结转相关业务的账务处理。

3. 缴回非财政拨款结转资金

按照规定缴回非财政拨款结转资金的，按照实际缴回资金数额，借记"非财政拨款结转"账户（缴回资金），贷记"资金结存——货币资金"账户。

[例 12-6] 12 月 20 日，某事业单位承担的某科研项目任务完成并通过验收，按规定通过银行转账将该科研项目尚未使用的结转资金 56 000 元缴回原拨款单位。根据相关原始凭证和单据进行会计处理，预算会计分录如下：

借：非财政拨款结转——缴回资金 56 000

贷：资金结存——货币资金 56 000

同时，财务会计分录如下：

借：累计盈余 56 000

贷：银行存款 56 000

4. 年末收支转账

年末，将事业预算收入、上级补助预算收入、附属单位上缴预算收入、非同级财政拨款预算收入、债务预算收入、其他预算收入本年发生额中的专项资金收入转入本账户，借记"事业预算收入""上级补助预算收入""附属单位上缴预算收入""非同级财政拨款预算收入""债务预算收入""其他预算收入"账户下各专项资金收入明细账户，贷记"非财政拨款结转"账户（本年收支结转）；将行政支出、事业支出、其他支出本年发生额中的非财政拨款专项资金支出转入本账户，借记"非财政拨款结转"账户（本年收支结转），贷记"行政支出""事业支出""其他支出"账户下各非财政拨款专项资金支出明细账户。

非财政拨款结转年末收支转账业务的实务举例，参见财政拨款结转相关业务的账务处理。

5. 年末冲销明细账户余额

将"非财政拨款结转"账户（年初余额调整、项目间接费用或管理费、缴回资金、本年收支结转）余额转入"非财政拨款结转"账户（累计结转）。结转后，"非财政拨款结转"账户除"累计结转"明细账户外，其他明细账户应无余额。

非财政拨款结转年末冲销明细账户余额业务的实务，参见财政拨款结转相关业务的实务举例。

6. 转出非财政拨款结余资金

年末完成上述结转后，应当对非财政拨款专项结转资金各项目情况进行分析，将留归本单位使用的非财政拨款专项（项目已完成）剩余资金转入非财政拨款结余，借记"非财政拨款结转"账户（累计结转），贷记"非财政拨款结余——结转转入"账户。

转出非财政拨款结余资金业务的实务，参见财政拨款结转相关业务的实务举例。

二、非财政拨款结余

（一）账户设置

事业单位应当设置"非财政拨款结余"账户，用于核算单位历年滚存的非限定用途的非同级财政拨款结余资金，主要为非财政拨款结余扣除结余分配后滚存的金额。本账户年末贷方余额，反映单位非同级财政拨款结余资金的累计滚存数额。

本账户应当设置下列明细账户：

（1）"年初余额调整"账户。本明细账户核算因发生会计差错更正、以前年度支出收回等原因，需要调整非财政拨款结余的资金。年末结账后，本明细账户应无余额。

（2）"项目间接费用或管理费"账户。本明细账户核算单位取得的科研项目预算收入中，按照规定计提的项目间接费用或管理费数额。年末结账后，本明细账户应无余额。

（3）"结转转入"账户。本明细账户核算按照规定留归单位使用，由单位统筹调配，纳入单位非财政拨款结余的非同级财政拨款专项剩余资金。年末结账后，本明细账户应无余额。

（4）"累计结余"账户。本明细账户核算单位历年滚存的非同级财政拨款、非专项结余资金。本明细账户年末贷方余额，反映单位非同级财政拨款滚存的非专项结余资金数额。

本账户还应当按照"政府收支分类科目"中"支出功能分类科目"的相关科目进行明细核算。

（二）非财政拨款结余主要账务处理

1. 提取项目管理费或间接费

按照规定从科研项目预算收入中提取项目管理费或间接费时，借记"非财政拨款结转——项目间接费用或管理费"账户，贷记"非财政拨款结余"账户（项目间接费用或管理费）。

2. 缴纳企业所得税

有企业所得税缴纳义务的事业单位实际缴纳企业所得税时，按照缴纳金额，借记"非财政拨款结余——累计结余"账户，贷记"资金结存——货币资金"账户。

3. 会计差错更正或收回以前年度支出

因会计差错更正收到或支出非同级财政拨款货币资金，属于非财政拨款结余资金的，按照收到或支出的金额，借记或贷记"资金结存——货币资金"账户，贷记或借记"非财政拨款结余——年初余额调整"账户。因收回以前年度支出等收到非同级财政拨款货币资金，属于非财政拨款结余资金的，按照收到的金额，借记"资金结存——货币资金"

账户，贷记"非财政拨款结余——年初余额调整"账户。

4. 非财政拨款结转转入

年末，将留归本单位使用的非财政拨款专项（项目已完成）剩余资金转入"非财政拨款结余"账户，借记"非财政拨款结转——累计结转"账户，贷记"非财政拨款结余——结转转入"账户。

[例12-7] 12月31日，某事业单位对非财政拨款结转账户余额进行分析，其中A项目已经完工，该项目剩余的非财政拨款资金53 000元不需要缴回，留归本单位使用。根据相关原始凭证和单据进行会计处理，预算会计分录如下：

借：非财政拨款结转——累计结转　　　　　　　　　　　　53 000
　　贷：非财政拨款结余——结转转入　　　　　　　　　　　　53 000

5. 年末冲销明细账户余额

将"非财政拨款结余"账户（年初余额调整、项目间接费用或管理费、结转转入）余额结转入"非财政拨款结余——累计结余"账户。结转后，"非财政拨款结余"账户除"累计结余"明细账户外，其他明细账户应无余额。

6. 事业单位非财政拨款结余分配转入

年末，事业单位将"非财政拨款结余分配"账户余额转入"非财政拨款结余"账户。"非财政拨款结余分配"账户为借方余额的，借记"非财政拨款结余——累计结余"账户，贷记"非财政拨款结余分配"账户；"非财政拨款结余分配"账户为贷方余额的，借记"非财政拨款结余分配"账户，贷记"非财政拨款结余——累计结余"账户。

7. 行政单位其他结余转入

年末，行政单位将"其他结余"账户余额转入"非财政拨款结余"账户。"其他结余"账户为借方余额的，借记"非财政拨款结余——累计结余"账户，贷记"其他结余"账户；"其他结余"账户为贷方余额的，借记"其他结余"账户，贷记"非财政拨款结余——累计结余"账户。

[例12-8] 12月31日，某行政单位年末收支转账后，"其他结余"账户为贷方余额75 000元，按规定转入非财政拨款结余账户。根据相关原始凭证和单据进行会计处理，预算会计分录如下：

借：其他结余　　　　　　　　　　　　　　　　　　　　75 000
　　贷：非财政拨款结余——累计结余　　　　　　　　　　　　75 000

非财政拨款结余的其他实务举例，参见有关章节相关业务的账务处理。

三、非财政拨款结余分配

事业单位应当设置"非财政拨款结余分配"账户，用于核算事业单位本年度非财政拨款结余分配的情况和结果。年末结账后，本账户应无余额。

非财政拨款结余分配的主要账务处理如下：

（1）年末，将"其他结余"账户余额转入"非财政拨款结余分配"账户，当"其他结余"账户为贷方余额时,借记"其他结余"账户,贷记"非财政拨款结余分配"账户;当"其他结余"账户为借方余额时,借记"非财政拨款结余分配"账户,贷记"其他结余"账户。年末,将"经营结余"账户贷方余额转入"非财政拨款结余分配"账户,借记"经营结余"账户,贷记"非财政拨款结余分配"账户。

(2)根据有关规定提取专用基金的,按照提取的金额,借记"非财政拨款结余分配"账户,贷记"专用结余"账户。

(3)年末,按照规定完成上述处理后,将"非财政拨款结余分配"账户余额转入非财政拨款结余。当"非财政拨款结余分配"账户为借方余额时,借记"非财政拨款结余——累计结余"账户,贷记"非财政拨款结余分配"账户;当"非财政拨款结余分配"账户为贷方余额时,借记"非财政拨款结余分配"账户,贷记"非财政拨款结余——累计结余"账户。

[例12-9] 12月31日,某事业单位年末"其他结余"账户贷方余额220 000元,"经营结余"账户贷方余额130 000元;按规定,该单位可以按当年非财政拨款结余的25%计提职工福利基金。该事业单位进行年终转账、计提职工福利基金时,根据相关原始凭证和单据进行会计处理。

(1)结转其他结余和经营结余,预算会计分录如下:

借:其他结余 220 000

经营结余 130 000

贷:非财政拨款结余分配 350 000

(2)计提职工福利基金,预算会计分录如下:

应计提职工福利基金数 = 350 000×25% = 87 500(元)

借:非财政拨款结余分配 87 500

贷:专用结余——职工福利基金 87 500

同时,财务会计分录为:

借:本年盈余分配 87 500

贷:专用基金——职工福利基金 87 500

(3)将非财政拨款结余分配账户贷方余额转入非财政拨款结余,预算会计分录如下:

借:非财政拨款结余分配 262 500

贷:非财政拨款结余——累计结余 262 500

第五节 其他各项结余

一、专用结余

事业单位应当设置"专用结余"账户,用于核算事业单位按照规定从非财政拨款结余中提取的具有专门用途的资金的变动和滚存情况。本账户应当按照专用结余的类别进行明细核算。本账户年末贷方余额，反映事业单位从非同级财政拨款结余中提取的专用基金的累计滚存数额。

专用结余的主要账务处理如下：

（1）根据有关规定从本年度非财政拨款结余或经营结余中提取基金的，按照提取金额，借记"非财政拨款结余分配"账户，贷记"专用结余"账户。

（2）根据规定使用从非财政拨款结余或经营结余中提取的专用基金时，按照使用金额，借记"专用结余"账户，贷记"资金结存——货币资金"账户。

[例12-10] 12月3日，某事业单位使用职工福利基金32 000元购置职工食堂用锅炉，当日已通过银行转账付款；12月5日，使用从收入中提取的某专用基金支付业务协作费21 000元。根据相关原始凭证和单据进行会计处理。

（1）使用职工福利基金，预算会计分录如下：

借：专用结余 32 000
　　贷：资金结存——货币资金 32 000

使用职工福利基金购置锅炉，财务会计平行记账分录为：

借：固定资产 32 000
　　贷：银行存款 32 000

同时

借：专用基金 32 000
　　贷：累计盈余 32 000

（2）使用从收入中提取的专用基金，预算会计分录如下：

借：事业支出 21 000
　　贷：资金结存——货币资金 21 000

同时，财务会计分录为：

借：专用基金 21 000
　　贷：银行存款 21 000

二、经营结余

事业单位应当设置"经营结余"账户，用于核算事业单位本年度经营活动收支相抵后余额弥补以前年度经营亏损后的余额。年末结账后，本账户一般无余额；如为借方余额，反映事业单位累计发生的经营亏损。本账户可以按照经营活动类别进行明细核算。

经营结余的主要账务处理如下：

（1）年末，将经营预算收入本年发生额转入"经营结余"账户，借记"经营预算收入"账户，贷记"经营结余"账户；将经营支出本年发生额转入"经营结余"账户，借记"经营结余"账户，贷记"经营支出"账户。

（2）年末，完成上述结转后，如"经营结余"账户为贷方余额，将"经营结余"账户贷方余额转入"非财政拨款结余分配"账户，借记"经营结余"账户，贷记"非财政拨款结余分配"账户；如"经营结余"账户为借方余额，为经营亏损，不予结转。

🔔 [例12-11] 12月31日，某事业单位年末转账前"经营预算收入"账户为贷方余额560 000元，"经营支出"账户为借方余额510 000元。该事业单位年终对经营收支进行转账，根据相关原始凭证和单据进行会计处理，预算会计分录如下：

（1）结转经营预算收入。

借：经营预算收入 560 000

　　贷：经营结余 560 000

（2）结转经营支出。

借：经营结余 510 000

　　贷：经营支出 510 000

（3）经营结余转入非财政拨款结余分配。

当年经营结余=经营预算收入560 000-经营支出510 000=50 000（元）（贷方余额）

借：经营结余 50 000

　　贷：非财政拨款结余分配 50 000

三、其他结余

单位应当设置"其他结余"账户，用于核算单位本年度除财政拨款收支、非同级财政专项资金收支和经营收支以外各项收支相抵后的余额。年末结账后，"其他结余"账户应无余额。

其他结余的主要账务处理如下：

（1）年末，将事业预算收入、上级补助预算收入、附属单位上缴预算收入、非同级财政拨款预算收入、债务预算收入、其他预算收入本年发生额中的非专项资金收入以及投资预算收益本年发生额转入"其他结余"账户，借记"事业预算收入""上级补助预算收入""附属单位上缴预算收入""非同级财政拨款预算收入""债务预算收入""其他预算收入"账户下各非专项资金收入明细账户和"投资预算收益"账户，贷记"其他结余"账户（"投资预算收益"账户本年发生额为借方净额时，借记"其他结余"账户，贷记"投资预算收益"账户）；将行政支出、事业支出、其他支出本年发生额中的非同级财政、非专项资金支出，以及上缴上级支出、对附属单位补助支出、投资支出、债务还本支出本年发生额转入"其他结余"账户，借记"其他结余"账户，贷记"行政支出""事业支出""其他支出"账户下各非同级财政、非专项资金支出明细账户和"上缴上级支出""对附属单位补助支出""投资支出""债务还本支出"账户。

（2）年末，完成上述（1）结转后，行政单位将"其他结余"账户余额转入"非财政拨款结余——累计结余"账户；事业单位将"其他结余"账户余额转入"非财政拨款结余分配"账户。当"其他结余"账户为贷方余额时，借记"其他结余"账户，贷记"非财政拨款结余——累计结余"或"非财政拨款结余分配"账户；当"其他结余"账户为借方余额时，借记"非财政拨款结余——累计结余"或"非财政拨款结余分配"账户，贷记"其他结余"账户。

其他结余业务的实务，参见预算收入、预算支出和预算结余相关业务的实务举例。

复习思考题

1. 简述政府单位预算结余的概念及分类。
2. 政府单位预算结余管理的要求有哪些？

同步测试题

目的：练习事业单位预算结余的核算。

资料：某事业单位发生如下经济业务。

1.1月15日，发现上年12月25日通过财政授权方式支付的某项目劳务费用7 000元，记账时误记为700元；上年12月27日，通过财政直接支付方式支付的某项目培训费3 000元，记账时误记为3 300元。这两个项目上年结余资金均结转到今年继续实施。

2.6月8日，按规定从科研项目预算收入中按5%提取了项目间接费或管理费56 000元。

3.9月20日，某科研项目任务完成并通过验收，按规定通过银行转账将该科研项目尚未使用的结转资金43 000元缴回原拨款单位。

4.10月5日，通过银行转账向税务机关缴纳企业所得税19 000元。

5.12月31日，年末"其他结余"账户贷方余额310 000元，"经营结余"账户贷方余额70 000元；按规定，该单位可以按当年非财政拨款结余的20%计提职工福利基金。

6.12月31日，年末收入、支出转账后，"财政拨款结转"账户下"年初余额调整"明细账户贷方余额35 000元、"归集调入"明细账户贷方余额100 000元、"归集调出"明细账户借方余额80 000元、"归集上缴"明细账户借方余额90 000元、"本年收支结转"账户贷方余额1 100 000元、"单位内部调剂"明细账户贷方余额180 000元。年末冲销"财政拨款结转"有关明细账户余额。

7.12月31日，完成财政拨款结转明细账户余额转账后，对财政拨款结转项目余额进行分析。其中A项目已完工，该项目结余的80 000元财政拨款资金不需要继续结转。

要求：根据以上资料，编制该事业单位的相关会计分录。

第十三章

政府单位会计报表

学习目标

本章对政府单位年终清理和结账，会计报表的概念、种类，会计报表编制特别是政府单位资产负债表、现金流量表、净资产变动表、本年盈余与预算结余差异情况、预算结转结余表进行介绍。通过本章学习，要求了解政府单位会计报表的种类、内容和编制要求，理解政府单位年终清理和结账工作，掌握政府单位年度财务会计报表和预算会计报表的编制方法。

政府单位应当按照政府会计准则制度的规定以及财政部门和上级主管部门的要求，按照规定的内容、格式和编制方法编制财务会计报表和预算会计报表，做到数字准确、内容完整、报送及时、手续齐全。

第一节　政府单位会计报表概述

政府单位实行"双报告"制度。以权责发生制为基础，依据单位财务会计核算生成的数据编制财务会计报表；以收付实现制为基础，依据单位预算会计核算的数据编制预算会计报表。

一、会计报表概念

政府会计准则第 9 号——财务报表编制和列报

政府单位会计报表包括财务会计报表和预算会计报表。

（一）财务会计报表

政府单位财务会计报表是反映单位一定时期财务状况、收支情况和现金流量的书面文件。财务会计报表由会计报表及其附注构成。

会计报表一般包括资产负债表、收入费用表和净资产变动表。单位可根据实际情况自行选择编制现金流量表。

报表附注是对在资产负债表、收入费用表、现金流量表等报表中列示项目所作的进一步说明，以及对未能在这些报表中列示项目的说明。

（二）预算会计报表

政府单位预算会计报表是反映单位预算执行结果的书面文件。预算会计报表至少包括预算收入支出表、预算结转结余变动表和财政拨款预算收入支出表。

按照《行政单位财务规则》和《事业单位财务规则》的规定，政府单位还应当编制财务情况说明书和财务分析。财务情况说明书，主要说明单位收入、支出、结转、结余及其分配、对外投资、资产出租出借、资产处置、固定资产投资、绩效考评的情况，对本期或者下期预算执行发生重大影响的事项，以及需要说明的其他事项。财务分析的内容包括预算编制与执行、收入支出状况等。

二、会计报表编制基本要求

政府单位应定期向主管部门、财政部门和其他有关部门提供会计报表。它是单位领导、上级主管部门、政府相关部门及其他报表使用者了解单位财务情况、进行考核监督、指导财务管理和预算执行工作的重要参考，是单位编制年度预算和季度分月用款计划、单位加强内部管理、进行管理决策的重要依据。政府单位会计报表编制和列报的基本要求如下：

（1）依据会计准则和制度编报会计报表。单位应当根据实际发生的会计事项，遵循《政府会计准则——基本准则》、各项具体准则和《政府会计制度》的规定，按照统一的报表种类、格式和列报口径，编制财务会计报表和预算会计报表，不得违反制度规定随意改变财务会计报表和预算会计报表的编制基础、编制依据、编制原则和方法，不得随意改变制度规定的财务会计报表和预算会计报表有关数据的会计口径。

（2）报表数据应当真实、准确、完整。财务会计报表和预算会计报表应当根据登记完整、核对无误的账簿记录和其他有关资料编制，做到数字真实、计算准确、内容完整、编报及时。单位编制年度会计报表前，应当按期结账，做好账务清理，核实收支数字，清理现金和银行存款，清理往来账款，清查财产物资。不得以估计数、计划数编制会计报表，不得篡改、伪造会计核算数据编制虚假会计报表，切实做到账表一致、账证一致、账账一致和账实一致。

（3）报表编报的及时性及报告期间要求。单位应当按照财政部门或主管部门的要求，定期编制并在规定时间内报送会计报表。单位一般应当编制月度会计报表、季度会计报表和年度会计报表，至少应当按照年度编制财务会计报表和预算会计报表。年度财务会计报表涵盖的期间短于一年的，应当披露年度财务会计报表的涵盖期间、短于一年的原因以及报表数据不具可比性的事实。

（4）会计报表签章的要求。财务会计报表和预算会计报表应当由单位负责人和主管会计工作的负责人、会计机构负责人（会计主管人员）签名并盖章。

第二节 年终清理和结账

政府单位在编制年终财务报告和决算报告前，应当进行年终清理和年终结账。年终清理和年终结账，不仅是政府单位在一个年度末结清账务，顺利转入新的一年会计核算所必须做好的工作，也是编制年度财务报告和决算报告的基础环节。政府单位应当在全面清理核实财务会计的收入、费用、资产、负债和预算会计的预算收入、预算支出，并办理年终结账的基础上编制财务报告和决算报告。

一、年终清理

年终清理是对单位全年财务会计的各项收入、费用，预算会计的各项预算收入、预算支出，以及其他各会计事项或资金活动进行全面清查、核对、整理和结算的工作，这是编制年度会计报表的重要环节。

政府单位年终清理主要包括以下内容：

（1）清理、核对年度预算收支数字和各项缴拨款项数字。年终前，财政部门、上级单位和所属单位之间的全年预算数（包括追加、追减和上、下划数字），以及应上缴和拨补的款项等，都要按规定逐笔进行清理结算，保证单位与财政部门之间、部门内部上下级单位之间的年度预算、领拨经费数一致。为保证会计年度分期和年终清理工作顺利进行，凡属于本年度应拨、应缴款项，应当在 12 月 31 日前汇达对方，主管会计单位对所属各单位的拨款，一般截至 12 月 25 日。

（2）清理核对各项收支款项。单位凡属本年的各项收入都要入账，不得长期挂在往来账上，不得隐瞒收入。属于本年各项应缴预算收入，年终前应当全部上缴国库；属于本年应缴财政专户资金，年终前应当全部上缴财政专户。凡属本年的各项预算支出，应按规定的支出渠道如实分别编入本年支出决算；凡属本年财务会计应当确认的费用，应按政府会计准则制度的规定及时确认为本年度的费用。年度单位财务报表和决算报表，一律以基层单位截至 12 月 31 日的本年财务会计和预算会计核算的数据为准。

（3）清理往来款项。政府单位各项往来款项，该收回的应当及时收回，该偿付的应当及时偿付，年终前应尽量清理完毕。按照规定应当转作各项收入或各项支出（费用）的往来款项，要及时转入各有关账户；属于应转拨给所属单位的经费，应当及时转拨所属单位，不得长期挂账。对未决诉讼等或有负债事项，应当按会计准则制度的规定合理确认预计负债金额。各种代管资金都要在年终前结清账务。年终，事业单位对收回后不需要上缴财政的应收账款和其他应收款还应当按会计准则制度规定补提（或冲减）坏账准备。

（4）清查货币资金。政府单位年终要及时与开户银行对账，银行存款账面余额要与

273

银行对账单的余额核对相符。现金账面余额要与库存现金核对相符。年末，财政部门注销的零余额账户用款额度和当年授权支付预算指标数大于已下达的授权支付用款额度数的差额，应当与财政部门核对一致。

（5）清查财产物资。单位的各种财产物资都要全部入账，固定资产和库存物品要进行盘点清查。年终前，应对各项财产物资进行清查盘点，发生盘盈、盘亏的，要及时查明原因，按规定作出处理，并调整账务，做到账实相符、账账相符。

二、年终结账

政府单位在年终清理的基础上，核对账目无误后，根据各账户12月末的余额，按会计制度规定的年终转账办法，填制12月31日的记账凭单，进行年终转账和结账。

（1）年终转账。① 账目核对无误后，首先计算出各账户借方、贷方的12月份合计数和全年累计数，并结出12月末的余额。② 财务会计编制结账前的资产负债表，进行试算平衡；预算会计应核对预算收入、预算支出、资金结存及有关预算结余类账户当年发生的调整数。③ 填制12月31日的记账凭证，财务会计对各项收入、费用账户和有关净资产账户办理结账冲转；预算会计对预算收入、预算支出和有关预算结余账户办理结账冲转。

（2）结清旧账。将转账后无余额的账户结出全年累计数，然后在下面划双红线，表示本账户全部结清。对年终有余额的账户，在"全年累计数"下行的"摘要"栏内注明"结转下年"字样，再在下面划双红线，表示年终余额转入新账，结束旧账。

（3）记入新账。根据上年度各账户余额，编制年末的"资产负债表""预算结转结余变动表"和有关明细表，将表列各账户年终余额数（不编制记账凭证）直接记入新年度相应的各有关账户，并在"摘要"栏内注明"上年结转"字样，以区别新年度发生数。

第三节 财务会计报表

一、财务会计报表分类

政府单位的财务会计报表包括会计报表和报表附注。

（1）按会计报表反映的经济内容来分，包括有资产负债表、收入费用表、净资产变动表、现金流量表和报表附注。

（2）按会计报表编报的时间划分，可分为月度报表和年度报表。

政府单位财务会计报表具体分类如表13-1所示。

表 13-1　政府单位财务会计报表种类

编号	财务报表名称	编制期
会政财 01 表	资产负债表	月度、年度
会政财 02 表	收入费用表	月度、年度
会政财 03 表	净资产变动表	年度
会政财 04 表	现金流量表	年度

二、财务会计报表编制要求

（1）列报基础及合规性要求。单位应当以持续运行为基础，根据实际发生的经济业务或事项，按照政府会计准则制度的规定进行确认和计量，在此基础上编制财务报表。单位不应以附注披露代替确认和计量，不恰当的确认和计量也不能通过充分披露相关会计政策而纠正。

如果按照政府会计准则制度规定披露的信息不足以让报表使用者了解特定经济业务或事项对单位财务状况和运行情况的影响时，还应当披露其他的必要信息。

（2）权责发生制基础。除现金流量表按照收付实现制原则编制外，单位应当按照权责发生制原则编制财务报表。

（3）报表信息一致性要求。财务报表项目的列报应当在各个会计期间保持一致，不得随意变更，但政府会计准则制度和财政部发布的其他有关规定要求变更财务报表项目的除外。

（4）列报项目重要性要求。性质或功能不同的项目，应当在财务报表中单独列报，但不具有重要性的项目除外。性质或功能类似的项目，其所属类别具有重要性的，应当按其类别在财务报表中单独列报。某些项目的重要性程度不足以在资产负债表、收入费用表等报表中单独列示，但对附注具有重要性的，则应当在附注中单独披露。

（5）报表项目金额间的相互抵销。财务报表中的资产项目和负债项目的金额、收入项目和费用项目的金额不得相互抵销，但其他政府会计准则另有规定的除外。资产或负债项目按扣除备抵项目后的净额列示，不属于抵销。

（6）比较信息的列报。当期财务报表的列报，至少应当提供所有列报项目上一个可比会计期间的比较数据，以及与理解当期财务报表相关的说明，但其他政府会计准则制度另有规定的除外。

（7）财务报表表首的列报要求。单位应当在财务报表的显著位置至少披露下列各项：① 编报主体的名称。② 资产负债表日或财务报表涵盖的会计期间。③ 人民币金额单位。④ 财务报表是合并财务报表的，应当予以标明。

三、资产负债表

（一）资产负债表概念及结构

资产负债表是反映单位在某一特定日期全部资产、负债和净资产情况的报表，反映单位在某一特定日期所拥有或控制的经济资源、所承担的现时义务和形成的净资产等情况。通过资产负债表，可以提供某一日期单位拥有或控制的资源及其分布情况，使用者可以一目了然地从资产负债表上了解单位在某一特定日期所拥有的资产总量及其结构；可以提供某一日期的负债总额及其结构，表明单位未来需要用多少资产或劳务清偿以及清偿时间；可以反映单位形成的净资产，据以判断国有资产保值、增值的情况以及对负债的保障程度。

资产负债表采用账户式结构，报表分为左右两方，左方列示资产各项目，反映全部资产的分布及存在形态；右方列示负债和净资产各项目，反映全部负债和净资产的内容及构成情况。为了使使用者通过比较不同时点资产负债表的数据，掌握单位财务状况的变动情况及发展趋势，单位需要对资产负债表各项目按"年初余额"和"期末余额"两栏分别填列。

资产负债表中左右双方平衡，"资产总计"项目期末（年初）余额应当与"负债和净资产总计"项目期末（年初）余额相等。

资产负债表上的资产和负债按流动性分别分为流动资产和非流动资产、流动负债和非流动负债；有受托代理资产和受托代理负债的单位，在资产负债表中应当单独列示受托代理资产和受托代理负债。

（二）资产负债表"年初余额"的列报

本表"年初余额"栏内各项数字，应当根据上年年末资产负债表"期末余额"栏内数字填列。

如果本年度资产负债表规定的项目的名称和内容同上年度不一致，应当对上年年末资产负债表项目的名称和数字按照本年度的规定进行调整，将调整后数字填入本表"年初余额"栏内。如果本年度单位发生了因前期差错更正、会计政策变更等调整以前年度盈余的事项，还应当对"年初余额"栏中的有关项目金额进行相应调整。

（三）资产负债表"期末余额"栏填列方法

本表"期末余额"栏一般应根据资产、负债和净资产类科目期末余额填列。下列项目应根据有关总账科目及明细科目计算或分析填列：

1. 资产类项目

（1）"货币资金"项目，应当根据"库存现金""银行存款""零余额账户用款额度""其他货币资金"科目的期末余额的合计数填列；若单位存在通过"库存现金""银行存款"科目核算的受托代理资产还应当按照前述合计数扣减"库存现金""银行存款"科目下"受托代理资产"明细科目的期末余额后的金额填列。

（2）"应收账款净额"项目，应当根据"应收账款"科目的期末余额，减去"坏账准备"科目中对应收账款计提的坏账准备的期末余额后的金额填列。

（3）"其他应收款净额"项目，应当根据"其他应收款"科目的期末余额减去"坏账准备"科目中对其他应收款计提的坏账准备的期末余额后的金额填列。

（4）"存货"项目，应当根据"在途物品""库存物品""加工物品"科目的期末余额的合计数填列。

（5）"一年内到期的非流动资产"项目，反映单位期末非流动资产项目中将在1年内（含1年）到期的金额，应当根据"长期债券投资"等科目的明细科目的期末余额分析填列。

（6）"长期债券投资"项目，应当根据"长期债券投资"科目的期末余额减去其中将于1年内（含1年）到期的长期债券投资余额后的金额填列。

（7）"固定资产净值"项目，应当根据"固定资产"科目期末余额减去"固定资产累计折旧"科目期末余额后的金额填列。

（8）"无形资产净值"项目，应当根据"无形资产"科目期末余额减去"无形资产累计摊销"科目期末余额后的金额填列。

（9）"公共基础设施净值"项目，应当根据"公共基础设施"科目期末余额减去"公共基础设施累计折旧（摊销）"科目期末余额后的金额填列。

（10）"保障性住房净值"项目，应当根据"保障性住房"科目期末余额减去"保障性住房累计折旧"科目期末余额后的金额填列。

（11）"受托代理资产"项目，应当根据"受托代理资产"科目的期末余额与"库存现金""银行存款"科目下"受托代理资产"明细科目的期末余额的合计数填列。

2. 负债类项目

（1）"一年内到期的非流动负债"项目，应当根据"长期应付款""长期借款"等科目的明细科目的期末余额分析填列。

（2）"长期借款"项目，应当根据"长期借款"科目的期末余额减去其中将于1年内（含1年）到期的长期借款余额后的金额填列。

3. 净资产类项目

（1）"无偿调拨净资产"项目，仅在月度报表中列示，年度报表中不列示。月度报表中本项目应当根据"无偿调拨净资产"科目的期末余额填列；"无偿调拨净资产"科目期末为借方余额时，以"－"号填列。

（2）"本期盈余"项目，仅在月度报表中列示，年度报表中不列示。月度报表中本项目应当根据"本期盈余"科目的期末余额填列；"本期盈余"科目期末为借方余额时，以"－"号填列。

（四）资产负债表编制实例

[**例13-1**] 2×19年12月31日，某事业单位结账后各资产、负债和净资产类会计科目余额如表13-2所示。据此编制该事业单位的资产负债表。

表 13-2　科目余额表

2×19 年　　　　　　　　　　　　　　　　　　　　　　　　　　　　　单位：元

科目编号	科目名称	借方余额	科目编号	科目名称	贷方余额
	（一）资产类合计	10 501 500.00		（二）负债类合计	876 500.00
1001	库存现金	1 500.00	2001	短期借款	
1002	银行存款	3 000 000.00	2101	应交增值税	3 200.00
	其中：受托代理存款	200 000.00	2102	其他应交税费	2 100.00
1101	短期投资	100 000.00	2103	应缴财政款	1 200.00
1201	财政应返还额度	260 000.00	2302	应付账款	150 000.00
1212	应收账款	150 000.00	2305	预收账款	220 000.00
1214	预付账款	120 000.00	2307	其他应付款	21 000.00
1218	其他应收款	8 000.00	2401	预提费用	9 000.00
121901	坏账准备——应收账款	-10 000.00	2502	长期应付款	270 000.00
121902	坏账准备——其他应收款	-3 000.00		其中：1 年内到期	70 000.00
1301	在途物品	3 000.00	2901	受托代理负债	200 000.00
1302	库存物品	180 000.00	3001	（三）净资产类合计	9 625 000.00
1401	待摊费用	11 000.00	3101	累计盈余	9 454 000.00
1501	长期股权投资	270 000.00	3201	专用基金	160 000.00
150201	长期债券投资	200 000.00		权益法调整	11 000.00
	其中：1 年内到期	80 000.00			
1601	固定资产	5 300 000.00			
1602	固定资产累计折旧	-860 000.00			
1611	工程物资	110 000.00			
1613	在建工程	1 360 000.00			
1701	无形资产	320 000.00			
1702	无形资产累计摊销	-51 000.00			
1902	待处理财产损溢	32 000.00			

　　编制 12 月 31 日资产负债表时，"年初余额"栏各项目数字，依据上年年末的资产负债表"期末余额"栏内数字填列（假设表 13-3 中"年初余额"栏各项数字，均取自该单位上年年末资产负债表）。

　　"期末余额"栏内各项数字，根据各账户的期末余额按下列方法分别填列：

（1）货币资金项目＝"库存现金"1 500+"银行存款"3 000 000-受托代理的银行存款200 000＝2 801 500（元）

（2）应收账款净额项目＝"应收账款"150 000-"坏账准备——应收账款"10 000＝140 000（元）

（3）其他应收款净额项目＝"其他应收款"8 000-"坏账准备-其他应收款"3 000＝5 000（元）

（4）存货项目＝"在途物品"3 000+"库存物品"180 000＝183 000（元）

（5）一年内到期的非流动资产项目＝"1年内到期的长期债券投资"80 000（元）

（6）长期债券投资项目＝"长期债券投资"200 000-"1年内到期的长期债券投资"80 000＝120 000（元）

（7）固定资产项目：

固定资产原值项目＝"固定资产"科目期末余额5 300 000（元）

固定资产净值＝"固定资产原值"5 300 000-"固定资产累计折旧"860 000＝4 440 000（元）

（8）无形资产项目：

无形资产原值项目＝"无形资产"科目期末余额320 000（元）

无形资产净值项目＝"无形资产原值"320 000-"无形资产累计摊销"51 000＝269 000（元）

（9）一年内到期的非流动负债项目＝"1年内到期的长期应付款"70 000（元）

（10）长期应付款项目＝"长期应付款"270 000-"1年内到期的长期应付款"70 000＝200 000（元）

（11）受托代理资产项目＝"银行存款——受托代理存款"200 000（元）

（12）其他项目根据各对应科目期末余额直接填列。

根据2×19年科目余额和对科目余额分析的结果，编制2×19年的资产负债表如表13-3所示。

表 13-3　资产负债表

会政财 01 表

编制单位：　　　　　　　　　　　2×19年12月31日　　　　　　　　　单位：元

资　产	期末余额	年初余额	负债和净资产	期末余额	年初余额
流动资产：			流动负债：		
货币资金	2 801 500.00	2 801 700.00	短期借款		
短期投资	100 000.00	101 000.00	应交增值税	3 200.00	3 300.00
财政应返还额度	260 000.00	262 000.00	其他应交税费	2 100.00	2 300.00
应收票据		0.00	应缴财政款	1 200.00	1 300.00
应收账款净额	140 000.00	145 000.00	应付职工薪酬		0.00
预付账款	120 000.00	122 000.00	应付票据		0.00

续表

资　产	期末余额	年初余额	负债和净资产	期末余额	年初余额
应收股利		0.00	应付账款	150 000.00	152 000.00
应收利息		0.00	应付政府补贴款		0.00
其他应收款净额	5 000.00	8 000.00	应付利息		0.00
存货	183 000.00	185 000.00	预收账款	220 000.00	221 000.00
待摊费用	11 000.00	12 000.00	其他应付款	21 000.00	22 000.00
一年内到期的非流动资产	80 000.00	80 000.00	预提费用	9 000.00	9 300.00
其他流动资产		0.00	一年内到期的非流动负债	70 000.00	
流动资产合计	3 700 500.00	3 716 700.00	其他流动负债		
非流动资产：			流动负债合计	476 500.00	411 200.00
长期股权投资	270 000.00	273 000.00	非流动负债：		
长期债券投资	120 000.00	122 000.00	长期借款		
固定资产原值	5 300 000.00	5 304 000.00	长期应付款	200 000.00	155 000.00
减：固定资产累计折旧	860 000.00	860 200.00	预计负债		
固定资产净值	4 440 000.00	4 443 800.00	其他非流动负债		
工程物资	110 000.00	111 000.00	非流动负债合计	200 000.00	155 000.00
在建工程	1 360 000.00	1 362 000.00	受托代理负债	200 000.00	
无形资产原值	320 000.00	323 000.00	负债合计	876 500.00	566 200.00
减：无形资产累计摊销	51 000.00	51 300.00			
无形资产净值	269 000.00	271 700.00			
研发支出					
公共基础设施原值					
减：公共基础设施累计折旧（摊销）					
公共基础设施净值					
政府储备物资					

资　产	期末余额	年初余额	负债和净资产	期末余额	年初余额
文物文化资产					
保障性住房原值					
减：保障性住房累计折旧			净资产：		
保障性住房净值			累计盈余	9 454 000.00	9 606 300.00
长期待摊费用			专用基金	160 000.00	150 000.00
待处理财产损溢	32 000.00	32 300.00	权益法调整	11 000.00	10 000.00
其他非流动资产					—
非流动资产合计	6 601 000.00	6 615 800.00			
受托代理资产	200 000.00		净资产合计	9 625 000.00	9 766 300.00
资产总计	10 501 500.00	10 332 500.00	负债和净资产总计	10 501 500.00	10 332 500.00

四、收入费用表

收入费用表是反映单位在某一会计期间内发生的收入、费用及当期盈余情况的报表。收入费用表的列报应当充分反映单位收入的来源、费用的用途及其构成情况，通过收入费用表，可以提供单位在一定会计期间的收入实现情况、费用的耗费情况，以及形成的盈余和盈余分配情况等会计信息。

收入费用表应当按收入、费用的构成和盈余分配情况分别列示，按本期收入、本期费用和本期盈余等项目分层次排列。同时，对收入、费用和盈余项目分别列示"本月数"和"本年累计数"。"本月数"栏反映各项目的本月实际发生数，编制年度收入费用表时，应当将本栏改为"本年数"，反映本年度各项目的实际发生数。"本年累计数"栏反映各项目自年初至报告期期末的累计实际发生数。编制年度收入费用表时，应当将本栏改为"上年数"，反映上年度各项目的实际发生数。

收入费用表报表格式及各项目的填列方法，略。

五、净资产变动表

（一）净资产变动表概念及结构

净资产变动表反映单位在某一会计年度内净资产项目的变动情况。净资产变动表是对每个净资产项目，按照影响净资产变动的因素分层次列示。它提供反映单位净资产项目年初余额的调整情况、本年净资产项目增减变动情况，以及年末净资产项目的滚存余额情况。净资产变动表各项目应同时反映"本年数"和"上年数"。"本年数"栏反映本年度各项目的实际变动数。

（二）"本年数"栏各项目填列方法

1. "上年年末余额"行

本行各项目应当根据"累计盈余""专用基金""权益法调整"科目上年年末余额填列。

2. "以前年度盈余调整"行

本行"累计盈余"项目应当根据本年度"以前年度盈余调整"科目转入"累计盈余"科目的金额填列；如调整减少累计盈余，以"–"号填列。

3. "本年年初余额"行

本行"累计盈余""专用基金""权益法调整"项目应当根据其各自在"上年年末余额"和"以前年度盈余调整"行对应项目金额的合计数填列。

4. "本年变动金额"行

本行"累计盈余""专用基金""权益法调整"项目应当根据其各自在"本年盈余""无偿调拨净资产""归集调整预算结转结余""提取或设置专用基金""使用专用基金""权益法调整"行对应项目金额的合计数填列。

5. "本年盈余"行

本行"累计盈余"项目应当根据年末由"本期盈余"科目转入"本年盈余分配"科目的金额填列；如转入时借记"本年盈余分配"科目，则以"–"号填列。

6. "无偿调拨净资产"行

本行"累计盈余"项目应当根据年末由"无偿调拨净资产"科目转入"累计盈余"科目的金额填列；如转入时借记"累计盈余"科目，则以"–"号填列。

7. "归集调整预算结转结余"行

本行"累计盈余"项目应当根据"累计盈余"科目明细账记录分析填列；如归集调整减少预算结转结余，则以"–"号填列。

8. "提取或设置专用基金"行

本行"累计盈余"项目应当根据"从预算结余中提取"行"累计盈余"项目的金额填列。本行"专用基金"项目应当根据"从预算收入中提取""从预算结余中提取""设置的专用基金"行"专用基金"项目金额的合计数填列。

（1）"从预算收入中提取"行。本行"专用基金"项目应当通过对"专用基金"科目明细账记录的分析，根据本年按有关规定从预算收入中提取基金的金额填列。

（2）"从预算结余中提取"行。本行"累计盈余""专用基金"项目应当通过对"专用基金"科目明细账记录的分析，根据本年按有关规定从本年度非财政拨款结余或经营结余中提取专用基金的金额填列；本行"累计盈余"项目以"–"号填列。

（3）"设置的专用基金"行。本行"专用基金"项目应当通过对"专用基金"科目明细账记录的分析，根据本年按有关规定设置的其他专用基金的金额填列。

9. "使用专用基金"行

本行"累计盈余""专用基金"项目应当通过对"专用基金"科目明细账记录的分析，根据本年按规定使用专用基金的金额填列；本行"专用基金"项目以"–"号填列。

10. "权益法调整"行

本行"权益法调整"项目应当根据"权益法调整"科目本年发生额填列；若本年净发生额为借方时，以"–"号填列。

11. "本年年末余额"行

本行"累计盈余""专用基金""权益法调整"项目应当根据其各自在"本年年初余额""本年变动金额"行对应项目金额的合计数填列。

（三）"上年数"栏各项目填列方法

本表"上年数"栏反映上年度各项目的实际变动数，应当根据上年度净资产变动表中"本年数"栏内所列数字填列。如果上年度净资产变动表规定的项目的名称和内容与本年度不一致，应对上年度净资产变动表项目的名称和数字按照本年度的规定进行调整，将调整后金额填入本年度净资产变动表"上年数"栏内。

（四）净资产变动表编制实例

[例13-2] 2×19年期初，某事业单位"累计盈余"账户期初贷方余额390 000元、"专用基金"账户期初贷方余额120 000元、"权益法调整"账户贷方余额20 000元。2×19年，净资产项目发生下列变动事项：

（1）"以前年度盈余调整"账户贷方累计发生额30 000元；

（2）本年收入与本年费用结转，"本期盈余"贷方累计余额100 000元；

（3）本年"无偿调拨净资产"账户贷方累计发生额20 000元；

（4）当年累计归集上缴财政资金30 000元；

（5）当年按规定设置专用基金50 000元。

（6）"权益法调整"账户本年贷方发生额12 000元。

根据上述资料，编制该事业单位2×19年净资产变动表，如表13-4所示（假设表中"上年数"栏各项目数据均取自该单位上年的净资产变动表的"本年数"）。

表13-4　净资产变动表

会政财03表

编制单位：　　　　　　　　　　　2×19年　　　　　　　　　　　单位：元

项　目	本年数				上年数			
	累计盈余	专用基金	权益法调整	净资产合计	累计盈余	专用基金	权益法调整	净资产合计
一、上年年末余额	390 000	120 000	20 000	530 000	300 000	100 000	20 000	420 000
二、以前年度盈余调整	30 000	—	—	30 000	20 000	—	—	20 000
三、本年年初余额	420 000	120 000	20 000	560 000	320 000	100 000	20 000	440 000
四、本年变动金额	90 000	50 000	12 000	152 000	70 000	20 000		90 000
（一）本年盈余	100 000	—	—	100 000	60 000	—	—	60 000
（二）无偿调拨净资产	20 000	—	—	20 000	-10 000	—	—	-10 000
（三）归集调整预算结转结余	-30 000	—	—	-30 000	20 000	—	—	20 000

项　目	本年数				上年数			
	累计盈余	专用基金	权益法调整	净资产合计	累计盈余	专用基金	权益法调整	净资产合计
（四）提取或设置专用基金		50 000	—	50 000		20 000	—	20 000
其中：从预算收入中提取	—					20 000	—	20 000
从预算结余中提取			—				—	
设置的专用基金	—	50 000		50 000			—	
（五）使用专用基金			—				—	
（六）权益法调整	—	—	12 000	12 000			—	
五、本年年末余额	510 000	170 000	32 000	712 000	390 000	120 000	20 000	530 000

六、现金流量表

（一）现金流量表概念及结构

现金流量表反映单位在某一会计年度内现金流入和流出的信息。本表所指的现金，是指单位的库存现金以及其他可以随时用于支付的款项，包括库存现金、可以随时用于支付的银行存款、其他货币资金、零余额账户用款额度、财政应返还额度，以及通过财政直接支付方式支付的款项。

现金流量表应当按照日常活动、投资活动、筹资活动的现金流量分别反映。本表所指现金流量，是现金的流入和流出。本表应当分别列报各项目的"本年金额"和"上年金额"。"本年金额"栏反映各项目的本年实际发生数。本表"上年金额"栏反映各项目的上年实际发生数，应当根据上年现金流量表中"本年金额"栏内所列数字填列。

（二）本表"本年金额"栏各项目填列方法

单位应当采用直接法编制现金流量表。

1. 日常活动产生的现金流量

（1）"财政基本支出拨款收到的现金"项目，应当根据"零余额账户用款额度""财政拨款收入""银行存款"等科目及其所属明细科目的记录分析填列。

（2）"财政非资本性项目拨款收到的现金"项目，应当根据"银行存款""零余额账户用款额度""财政拨款收入"等科目及其所属明细科目的记录分析填列。

（3）"事业活动收到的除财政拨款以外的现金"项目，应当根据"库存现金""银行存款""其他货币资金""应收账款""应收票据""预收账款""事业收入"等科目及其所属明细科目的记录分析填列。

（4）"收到的其他与日常活动有关的现金"项目，应当根据"库存现金""银行存款""其他货币资金""上级补助收入""附属单位上缴收入""经营收入""非同级财政拨款收入""捐赠收入""利息收入""租金收入""其他收入"等科目及其所属明细科目的记录分析填列。

（5）"购买商品、接受劳务支付的现金"项目，应当根据"库存现金""银行存款""财政拨款收入""零余额账户用款额度""预付账款""在途物品""库存物品""应付账款""应付票据""业务活动费用""单位管理费用""经营费用"等科目及其所属明细科目的记录分析填列。

（6）"支付给职工以及为职工支付的现金"项目，应当根据"库存现金""银行存款""零余额账户用款额度""财政拨款收入""应付职工薪酬""业务活动费用""单位管理费用""经营费用"等科目及其所属明细科目的记录分析填列。

（7）"支付的各项税费"项目，应当根据"库存现金""银行存款""零余额账户用款额度""应交增值税""其他应交税费""业务活动费用""单位管理费用""经营费用""所得税费用"等科目及其所属明细科目的记录分析填列。

（8）"支付的其他与日常活动有关的现金"项目，应当根据"库存现金""银行存款""零余额账户用款额度""财政拨款收入""其他应付款""业务活动费用""单位管理费用""经营费用""其他费用"等科目及其所属明细科目的记录分析填列。

2. 投资活动产生的现金流量

（1）"收回投资收到的现金"项目，应该根据"库存现金""银行存款""短期投资""长期股权投资""长期债券投资"等科目的记录分析填列。

（2）"取得投资收益收到的现金"项目，应当根据"库存现金""银行存款""应收股利""应收利息""投资收益"等科目的记录分析填列。

（3）"处置固定资产、无形资产、公共基础设施等收回的现金净额"项目，应当根据"库存现金""银行存款""待处理财产损溢"等科目的记录分析填列。由于自然灾害所造成的固定资产等长期资产损失而收到的保险赔款收入，也在本项目反映。

（4）"收到的其他与投资活动有关的现金"项目，应当根据"库存现金""银行存款"等有关科目的记录分析填列。对于金额较大的现金流入，应当单列项目反映。

（5）"购建固定资产、无形资产、公共基础设施等支付的现金"项目，应当根据"库存现金""银行存款""固定资产""工程物资""在建工程""无形资产""研发支出""公共基础设施""保障性住房"等科目的记录分析填列。融资租入固定资产支付的租赁费不在本项目反映，在筹资活动的现金流量中反映。

（6）"对外投资支付的现金"项目，应当根据"库存现金""银行存款""短期投资""长期股权投资""长期债券投资"等科目的记录分析填列。

（7）"上缴处置固定资产、无形资产、公共基础设施等净收入支付的现金"项目，应当根据"库存现金""银行存款""应缴财政款"等科目的记录分析填列。

（8）"支付的其他与投资活动有关的现金"项目，应当根据"库存现金""银行存款"等有关科目的记录分析填列。反映单位本年支付的除上述项目之外与投资活动有关的现金。对于金额较大的现金流出,应当单列项目反映。

3. 筹资活动产生的现金流量

(1)"财政资本性项目拨款收到的现金"项目,应当根据"银行存款""零余额账户用款额度""财政拨款收入"等科目及其所属明细科目的记录分析填列。

(2)"取得借款收到的现金"项目,应当根据"库存现金""银行存款""短期借款""长期借款"等科目记录分析填列。

(3)"收到的其他与筹资活动有关的现金"项目,应当根据"库存现金""银行存款"等有关科目的记录分析填列。对于金额较大的现金流入,应当单列项目反映。

(4)"偿还借款支付的现金"项目,应当根据"库存现金""银行存款""短期借款""长期借款"等科目的记录分析填列。

(5)"偿付利息支付的现金"项目,应当根据"库存现金""银行存款""应付利息""长期借款"等科目的记录分析填列。

(6)"支付的其他与筹资活动有关的现金"项目,应当根据"库存现金""银行存款""长期应付款"等科目的记录分析填列。反映单位本年支付的除上述项目之外与筹资活动有关的现金,如融资租入固定资产所支付的租赁费。

4. "汇率变动对现金的影响额"项目

反映单位本年外币现金流量折算为人民币时,所采用的现金流量发生日的汇率折算的人民币金额与外币现金流量净额按期末汇率折算的人民币金额之间的差额。

5. "现金净增加额"项目

反映单位本年现金变动的净额。本项目应当根据本表中"日常活动产生的现金流量净额""投资活动产生的现金流量净额""筹资活动产生的现金流量净额"和"汇率变动对现金的影响额"项目金额的合计数填列;如为负数,以"-"号填列。

(三)现金流量表编制实例

[例13-3] 2×19年,某事业单位发生的现金流入、流出活动事项如表13-5所示。该事业单位无汇率变动影响。

表13-5 某事业单位2×19年现金流入、流出经济业务明细表

编制单位: 2×19年 单位:元

日期	摘要	借方	贷方	现金流入辅助说明	现金流出辅助说明
3月1日	收到财政基本支出授权支付额度	35 000.00		财政基本支出拨款收到的现金	
3月5日	发放职工工资		22 000.00		支付给职工以及为职工支付的现金
4月5日	购买固定资产		15 000.00		购建固定资产、无形资产、公共基础设施等支付的现金

日期	摘要	借方	贷方	现金流入辅助说明	现金流出辅助说明
4 月 8 日	事业活动收到现金	120 000.00		事业活动收到的除财政拨款以外的现金	
5 月 10 日	财政授权支付购买库存物品		11 000.00		购买商品、接受劳务支付的现金
5 月 20 日	收到财政非资本性项目拨款	100 000.00		财政非资本性项目拨款收到的现金	
5 月 25 日	支付劳务款		5 000.00		购买商品、接受劳务支付的现金
6 月 2 日	收到上级补助收入	8 000.00		收到的其他与日常活动有关的现金	
6 月 3 日	支付应缴税金		6 000.00		支付的各项税费
6 月 10 日	收到长期股权投资股利分红款	16 000.00		取得投资收益收到的现金	
7 月 10 日	收回短期投资	82 000.00		收回投资收到的现金	
7 月 17 日	处置固定资产收到的现金净额	3 000.00		处置固定资产、无形资产、公共基础设施等收回的现金净额	
7 月 20 日	购买长期债券投资		70 000.00		对外投资支付的现金
8 月 10 日	当年财政直接支付方式支付在建工程款	200 000.00	200 000.00	财政资本性项目拨款收到的现金	购建固定资产、无形资产、公共基础设施等支付的现金
8 月 15 日	经批准向金融机构取得借款	150 000.00		取得借款收到的现金	
10 月 12 日	归还银行借款本金		100 000.00		偿还借款支付的现金
10 月 12 日	归还银行借款利息		20 000.00		偿付利息支付的现金
12 月 2 日	财政授权支付职工社会保险缴费		30 000.00		支付给职工以及为职工支付的现金

续表

日期	摘要	借方	贷方	现金流入辅助说明	现金流出辅助说明
12月10日	资产处置净收入上缴财政		2 000.00		上缴处置固定资产、无形资产、公共基础设施等净收入支付的现金
12月15日	收回为职工垫付款项	1 000.00			
12月18日	支付合同押金		10 000.00		
12月20日	支付接受捐赠物资的运输费		1 500.00		支付的其他与日常活动有关的现金

现金流量表的"上年金额"栏根据上年现金流量表中"本年金额"栏内所列数字填列。

编制现金流量表的"本年金额"栏各项目时，需对相关科目进行分析，并可以在分析现金流入、流出业务发生事项时，根据现金流量表的项目对现金流入、流出业务编制分录辅助说明（如表13-5中的"现金流入""现金流出"分录辅助说明）。实务工作中可对现金类科目发生的每笔经济业务，按现金流量表项目进行辅助核算。在此基础上，再编制现金流量表。

编制完成的现金流量表如表13-6所示（假设"上年金额"栏各项目数据均根据该单位上年年末现金流量表中的"本年金额"栏填列）。

表13-6 现金流量表

会政财04表

编制单位：　　　　　　　　　　　　2×19年　　　　　　　　　　　　单位：元

项目	本年金额	上年金额
一、日常活动产生的现金流量：		
财政基本支出拨款收到的现金	35 000.00	30 000.00
财政非资本性项目拨款收到的现金	100 000.00	96 000.00
事业活动收到的除财政拨款以外的现金	120 000.00	119 000.00
收到的其他与日常活动有关的现金	8 000.00	7 000.00
日常活动的现金流入小计	263 000.00	252 000.00
购买商品、接受劳务支付的现金	16 000.00	15 000.00
支付给职工以及为职工支付的现金	52 000.00	50 200.00
支付的各项税费	6 000.00	5 000.00
支付的其他与日常活动有关的现金	1 500.00	1 000.00
日常活动的现金流出小计	75 500.00	71 200.00

续表

项 目	本年金额	上年金额
日常活动产生的现金流量净额	187 500.00	180 800.00
二、投资活动产生的现金流量:		
收回投资收到的现金	82 000.00	72 000.00
取得投资收益收到的现金	16 000.00	13 000.00
处置固定资产、无形资产、公共基础设施等收回的现金净额	3 000.00	1 000.00
收到的其他与投资活动有关的现金	0.00	0.00
投资活动的现金流入小计	101 000.00	86 000.00
购建固定资产、无形资产、公共基础设施等支付的现金	215 000.00	195 000.00
对外投资支付的现金	70 000.00	67 000.00
上缴处置固定资产、无形资产、公共基础设施等净收入支付的现金	2 000.00	1 500.00
支付的其他与投资活动有关的现金	0.00	
投资活动的现金流出小计	287 000.00	263 500.00
投资活动产生的现金流量净额	−186 000.00	−177 500.00
三、筹资活动产生的现金流量:		
财政资本性项目拨款收到的现金	200 000.00	180 000.00
取得借款收到的现金	150 000.00	140 000.00
收到的其他与筹资活动有关的现金	0.00	0.00
筹资活动的现金流入小计	350 000.00	320 000.00
偿还借款支付的现金	100 000.00	80 000.00
偿还利息支付的现金	20 000.00	15 000.00
支付的其他与筹资活动有关的现金	0.00	0.00
筹资活动的现金流出小计	120 000.00	95 000.00
筹资活动产生的现金流量净额	230 000.00	225 000.00
四、汇率变动对现金的影响额		
五、现金净增加额	231 500.00	228 300.00

七、部门（单位）合并财务报表

（一）合并财务报表概念

合并财务报表是指反映合并主体和其全部被合并主体形成的报告主体整体财务状况与

289

运行情况的财务报表。合并主体，是指有一个或一个以上被合并主体的会计主体。被合并主体，是指按政府会计准则制度规定纳入合并范围的会计主体。

合并财务报表至少应当包括下列组成部分：① 合并资产负债表；② 合并收入费用表；③ 附注。

部门（单位）合并财务报表，是指以政府部门（单位）本级作为合并主体，将部门（单位）及其合并范围内会计主体的财务报表进行合并后形成的，反映部门（单位）整体财务状况与运行情况的财务报表。部门（单位）合并财务报表由部门（单位）负责编制。

（二）合并财务报表程序

合并财务报表应当以合并主体和其被合并主体的财务报表为基础，根据其他有关资料加以编制。合并财务报表的编制采用权责发生制基础。合并范围内被合并主体个别财务报表未采用权责发生制基础的，应当先调整为权责发生制基础的财务报表，然后再进行合并。编制合并财务报表时，应当将合并主体和其全部被合并主体视为一个会计主体，遵循政府会计准则制度规定的统一的会计政策。合并范围内被合并主体个别财务报表未遵循政府会计准则制度规定的统一会计政策的，应当先调整为遵循统一会计政策的财务报表，然后再进行合并。

编制合并财务报表的程序主要包括：

（1）对需要进行调整的个别财务报表进行调整，以调整后的个别财务报表作为编制合并财务报表的基础。

（2）将合并主体和被合并主体个别财务报表中的资产、负债、净资产、收入和费用项目进行逐项合并。

（3）抵销合并主体和被合并主体之间、被合并主体相互之间发生的债权债务、收入费用等内部业务或事项对财务报表的影响。

（三）合并财务报表范围

部门（单位）合并财务报表的合并范围应当以财政预算领拨关系为基础予以确定。有下级预算单位的部门（单位）为合并主体，其下级预算单位为被合并主体。合并主体应当将其全部被合并主体纳入合并财务报表的合并范围。

对于在报告期内因划转而纳入合并范围的被合并主体，合并主体应当将其报告期内的收入、费用项目金额包括在本期合并收入费用表的本期数中，合并资产负债表的期初数不作调整。对于在报告期内因划转而不再纳入合并范围的被合并主体，其报告期内的收入、费用项目金额不包括在本期合并收入费用表的本期数中，合并资产负债表的期初数不作调整。

合并主体应当确保划转双方的会计处理协调一致，确保不重复、不遗漏，并在合并财务报表附注中对划转情况及其影响进行充分披露。

在报告期内，被合并主体撤销的，其期初资产、负债和净资产项目金额应当包括在合并资产负债表的期初数中，其期初至撤销日的收入、费用项目金额应当包括在本期合并收入费用表的本期数中，其期初至撤销日的收入、费用项目金额所引起的净资产变动金额应当包括在合并资产负债表的期末数中。

（四）合并资产负债表

部门（单位）合并资产负债表应当以部门（单位）本级和其被合并主体符合会计准则要求的资产负债表为基础，在抵销内部业务或事项对合并资产负债表的影响后，由部门（单位）本级合并编制。

编制部门（单位）合并资产负债表时需要抵销的内部业务或事项包括：

（1）部门（单位）本级和其被合并主体之间、被合并主体相互之间的债权（含应收账款坏账准备，下同）、债务项目。

（2）部门（单位）本级和其被合并主体之间、被合并主体相互之间其他业务或事项对部门（单位）合并资产负债表的影响。

部门（单位）合并资产负债表中的资产和负债，应当分别按流动资产和非流动资产、流动负债和非流动负债列示。

（五）合并收入费用表

部门（单位）合并收入费用表应当以部门（单位）本级和其被合并主体符合会计准则要求的收入费用表为基础，在抵销内部业务或事项对合并收入费用表的影响后，由部门（单位）本级合并编制。

编制部门（单位）合并收入费用表时，需要抵销的事项包括部门（单位）本级和被合并主体之间、被合并主体相互之间的收入、费用项目。

部门（单位）合并收入费用表中对收入应当按照收入来源分类列示。部门（单位）合并收入费用表中对费用应当按照功能分类列示，同时应当按照费用的性质分类列示。部门（单位）合并收入费用表应当列示本期盈余项目。本期盈余，是指部门（单位）某一会计期间收入合计金额减去费用合计金额后的差额。

部门合并财务报告的具体格式和编制指南由财政部另行制定。

八、报表附注

附注是对在会计报表中列示的项目所作的进一步说明，以及对未能在会计报表中列示项目的说明。附注是财务报表的重要组成部分。凡对报表使用者的决策有重要影响的会计信息，不论本制度是否有明确规定，单位均应当充分披露。附注主要包括下列内容：

（1）单位的基本情况。单位应当简要披露其基本情况，包括单位主要职能、主要业务活动、所在地、预算管理关系等。

（2）会计报表编制基础。单位应当说明以权责发生制为基础编制会计报表。

（3）遵循政府会计准则、制度的声明。单位应当说明编制的会计报表符合政府会计准则制度的规定和财务报告编制的相关要求，如实反映了单位的财务状况、运行情况等有关信息。

（4）重要会计政策和会计估计。单位应当采用与其业务特点相适应的具体会计政策，并充分披露报告期内采用的重要会计政策和会计估计。主要包括以下内容：① 会计期间。② 记账本位币。外币折算汇率。③ 坏账准备的计提方法。④ 存货类别、发出存货的计价方法、存货的盘存制度，以及低值易耗品和包装物的摊销方法。⑤ 长期股权投资的核算方法。⑥ 固定资产分类、折旧方法、折旧年限和年折旧率，融资租入固定资产的计价和折旧方法。⑦ 无形资产的计价方法；使用寿命有限的无形资产，其使用寿命估计情况；使用寿命不确定的无形资产，其使用寿命不确定的判断依据；单位内部研究开发项目划分研究阶段和开发阶段的具体标准。⑧ 公共基础设施的分类、折旧（摊销）方法、折旧（摊销）年限，以及其确定依据。⑨ 政府储备物资分类，以及确定其发出成本所采用的方法。⑩ 保障性住房的分类、折旧方法、折旧年限。⑪ 其他重要的会计政策和会计估计。⑫ 本期发生重要会计政策和会计估计变更的，变更的内容和原因、受其重要影响的报表项目名称和金额、相关审批程序，以及会计估计变更开始适用的时点。

（5）会计报表重要项目说明。单位应当按照资产负债表和收入费用表项目列示顺序，采用文字和数据描述相结合的方式披露重要项目的明细信息。报表重要项目的明细金额合计，应当与报表项目金额相衔接。

报表重要项目说明主要包括但不限于：各类货币资金的余额，应收款项的债务人，存货的种类，长期债券投资发行主体，长期股权投资的被投资单位，固定资产的类别及出租、出借情况，在建工程的项目，无形资产项目及投资、出售情况，应付及借入款项的债权人，事业收入、非同级财政拨款收入等收入的来源，费用的经济用途和支付对象，以及核算的公共基础设施、政府储备物资和受托代理资产等资产情况。

报表重要项目说明披露的格式，略。

（6）本年盈余与预算结余的差异情况说明。为了反映单位财务会计和预算会计因核算基础和核算范围不同所产生的本年盈余数与本年预算结余数之间的差异，单位应当按照重要性原则，对本年度发生的各类影响收入（预算收入）和费用（预算支出）的业务进行适度归并和分析，披露将年度预算收入支出表中"本年预算收支差额"调节为年度收入费用表中"本期盈余"的信息。

[**例13-4**] 2×19年，某事业单位预算会计核算的本年预算结余为62 000元，财务会计核算的本年盈余为-36 200元。当年因会计核算基础和范围不同，而导致预算结余与当期盈余发生差异的收入（预算收入）和费用（预算支出）业务如表13-7所示。

表13-7　发生差异的收入和费用业务

单位：元

经济业务事项	财务会计		预算会计	
	确认收入	确认费用	确认收入	确认支出
1. 提供服务应收事业收入50 000元	50 000			
2. 提供服务预收合同款20 000元			20 000	
3. 完成服务合同从预收账款中确认收入15 000元	15 000			
4. 接受物资捐赠确认物资捐赠收入10 000元	10 000			
5. 偿还采购应付账款30 000元				30 000
6. 租赁设备一次性预付租赁款5 000元				5 000

经济业务事项	财务会计		预算会计	
	确认收入	确认费用	确认收入	确认支出
7. 采购库存物品一批付款 36 000 元				36 000
8. 采购办公设备一批付款 6 000 元				6 000
9. 偿还债务本金 50 000 元、利息 5 000 元				55 000
10. 收到应收账款 64 000 元			64 000	
11. 经批准从银行借入款 80 000 元			80 000	
12. 领用库存物品一批，物资成本 7 000 元		7 000		
13. 计提固定资产折旧和无形资产摊销费用 83 000 元		83 000		
14. 经批准报废一批库存物品 3 200 元		3 200		
15. 接受劳务应付未付费用 18 000 元		18 000		
合计	75 000	111 200	164 000	132 000

根据上述资料，对本年盈余与预算差异事项进行如下分析：

（1）本年预算结余（预算收支差额）＝本年预算收入 164 000 元－本年预算支出 132 000元＝32 000（元）。

本年盈余（本年收入与费用的差额）＝本年财务会计确认的收入 75 000 元－本年财务会计确认的费用 111 200 元＝－36 200（元）。

（2）当期财务会计确认为收入但预算会计没有确认为预算收入的差异事项 75 000 元：

① 应收款项、预收账款确认的收入＝应收账款确认的服务收入 50 000 元＋预收账款确认的收入 15 000 元＝65 000（元）；

② 接受非货币性资产捐赠确认的收入＝本年接受捐赠物资确认的捐赠收入 10 000（元）。

（3）当期预算会计确认为预算支出但财务会计没有确认为费用的差异事项 132 000 元：

① 支付应付款项、预付账款的支出＝偿还采购应付账款 30 000 元＋租赁设备一次性预付租赁款 5 000 元＝35 000（元）；

② 为取得存货、政府储备物资等计入物资成本的支出＝采购库存物品一批 36 000（元）；

③ 为购建固定资产等的资本性支出＝采购办公设备一批付款 6 000（元）；

④ 偿还借款本息支出＝偿还债务本金 50 000 元＋偿还债务利息 5 000 元＝55 000（元）。

（4）当期预算会计确认为预算收入但财务会计没有确认为收入的差异事项 164 000（元）：

① 收到应收款项、预收账款确认的预算收入＝提供服务预收合同款 20 000 元＋收到应收账款 64 000 元＝84 000（元）；

② 取得借款确认的预算收入＝从银行借入款 80 000（元）。

（5）财务会计当期确认为费用但预算会计没有确认为预算支出的差异事项111 200元：

① 发出存货、政府储备物资等确认的费用＝领用库存物品7 000（元）；

② 计提的折旧费用和摊销费用＝计提固定资产折旧和无形资产摊销费用83 000（元）；

③ 确认的资产处置费用（处置资产价值）＝经批准报废的库存物品3 200（元）；

④ 应付款项、预付账款确认的费用＝接受劳务应付未付费用18 000（元）。

（6）对差异进行调节：

本年预算结余32 000元＋当期财务会计确认为收入但预算会计没有确认为预算收入的差异事项75 000元＋当期预算会计确认为预算支出但财务会计没有确认为费用的差异事项132 000元－当期预算会计确认为预算收入但财务会计没有确认为收入的差异事项164 000元－财务会计当期确认为费用但预算会计没有确认为预算支出的差异事项111 200元＝－36 200元，与本年盈余（本年收入与费用的差额）一致。

根据以上差异事项分析和计算的结果，编制该事业单位的本年盈余与预算结余差异情况说明如表13-8所示。

表13-8　某事业单位本年盈余与预算结余差异情况说明

编制单位：　　　　　　　　　　　　　　2×19 年　　　　　　　　　　　　　　单位：元

项　　目	金额
一、本年预算结余（本年预算收支差额）	32 000
二、差异调节	－68 200
（一）重要事项的差异	－68 200
加：1. 当期确认为收入但没有确认为预算收入	75 000
（1）应收款项、预收账款确认的收入	65 000
（2）接受非货币性资产捐赠确认的收入	10 000
2. 当期确认为预算支出但没有确认为费用	132 000
（1）支付应付款项、预付账款的支出	35 000
（2）为取得存货、政府储备物资等计入物资成本的支出	36 000
（3）为购建固定资产等的资本性支出	6 000
（4）偿还借款本息支出	55 000
减：1. 当期确认为预算收入但没有确认为收入	164 000
（1）收到应收款项、预收账款确认的预算收入	84 000
（2）取得借款确认的预算收入	80 000
2. 当期确认为费用但没有确认为预算支出	111 200
（1）发出存货、政府储备物资等确认的费用	7 000
（2）计提的折旧费用和摊销费用	83 000
（3）确认的资产处置费用（处置资产价值）	3 200
（4）应付款项、预付账款确认的费用	18 000
（二）其他事项差异	
三、本年盈余（本年收入与费用的差额）	－36 200

（7）其他重要事项说明。① 资产负债表日存在的重要或有事项说明。没有重要或有事项的，也应说明。② 以名义金额计量的资产名称、数量等情况，以及以名义金额计量理由的说明。③ 通过债务资金形成的固定资产、公共基础设施、保障性住房等资产的账面价值、使用情况、收益情况及与此相关的债务偿还情况等的说明。④ 重要资产置换、无偿调入（出）、捐入（出）、报废、重大毁损等情况的说明。⑤ 事业单位将单位内部独立核算单位的会计信息纳入本单位财务报表情况的说明。⑥ 政府会计具体准则中要求附注披露的其他内容。⑦ 有助于理解和分析单位财务报表需要说明的其他事项。

第四节　预算会计报表

一、预算会计报表分类及编制要求

政府单位的预算会计报表包括预算收入支出表、预算结转结余变动表、财政拨款预算收入支出表及报表说明书等（见表 13-9）。政府单位会计报表一般按年度编制。

表 13-9　政府单位预算会计报表种类

编号	预算报表名称	编制期
会政预 01 表	预算收入支出表	年度
会政预 02 表	预算结转结余变动表	年度
会政预 03 表	财政拨款预算收入支出表	年度
	报表分析及报表说明书	年度

政府单位预算会计报表编制以收付实现制为基础，以预算会计核算的数据为依据。预算会计报表编制工作中有关报表数据质量、列报基础、一致性、重要性、比较信息的列报等方面的要求，参见会计报表编制的基本要求和财务报表编制的要求。

二、预算收入支出表

预算收入支出表是反映单位在某一会计年度内各项预算收入、预算支出和预算收支差额情况的报表。可以提供反映政府单位某一会计年度内预算收入总额及其构成情况、预算支出总额及其构成情况，以及本年度预算收支差额的情况等预算会计信息。

预算收入支出表的报表项目栏，应当按照本年预算收入、本年预算支出和本年预算收支差额列报，其中本年预算收入、本年预算支出按项目分层次列示。

预算收入支出表的格式及填列方法，略。

三、预算结转结余变动表

（一）预算结转结余变动表概念

预算结转结余变动表是反映单位在某一会计年度内预算结转结余的变动情况的报表。本表可以提供反映政府单位一定时期预算结转结余各个组成项目金额的变动情况。

预算结转结余变动表项目栏，按年初结转结余数、年初结转结余调整数、本年变动金额和年末结转结余，并区分财政拨款结转结余和其他资金结转结余分别列报。其中，本年变动金额在财政拨款结转结余、其他资金结转结余下按影响结转结余变动的因素分层列示；年末财政拨款结转结余项目下按结转资金和结余资金分层列示，其他资金结转结余项目下按结转资金、结余资金、专用结余和经营结余分层列示。

预算结转结余变动表数据栏，按"本年数"和"上年数"分别列报。本表"本年数"栏反映各项目的本年实际发生数。"上年数"栏反映各项目的上年实际发生数，应当根据上年度预算结转结余变动表中"本年数"栏内所列数字填列。如果本年度预算结转结余变动表规定的项目的名称和内容同上年度不一致，应当对上年度预算结转结余变动表项目的名称和数字按照本年度的规定进行调整，将调整后金额填入本年度预算结转结余变动表的"上年数"栏。

本表中"年末预算结转结余"项目金额等于"年初预算结转结余""年初余额调整""本年变动金额"三个项目的合计数。

（二）"本年数"栏各项目填列方法

1. "年初预算结转结余"项目

本项目应当根据本项目下"财政拨款结转结余""其他资金结转结余"项目金额的合计数填列。

（1）"财政拨款结转结余"项目，应当根据"财政拨款结转""财政拨款结余"科目本年年初余额合计数填列。

（2）"其他资金结转结余"项目，应当根据"非财政拨款结转""非财政拨款结余""专用结余""经营结余"科目本年年初余额的合计数填列。

2. "年初余额调整"项目

本项目应当根据本项目下"财政拨款结转结余""其他资金结转结余"项目金额的合计数填列。

（1）"财政拨款结转结余"项目，应当根据"财政拨款结转""财政拨款结余"科目下"年初余额调整"明细科目的本年发生额的合计数填列；如调整减少年初财政拨款结转结余，以"-"号填列。

（2）"其他资金结转结余"项目，应当根据"非财政拨款结转""非财政拨款结余"科目下"年初余额调整"明细科目的本年发生额的合计数填列；如调整减少年初其他资金结转结余，以"-"号填列。

3. "本年变动金额"项目

本项目应当根据本项目下"财政拨款结转结余""其他资金结转结余"项目金额的合

计数填列。

（1）"财政拨款结转结余"项目，应当根据本项目下"本年收支差额""归集调入""归集上缴或调出"项目金额的合计数填列。

①"本年收支差额"项目，应当根据"财政拨款结转"科目下"本年收支结转"明细科目本年转入的预算收入与预算支出的差额填列；差额为负数的，以"－"号填列。

②"归集调入"项目，应当根据"财政拨款结转"科目下"归集调入"明细科目的本年发生额填列。

③"归集上缴或调出"项目，应当根据"财政拨款结转""财政拨款结余"科目下"归集上缴"明细科目，以及"财政拨款结转"科目下"归集调出"明细科目本年发生额的合计数填列，以"－"号填列。

（2）"其他资金结转结余"项目，应当根据本项目下"本年收支差额""缴回资金""使用专用结余""支付所得税"项目金额的合计数填列。

①"本年收支差额"项目，应当根据"非财政拨款结转"科目下"本年收支结转"明细科目、"其他结余"科目、"经营结余"科目本年转入的预算收入与预算支出的差额的合计数填列；如为负数，以"－"号填列。

②"缴回资金"项目，应当根据"非财政拨款结转"科目下"缴回资金"明细科目本年发生额的合计数填列，以"－"号填列。

③"使用专用结余"项目，应当根据"专用结余"科目明细账中本年使用专用结余业务的发生额填列，以"－"号填列。

④"支付所得税"项目，应当根据"非财政拨款结余"明细账中本年实际缴纳企业所得税业务的发生额填列，以"－"号填列。

（三）预算结转结余变动表编制实例

[例13-5] 2×19年，某事业单位预算会计核算的预算结转结余科目年末转账前的科目余额如表13-10所示。据以编制该事业单位2×19年预算结转结余变动表。

表13-10　预算结转结余科目年终转账前余额表

编制单位：　　　　　　　　　　2×19年　　　　　　　　　　单位：元

科目名称	余额方向	期初余额	借方发生额	贷方发生额	期末余额
财政拨款结转——累计结转	贷方	360 000			360 000
财政拨款结余——累计结余	贷方	105 000			105 000
非财政拨款结转——累计结转	贷方	340 000			340 000
非财政拨款结余——累计结余	贷方	109 000			109 000
专用结余——职工福利基金	贷方	40 000	30 000		10 000
经营结余	贷方				
财政拨款结转——年初余额调整	贷方		20 000		－20 000
财政拨款结余——年初余额调整	贷方			30 000	30 000

续表

科目名称	余额方向	期初余额	借方发生额	贷方发生额	期末余额
非财政拨款结转——年初余额调整	贷方			20 000	20 000
非财政拨款结余——年初余额调整	贷方		10 000		−10 000
财政拨款结转——收支结转	贷方			160 000	160 000
非财政拨款结转——收支结转	贷方			120 000	120 000
财政拨款结转——归集上缴	贷方		20 000		−20 000
财政拨款结转——归集调出	贷方		10 000		−10 000
非财政拨款结转——缴回资金	贷方		20 000		−20 000
非财政拨款结余——缴纳企业所得税	贷方		12 000		−12 000

根据预算结转结余相关科目期初余额和本年发生额资料进行如下分析：

1. 根据上年度预算结转结余变动表中"本年数"栏内所列数字填列"上年数"栏反映各项目的上年实际发生数（假设表13-11中的"上年数"均依据上年度的预算结转结余变动表所列数字填列）。

2. 分析计算"本年数"栏各项目金额。

（1）"年初预算结转结余——财政拨款结转结余"数 = "财政拨款结转——累计结转"科目的期初余额360 000+"财政拨款结余——累计结余"科目的期初余额105 000 = 465 000（元）。

（2）"年初预算结转结余——其他资金结转结余"数 = "非财政拨款结转——累计结转"科目的期初余额340 000+"非财政拨款结余——累计结余"科目的期初余额109 000+"专用结余——职工福利基金"科目的期初余额40 000+"经营结余"科目的期初余额0 = 489 000（元）。

（3）"年初余额调整——财政拨款结转结余"数 = "财政拨款结转——年初余额调整"科目的借方发生额−20 000+"财政拨款结余——年初余额调整"科目的贷方发生额30 000 = 10 000（元）。

（4）"年初余额调整——其他资金结转结余"数 = "非财政拨款结转——年初余额调整"科目的贷方发生额20 000+"非财政拨款结余——年初余额调整"科目的借方发生额−10 000 = 10 000（元）。

（5）"本年变动金额"各项目数，根据对应的预算结转结余科目发生额分别填列，并据此计算"年末预算结转结余"各结转结余项目的年末余额。

编成的预算结转结余变动表如表13-11所示。

表 13-11 预算结转结余变动表

会政预 02 表

编制单位：　　　　　　　　　　2×19 年

单位：元

项　　目	本年数	上年数
一、年初预算结转结余	954 000	740 000
（一）财政拨款结转结余	465 000	330 000
（二）其他资金结转结余	489 000	410 000
二、年初余额调整	20 000	15 000
（一）财政拨款结转结余	10 000	10 000
（二）其他资金结转结余	10 000	5 000
三、本年变动金额	188 000	199 000
（一）财政拨款结转结余	130 000	125 000
1. 本年收支差额	160 000	150 000
2. 归集调入		0
3. 归集上缴或调出	-30 000	-25 000
（二）其他资金结转结余	58 000	74 000
1. 本年收支差额	120 000	110 000
2. 缴回资金	-20 000	-15 000
3. 使用专用结余	-30 000	-10 000
4. 支付所得税	-12 000	-11 000
四、年末预算结转结余	1 162 000	954 000
（一）财政拨款结转结余	605 000	465 000
1. 财政拨款结转	470 000	360 000
2. 财政拨款结余	135 000	105 000
（二）其他资金结转结余	557 000	489 000
1. 非财政拨款结转	460 000	340 000
2. 非财政拨款结余	87 000	109 000
3. 专用结余	10 000	40 000
4. 经营结余		0

四、财政拨款预算收入支出表

　　财政拨款预算收入支出表反映单位本年财政拨款预算资金收入、支出及相关变动的具体情况。可以提供反映政府单位某一会计年度内，财政拨款期初结转结余变动和调整情况、本年财政拨款预算收入总额及其构成情况、本年财政拨款预算支出总额及其构成情况，以及年末财政拨款预算结转结余及其构成情况等预算会计信息。

本表"项目"栏内各项目，应当根据单位取得的财政拨款种类分项设置。其中"项目支出"项目下，根据每个项目设置；单位取得除一般公共财政预算拨款和政府性基金预算拨款以外的其他财政拨款的，应当按照财政拨款种类增加相应的资金项目及其明细项目。

财政拨款预算收入支出表格式及填列方法，略。

复习思考题

1. 简述政府单位会计报表的概念及种类。
2. 简述政府单位会计报表编制的基本要求。
3. 简述政府单位会计年终清理工作的主要内容。
4. 简述政府单位会计年终结账的方法。
5. 简述政府单位财务会计报表分类和编制的要求。
6. 简述政府单位预算会计报表分类。

同步测试题

目的：练习事业单位资产负债表的编制。

资料：

1. 某事业单位 12 月 31 日结账后各总账科目余额如表 13-12 所示：

表 13-12　科目余额表

2×19 年

单位：元

科目编号	科目名称	借方余额	科目编号	科目名称	贷方余额
	(一)资产类合计	12 235 500.00		(二)负债类合计	1 380 400.00
1001	库存现金	2 500.00	2001	短期借款	200 000.00
1002	银行存款——本单位	3 500 000.00	2101	应交增值税	4 300.00
	其中:受托代理存款	250 000.00	2102	其他应交税费	3 500.00
1101	短期投资	120 000.00	2103	应缴财政款	5 600.00
1201	财政应返还额度	310 000.00	2302	应付账款	180 000.00
1212	应收账款	180 000.00	2305	预收账款	320 000.00
1214	预付账款	110 000.00	2307	其他应付款	55 000.00

续表

科目编号	科目名称	借方余额	科目编号	科目名称	贷方余额
1218	其他应收款	7 000.00	2401	预提费用	12 000.00
121901	坏账准备——应收账款	-13 000.00	2502	长期应付款	350 000.00
121902	坏账准备——其他应收款	-5 000.00		其中:1 年内到期	100 000.00
1301	在途物品	12 000.00	2901	受托代理负债	250 000.00
1302	库存物品	210 000.00	3001	(三)净资产类合计	10 855 100.00
1401	待摊费用	15 000.00	3101	累计盈余	10 573 100.00
1501	长期股权投资	300 000.00	3201	专用基金	250 000.00
150201	长期债券投资	250 000.00		权益法调整	32 000.00
	其中:1 年内到期	100 000.00			
1601	固定资产	6 100 000.00			
1602	固定资产累计折旧	-950 000.00			
1611	工程物资	150 000.00			
1613	在建工程	1 500 000.00			
1701	无形资产	450 000.00			
1702	无形资产累计摊销	-55 000.00			
1902	待处理财产损溢	42 000.00			

2. 某事业单位 12 月 31 日结转前收入、费用科目余额如表 13-13 所示:

表 13-13 科目余额表

2×19 年　　　　　　　　　　　　　　　　　　　　　单位:元

科目编号	科目名称	本年累计数	科目编号	科目名称	本年累计数
4001	财政拨款收入	5 100 000.00	5001	业务活动费用	6 500 000.00
	其中:政府性基金拨款	800 000.00	5101	单位管理费用	2 350 000.00
4101	事业收入	3 100 000.00	5201	经营费用	260 000.00
4201	上级补助收入	700 000.00	5301	资产处置费用	180 000.00
4301	附属单位上缴收入	430 000.00	5401	上缴上级费用	270 000.00
4401	经营收入	290 000.00	5501	对附属单位补助费用	210 000.00
4601	非同级财政拨款收入	330 000.00	5801	所得税费用	35 000.00
4602	投资收益	150 000.00	5901	其他费用	256 000.00

科目编号	科目名称	本年累计数	科目编号	科目名称	本年累计数
4603	捐赠收入	21 000.00			
4604	利息收入	48 000.00			
4605	租金收入	66 000.00			
4609	其他收入	23 000.00			
	收入合计	10 258 000.00		费用合计	10 061 000.00

要求：

1. 编制该事业单位 2×19 年 12 月 31 日的资产负债表。
2. 编制该事业单位 2×19 年收入费用表。

第十四章

政府单位会计调整

学习目标

本章主要介绍政府单位会计政策、会计估计及其变更，会计差错及其更正以及发生的报告日后事项等所作的会计调整。通过本章学习，要求掌握政府单位会计政策、会计估计及其变更，会计差错更正以及发生的报告日后事项的基本概念、会计处理方法。

政府单位会计调整是指政府单位因按照法律、行政法规和政府会计准则制度的要求，或者在特定情况下对其原采用的会计政策、会计估计，以及发现的会计差错、发生的报告日后事项等所作的调整。

第一节　会计政策及其变更

一、会计政策

会计政策是指政府单位在会计核算时所遵循的特定原则、基础以及所采用的具体会计处理方法。特定原则，是指按照政府会计准则制度所制定的、适合于本单位的会计处理原则。具体会计处理方法，是指从政府会计准则制度规定的诸多可选择的会计处理方法中所选择的、适合于本单位的会计处理方法。

会计政策是在允许的会计原则、基础和会计处理方法中作出指定或具体选择。由于单位经济业务的复杂性和多样化，某些经济业务在符合会计原则和计量基础的要求下，可以有多种会计处理方法，即存在不止一种可供选择的会计政策。例如，确定发出存货的实际成本时可以在先进先出法、加权平均法或者个别计价法中进行选择。但是，会计政策应当在会计准则规定的范围内选择，对相同或者相似的经济业务或者事项采用相同的会计政策进行会计处理。

二、会计政策变更

政府会计准则第7号——会计调整

会计政策变更是指政府单位对相同的交易或事项由原来采用的会计政策改用另一会计政策的行为。一般情况下，单位采用的会计政策在每一会计期间和前后各期应当保持一致，不得随意变更。否则势必削弱会计信息的可比性。但是，满足下列条件之一的，可以变更会计政策：

（1）法律、行政法规或者政府会计准则制度等要求变更。这种情况是指，按照法律、行政法规以及国家统一的会计制度的规定，要求单位采用新的会计政策，则单位应当按照法律、行政法规以及国家统一的会计制度的规定改变原会计政策，按照新的会计政策执行。

（2）会计政策变更能够提供有关会计主体财务状况、运行情况等更可靠、更相关的会计信息。由于经济环境、客观情况的变化，使单位原来采用的会计政策所提供的会计信息，已不能恰当地反映单位的财务状况、运行情况和现金流量等情况。在这种情况下，应改变原有会计政策，按变更后新采用的会计政策进行会计处理，以便对外提供更可靠、更相关的会计信息。

对会计政策变更的认定，直接影响会计处理方法的选择。因此，会计实务中，单位应当正确认定属于会计政策变更的情形。下列各项不属于会计政策变更：

（1）本期发生的经济业务或者事项与以前相比具有本质差别而采用新的会计政策。这是因为，会计政策是针对特定类型的交易或事项，如果发生的交易或事项与其他交易或事项有本质区别，那么单位实际上是为新的交易或事项选择适当的会计政策，并没有改变原有的会计政策。

（2）对初次发生的或者不重要的经济业务或者事项采用新的会计政策。对初次发生的某类交易或事项采用适当的会计政策，并未改变原有的会计政策。例如，事业单位原在业务活动中使用少量的低值易耗品，并且价值较低，故单位在领用低值易耗品时一次计入费用；该单位由于近期开展新的业务，所需低值易耗品比较多，且价值较大，单位对领用的低值易耗品处理方法改为五五摊销法。该单位低值易耗品在业务活动中所占费用比例不大，改变低值易耗品处理方法后，对盈余的影响也不大，属于不重要的事项，会计政策在这种情况下的改变不属于会计政策变更。

政府单位应当在财务报表附注中披露会计政策变更的内容和理由、会计政策变更的影响，以及影响或者累积影响不能合理确定的理由。

三、会计政策变更会计处理

（一）追溯调整法

政府单位应当按照政府会计准则制度规定对会计政策变更进行处理。政府会计准则制度对会计政策变更未作出规定的，通常情况下，单位应当采用追溯调整法进行处理。追溯调整法，是指对某项经济业务或者事项变更会计政策时，视同该项经济业务或者事项初次发生时即采用变更后的会计政策，并以此对财务报表相关项目进行调整的方法。

采用追溯调整法时，单位应当根据会计政策变更的累积影响调整最早前期有关净资产项目的期初余额，其他相关项目的期初数也应一并调整；涉及收入、费用等项目的，应当根据会计政策变更的影响调整受影响期间的各个相关项目。会计政策变更的累积影响，是指按照变更后的会计政策对以前各期追溯计算的最早前期各个受影响的净资产项目以及其他相关项目的期初应有金额与现有金额之间的差额；会计政策变更的影响，是指按照变更后的会计政策对以前各期追溯计算的各个受影响的项目变更后的金额与现有金额之间的差额。

追溯调整法通常采用以下四个步骤：计算会计政策变更的累积影响数；编制相关项目的调整分录；调整列报前期财务报表相关项目及其金额；附注说明。

单位按规定编制比较财务报表的，对于比较财务报表可比期间的会计政策变更影响，应当调整各该期间的收入或者费用以及其他相关项目，视同该政策在比较财务报表期间一直采用。对于比较财务报表可比期间以前的会计政策变更的累积影响，应当调整比较财务报表最早期间所涉及的期初净资产各项目，财务报表其他相关项目的期初数也应一并调整。

（二）未来适用法

会计政策变更的影响或者累积影响不能合理确定的，应当采用未来适用法对会计政策变更进行处理。

未来适用法是指将变更后的会计政策应用于变更当期及以后各期发生的经济业务或者事项，或者在会计估计变更当期和未来期间确认会计估计变更的影响的方法。

采用未来适用法时，不需要计算会计政策变更产生的影响或者累积影响，也无须调整财务报表相关项目的期初数和比较财务报表相关项目的金额。

第二节　会计估计及其变更

一、会计估计

会计估计是指对结果不确定的经济业务或者事项以最近可利用的信息为基础所作的判断，如固定资产、无形资产的预计使用年限等。

会计估计的存在是由于经济活动中内在的不确定性因素影响。例如，坏账、固定资产折旧年限、无形资产摊销年限等，因而需要根据经验作出估计。

进行会计估计时，往往以最近可利用的信息或资料为基础。在会计核算中，由于经济活动内在的不确定性，不得不经常进行估计。一些估计的主要目的是确定资产或负债的账面价值，如坏账准备、预计负债；另一些估计的主要目的是确定将在某一期间记录的收益或费用的金额，如某一期间的折旧、摊销的金额。

二、会计估计变更

会计估计变更是指由于资产和负债的当前状况及预期经济利益和义务发生了变化，从而对资产或负债的账面价值或资产的定期消耗金额进行调整。

由于政府单位据以进行估计的基础发生了变化，或者由于取得新信息、积累更多经验以及后来的发展变化，可能需要对会计估计进行修订。会计估计变更应以掌握的新情况、新进展等真实、可靠的信息为依据。例如，事业单位某项无形资产摊销年限原定为10年，以后发生的情况表明，该资产的受益年限已不足10年，相应调减摊销年限。再如，事业单位原根据当时能够得到的信息，对收回后不上缴财政的应收账款每年按其余额的6%计提坏账准备。现在掌握新的信息，判定不能收回的应收账款比例已达15%，单位改按15%的比例计提坏账准备。

会计估计变更，并不意味着以前期间会计估计是错误的，只是由于情况发生了变化，或者掌握了新的信息，积累了更多的经验，使得变更会计估计能够更好地反映政府单位的财务状况和经营成果。如果以前期间的会计估计是错误的，则属于前期差错，按前期差错更正的会计处理方法进行处理。

政府单位应当在财务报表附注中披露会计估计变更的内容和理由、会计估计变更对当期和未来期间的影响数。

三、会计估计变更会计处理

政府单位应当对会计估计变更采用未来适用法处理。

会计估计变更时，不需要追溯计算前期产生的影响或者累积影响，但应当对变更当期和未来期间发生的经济业务或者事项采用新的会计估计进行处理。

会计估计变更仅影响变更当期的，其影响应当在变更当期予以确认；会计估计变更既影响变更当期又影响未来期间的，其影响应当在变更当期和未来期间分别予以确认。

政府单位对某项变更难以区分为会计政策变更或者会计估计变更的，应当按照会计估计变更的处理方法进行处理。

第三节 会计差错及其更正

一、会计差错

会计差错是指在会计核算时，在确认、计量、记录、报告等方面出现的错误，通常包括计算或记录错误、应用会计政策错误、疏忽或曲解事实产生的错误、财务舞弊等。形成会计差错的情形主要有：

（1）计算和账户分类方面出现的错误。例如，某事业单位购入固定资产扣留质保金，该质保金两年以后无质量问题再支付，但单位在记账时记入"其他应收款"账户而未记入"长期应付款"账户，导致账户分类上的错误，并导致资产负债表上流动性负债和非流动性负债的分类也有误。

（2）采用法律、行政法规或者国家统一的会计制度等不允许的会计政策。例如，《政府会计准则第8号——负债》规定，事业单位为购建固定资产等工程项目借入专门借款的，对于发生的专门借款费用，应当按照借款费用减去尚未动用的借款资金产生的利息收入后的金额，属于工程项目建设期间发生的，计入工程成本；不属于工程项目建设期间发生的，计入当期费用。如果该事业单位将工程项目交付使用后发生的借款费用，也计入该项固定资产的成本，则属于采用法律、行政法规或者国家统一的会计制度所不允许的会计政策。

（3）疏忽或曲解事实以及财务舞弊产生的错误。例如，某事业单位开展业务活动收到一笔预收账款，当期已按合同约定完成了50%的业务工作，由于会计人员疏忽当期未按合同完成进度确认当期事业收入，导致当期确认的盈余出现差错。

需要说明的是，就会计估计的性质来说，它是个近似值，随着更多信息的获得，估计可能需要进行修正，但是会计估计变更不属于前期差错更正。

政府单位应当在财务报表附注中披露重大会计差错的内容和重大会计差错的更正方法、金额，以及与前期相关的重大会计差错影响或者累积影响不能合理确定的理由。

二、会计差错更正会计处理

政府单位在本报告期（以下简称本期）发现的会计差错，应当按照以下原则处理：

（1）本期发现的与本期相关的会计差错，应当调整本期报表（包括财务会计报表和预算会计报表，下同）相关项目。

（2）本期发现的与前期相关的重大会计差错，如影响收入、费用或者预算收支的，应当根据其对收入、费用或者预算收支的影响或者累积影响调整发现当期期初的相关净资产项目或者预算结转结余，并调整其他相关项目的期初数；如不影响收入、费用或者预算收支的，应当调整发现当期相关项目的期初数。经上述调整后，视同该差错在差错发生的期间已经得到更正。

重大会计差错是指使本期编制的报表不再具有可靠性的会计差错，一般是指差错的性质比较严重或者差错的金额比较大。该差错会影响报表使用者对会计主体过去、现在或者未来的情况作出评价或者预测，如未遵循政府会计准则制度、财务舞弊等原因产生的差错。通常情况下，导致差错的经济业务或者事项对报表某一具体项目的影响或者累积影响金额占该类经济业务或者事项对报表同一项目的影响金额的 10% 及以上，则认为金额比较大。滥用会计政策、会计估计及其变更，应当作为重大会计差错予以更正。

（3）本期发现的与前期相关的重大会计差错的影响或者累积影响不能合理确定的，以及本期发现的与前期相关的非重大会计差错，应当根据其影响数调整相关项目的本期数。

（4）在报告日至报告批准报出日之间发现的报告期以前期间的重大会计差错，应当视同本期发现的与前期相关的重大会计差错按规定进行处理。在报告日至报告批准报出日之间发现的报告期间的会计差错及报告期以前期间的非重大会计差错，应当按照报告日后事项中的调整事项进行处理。

（5）按规定编制比较财务报表的，对于比较财务报表期间的重大会计差错，应当调整各该期间的收入或者费用以及其他相关项目；对于比较财务报表期间以前的重大会计差错，应当调整比较财务报表最早期间所涉及的各项净资产项目的期初余额，财务报表其他相关项目的金额也应一并调整。对于比较财务报表期间和以前的非重大会计差错，以及影响或者累积影响不能合理确定的重大会计差错，应当调整相关项目的本期数。

第四节 报告日后事项

报告日后事项是指自报告日（年度报告日通常为 12 月 31 日）至报告批准报出日之间发生的需要调整或说明的事项，包括调整事项和非调整事项两类。

一、调整事项

报告日以后获得新的或者进一步的证据，有助于对报告日存在状况的有关金额作出重新估计，应当作为调整事项，据此对报告日的报表进行调整。调整事项包括已证实资产发生了减损、已确定获得或者支付的赔偿、财务舞弊或者差错等。

单位发生的调整事项，通常包括下列事项：① 报告日后诉讼案件结案，法院判决证实了单位在报告日已经存在现时义务，需要调整原先确认的与该诉讼案件相关的预计负债，或确认一项新负债。② 报告日后取得确凿证据，表明某项资产在报告日发生了减值或者需要调整该项资产原先确认的减值金额。③ 报告日后进一步确定了报告日前购入资产的成本或售出资产的收入。④ 报告日后发现了财务报表舞弊或差错。

[例 14-1] 某事业单位因专利侵权被起诉。2×19 年 12 月 31 日法院尚未判决，参考

律师对此案件诉讼结果可能性的评估和专业判断，该事业单位确认了 1 500 000 元的预计负债。2×20 年 2 月 6 日，在该事业单位年度财务报告批准报出之前，法院作出判决，要求该事业单位支付赔偿款 2 000 000 元。

本例中，该事业单位在 2×19 年 12 月 31 日结账时已经知道对方胜诉的可能性大，但不知道法院判决的确切结果。因此，在征求了律师的专业意见后确认了 1 500 000 元的预计负债。2×20 年 2 月 6 日法院的判决结果为该事业单位预计负债的确认提供了进一步的证据。此时，按照 2×19 年 12 月 31 日存在状况的财务报表所提供的信息已不能真实反映该事业单位的实际情况，应据此对财务报表相关项目的数字进行调整。

报告日以后发生的调整事项，应当如同报告所属期间发生的事项一样进行会计处理，对报告日已编制的报表相关项目的期末数或者本期数作相应的调整，并对当期编制的报表相关项目的期初数或者上期数进行调整。

二、非调整事项

报告日以后才发生或者存在的事项，不影响报告日的存在状况，但如不加以说明，将会影响报告使用者作出正确估计和决策，这类事项应当作为非调整事项，在财务报表附注中予以披露。

政府单位发生的非调整事项，通常包括报告日后发生重大诉讼、仲裁、承诺，报告日后自然灾害导致的资产损失，以及报告日后税收政策、外汇汇率发生重大变化等。

三、报告日后事项披露

政府单位应当在财务报表附注中披露与报告日后事项有关的下列信息：

（1）财务报告的批准报出者和批准报出日。

（2）每项重要的报告日后非调整事项的内容，及其估计对会计主体财务状况、运行情况的影响；无法作出估计的，应当说明其原因。

复习思考题

1. 简述政府单位会计政策的概念，可以对会计政策进行变更的情形有哪些？
2. 政府单位对会计政策变更的会计处理方法有哪些？
3. 简述政府单位会计估计、会计估计变更的概念。
4. 政府单位会计差错的情形主要有哪些？
5. 政府单位报告日后发生的调整事项主要有哪些？

第三篇

政府财政会计

第十五章

政府财政会计概述

学习目标

本章着重阐述政府财政会计的概念、任务以及会计核算方法。通过本章学习，要求了解政府财政会计的概念、任务、核算方法以及政府财政会计信息质量要求。

第一节　政府财政会计概念

政府财政会计是各级政府财政核算、反映、监督政府一般公共预算资金、政府性基金预算资金、国有资本经营预算资金、社会保险基金预算资金以及财政专户管理资金、专用基金、政府债务和代管资金等资金活动的专业会计。主要包括财政总预算会计（本书作主要介绍）、财政国库支付执行机构会计、财政专户会计和财政社会保险基金会计等。政府财政会计作为执行政府预算的专门会计，它的核算对象是各级政府预算执行过程中的预算资金及其他财政性资金活动，具体反映为预算收入、预算支出和收支结余，以及在资金运动过程中所形成的资产、负债和净资产。

按照"统一领导，分级管理"的国家预算管理原则，我国实行一级政府一级预算，共有五级。同国家预算管理体系相一致，政府财政会计组成体系也分为五级，即一级政府建立一级总预算，每一级总预算都在政府的财政部门设立政府财政会计。政府财政会计是同政府预算紧密相连的，是直接为政府预算的执行和管理服务的。

　　各级政府预算的执行是一个复杂的系统工程，除政府财政会计直接经办政府预算的核算和管理工作外，为了组织好各级政府预算的执行工作，国家还指定一些专业部门的会计直接参与组织和监督各级政府预算的执行工作，主要有两大会计系统：一是中国人民银行和工商银行、农业银行等专业银行经理国家国库业务的国库会计系统，负责各级预算收入的收纳、划分、报解和库款的支拨，是各级财政部门的总出纳。二是税务机关、海关等税收管理机关的预算收入征解会计，负责国家税收以及国家指定负责征收的其他收入的征解会计核算工作。这两大系统的专门会计，遍及全国各地，与政府财政会计有着十分密切的会计业务核算关系，与政府财政会计形成一个相辅相成、互相协作的有机整体，为各级政府预算的执行而服务。

第二节　政府财政会计任务

一、政府财政会计任务

财政总预算会计制度

　　政府财政会计是各级财政部门核算、反映和监督各级政府财政总预算执行情况的会计，它的主要职责是进行会计核算，反映预算执行情况，实行会计监督，参与预算管理和合理调度资金。政府财政会计的基本任务有以下几个方面。

　　（1）进行会计核算。办理政府财政各项收支、资产负债的会计核算工作，反映政府财政预算执行情况和财务状况。

　　（2）严格财政资金收付调度管理。组织办理财政资金的收付、调拨，在确保资金安全性、规范性、流动性前提下，合理调度管理资金，提高资金使用效益。

　　（3）规范账户管理。加强对国库单一账户、财政专户、零余额账户和预算单位银行账户等的管理。

　　（4）实行会计监督，参与预算管理。通过会计核算和反映，进行预算执行情况分析，并对总预算、部门预算和单位预算执行实行会计监督。

　　（5）协调预算收入征收部门、国家金库、国库集中收付代理银行、财政专户开户银行和其他有关部门之间的业务关系。

　　（6）组织本地区财政总决算、部门决算编审和汇总工作。

　　（7）组织和指导下级政府财政会计工作。

二、政府财政会计信息质量要求

　　政府财政会计信息质量要求主要有以下四个方面：

　　（1）真实全面。政府财政会计应当以实际发生的经济业务或者事项为依据进行会计核算，如实反映各项会计要素的情况和结果，保证会计信息真实可靠，全面反映政府财政的预算执行情况和财务状况等。

（2）相关性。政府财政会计提供的会计信息应当与政府财政受托责任履行情况的反映、会计信息使用者的监督、决策和管理需要相关，有助于会计信息使用者对政府财政过去、现在或者未来的情况作出评价或者预测。

（3）可比性。政府财政会计对于已经发生的经济业务或者事项，应当及时进行会计核算，提供的会计信息应当具有可比性。同一政府财政不同时期发生的相同或者相似的经济业务或者事项，应当采用一致的会计政策，不得随意变更。确需变更的，应当将变更的内容、理由和对政府财政预算执行情况、财务状况的影响在附注中予以说明。不同政府财政发生的相同或者相似的经济业务或者事项，应当采用统一的会计政策，确保不同政府财政的会计信息口径一致、相互可比。

（4）清晰性。政府财政会计提供的会计信息应当清晰明了，便于会计信息使用者理解和使用。政府财政会计的会计信息使用者包括人民代表大会、政府及其有关部门、政府财政部门自身和其他会计信息使用者。

第三节 政府财政会计核算方法

政府财政会计核算目的是向会计信息使用者提供政府财政预算执行情况、财务状况等会计信息，反映政府财政受托责任履行情况。

政府财政会计的会计核算应当以本级政府财政业务活动持续正常地进行为前提，应当划分会计期间，分期结算账目和编制会计报表。会计期间至少分为年度和月度。会计年度、月度等会计期间的起讫日期采用公历日期。年度终了后，可根据工作特殊需要设置一定期限的上年决算清理期。

政府财政会计应当按照业务或事项的经济特征确定会计要素。会计要素包括资产、负债、净资产、收入和支出。

政府财政会计的会计核算一般采用收付实现制，部分经济业务或者事项应当按照规定采用权责发生制核算。政府财政会计应当采用借贷记账法记账。

会计科目是对政府财政会计核算对象按照资金活动的基本形式和不同的业务内容，进行科学分类的一种方法。它是设置账户、进行会计核算的依据，也是汇总和检查国家预算资金活动结果的依据。

根据政府财政会计的特点，各种会计事项涉及资产、负债、净资产、收入和支出五个会计要素。其核算的会计等式为：资产＝负债+净资产。年度预算执行期间，在收入和支出不结转的情况下，会计等式为：资产+支出＝负债+净资产+收入。

政府财政会计只是对财政资金的集中、分配和执行结果进行核算，并不直接使用资金购置财产、物资，也不发生现金的收付业务。各级政府财政会计使用的会计科目见表15-1。

表 15-1 政府财政会计科目表

类别	序号	编码	科目名称
一、资产类	1	1001	国库存款
	2	1003	国库现金管理存款
	3	1004	其他财政存款
	4	1005	财政零余额账户存款
	5	1006	有价证券
	6	1007	在途款
	7	1011	预拨经费
	8	1021	借出款项
	9	1022	应收股利
	10	1031	与下级往来
	11	1036	其他应收款
	12	1041	应收地方政府债券转贷款
	13	1045	应收主权外债转贷款
	14	1071	股权投资
	15	1081	待发国债
二、负债类	16	2001	应付短期政府债券
	17	2011	应付国库集中支付结余
	18	2012	与上级往来
	19	2015	其他应付款
	20	2017	应付代管资金
	21	2021	应付长期政府债券
	22	2022	借入款项
	23	2026	应付地方政府债券转贷款
	24	2027	应付主权外债转贷款
	25	2045	其他负债
	26	2091	已结报支出
三、净资产类	27	3001	一般公共预算结转结余
	28	3002	政府性基金预算结转结余
	29	3003	国有资本经营预算结转结余
	30	3005	财政专户管理资金结余
	31	3007	专用基金结余

类别	序号	编码	科目名称
	32	3031	预算稳定调节基金
	33	3033	预算周转金
	34	3081	资产基金
		308101	应收地方政府债券转贷款
		308102	应收主权外债转贷款
		308103	股权投资
		308104	应收股利
	35	3082	待偿债净资产
		308201	应付短期政府债券
		308202	应付长期政府债券
		308203	借入款项
		308204	应付地方政府债券转贷款
		308205	应付主权外债转贷款
		308206	其他负债
四、收入类	36	4001	一般公共预算本级收入
	37	4002	政府性基金预算本级收入
	38	4003	国有资本经营预算本级收入
	39	4005	财政专户管理资金收入
	40	4007	专用基金收入
	41	4011	补助收入
	42	4012	上解收入
	43	4013	地区间援助收入
	44	4021	调入资金
	45	4031	调入预算稳定调节基金
	46	4041	债务收入
	47	4042	债务转贷收入
五、支出类	48	5001	一般公共预算本级支出
	49	5002	政府性基金预算本级支出
	50	5003	国有资本经营预算本级支出
	51	5005	财政专户管理资金支出
	52	5007	专用基金支出

续表

类别	序号	编码	科目名称
	53	5011	补助支出
	54	5012	上解支出
	55	5013	地区间援助支出
	56	5021	调出资金
	57	5031	安排预算稳定调节基金
	58	5041	债务还本支出
	59	5042	债务转贷支出

复习思考题

1. 政府财政会计的概念？核算目的是什么？
2. 政府财政会计信息质量要求有哪些？
3. 政府财政会计要素及会计等式是什么？

第十六章
财 政 收 入

学习目标

    财政收入是依法通过国家预算所筹集的资金，是实现国家职能的财力保障。本章就财政收入的内容、划分、缴库方式、列报基础、会计核算进行介绍。通过本章学习，要求了解财政收入的内容、划分，理解财政收入缴库方式、一般公共预算收入的列报基础，掌握财政收入的核算方法。

第一节　一般公共预算收入

    收入是政府财政为实现政府职能，根据法律法规等所筹集的资金，是进行社会主义现代化建设和提高人民物质文化生活水平的财力保证。政府财政会计所核算的收入包括：一般公共预算收入、政府性基金预算收入、国有资本经营预算收入、财政专户管理资金收入、专用基金收入、转移性收入、债务收入、债务转贷收入等。

一、一般公共预算收入内容

    一般公共预算收入是政府财政筹集的纳入本级一般公共预算管理的税收收入和非税收入。按照现行的"政府收支分类科目"的规定，将预算收入划分为一般公共预算收入科目、政府性基金预算收入科目、债务预算收入科目、国有资本经营预算收入科目等部分。

本节介绍一般公共预算收入。

按照收入的形式和性质，一般公共预算收入主要包括：①税收收入，包括增值税、消费税、企业所得税、企业所得税退税、个人所得税、资源税、城市维护建设税、房产税、印花税、城镇土地使用税、土地增值税、车船税、船舶吨税、车辆购置税、关税、耕地占用税、契税、烟叶税、其他税收收入。②非税收入，包括政府性基金收入、专项收入、行政事业性收费收入、罚没收入、国有资本经营收入、国有资源（资产）有偿使用收入、其他收入等。③债务收入。④转移性收入。

二、一般公共预算收入划分

根据财权与事权相结合的原则，满足各级政府行使职能的需要，必须将一般公共预算收入在各级政府之间进行划分。按照统一领导、分级管理的国家预算管理体制的要求，我国现阶段实行"分税制"财政管理体制，将一般公共预算收入划分为固定收入和共享收入两大部分。固定收入又分为中央固定收入和地方固定收入。共享收入是按一定的方法或比例进行分配，具体的分配内容和分配方式，通过财政管理体制逐级加以规定。首先在中央与地方之间进行分配，然后在地方各级之间进行再分配。

中央固定收入主要以关税、证券交易印花税、车辆购置税、船舶吨税、消费税、中央国有企业上缴的所得税及其他各项收入等为主。

中央与地方共享收入主要以增值税、企业所得税和个人所得税等为主。

地方固定收入主要以城镇土地使用税、土地增值税、城市维护建设税（不含中国铁路总公司、跨地区总分机构）、房产税、车船税、其他印花税、耕地占用税、契税、烟叶税、环境保护税、其他税收收入、非税收入等为主。

三、预算收入执行机构

政府需要设立专门的机构负责各项收入的组织收纳和监督工作，主要是征收机关和国家金库。

（一）征收机关

根据现行规定，国家预算收入分别由各级财政机关、税务机关和海关负责管理、组织征收或监缴。这些机关通称"征收机关"。按照预算收入不同的性质和征收方法，各征收机关的具体分工是：

（1）税务机关负责征收以增值税为主体的各类税收和国家规定由税务机关负责征收的其他预算收入。

（2）海关负责征收关税以及海关代征的进出口产品的消费税、增值税等。

（3）财政机关负责征收国有资产经营收益、行政事业性收费收入以及其他收入等。

（4）不属于上述范围的预算收入，以国家规定负责管理征收的单位为征收机关。

财税部门负责制定各项收入征收的制度和办法，帮助和督促各缴款单位把一切应缴的预算收入按时足额缴库，并及时发现预算收入执行中存在的问题，提出改进工作的措施和建议。各征收机关要严格执行国家的法律、规章制度，将预算收入及时、足额地征收入库，对无故拖欠应缴预算收入和各种不法行为要依法严肃处理。

（二）国家金库

国家金库（以下简称国库）负责办理国家财政资金的收入和支出。在年度预算计划的执行过程中，一切预算收入都必须缴入国库，预算计划所安排的各项支出也必须经过国库拨付。国库担负着预算收支执行和监督的重要任务。

四、一般公共预算收入缴库方式

一般公共预算收入缴库方式有：就地缴库，集中缴库，以及海关、税务机关自收汇缴三种。就地缴库指由基层缴款单位或缴款人，按征收机关规定的缴库期限，直接向当地国库或国库经收处缴纳。集中缴库指经同级财政部门同意，基层单位将应缴的预算收入通过银行汇到上级主管部门，由上级主管部门按征收机关规定的缴款期限，汇总向国库或国库经收处缴纳。海关、税务机关自收汇缴指缴款人直接向基层税务机关、海关缴纳税款，由税务、海关将所收款项汇总缴入国库或国库经收处。

五、一般公共预算收入列报基础

各级政府财政会计的预算收入一般以本年度缴入基层国库的数额为准。政府财政会计凭国库报送的本级财政"预算收入日报表"及所附有关凭证入账。

（1）县以上各级财政的各项预算收入均以缴入基层国库数额为准。设有乡镇国库的地区，乡镇财政的本级收入以乡镇国库收到数为准。

（2）未设乡镇国库的地区，乡镇财政的本级收入数以县级财政返还数为准。

（3）基层国库在年度库款报解整理期内收到经收处报来上年度收入，记入上年度账。整理期结束后，收到上年度收入一律记入新年度账。

六、一般公共预算收入核算

政府财政会计为了核算一般公共预算收入，应设置"一般公共预算本级收入"总账账户，按照"政府收支分类科目"所列"一般公共预算收入"科目的"类""款""项""目"级科目（不含转移收入）设置明细账。收到时，借记"国库存款"等账户，贷记本账户；退付时记借方；贷方余额反映本年度一般公共预算收入的累计数；年终，将贷方余额全部转入"一般公共预算结转结余"账户的贷方。

[例 16-1] 某日，某县财政收到国库报来的"一般公共预算本级收入日报表"（见表 16-1）。

表 16-1 ××县级一般公共预算本级收入日报表

××年×月×日   单位：元

科目名称	本日收入
增值税	833 786
国有企业增值税	636 772
集体企业增值税	281 649
股份制企业增值税	293 542
联营企业增值税	43 290
出口货物退增值税	−421 467
个人所得税	64 600
其他个人所得税	64 600
城市维护建设税	78 355
国有企业城市维护建设税	78 355
房产税	97 238
国有企业房产税	97 238
契税	32 800
总　计	1 106 779

按表 16-1 本日预算收入总计数，会计分录为：

借：国库存款——一般预算存款　　　　　　　　　　1 106 779

　　贷：一般公共预算本级收入　　　　　　　　　　　　　1 106 779

再按表 16-1 所列各项收入登记一般公共预算本级收入贷方明细账如下：

税收收入——增值税——国有企业增值税　　　　　636 772

　　　　——增值税——集体企业增值税　　　　　281 649

　　　　——增值税——股份制企业增值税　　　　293 542

　　　　——增值税——联营企业增值税　　　　　43 290

　　　　——增值税——出口货物退增值税　　　 −421 467

　　　　——个人所得税——其他个人所得税　　　　64 600

　　　　——城市维护建设税——国有企业城市维护建设税　78 355

　　　　——房产税——国有企业房产税　　　　　　97 238

　　　　——契税　　　　　　　　　　　　　　　　32 800

七、收入对账

各级国库、财政部门和征收机关，都必须按月、按年、按预算级次和科目对账，确保国库、财政和征收机关之间的收入数字准确一致。各级财政部门对于核对账务工作负有组织和监督的责任。

（1）月份对账。各支库应在每月终了后 3 日内，根据预算收入明细账或登记簿的余额，分别中央、省级、市县级编制月份对账单一式四份，送财政部门和征收机关核对。财政、征收机关应于 3 日内核对完毕，并在月份对账单上盖章后各留一份，退回国库两份，由国库留存一份，报上级国库一份。对账如果发现错误，应在月份终了后 6 日内及时通知国库更正。

（2）年度对账。年度终了后，各级国库应设置 10 天的库款报解整理期。经收处 12 月 31 日以前所收款项，应在库款报解整理期内报达国库，国库列入当年决算。

国库在年度终了后 20 天内，分别按中央级、省级和市（地）县级编制年度决算表一式四份，送财政部门和征收机关审核。审核工作应在次年 1 月 25 日前完成并盖章，然后由财政部门和征收机关各留一份，退回国库两份。收到财政、征收机关核对盖章后的决算表后，国库留存一份，报上级国库一份；属于中央级、省级决算表报省国库。

市级国库在收到县国库上报的年度决算表，经审核无误后，汇编所辖（包括县）各级预算收入年度决算表一式四份，送财政部门和征收机关核对。财政部门和征收机关核对完毕盖章后，各自留存一份，退给市级国库两份。市国库留存一份，报省国库一份。

第二节　政府性基金预算收入

政府性基金预算收入是指按国家有关规定收取，通过财政安排，纳入财政预算管理，具有指定用途的政府性基金。

一、政府性基金预算收入内容

现行"政府收支分类科目"在 103 类"非税收入"下设"政府性基金收入"款级科目，"政府性基金收入"款下设 50 多个"项"级科目，用于全面反映纳入政府性基金管理的各种收入。

政府性基金预算收入反映各级政府及其所属部门根据国家法律、行政法规规定并经国务院或财政部批准，向公民、法人或其他组织征收的政府性基金，政府性基金纳入预算管理，是具有特定用途的财政资金。政府性基金预算收入科目见表 16-2（目级科目略）。

表 16-2　政府性基金预算收入科目表

科目编码			科目名称
类	款	项	
103			非税收入
	1		政府性基金收入
		2	农网还贷资金收入

科目编码			科目名称
类	款	项	
		6	铁路建设基金收入
		10	民航发展基金收入
		12	海南省高等级公路车辆通行附加费收入
		15	港口建设费收入
		21	旅游发展基金收入
		29	国家电影事业发展专项资金收入
		46	国有土地收益基金收入
		47	农业土地开发资金收入
		48	国有土地使用权出让收入
		49	大中型水库移民后期扶持基金收入
		50	大中型水库库区基金收入
		52	三峡水库库区基金收入
		53	中央特别国债经营基金收入
		54	中央特别国债经营基金财务收入
		55	彩票公益金收入
		56	城市基础设施配套费收入
		57	小型水库移民扶助基金收入
		58	国家重大水利工程建设基金收入
		59	车辆通行费
		66	核电站乏燃料处理处置基金收入
		68	可再生能源电价附加收入
		71	船舶油污损害赔偿基金收入
		75	废弃电器电子产品处理基金收入
		78	污水处理费收入
		80	彩票发行机构和彩票销售机构的业务费用
		99	其他政府性基金收入
103	10		专项债券对应项目专项收入
105			债务收入
	4		地方政府债务收入
110			转移性收入

科目编码			科目名称
类	款	项	
	4		政府性基金转移收入
	8		上年结余收入
	9		调入资金
	11		债务转贷收入

政府性基金预算收入是一般公共预算收入的补充，从内容看基本属于政府收费性质，政府收费大多要通过"税"的形式收取，全部纳入财政预算管理。政府性基金预算收入的收纳、报解工作，视同一般公共预算收入办理。

政府性基金预算应遵循收支平衡的原则，各级财政部门应编制年度政府性基金预算，政府性基金预算支出应专款专用，细化到具体支出项目的类、款、项、目，一般情况下应做到先收后支。政府财政会计应按上述政府性基金预算收入科目设置相应的明细账，分项核算各政府性基金项目的收入、支出和结余。

二、政府性基金预算收入核算

根据财政部"政府性基金预算管理办法"的规定，基金全额纳入预算管理，收入全部上缴国库，先收后支，专款专用。政府财政会计在政府性基金预算收入的核算上，必须区别于一般公共预算收入，按每一项基金种类分别进行明细核算，年终要分别结出各项基金的结余。政府性基金预算收入以同级国库的收入日报表及其附件为收入凭证。为核算政府性基金预算收入，设"政府性基金预算本级收入"总账科目，按"政府收支分类科目"所列"政府性基金预算收入"的"款""项""目"级科目（不含转移性收入）设置明细账。平时收到时，借记"国库存款"等账户，贷记本账户；退付时记借方；贷方余额反映政府性基金预算本级收入累计数；年终，将贷方余额全部转入"政府性基金预算结转结余"账户的贷方。

[例 16-2] 某日，某县财政收到国库报来的县级"预算本级收入日报表"（见表 16-3）。

表 16-3　××县级预算本级收入日报表

××年×月×日 单位：元

科目名称	本日收入
国有土地收益基金收入	123 000
车辆通行费	823 000
污水处理费收入	205 000
其他政府性基金收入	317 000
总　计	1 468 000

按表16-3所列本日基金预算收入总计数，编制会计分录为：

借：国库存款——政府性基金预算存款   1 468 000

贷：政府性基金预算本级收入   1 468 000

再按表16-3所列明细科目登记基金预算收入明细账：

    ——国有土地收益基金收入   123 000

    ——车辆通行费   823 000

    ——污水处理费收入   205 000

    ——其他政府性基金收入   317 000

[例16-3] 年终，某县将政府性基金预算本级收入贷方余额31 910 000元（明细为：农业土地开发资金收入1 234 000元，车辆通行费收入8 654 000元，国有土地收益基金收入18 566 000元，污水处理费收入597 000元，其他政府性基金收入2 859 000元）转入"政府性基金预算结转结余"账户，会计分录为：

借：政府性基金预算本级收入——农业土地开发资金收入   1 234 000

    ——车辆通行费收入   8 654 000

    ——国有土地收益基金收入   18 566 000

    ——污水处理费收入   597 000

    ——其他政府性基金收入   2 859 000

贷：政府性基金预算结转结余——农业土地开发资金结余   1 234 000

    ——车辆通行费结余   8 654 000

    ——国有土地收益基金收入结余

         18 566 000

    ——污水处理费结余   597 000

    ——其他政府性基金结余   2 859 000

第三节 专用基金收入

一、专用基金收入内容

专用基金收入是指由地方财政部门按规定设置或取得的、有专门用途的各项基金收入。专用基金收入与政府性基金预算收入在预算管理上，都要求实行专款专用，先收后支，但两者在资金的来源渠道和使用方向上有所区别。首先，从资金来源渠道上看，政府性基金预算是国家预算收入的内容之一，专用基金是通过一般公共预算支出后形成的有专门用途的资金。其次，从两项资金的存款管理上看，要求的开户银行不同，政府性基金预算收入必须存入国库，而专用基金收入要求存入指定的政策银行。如粮食风险基金规定必须在中国农业发展银行开户。

二、专用基金收入核算

为了核算专用基金收入，设置"专用基金收入"总账账户，收到时记贷方，退付和年终转账时记借方。年终，将本账户的贷方余额，全部转入"专用基金结余"账户贷方，结转后本账户无余额。由于专用基金有专款专用的规定，且开户银行为政策性银行，因此，还必须设置"其他财政存款"总账账户核算存款。

[例16-4] 某县财政收到上级财政部门拨付的粮食风险基金600万元，该项基金按规定直接下达到相关农业发展银行，会计分录为：

借：其他财政存款——专用基金　　　　　　　　　　6 000 000
　　贷：专用基金收入——粮食风险基金　　　　　　　　　6 000 000

[例16-5] 某县财政将本级预算资金100万元转作粮食风险基金，会计分录为：

借：一般公共预算本级支出——粮食风险基金　　　　1 000 000
　　贷：国库存款　　　　　　　　　　　　　　　　　　　1 000 000

同时：

借：其他财政存款——专用基金　　　　　　　　　　1 000 000
　　贷：专用基金收入——粮食风险基金　　　　　　　　　1 000 000

[例16-6] 年终将"专用基金收入"账户余额5 800万元转入有关账户，会计分录为：

借：专用基金收入——粮食风险基金　　　　　　　　58 000 000
　　贷：专用基金结余　　　　　　　　　　　　　　　　58 000 000

第四节　财政专户管理资金收入

一、财政专户管理资金收入内容

财政专户会计是政府财政会计的组成部分，其会计核算按财政专户会计制度执行，其具体的会计核算方法与政府财政会计相同。政府收支分类科目的规定，政府收支分类科目中非税资金涵盖了教育收费等专户管理的资金。因此，财政专户会计只进行教育收费等资金收缴业务的登记和明细核算，教育收费资金的收入、支出和结余核算由政府财政专户会计比照一般公共预算收入、支出和结余程序和方法进行。

二、财政专户管理资金核算

为了核算教育收费等专户管理资金，应设置"财政专户管理资金收入"总账科目，本科目核算政府财政纳入财政专户管理的教育收费等资金收入，应当按照"政府收支分类科目"中收入分类科目规定进行明细核算。同时，根据管理需要，按部门（单位）等进行明细核算。本账户平时贷方余额反映财政专户管理资金收入的累计数。主要账务处理如下：

收到财政专户管理资金时，借记"其他财政存款"账户，贷记本账户。年终转账时，本账户贷方余额全数转入"财政专户管理资金结余"账户，借记本账户，贷记"财政专户管理资金结余"账户。结转后，本账户无余额。

第五节　资金调拨收入

一、资金调拨收入内容

资金调拨是指根据现行财政体制规定在中央与地方、地方各级财政之间，因共享收入的分配、体制结算和转移支付等原因而产生的上下级财政资金调拨，以及同级财政因平衡预算收支而发生的资金调拨事项。调拨事项主要有两类：一类是通过补助、上解和预算指标追加、追减等方式将本级财政的资金与另一级财政发生转移。另一类是本级财政不同性质的资金相互间的调拨行为。资金调拨是合理分配财力、健全财政职能、严格按财政体制办事、保证预算实现的必要手段。在预算执行过程中的资金调拨收入主要指补助收入、上解收入、地区间援助收入、调入资金等会计事项。

补助收入是下级财政收到上级财政按财政体制规定或因专项需要补助的款项，主要有返还性收入、一般性转移支付收入、专项转移支付收入等。

上解收入是上级财政收到下级财政按财政体制规定解交的款项，主要有一般性转移支付收入（包括体制上解收入、出口退税专项上解收入等）、专项转移支付收入（包括专项上解收入等）。

地区间援助收入是收到援助方政府财政转来的可统筹使用的各类援助、捐赠等资金收入。

调入资金是为平衡一般公共预算收支而从基金预算结余及财政专户资金结余中调入的资金。

二、资金调拨收入核算

为了核算资金调拨收入，设置"补助收入""上解收入""地区间援助收入""调入资金"四个总账账户。

（一）"补助收入"账户

"补助收入"账户核算上级政府财政按照财政体制规定或因专项需要补助给本级政府财政的款项，包括税收返还、转移支付等。本账户下应当按照不同的资金性质设置"一般公共预算补助收入""政府性基金预算补助收入"等明细账户。本账户平时贷方余额，反映补助收入的累计数。主要账务处理如下：

（1）收到上级政府财政拨入的补助款时，借记"国库存款""其他财政存款"等账户，贷记本账户。

（2）专项转移支付资金实行特设专户管理的，政府财政应当根据上级政府财政下达的预算文件确认补助收入。年度当中收到资金时，借记"其他财政存款"账户，贷记"与上级往来"等账户；年度终了，根据专项转移支付资金预算文件，借记"与上级往来"账户，贷记本账户。

（3）从"与上级往来"账户转入本账户时，借记"与上级往来"账户，贷记本账户。

（4）有主权外债业务的财政部门，贷款资金由本级政府财政同级部门（单位）使用，且贷款的最终还款责任由上级政府财政承担的，本级政府财政部门收到贷款资金时，借记"其他财政存款"账户，贷记本账户；外方将贷款资金直接支付给供应商或用款单位时，借记"一般公共预算本级支出"，贷记本账户。

（5）年终与上级政府财政结算时，根据预算文件，按照尚未收到的补助款金额，借记"与上级往来"账户，贷记本账户。退还或核减补助收入时，借记本账户，贷记"国库存款""与上级往来"等账户。

（6）年终转账时，本账户贷方余额应根据不同资金性质分别转入对应的结转结余账户，借记本账户，贷记"一般公共预算结转结余""政府性基金预算结转结余"等账户。结转后，本账户无余额。

（二）"上解收入"账户

"上解收入"账户核算按照体制规定由下级政府财政上交给本级政府财政的款项。本账户下应当按照不同资金性质设置"一般公共预算上解收入""政府性基金预算上解收入"等明细账户。同时，还应当按照上解地区进行明细核算。本账户平时贷方余额，反映上解收入的累计数。主要账务处理如下：

（1）收到下级政府财政的上解款时，借记"国库存款"等账户，贷记本账户。

（2）年终与下级政府财政结算时，根据预算文件，按照尚未收到的上解款金额，借记"与下级往来"账户，贷记本账户。退还或核减上解收入时，借记本账户，贷记"国库存款""与下级往来"等账户。

（3）年终转账时，本账户贷方余额应根据不同资金性质分别转入对应的结转结余账户，借记本账户，贷记"一般公共预算结转结余""政府性基金预算结转结余"等账户。结转后，本账户无余额。

（三）"地区间援助收入"账户

"地区间援助收入"账户核算受援方政府财政收到援助方政府财政转来的可统筹使用的各类援助、捐赠等资金收入。本账户应当按照援助地区及管理需要进行相应的明细核算。本账户平时贷方余额反映地区间援助收入的累计数。主要账务处理如下：

（1）收到援助方政府财政转来的资金时，借记"国库存款"账户，贷记本账户。

（2）年终转账时，本账户贷方余额全数转入"一般公共预算结转结余"账户，借记本账户，贷记"一般公共预算结转结余"账户。结转后，本账户无余额。

（四）"调入资金"账户

"调入资金"账户核算政府财政为平衡某类预算收支、从其他类型预算资金及其他渠道调入的资金。应当按照不同资金性质设置"一般公共预算调入资金""政府性基金预算调入资金"等明细账户。本账户平时贷方余额，反映调入资金的累计数。主要账务处理如下：

（1）从其他类型预算资金及其他渠道调入一般公共预算时，按照调入的资金金额，借记"调出资金——政府性基金预算调出资金""调出资金——国有资本经营预算调出资金""国库存款"等账户，贷记本账户（一般公共预算调入资金）。

（2）从其他类型预算资金及其他渠道调入政府性基金预算时，按照调入的资金金额，借记"调出资金——一般公共预算调出资金""国库存款"等账户，贷记本账户（政府性基金预算调入资金）。

（3）年终转账时，本账户贷方余额分别转入相应的结转结余账户，借记本账户，贷记"一般公共预算结转结余""政府性基金预算结转结余"等账户。结转后，本账户无余额。

[例 16-7] 某县财政局收到上级财政拨付专项补助款 370 万元，会计分录为：

借：国库存款——一般预算存款　　　　　　　　　　　　　　3 700 000
　　贷：补助收入——专项补助收入　　　　　　　　　　　　　　3 700 000

[例 16-8] 某县财政局收到乡财政专项上解款 50 万元，根据银行"特种收入转账凭单"，会计分录为：

借：国库存款——一般预算存款　　　　　　　　　　　　　　500 000
　　贷：上解收入——专项上解收入——××乡　　　　　　　　500 000

[例 16-9] 年终，某县财政为平衡一般公共预算需要从政府性基金预算结余的城市基础设施配套费收入结余中调入 150 万元，会计分录为：

借：调出资金——政府性基金预算调出资金——城市基础设施配套费　1 500 000
　　贷：调入资金——一般公共预算调整入资金　　　　　　　　1 500 000

同时，应调整国库存款明细账，会计分录为：

借：国库存款——一般预算存款　　　　　　　　　　　　　　1 500 000
　　贷：国库存款——基金预算存款　　　　　　　　　　　　　　1 500 000

[例 16-10] 年终，某县将全年补助收入 6 000 万元（其中：专项转移支付补助 2 000 万元，返还性收入 4 000 万元），全年乡财政体制上解收入 1 500 万元，全年调入资金 260 万元进行结转，会计分录为：

借：补助收入——专项补助收入　　　　　　　　　　　　　　20 000 000
　　　　　　——返还性收入　　　　　　　　　　　　　　40 000 000
　　贷：一般公共预算结转结余　　　　　　　　　　　　　　60 000 000
借：上解收入——体制上解收入——××乡财政　　　　　　　15 000 000

　　贷：一般公共预算结转结余　　　　　　　　　　　　　　　15 000 000
　借：调入资金——一般公共预算调入资金　　　　　　　　　　2 600 000
　　贷：一般公共预算结转结余　　　　　　　　　　　　　　　　2 600 000

第六节　国有资本经营预算收入

　　国有资本经营预算是国家以所有者身份依法取得国有资本收益，并对所得收益进行分配而发生的各项收支预算，是政府预算的重要组成部分。建立国有资本经营预算制度，对增强政府的宏观调控能力，完善国有企业收入分配制度，推进国有经济布局和结构的战略性调整，集中解决国有企业发展中的体制性、机制性问题，具有重要意义。

　　国有资本经营预算与社会保障预算、政府性基金预算和一般公共预算等共同构成政府预算。

　　编制国有资本经营预算，应坚持以下原则：

　　（1）统筹兼顾，适度集中。统筹兼顾企业自身积累、自身发展和国有经济结构调整及国民经济宏观调控的需要，适度集中国有资本收益，合理控制预算收支规模。

　　（2）相对独立，相互衔接。既保持国有资本经营预算的完整性和相对独立性，又保持与一般公共预算的相互衔接。

　　（3）分级编制，逐步实施。国有资本经营预算实行分级管理、分级编制。

　　国有资本经营预算收入是指各级人民政府及其部门、机构履行出资人职责的企业上缴的国有资本收益。主要包括：①国有独资企业按规定上缴国家的利润；②国有控股、参股企业国有股权（股份）获得的股利、股息；③企业国有产权（含国有股份）转让收入；④国有独资企业清算收入（扣除清算费用），以及国有控股、参股企业国有股权（股份）分享的公司清算收入（扣清算费用）；⑤其他国有资本经营预算收入。

　　国有资本经营预算收入由财政部门、国有资产监管机构收取、组织上缴。企业按规定应上缴的国有资本经营收益，应及时、足额上缴财政。

　　按"政府收支分类科目"在103"非税收入"类下设06款"国有资本经营预算收入"款级科目，"款"级科目下设"项"级科目，用于全面反映国有资本经营的各种收入。

　　"国有资本经营预算收入"科目分设"利润收入""股利股息收入""产权转让收入""清算收入""其他国有资本经营预算收入"等项级科目，在项级科目下再分设若干目级科目。

复习思考题

　　1. 一般公共预算收入是如何划分的？

2. 一般公共预算收入的缴库方式有哪几种?

3. 试述"一般公共预算收入"的列报基础。

4. 政府性基金预算收入、专用基金收入的主要区别。

第十七章

财政支出

学习目标

财政支出是指政府财政为实现政府职能，对财政资金的分配和使用。本章就财政支出的内容、分类、列报基础、会计核算进行介绍。通过本章学习，要求了解财政支出的内容和分类，理解财政支出的列报基础，掌握财政支出的核算方法。

第一节 一般公共预算支出

一、一般公共预算支出内容和分类

一般公共预算支出是指政府财政管理的由本级政府使用的列入一般公共预算的支出。政府财政会计所核算的支出包括一般公共预算支出、政府性基金预算支出、国有资本经营预算支出、财政专户管理资金支出、专用基金支出、转移性支出、债务还本支出、债务转贷支出等。一般公共预算支出按职能和部门进行划分，主要包括：一般公共服务支出、外交支出、国防支出、公共安全支出、教育支出、科学技术支出、文化体育与传媒支出、社会保障和就业支出、社会保险基金支出、医疗卫生支出、节能环保支出、城乡社区支出、农林水支出、交通运输支出、资源勘探电力信息等支出、商业服务业等支出、金融支出、

援助其他地区支出、国土海洋气象等支出、住房保障支出、粮油物资储备支出、预备费国债还本付息支出、其他支出、转移性支出等大类。

二、一般公共预算支出列报基础

一般公共预算支出的列报基础，是以财政部门在支出阶段预算资金分配的完成为前提，以财政实际拨出预算资金作为预算支出的核算基础，这体现了财政预算资金分配的完成。因此，政府财政会计制度对预算支出的列报口径规定为"财政拨款数"，清理结算收回时，冲销"财政拨款数"。但预拨经费不得直接列作本期支出。

为了做好预算支出的列报工作，各级财政部门平时应做好各项基础性工作。

（1）财政部门要指导并组织本级预算各单位编制部门预算，汇总的本级部门预算经同级人民政府同意后报同级人民代表大会审查批准，并将同级人民代表大会批准的本级部门预算及时批复各相关预算单位执行。

（2）主管部门应根据批复的年度部门预算，编制汇总"季度分月用款计划"，经财政部门审核批准后执行。

（3）主管部门申请拨款时，应按政府收支分类科目的"类""款""项"填写"预算经费请拨单"，政府财政会计应及时拨付预算资金并按政府收支分类科目的"类""款""项"列报一般公共预算支出。

（4）政府财政会计应加强与财政职能部门、单位财务管理部门的联系，及时核对账目，保证预算支出列报科目准确无误，并协助财政职能部门、单位财务管理部门监督单位预算的执行。

三、一般公共预算支出管理

（一）财政预算资金支出类型

财政支出总体上分为购买性支出和转移性支出。根据支付管理需要，具体分为：

（1）工资支出，即预算单位的工资性支出。

（2）购买支出，即预算单位除工资支出、零星支出之外购买服务、货物、工程项目等支出。

（3）零星支出，即预算单位购买支出中的日常小额部分，除"政府采购品目分类表"所列品目以外的支出，或列入"政府采购品目分类表"所列品目，但未达到规定数额的支出。

（4）转移支出，即拨付给预算单位或下级财政部门，未指明具体用途的支出，包括拨付企事业单位的补贴、对下级的一般性转移支付等。

（二）财政预算资金支付方式

按照不同的支付主体，对不同类型的财政性资金支付分别采用财政实拨资金、财政直接支付和财政授权支付方式。

1. 财政实拨资金

财政实拨资金是指通过政府财政会计"国库存款"账户将财政资金实际拨付到单位在商业银行开设的银行存款账户上，供单位按预算、按计划周转使用的财政资金支付方式。

2. 财政直接支付

财政直接支付是由财政部门开具支付令，通过国库单一账户体系，直接将财政资金支付到收款人（即商品和劳务供应者）或用款单位（即具体申请和使用财政性资金的预算单位）账户。实行财政直接支付的支出包括：

（1）工资支出、购买支出以及对下级的专项转移支付，拨付企业大型工程项目或大型设备采购的资金等，直接支付到收款人。

（2）转移支出（对地方的专项转移支出除外），包括对地方的返还性支出和财力性转移支付等支出，对企业的补贴和未指明购买内容的某些专项支出等，支付到用款单位。

3. 财政授权支付

财政授权支付是指预算单位根据财政部门的授权，并在授权额度内，向代理银行签发支付指令，通过国库单一账户体系将资金支付到收款人账户。实行财政授权支付的支出包括未实行财政直接支付的购买支出和零星支出。

（三）财政国库集中收付支付程序

1. 财政实拨资金支付程序

预算单位按照批复的部门预算和年度资金使用计划，向财政部门提交分月用款计划申请，经审核批准后，政府财政会计将财政资金拨付用款单位开户银行，用款单位按预算和月度用款计划，在银行存款余额内签发支付令，直接办理单位各项业务支用和拨付。

采用财政实拨资金支付方式，政府单位在进行财政预算资金会计核算时，涉及货币资金一般通过"银行存款"账户核算。

2. 财政直接支付程序

预算单位按照批复的部门预算和资金使用计划，向财政国库支付执行机构提出支付申请，经审核批准后，财政国库支付执行机构向代理银行发出支付令，并通知中国人民银行国库部门，通过代理银行进入全国银行清算系统实时清算，财政资金从国库单一账户划拨到收款人的银行账户。

采用财政直接支付方式，政府单位在进行财政预算资金会计核算时，通常不涉及货币资金账户（如"银行存款"），一般只涉及"行政支出"或"事业支出"与"财政拨款预算收入"等账户。

3. 财政授权支付程序

预算单位按照批复的部门预算和资金使用计划，向财政国库支付执行机构申请授权支付的月度用款限额，财政国库支付执行机构将批准后的限额通知代理银行和预算单位，并通知中国人民银行国库部门。预算单位在月度用款限额内，自行开具支付令，通过代理银行向收款人付款，并与国库单一账户清算。

采用财政授权支付方式，政府单位在进行财政预算资金会计核算时，涉及货币资金一般通过"零余额账户用款额度"账户核算。

四、一般公共预算支出核算

为了核算一般公共预算支出，应设置"一般公共预算本级支出"总账账户，按"政府收支分类科目"所列"一般公共预算支出"科目（不含转移性支出）分"类""款""项"设置明细账。政府财政会计直接办理的预算支出，借记本账户，贷记"国库存款"账户。将预拨单位的预算经费转列预算支出时，借记本账户，贷记"预拨经费"账户。支出收回或冲销转账时，贷记本账户，平时借方余额反映一般公共预算本级支出累计数。年终，本账户借方余额全部转入"预算结余"账户。一般公共预算支出的明细科目按"政府收支分类科目"所列"一般公共预算支出"科目的"款""项"设置。

政府财政会计、财政国库支付执行机构、预算单位、代理银行都应建立全面的对账制度，在认真处理各项账务的基础上，加强对账工作，定期、及时地与有关部门和单位核对账务。

政府财政会计对通过财政国库支付执行机构直接支付的资金，根据财政国库支付执行机构每日报来的按部门分支出功能科目"类""款""项"汇总的"预算支出结算清单"，与中国人民银行划款凭证核对无误后，列报预算支出。

🔔 [例 17-1] 某县财政局根据财政支付中心报送的分项"预算支出结算清单"，以及县国库划转单据，拨付单位一般公共预算支出 2 800 万元、政府性基金预算支出 500 万元，会计分录为：

借：一般公共预算本级支出——××   28 000 000

     政府性基金预算本级支出——××   5 000 000

  贷：国库存款   33 000 000

政府财政会计将各代理银行汇总的预算单位零余额账户授权支付数，与中国人民银行汇总划款凭证及财政支付中心分项"预算支出结算清单"，列报预算支出。

🔔 [例 17-2] 某县财政局根据代理银行汇总的单位零余额账户授权支付数，以及人民银行划款凭证和财政支付中心分项"预算支出结算清单"，列示共支付一般公共预算支出 2 150 万元，基金预算支出 280 万元，会计分录为：

借：一般公共预算本级支出——××   21 500 000

     政府性基金预算本级支出——××   2 800 000

  贷：国库存款   24 300 000

政府财政会计在处理完当月账务后，分别与中国人民银行国库部门和财政国库支付执行机构核对账务。

（1）与中国人民银行国库部门核对月末存款余额，对账单由中国人民银行国库部门提供，对账内容为"国库单一账户"结存数、支出数。

（2）与财政国库支付执行机构核对预算支出按部门分"类""款""项"的支出数。

🔔 [例 17-3] 年终，某县财政局将全年一般公共预算支出 56 000 万元及其明细科目转账，会计分录为：

借：一般公共预算结转结余　　　　　　　　　　　560 000 000
　　贷：一般公共预算本级支出——×"类"×"款"　　560 000 000

第二节　政府性基金预算支出

一、政府性基金预算支出管理

政府性基金预算支出是指各级财政部门用政府性基金预算收入安排的支出。政府性基金支出科目分设教育、科学技术、文化体育与传媒、社会保障和就业、节能环保、城乡社区、农林水、交通运输、资源勘探电力信息等、商业服务业等、金融支出、其他支出和转移性支出等类级科目。

在项级科目下，再分设若干目级科目。如"调出资金"项级科目下设"政府性基金预算调出资金"目级科目，"年终结余"项级科目下设"政府性基金年终结余"目级科目等。

财政部门应根据基金预算收支管理的特点，加强基金预算管理。一是实行先收后支。由于基金预算有较强的专用性，政府财政会计必须认真审查单位请拨的项目是否有足够的资金来源，具体为该基金项目的上年滚存结余数加本年已缴库的收入数减本年已支拨数，如有资金来源才能办理拨款。二是基金必须分项核算。由于各项基金都有各自专门的用途，政府财政会计必须按不同的基金项目和财政部制定的基金预算收支科目设置明细账，真实反映各项基金及其明细项目的收入、支出和结余情况，不得出现科目串户或挪用，同时应定期与基金管理部门核对账目。

二、政府性基金预算支出核算

为了核算政府性基金预算支出，应设置"政府性基金预算本级支出"总账账户。发生基金支出时记借方；支出收回或冲销转账时记贷方；借方余额反映基金预算支出累计数；年终将借方余额全部转入"政府性基金预算结转结余"账户的借方。基金预算支出应按"政府收支分类科目"中基金收支科目进行明细核算，设置基金预算支出明细账。

[例17-4] 某县财政局根据财政支付中心报送的分项"预算支出结算清单"，以及县国库划转单据，拨付县城乡建设部门请拨"污水处理费"260万元，会计分录为：

借：政府性基金预算本级支出——污水处理费　　　2 600 000
　　贷：国库存款——政府性基金预算存款　　　　　　2 600 000

[例17-5] 年终，某县将全年政府性基金预算支出2 300万元转入基金结余，其中：污水处理费安排的支出1 600万元，铁路建设基金安排的支出500万元，旅游发展基金安排的支出200万元。会计分录为：

借：政府性基金预算结转结余　　　　　　　　　23 000 000

贷：政府性基金预算本级支出——污水处理费安排的支出　16 000 000

　　　　　　　　　　　　　　——铁路建设基金安排的支出　5 000 000

　　　　　　　　　　　　　　——旅游发展基金安排的支出　2 000 000

第三节　专用基金支出

一、专用基金支出内容

专用基金支出是地方财政部门用专用基金收入相应安排的支出。专用基金收支有严格的专用性，需设立专户单独核算反映。

专用基金应按规定的用途开支，并做到先收后支，量入为出，其支出范围和列支办法，应按财政部的有关规定办理。

二、专用基金支出核算

为了核算专用基金支出，应设置"专用基金支出"总账账户。当发生专用基金支出时记借方；当支出收回或冲销转出时记贷方；平时本账户借方余额反映专用基金支出累计数；年终转账后，将本账户余额全部转入"专用基金结余"账户，借记"专用基金结余"账户，贷记"专用基金支出"账户，年终本账户应无余额。专用基金支出可根据支出的具体内容设明细账进行明细分类核算。

[例17-6] 某市财政局根据上级有关文件，向市粮食部门拨付粮食风险基金4 200万元，会计分录为：

借：专用基金支出——粮食风险基金　　　　　　　　　　42 000 000

　　贷：其他财政存款——专用基金　　　　　　　　　　　　42 000 000

[例17-7] 某市财政部门年终将专用基金支出共6 900万元转账，会计分录为：

借：专用基金结余　　　　　　　　　　　　　　　　　　69 000 000

　　贷：专用基金支出　　　　　　　　　　　　　　　　　　69 000 000

第四节　财政专户管理资金支出

一、财政专户管理资金支出内容

财政专户管理资金支出是指政府财政用纳入财政专户管理的教育收费等资金安排的支

出。财政专户管理资金支出应当按照实际支付的金额入账。

二、财政专户管理资金支出核算

为了核算政府财政用纳入财政专户管理的教育收费等资金安排的支出，应设置"财政专户管理资金支出"总账账户。本科目应当按照"政府收支分类科目"中支出功能分类科目设置相应明细科目。同时，根据管理需要，按照支出经济分类科目、部门（单位）等进行明细核算。

当发生财政专户管理资金支出时，借记本账户，贷记"其他财政存款"等有关账户。年终转账时，本账户借方余额全数转入"财政专户管理资金结余"账户，借记"财政专户管理资金结余"账户，贷记本账户。结转后，本账户无余额。本账户平时借方余额反映财政专户管理资金支出的累计数。

第五节　资金调拨支出

一、资金调拨支出内容

资金调拨支出与前述资金调拨收入内容相对应，在预算执行过程中的资金调拨支出主要指"补助支出""上解支出""调出资金""地区间援助支出"等会计事项。

补助支出是按财政体制规定或因专项需要补助下级财政的款项，主要有返还性支出、一般性转移支付（不含体制上解支出和出口退税专项上解支出）、专项转移支付（不含专项上解支出）等。

上解支出是下级财政按财政体制规定解缴上级财政的款项，主要有财力性转移支付（体制上解支出、出口退税专项上解支出）、专项转移支付（专项上解支出）。

调出资金是为平衡一般公共预算收支从政府性基金预算或财政专户资金结余中调出的资金。

地区间援助支出是援助方政府财政安排用于受援方政府统筹使用的各类援助、捐赠等方面的资金。

二、资金调拨支出核算

为了核算资金调拨支出，应设置"补助支出""上解支出""调出资金""地区间援助支出"四个总账账户。

"补助支出"账户核算本级财政对下级财政的补助支出。当发生补助或从"与下级往来"账户转入时，借记本账户，同时贷记"国库存款"或"与下级往来"账户；支出退转时，作相反会计分录；平时借方余额反映对下级补助的累计数；年终，本账户借方余额应根据资金性质分别转入"一般预算结余""基金预算结余"等账户冲销。冲转时，借记"预算结余"或"基金预算结余"账户，同时贷记本账户。本账户平时借方余额，反映补助支出累计数。"补助支出"账户一般应按所属地区进行明细核算。

"上解支出"账户核算解缴上级财政的款项。发生上解支出时，借记本账户，同时贷记"国库存款"等有关账户；支出退转时，借记有关账户，同时贷记本账户；平时借方余额反映本级上解款项的累计数；年终，本账户借方余额转入"预算结余"账户的借方，同时贷记本账户。本账户平时借方余额反映上解支出的累计数。

"调出资金"账户核算各级财政部门从基金预算结余中调出，用于平衡收支的资金。调出基金预算结余时，借记本账户，贷记"调入资金"账户；年终转账时，应将本账户借方余额转入"基金预算结余"账户，借记"基金预算结余"账户，贷记本账户。

"地区间援助支出"账户核算援助方政府财政安排用于受援方政府统筹使用的各类援助、捐赠等资金支出。本账户应当按照受援地区及管理需要进行相应明细核算。本账户平时借方余额反映地区间援助支出的累计数。主要账户处理如下：

（1）发生地区间援助支出时，借记本账户，贷记"国库存款"账户。

（2）年终转账时，本账户借方余额全数转入"一般公共预算结转结余"账户，借记"一般公共预算结转结余"账户，贷记本账户。结转后，本账户无余额。

[例17-8] 某市财政部门按支出预算拨给所属某县财政专项补助300万元，会计分录为：

借：补助支出——专项转移支付——××县　　　　　　　　　3 000 000
　　贷：国库存款——一般公共预算存款　　　　　　　　　　　3 000 000

[例17-9] 年终，某市财政部门根据与县财政体制结算结果，将全年财政体制补助支出2 800万元、税收返还支出1 200万元、基金预算支出补助600万元进行转账，会计分录为：

借：一般公共预算结转结余　　　　　　　　　　　　　　　40 000 000
　　贷：补助支出——专项转移支付　　　　　　　　　　　　28 000 000
　　　　　　　　——返还性支出　　　　　　　　　　　　　12 000 000
借：政府性基金预算结转结余　　　　　　　　　　　　　　6 000 000
　　贷：补助支出——政府性基金转移支付——政府性基金补助支出
　　　　　　　　　　　　　　　　　　　　　　　　　　　　6 000 000

[例17-10] 年终，根据财政体制结算某市财政预算对所属某县财政补助560万元，市财政税收返还应补助所属某县财政650万元，先列补助支出，并书面通知该县转账，会计分录为：

借：补助支出——专项转移支付　　　　　　　　　　　　　5 600 000
　　　　　　——返还性支出　　　　　　　　　　　　　　6 500 000
　　贷：与下级往来——××县　　　　　　　　　　　　　12 100 000
该县财政收到上级财政上述转账通知，会计分录为：
借：与上级往来　　　　　　　　　　　　　　　　　　　12 100 000

　　贷：补助收入——专项转移支付　　　　　　　　　　　　　5 600 000
　　　　　　　　——返还性支出　　　　　　　　　　　　　　6 500 000

　　[例17-11] 某县财政根据同级国库报来的"预算分成收入日报表"及预算收入特种转账凭证，上解上级财政款528万元，会计分录为：
　　借：上解支出——专项上解支出　　　　　　　　　　　　　5 280 000
　　　　贷：国库存款——一般公共预算存款　　　　　　　　　5 280 000

　　[例17-12] 年终，某县财政将全年上解支出730万元转账，会计分录为：
　　借：一般公共预算结转结余　　　　　　　　　　　　　　　7 300 000
　　　　贷：上解支出——专项上解支出　　　　　　　　　　　7 300 000

　　[例17-13] 年终，在财政决算清理期间，某县财政决定再从基金预算结余——城市基础设施配套费结余中调出230万元，用于平衡一般公共预算收支，并将全年调出资金580万元进行转账，会计分录为：
　　借：调出资金——城市基础设施配套费　　　　　　　　　　2 300 000
　　　　贷：调入资金——一般公共预算调入资金　　　　　　　2 300 000
　　借：政府性基金预算结转结余　　　　　　　　　　　　　　5 800 000
　　　　贷：调出资金——城市基础设施配套费　　　　　　　　5 800 000
　　同时，县政府财政会计还应作如下会计分录：
　　借：在途款——一般公共预算存款　　　　　　　　　　　　2 300 000
　　　　贷：在途款——政府性基金预算存款　　　　　　　　　2 300 000

第六节　国有资本经营预算支出

一、国有资本经营预算支出内容

　　国有资本经营预算支出是指各级财政部门用国有资本经营收入安排的支出。国有资本经营预算具体支出范围依据国家宏观经济政策以及不同时期国有企业改革和发展任务统筹安排确定。必要时，可部分用于社会保障等项支出。包括：解决历史遗留问题及改革成本支出；由企业资本金注入，反映产业发展规划、国有经济布局和结构调整、国有企业发展要求，以及国家战略、安全等需要安排的资本性支出；国有企业政策性补贴，用于弥补国有企业改革成本等方面的费用性支出；金融国有资本经营预算支出，用于金融企业的资本金和改革性支出；其他支出。

二、国有资本经营预算编制管理

　　国有资本经营预算单独编制，预算支出按照当年预算收入规模安排，不列赤字。各级财政部门为国有资本经营预算的主管部门。主要职责是：负责制定国有资本经营预算的各项管理制度、编制办法和收支科目；编制国有资本经营预算草案；编制国有资本经营预算收支月报，报告国有资本收支经营预算执行情况；汇总编报国有资本经营决算；会同有关部门制定企业国有资本收益收取办法；收取企业国有资本收益。

各级国有资产监管机构以及其他国有企业监管职能的部门和单位，为国有资本经营预算单位。主要职责是：负责研究制定本单位国有经济布局、结构调整和政策措施，参与制定国有资本经营预算有关制度；提出本单位年度国有资本经营预算建议草案；组织和监督本单位国有资本经营预算的执行；编报本单位年度国有资本经营决算草案；负责组织所监管（或所属）企业上缴国有资本经营收益。

国有资本经营预算支出，由企业在经批准的预算范围内提出申请，报经财政部门审核后，按照国库管理制度的有关规定，直接拨付使用单位。使用单位应当按照规定用途使用、管理预算资金，并依法接受监督。

国有资本经营预算执行中如需调整，须按规定程序报批。年度预算确定后，企业改变财务隶属关系引起预算级次和关系变化的，应当同时办理预算划转。年度终了后，财政部门应当编制国有资本经营决算草案，报本级人民政府批准。

三、国有资本经营预算支出核算

为了核算国有资本经营预算支出，应设置"国有资本经营预算支出"总账账户，按"政府收支分类科目"所列"国有资本经营预算支出科目"分"类""款""项"设置明细账。政府财政会计直接办理的预算支出，借记本账户，贷记"国库存款"账户；支出收回或冲销转账时，贷记本账户；平时借方余额反映国有资本经营预算支出累计数。年终，本账户借方余额全部转入"国有资本经营预算结余"账户。支出明细科目按"政府收支分类科目"国有资本经营预算支出科目的"款""项"设置。

[例17-14] 某县财政局根据支付中心报送的分项"预算支出结算清单"，以及县国库划转单据，拨付县文化局文化企业上缴的国有资本经营预算经费55万元，拨付县交通局公路运输企业上缴的国有资本经营预算经费620万元，会计分录为：

借：国有资本经营预算支出——县文化局——重点项目支出　550 000
　　　　　　　　　　　　——县交通局——重点项目支出　6 200 000
　　贷：国库存款　　　　　　　　　　　　　　　　　　　6 750 000

复习思考题

1. 一般公共预算支出的列报基础是什么？
2. 资金调拨支出包括哪些内容？

第十八章

政府财政会计其他业务

学习目标

本章着重阐述政府财政会计对货币资金、预算往来、股权投资、政府债券、政府采购、预算周转金和预算稳定调节基金的核算方法。通过本章学习，要求了解财政资金的运作过程，掌握财政预拨经费、预算往来、应收应付款、政府债券、政府采购、财政结余资金和预算周转金业务内容和核算方法，熟悉政府财政会计资产负债表的编制。

第一节 货币资金

资金是财产物资价值的货币反映。在预算收支活动过程中，资金的形态总是不断变化着的，一般表现为货币资金、结算资金、储备资金、固定资金四种形式。货币资金是以货币形式表现的资金，是预算收支活动中的主要表现形态，预算资金的筹集、调拨、结算和分配都与货币资金密切相关。

政府财政会计核算的货币资金是财政部门代表政府掌管的各项存款和有价证券，从会计要素分类看，属于资产类。

一、财政性存款

（一）财政性存款内容

财政性存款是财政部门代表政府掌管的财政性资金，财政部门对其拥有支配权。政府财政会计根据同级人民代表大会批准的年度预算以及财政有关职能部门审核的单位预算请拨单，具体负责支配财政库款，并负责管理和调度资金。

财政性存款包括国库存款、国库现金管理存款和其他财政存款。国库存款是指政府财政存放在国库单一账户的款项。国库现金管理存款是指政府财政实行国库现金管理业务存放在商业银行的款项。其他财政存款指政府财政未列入"国库存款"和"国库现金管理存款"账户反映的各项存款，如财政专户资金及利息款项等。

（二）财政性存款核算

为了核算财政性存款，政府财政会计应设置"国库存款""国库现金管理存款""其他财政存款"三个总账账户。"国库存款"是核算各级政府财政存放在国库单一账户的款项；"国库现金管理存款"是核算政府财政实行国库现金管理业务存放在商业银行的款项；"其他财政存款"是核算政府财政未列入"国库存款"和"国库现金管理存款"科目反映的各项存款。三个都是"资产"类账户，当存款增加时，借记各该账户；当存款减少时，贷记各该账户；各账户的余额均为借方，反映本级财政在国库或其他金融机构的实际存款数；年终余额结转下年。

"国库现金管理存款"和"其他财政存款"由于具体内容比较复杂，可按资金的性质和开户银行设置明细账户。

[例 18-1] 某县财政局收到国库报来的本级预算收入日报表，县级一般公共预算收入 3 150 万元，县级政府性基金预算收入 260 万元，汇总分成收入计算表，所辖乡上解收入 1 400 万元，县财政上解市财政 600 万元。根据上述凭证及缴款书附件，填制记账凭证，作会计分录如下：

（1）收到本级一般公共预算收入时：

借：国库存款——一般预算存款　　　　　　　　　　31 500 000
　　贷：一般公共预算本级收入　　　　　　　　　　　　31 500 000

（2）收到本级基金收入时：

借：国库存款——基金预算存款　　　　　　　　　　2 600 000
　　贷：政府性基金预算本级收入　　　　　　　　　　　2 600 000

（3）收到乡上解收入时：

借：国库存款——一般预算存款　　　　　　　　　　14 000 000
　　贷：上解收入——××乡　　　　　　　　　　　　14 000 000

（4）县财政上解市财政时：

借：上解支出　　　　　　　　　　　　　　　　　　6 000 000
　　贷：国库存款——一般预算存款　　　　　　　　　　6 000 000

[**例18-2**] 某县财政局调度给所属某乡财政所预算临时调度资金180万元，会计分录为：

借：与下级往来——××乡　　　　　　　　　　　　　　1 800 000
　　贷：国库存款——一般公共预算存款　　　　　　　　　1 800 000

[**例18-3**] 某县财政局收到上级财政拨来专用基金550万元，根据银行收款回单，作会计分录如下：

借：其他财政存款　　　　　　　　　　　　　　　　　　5 500 000
　　贷：专用基金收入　　　　　　　　　　　　　　　　　5 500 000

二、有价证券

（一）有价证券管理

这里的有价证券是指政府财政以信用方式发行的国家债券。用财政结余资金购买有价证券，因有价证券能够在规定的期限兑付本息，尽管其货币资金形态发生了变化，在管理上仍视同货币资金管理。

有价证券的管理要求如下：用财政结余资金只能购买国债；购买有价证券不能列作预算支出；有价证券兑付的利息及转让有价证券取得的收益部分，缴入同级国库，作为一般公共预算收入或基金预算收入处理；购入的有价证券应视同货币资金妥善保管，防止国有资产的损失。

（二）有价证券核算

为了核算有价证券，应设置"有价证券"总账账户，该账户属于资产类账户。购入有价证券时，借记本账户；兑付或转让时，贷记本账户；借方余额表示政府财政持有的有价证券金额，同时也反映了已转化为证券形态、暂时不能安排使用的财政结余资金；年终，本账户的余额结转下年。

"有价证券"到期兑付时，其本金应按购券时的资金来源渠道恢复原结余，利息则按购买时的资金渠道缴入同级国库作收入处理。

[**例18-4**] 某县财政用一般公共预算结余购买有价证券100万元，用政府性基金预算结余购买有价证券100万元，均已经到期兑付，收到本金200万元，利息30万元，按规定有价证券利息收入应上缴国库。根据有关会计原始凭证，会计分录为：

（1）有价证券兑付时：

借：国库存款——一般公共预算存款　　　　　　　　　　1 150 000
　　　　　　　——政府性基金预算存款　　　　　　　　　1 150 000
　　贷：有价证券——一般公共预算结余购入　　　　　　　1 000 000
　　　　　　　　——政府性基金预算结余购入　　　　　　1 000 000
　　暂存款——应缴有价证券利息　　　　　　　　　　　　　 300 000

（2）将利息收入上缴国库时：

借：暂存款——应缴有价证券利息 300 000

　　贷：国库存款——一般公共预算存款 150 000

　　　　　　——政府性基金预算存款 150 000

三、在途款

（一）在途款内容

在途款是核算财政决算清理期和中国人民银行库款报解整理期内发生的跨年度收入、支出业务需要过渡处理的预算资金。

为了真实、正确地反映当年的财政预算收入数，一般规定新年度开始的一定时期内为国库的库款报解整理期和财政决算清理期。在清理期内，清收缴库的上年度收入和清理收回的上年度支出，需要在年度之间进行过渡处理，会计事项处理应属于上年度会计账务。设置财政决算清理期主要体现财政政策的要求，这是政府会计较为特殊的规定。

（二）在途款核算

为了核算在途款，应设置"在途款"总账账户。本账户核算决算清理期和库款报解整理期内发生的需要通过本账户过渡处理的属于上年度收入、支出等业务的资金数。本账户期末借方余额反映政府财政持有的在途款。

决算清理期和库款报解整理期内收到属于上年度收入时，在上年度账务中，借记本账户，贷记有关收入科目；收回属于上年度拨款或支出时，在上年度账务中，借记本账户，贷记"预拨经费"或有关支出账户。冲转在途款时，在本年度账务中，借记"国库存款"账户，贷记本账户。

[例18-5] 某县财政在决算清理期内收到国库报来收入报表，收到属上年的一般公共预算收入220万元，政府性基金预算收入18万元，会计分录为：

（1）在上年度会计账上：

借：在途款 2 380 000

　　贷：一般公共预算本级收入——××明细 2 200 000

　　　　政府性基金预算本级收入——××明细 180 000

（2）在新年度会计账上：

借：国库存款——一般预算存款 2 200 000

　　　　　　——基金预算存款 180 000

　　贷：在途款 2 380 000

第二节 预拨经费和股权投资

一、预拨经费

（一）预拨经费管理

预拨经费是财政部门预拨给政府单位而尚未列支的预算资金。预拨经费待新年度单位预算确定后，由政府财政会计内部转账，列报有关支出。本账户应当按照预拨经费种类、预算单位等进行明细核算。本账户借方余额反映政府财政年末尚未转列支出或尚待收回的预拨经费数。

（二）预拨经费核算

为了核算预拨经费，应设置"预拨经费"总账账户，本账户核算政府财政预拨给预算单位尚未列为预算支出的款项。预拨经费是待结算债权，属于资产类账户。拨付时记借方；转列支出或收回时记贷方；借方余额反映尚待结算的预拨经费，如属于本年度应列支的预拨经费，其余额不得跨年，如属于预拨下年度经费，年终余额可跨年度。

[例18-6] 某县因学校放假需提前发放教师工资，预拨教育局下月份经费520万元，会计分录为：

```
借：预拨经费——教育局                        5 200 000
    贷：国库存款——一般预算存款                      5 200 000
```

[例18-7] 承例18-6，10月，将上例预拨款项转作支出，会计分录为：

```
借：一般公共预算本级支出——教育——初中教育      3 200 000
              ——教育——高中教育      2 000 000
    贷：预拨经费——教育局                          5 200 000
```

二、股权投资

（一）股权投资管理

政府财政股权投资主要包括国际金融组织股权投资、投资基金股权投资和企业股权投资等。为了核算股权投资，应设置"股权投资"总账账户，本账户核算政府持有的各类股权投资。股权投资一般采用权益法进行核算。本账户应当按照"国际金融组织股权投资""投资基金股权投资""企业股权投资"设置一级明细账户。在一级明细账户下，可根据管理需要，按照被投资主体进行明细核算。对每一被投资主体还可按"投资成本""收益转增投资""损益调整""其他权益变动"进行明细核算。本账户期末借方余额，反映政府持有的各种股权投资金额。

（二）股权投资核算

1. 国际金融组织股权投资

政府财政代表政府认缴国际金融组织股本时，按照实际支付的金额，借记"一般公共预算本级支出"等账户，贷记"国库存款"账户；根据股权投资确认相关资料，按照确定的股权投资成本，借记本账户，贷记"资产基金——股权投资"账户。从国际金融组织撤出股本时，作相反分录。

2. 投资基金股权投资

政府财政对投资基金进行股权投资时，按照实际支付的金额，借记"一般公共预算本级支出"等账户，贷记"国库存款"等账户；根据股权投资确认相关资料，按照实际支付的金额，借记本账户（投资成本），按照确定的在被投资基金中占有的权益金额与实际支付金额的差额，借记或贷记本账户（其他权益变动），按照确定的在被投资基金中占有的权益金额，贷记"资产基金——股权投资"账户。

年末，根据政府财政在被投资基金当期净利润或净亏损中占有的份额，借记或贷记本科目（损益调整），贷记或借记"资产基金——股权投资"账户。政府财政将归属财政的收益留作基金滚动使用时，借记本账户（收益转增投资），贷记本账户（损益调整）。

被投资基金宣告发放现金股利或利润时，按照应上缴政府财政的部分，借记"应收股利"账户，贷记"资产基金——应收股利"账户；同时按照相同的金额，借记"资产基金——股权投资"账户，贷记本账户（损益调整）。被投资基金发生除净损益以外的其他权益变动时，按照政府财政持股比例计算应享有的部分，借记或贷记本账户（其他权益变动），贷记或借记"资产基金——股权投资"账户。

投资基金存续期满、清算或政府财政从投资基金退出需收回出资时，政府财政按照实际收回的资金，借记"国库存款"等账户；按照收回的原实际出资部分，贷记"一般公共预算本级支出"等账户；按照超出原实际出资的部分，贷记"一般公共预算本级收入"等账户。根据股权投资清算相关资料，按照因收回股权投资而减少在被投资基金中占有的权益金额，借记"资产基金——股权投资"账户，贷记本账户。

（三）企业股权投资

企业股权投资账务处理，根据管理条件和管理需要，参照投资基金股权投资的账务处理。

[例18-8] 某省财政厅经批准对投资基金进行股权投资并实际支付2亿元，在被投资基金中占有的权益金额为2.2亿元，会计分录为：

借：一般公共预算本级支出——其他支出——股权投资　　200 000 000
　　贷：国库存款——一般公共预算存款　　　　　　　　　　　200 000 000
同时：
借：股权投资——投资成本　　　　　　　　　　　　　　200 000 000
　　　　　　——其他权益变动　　　　　　　　　　　　　20 000 000
　　贷：资产基金——股权投资　　　　　　　　　　　　　　220 000 000

第三节　预算往来和应收应付款项

一、预算往来

（一）财政预算往来管理

各级财政部门的预算往来款项是在预算执行过程中上下级财政之间发生的待结算资金。

上下级财政部门之间，按分税制财政体制的要求，都核定有一个库款留用和解缴比例，一般一年一定，这一比例的留用资金基本相当于地方可用财力部分。由于上下级财政之间还存在预算指标追加和临时性补助以及下级财政发生季节性、临时性资金调度，因而上下级财政之间存在预算资金的调度等往来业务。在年终财政体制结算过程中，也会发生下级财政资金的上解或上级财政资金的补助行为，从而形成了上下级财政之间的债权债务。各级财政之间的往来款项，必须严格掌握，正确核算，一般应在下年度开始时予以结清，不得长期挂账，形成预算资金拖欠。

（二）预算往来款项核算

为了核算上下级财政往来款项，应设置"与上级往来""与下级往来"两个总账账户。

"与下级往来"为资产类账户，表现为上级财政的债权。发生借给下级财政款项或财政体制结算中应由下级财政上交款项时借记本账户；借款收回、转作补助支出或财政体制结算中应补助给下级财政款项时记贷方；余额一般情况下在借方，反映下级财政尚未归还的款项。在实际工作中，特别是年终进行财政体制结算时，也时常会出现上级财政欠付下级财政款项的情况，此时表现为上级财政的债务，余额在贷方，在"资产负债表"中用负数或红字反映。

"与上级往来"是负债类账户，表现为本级财政的债务。发生向上级财政借款或体制结算中应上缴上级财政款项时，贷记本账户；归还借款、转作上级补助收入或体制结算中应由上级财政补助的款项时，借记本账户；余额一般情况下在贷方，反映本级财政尚未归还上级财政的款项。如果出现上级财政欠付本级财政款项时，表现为本级财政的债权，余额反映在借方，在"资产负债表"中用负数或红字反映。

"与上级往来""与下级往来"两个账户的核算范围是以结算人为依据，是政府财政会计核算中的特殊现象。在核算上应按以下原则加以区分：债权发生或增加时，记借方，减少或收回时，记贷方；债务发生或增加时，记贷方，减少或清偿时，记借方；年终余额结转下年。

[例 18-9] 某县财政局收到市财政拨来预算调度资金800万元，会计分录为：

借：国库存款——一般公共预算存款　　　　　　　　　8 000 000

　　　　贷：与上级往来　　　　　　　　　　　　　　　　　　　　8 000 000

　🔔　[例18-10] 年终财政体制结算时，市财政应补助该县财政650万元，县财政按市财政通知转账，会计分录为：

　　　　借：与上级往来　　　　　　　　　　　　　　　　　　　　6 500 000
　　　　　　贷：补助收入——一般性转移支付——体制补助　　　　6 500 000

　🔔　[例18-11] 年终财政体制结算时，某县财政应上解市财政320万元，县财政按市财政通知转账，会计分录为：

　　　　借：上解支出　　　　　　　　　　　　　　　　　　　　　3 200 000
　　　　　　贷：与上级往来　　　　　　　　　　　　　　　　　　3 200 000

二、应收应付款项

（一）应收应付款项管理

应收应付款项是指在预算执行过程中财政部门与单位预算之间的待结算款项。应收款项是指政府财政对所属预算单位和其他单位的临时性急需借款和其他应收暂付款项。应收款项既可能收回，也可能作为财政预算追加安排，转列为预算支出。应付款项是指政府财政临时发生的应付、代管、暂收和收到不明性质的款项。应收款项和应付款项都是待结算资金，都必须严格控制、严格审批手续，及时清理，不能长期挂在政府财政会计账上。应付款项为债务，应收款项为债权。

（二）应收应付款项核算

为了核算应收应付款项，应设置"应收股利""其他应收款""应付代管资金""其他应付款"等总账账户。

1. "应收股利"账户

"应收股利"账户核算政府因持有股权投资应当收取的现金股利或利润。本账户应当按照被投资主体进行明细核算。本账户期末借方余额，反映政府尚未收回的现金股利或利润。应收股利的主要账务处理如下：

持有股权投资期间被投资主体宣告发放现金股利或利润的，按应上缴政府财政的部分，借记本账户，贷记"资产基金——应收股利"账户；按照相同的金额，借记"资产基金——股权投资"账户，贷记"股权投资（损益调整）"账户。

实际收到现金股利或利润，借记"国库存款"等账户，贷记有关收入账户；按照相同的金额，借记"资产基金——应收股利"账户，贷记本账户。

2. "其他应收款"账户

"其他应收款"账户核算政府财政临时发生的其他应收、暂付、垫付款项。项目单位拖欠外国政府和国际金融组织贷款本息和相关费用导致相关政府财政履行担保责任，代偿的贷款本息费，也通过本账户核算。本账户应当按照资金性质、债务单位等进行明细核算。本账户应及时清理结算。年终，原则上应无余额。其他应收款的主要账务处理如下：

发生其他应收款项时，借记本账户，贷记"国库存款""其他财政存款"等账户；收回或转作预算支出时，借记"国库存款""其他财政存款"或有关支出账户，贷记本账户；政府财政对使用外国政府和国际金融组织贷款资金的项目单位履行担保责任，代偿贷款本息费时，借记本账户，贷记"国库存款""其他财政存款"等账户。政府财政行使追索权，收回项目单位贷款本息费时，借记"国库存款""其他财政存款"等账户，贷记本账户。政府财政最终未收回项目单位贷款本息费，经核准列支时，借记"一般公共预算本级支出"等账户，贷记本账户。

3. "应付代管资金"账户

"应付代管资金"账户核算政府财政代为管理的、使用权属于被代管主体的资金。本账户应当根据管理需要进行相关明细核算。本科目期末贷方余额反映政府财政尚未支付的代管资金。应付代管资金的主要账务处理如下：

收到代管资金时，借记"其他财政存款"等账户，贷记本账户；支付代管资金时，借记本账户，贷记"其他财政存款"等账户；代管资金产生的利息收入按照相关规定仍属于代管资金的，借记"其他财政存款"等账户，贷记本账户。

4. "其他应付款"账户

"其他应付款"账户核算政府财政临时发生的暂收、应付和收到的不明性质款项。税务机关代征入库的社会保险费、项目单位使用并承担还款责任的外国政府和国际金融组织贷款，也通过本账户核算。本科目应当按照债权单位或资金来源等进行明细核算。本账户期末贷方余额反映政府财政尚未结清的其他应付款项。其他应付款的主要账务处理如下：

收到暂存款项时，借记"国库存款""其他财政存款"等账户，贷记本账户；将暂存款项清理退还或转作收入时，借记本账户，贷记"国库存款""其他财政存款"或有关收入账户；社会保险费代征入库时，借记"国库存款"账户，贷记本账户。社会保险费国库缴存社保基金财政专户时，借记本账户，贷记"国库存款"账户；收到项目单位承担还款责任的外国政府和国际金融组织贷款资金时，借记"其他财政存款"账户，贷记本账户；付给项目单位时，借记本账户，贷记"其他财政存款"账户。收到项目单位偿还贷款资金时，借记"其他财政存款"账户，贷记本账户；付给外国政府和国际金融组织项目单位还款资金时，借记本账户，贷记"其他财政存款"账户。

[例18-12] 某县财政收到县支库转来不明性质的款项12万元，会计分录为：

借：国库存款——一般公共预算存款 120 000
　　贷：其他应付款——不明性质款 120 000

[例18-13] 承例18-12，经查，原账面反映的不明款项系县市场监督管理局罚没收入应缴国库款，误以转账支票缴入财政国库存款户，现由财政直接代缴入国库，会计分录为：

借：其他应付款——不明性质款 120 000
　　贷：国库存款——一般公共预算存款 120 000

[例18-14] 某县财政接市财政电示对该县发生特大水毁工程要求市财政给予补助的报告，请县财政先垫付500万元，立即进行抢险，有关预算手续补办，会计分录为：

借：其他应收款——水利局 　　　　　　　　　　　　　　　5 000 000

　　贷：国库存款——一般公共预算存款 　　　　　　　　　　　　　5 000 000

[例 18-15] 承例 18-14，某县收到市财政追加农林水事务——水利——防汛费指标单，并同时收到市财政电汇的相关款项，另从本县预留的预备费中再安排 200 万元，拨付县水利局用于抢险，会计分录为：

借：国库存款——一般预算存款 　　　　　　　　　　　　　　7 000 000

　　贷：与上级往来 　　　　　　　　　　　　　　　　　　　　7 000 000

借：一般公共预算本级支出——农林水事务——水利——防汛

　　　　　　　　　　　　　　　　　　　　　　　　　　　7 000 000

　　贷：其他应收款——水利局 　　　　　　　　　　　　　　　5 000 000

　　　　国库存款——一般公共预算存款 　　　　　　　　　　　　2 000 000

第四节　政府债券和政府采购

一、政府债券

为了有效扩大内需，促进国民经济稳定增长，按照《中华人民共和国预算法》（以下简称《预算法》）规定并提请全国人大常委会批准增发一定数量的国债资金，并将其中一部分转贷给地方政府使用，称之为"国债转贷"。根据《财政部关于增发国债预算管理问题的通知》规定：有国债转贷债务的地方财政部门应在国有商业银行及分支机构设立专户，凡增发国债的转贷，一律通过专户办理，专户国债资金的利息收入作为各级财政部门还本付息的资金来源。另外一种方法是由财政部代理发行地方政府债券，按照国务院有关规定和《财政部代理发行地方政府债券预算管理办法》规定进行管理和核算。

（一）待发国债

"待发国债"账户核算为弥补中央财政预算收支差额，中央财政预计发行国债与实际发行国债之间的差额。本账户期末借方余额反映中央财政尚未使用的国债发行额度。待发国债的主要账务处理如下：

年度终了，实际发行国债收入用于债务还本支出后，小于为弥补中央财政预算收支差额中央财政预计发行国债时，按两者的差额，借记本账户，贷记相关账户；实际发行国债收入用于债务还本支出后，大于为弥补中央财政预算收支差额中央财政预计发行国债时，按两者的差额，借记相关科目，贷记本科目。

（二）政府债券及转贷核算

1. "应收地方政府债券转贷款"账户

"应收地方政府债券转贷款"账户核算本级政府财政转贷给下级政府财政的地方政府债券资金的本金及利息。本账户下应当设置"应收地方政府一般债券转贷款"和"应收地方政府专项债券转贷款"明细账户，其下分别设置"应收本金"和"应收利息"两个明细账户，并按照转贷对象进行明细核算。本账户期末借方余额反映政府财政应收未收的地方政府债券转贷款本金和利息。应收地方政府债券转贷款的主要账务处理如下：

向下级政府财政转贷地方政府债券资金时，按照转贷的金额，借记"债务转贷支出"账户，贷记"国库存款"账户；根据债务管理部门转来的相关资料，按照到期应收回的转贷本金金额，借记本账户，贷记"资产基金——应收地方政府债券转贷款"账户。

期末确认地方政府债券转贷款的应收利息时，根据债务管理部门计算出的转贷款本期应收未收利息金额，借记本账户，贷记"资产基金——应收地方政府债券转贷款"账户。

收回下级政府财政偿还的转贷款本息时，按照收回的金额，借记"国库存款"等账户，贷记"其他应付款"或"其他应收款"账户；根据债务管理部门转来的相关资料，按照收回的转贷款本金及已确认的应收利息金额，借记"资产基金——应收地方政府债券转贷款"账户，贷记本账户。

扣缴下级政府财政的转贷款本息时，按照扣缴的金额，借记"与下级往来"账户，贷记"其他应付款"或"其他应收款"账户；根据债务管理部门转来的相关资料，按照扣缴的转贷款本金及已确认的应收利息金额，借记"资产基金——应收地方政府债券转贷款"账户，贷记本账户。

2. "应付地方政府债券转贷款"账户

"应付地方政府债券转贷款"账户核算地方政府财政从上级政府财政借入的地方政府债券转贷款的本金和利息。本账户下应当设置"应付地方政府一般债券转贷款"和"应付地方政府专项债券转贷款"一级明细账户，在一级明细账户下再分别设置"应付本金"和"应付利息"两个明细账户，分别对应付本金和利息进行明细核算。本账户期末贷方余额反映本级政府财政尚未偿还的地方政府债券转贷款的本金和利息。应付地方政府债券转贷款的主要账务处理如下：

收到上级政府财政转贷的地方政府债券资金时，借记"国库存款"账户，贷记"债务转贷收入"账户；根据债务管理部门转来的相关资料，按照到期应偿还的转贷款本金金额，借记"待偿债净资产——应付地方政府债券转贷款"账户，贷记本账户。

期末确认地方政府债券转贷款的应付利息时，根据债务管理部门计算出的本期应付未付利息金额，借记"待偿债净资产——应付地方政府债券转贷款"账户，贷记本账户。

偿还本级政府财政承担的地方政府债券转贷款本金时，借记"债务还本支出"账户，贷记"国库存款"等账户；根据债务管理部门转来的相关资料，按照实际偿还的本金金额，借记本账户，贷记"待偿债净资产——应付地方政府债券转贷款"账户。

偿还本级政府财政承担的地方政府债券转贷款的利息时，借记"一般公共预算本级支出"或"政府性基金预算本级支出"账户，贷记"国库存款"等账户；实际支付利息金额中属于已确认的应付利息部分，还应根据债务管理部门转来的相关资料，借记本账户，贷记"待偿债净资产——应付地方政府债券转贷款"账户。

偿还下级政府财政承担的地方政府债券转贷款的本息时，借记"其他应付款"或"其他应收款"账户，贷记"国库存款"等账户；根据债务管理部门转来的相关资料，按照实际偿还的本金及已确认的应付利息金额，借记本账户，贷记"待偿债净资产——应付地方政府债券转贷款"账户。

被上级政府财政扣缴地方政府债券转贷款本息时，借记"其他应收款"账户，贷记"与上级往来"账户；根据债务管理部门转来的相关资料，按照实际扣缴的本金及已确认的应付利息金额，借记本账户，贷记"待偿债净资产——应付地方政府债券转贷款"账户。列报支出时，对本级政府财政承担的还本支出，借记"债务还本支出"账户，贷记"其他应收款"账户；对本级政府财政承担的利息支出，借记"一般公共预算本级支出"或"政府性基金预算本级支出"账户，贷记"其他应收款"账户。

采用定向承销方式发行地方政府债券置换存量债务时，省级以下（不含省级）财政部门根据上级财政部门提供的债权债务确认相关资料，按照置换本级政府存量债务的额度，借记"债务还本支出"账户，按照置换下级政府存量债务的额度，借记"债务转贷支出"账户，按照置换存量债务的总额度，贷记"债务转贷收入"账户；根据债务管理部门转来的相关资料，按照置换存量债务的总额度，借记"待偿债净资产——应付地方政府债券转贷款"账户，贷记本账户。同时，按照置换下级政府存量债务额度，借记"应收地方政府债券转贷款"账户，贷记"资产基金——应收地方政府债券转贷款"账户。

3. "应收主权外债转贷款"账户

"应收主权外债转贷款"账户核算本级政府财政转贷给下级政府财政的外国政府和国际金融组织贷款等主权外债资金的本金及利息。本账户下应当设置"应收本金"和"应收利息"两个明细账户，并按照转贷对象进行明细核算。本账户期末借方余额反映政府财政应收未收的主权外债转贷款本金和利息。应收主权外债转贷款的主要账务处理如下：

本级政府财政向下级政府财政转贷主权外债资金，且主权外债最终还款责任由下级政府财政承担的，相关账务处理如下：本级政府财政支付转贷资金时，根据转贷资金支付相关资料，借记"债务转贷支出"账户，贷记"其他财政存款"账户；根据债务管理部门转来的相关资料，按照实际持有的债权金额，借记本账户，贷记"资产基金——应收主权外债转贷款"账户；外方将贷款资金直接支付给用款单位或供应商时，本级政府财政根据转贷资金支付相关资料，借记"债务转贷支出"账户，贷记"债务收入"或"债务转贷收入"账户；根据债务管理部门转来的相关资料，按照实际持有的债权金额，借记本账户，贷记"资产基金——应收主权外债转贷款"账户；同时，借记"待偿债净资产"账户，贷记"借入款项"或"应付主权外债转贷款"账户。

期末确认主权外债转贷款的应收利息时，根据债务管理部门计算出转贷款的本期应收未收利息金额，借记本账户，贷记"资产基金——应收主权外债转贷款"账户。

收回转贷给下级政府财政主权外债的本息时，按照收回的金额，借记"其他财政存款"账户，贷记"其他应付款"或"其他应收款"账户；根据债务管理部门转来的相关资料，按照实际收回的转贷款本金及已确认的应收利息金额，借记"资产基金——应收主权外债转贷款"账户，贷记本账户。

扣缴下级政府财政的转贷款本息时，按照扣缴的金额，借记"与下级往来"账户，贷记"其他应付款"或"其他应收款"账户；根据债务管理部门转来的相关资料，按照扣缴的转贷款本金及已确认的应收利息金额，借记"资产基金——应收主权外债转贷款"

账户，贷记本账户。

4.　"应付主权外债转贷款"账户

"应付主权外债转贷款"账户核算本级政府财政从上级政府财政借入的主权外债转贷款的本金和利息。本账户下应当设置"应付本金"和"应付利息"两个明细账户，分别对应付本金和利息进行明细核算。本账户期末贷方余额反映本级政府财政尚未偿还的主权外债转贷款本金和利息。应付主权外债转贷款的主要账务处理如下：

收到上级政府财政转贷的主权外债资金时，借记"其他财政存款"账户，贷记"债务转贷收入"账户；根据债务管理部门转来的相关资料，按照实际承担的债务金额，借记"待偿债净资产——应付主权外债转贷款"账户，贷记本账户。

从上级政府财政借入主权外债转贷款，且由外方将贷款资金直接支付给用款单位或供应商时，应根据以下情况分别处理：本级政府财政承担还款责任，贷款资金由本级政府财政同级部门（单位）使用的，本级政府财政根据贷款资金支付相关资料，借记"一般公共预算本级支出"等账户，贷记"债务转贷收入"账户；根据债务管理部门转来的相关资料，按照实际承担的债务金额，借记"待偿债净资产——应付主权外债转贷款"账户，贷记本账户；本级政府财政承担还款责任，贷款资金由下级政府财政同级部门（单位）使用的，本级政府财政部门根据贷款资金支付相关资料及预算指标文件，借记"补助支出"账户，贷记"债务转贷收入"账户；根据债务管理部门转来的相关资料，按照实际承担的债务金额，借记"待偿债净资产——应付主权外债转贷款"账户，贷记本账户；下级政府财政承担还款责任，贷款资金由下级政府财政同级部门（单位）使用的，本级政府财政部门根据贷款资金支付相关资料，借记"债务转贷支出"账户，贷记"债务转贷收入"；根据债务管理部门转来的相关资料，按照实际承担的债务金额，借记"待偿债净资产——应付主权外债转贷款"账户，贷记本账户；同时，借记"应收主权外债转贷款"账户，贷记"资产基金——应收主权外债转贷款"账户。

期末确认主权外债转贷款的应付利息时，按照债务管理部门计算出的本期应付未付利息金额，借记"待偿债净资产——应付主权外债转贷款"账户，贷记本账户。

偿还本级政府财政承担的借入主权外债转贷款的本金时，借记"债务还本支出"账户，贷记"其他财政存款"等账户；根据债务管理部门转来的相关资料，按照实际偿还的本金金额，借记本账户，贷记"待偿债净资产——应付主权外债转贷款"账户。

偿还本级政府财政承担借入主权外债转贷款利息时，借记"一般公共预算本级支出"等账户，贷记"其他财政存款"等账户；实际偿还利息金额中属于已确认的应付利息部分，还应根据债务管理部门转来的资料，借记本账户，贷记"待偿债净资产——应付主权外债转贷款"账户。

偿还下级政府财政承担借入主权外债转贷款本息时，借记"其他应付款"或"其他应收款"账户，贷记"其他财政存款"等账户；根据债务管理部门转来的相关资料，按照实际偿还的本金及已确认的应付利息金额，借记本账户，贷记"待偿债净资产——应付主权外债转贷款"账户。

被上级政府财政扣缴借入主权外债转贷款的本息时，借记"其他应收款"账户，贷记"与上级往来"账户；根据债务管理部门转来的相关资料，按照被扣缴的本金及已确认的应付利息金额,借记本账户,贷记"待偿债净资产——应付主权外债转贷款"账户。列报支出时,对本级政府财政承担的还本支出,借记"债务还本支出"账户,贷记"其他应收款"账户;对本级政府财政承担的利息支出,借记"一般公共预算本级支出"等账户,贷记"其他应收款"账户。

上级政府财政豁免主权外债转贷款本息时,根据以下情况分别处理:豁免本级政府财政承担偿还责任的主权外债转贷款本息时,根据债务管理部门转来的相关资料,按照豁免转贷款的本金及已确认的应付利息金额,借记本账户,贷记"待偿债净资产——应付主权外债转贷款"账户;豁免下级政府财政承担偿还责任的主权外债转贷款本息时,根据债务管理部门转来的相关资料,按照豁免转贷款的本金及已确认的应付利息金额,借记本账户,贷记"待偿债净资产——应付主权外债转贷款"账户;同时,借记"资产基金——应收主权外债转贷款"账户,贷记"应收主权外债转贷款"账户。

5. "应付短期政府债券"账户

"应付短期政府债券"账户核算政府财政部门以政府名义发行的期限不超过1年(含1年)的国债和地方政府债券的应付本金和利息。本账户下应当设置"应付国债""应付地方政府一般债券""应付地方政府专项债券"等一级明细账户,在一级明细账户下再分别设置"应付本金""应付利息"明细账户,分别核算政府债券的应付本金和利息。债务管理部门应当设置相应的辅助账,详细记录每期政府债券金额、种类、期限、发行日、到期日、票面利率、偿还本金及付息情况等。本账户期末贷方余额,反映政府财政尚未偿还的短期政府债券本金和利息。应付短期政府债券的主要账务处理如下:

实际收到短期政府债券发行收入时,按照实际收到的金额,借记"国库存款"账户,按照短期政府债券实际发行额,贷记"债务收入"账户,按照发行收入和发行额的差额,借记或贷记有关支出账户;根据债券发行确认文件等相关债券管理资料,按照到期应付的短期政府债券本金金额,借记"待偿债净资产——应付短期政府债券"账户,贷记本账户。

期末确认短期政府债券的应付利息时,根据债务管理部门计算出的本期应付未付利息金额,借记"待偿债净资产——应付短期政府债券"账户,贷记本账户。

实际支付本级政府财政承担的短期政府债券利息时,借记"一般公共预算本级支出"或"政府性基金预算本级支出"账户,贷记"国库存款"等账户;实际支付利息金额中属于已确认的应付利息部分,还应根据债券兑付确认文件等相关债券管理资料,借记本账户,贷记"待偿债净资产——应付短期政府债券"账户。

实际偿还本级政府财政承担的短期政府债券本金时,借记"债务还本支出"账户,贷记"国库存款"等账户;根据债券兑付确认文件等相关债券管理资料,借记本账户,贷记"待偿债净资产——应付短期政府债券"账户。

省级财政部门采用定向承销方式发行短期地方政府债券置换存量债务时,根据债权债务确认相关资料,按照置换本级政府存量债务的额度,借记"债务还本支出"账户,贷记"债务收入"账户;根据债务管理部门转来的相关资料,按照置换本级政府存量债务的额度,借记"待偿债净资产——应付短期政府债券"账户,贷记本账户。

6. "应付长期政府债券"账户

"应付长期政府债券"账户核算政府财政部门以政府名义发行的期限超过 1 年的国债和地方政府债券的应付本金和利息。本账户下应当设置"应付国债""应付地方政府一般债券""应付地方政府专项债券"等一级明细账户，在一级明细账户下再分别设置"应付本金""应付利息"明细账户，分别核算政府债券的应付本金和利息。债务管理部门应当设置相应的辅助账，详细记录每期政府债券金额、种类、期限、发行日、到期日、票面利率、偿还本金及付息情况等。本账户期末贷方余额反映政府财政尚未偿还的长期政府债券本金和利息。应付长期政府债券的主要账务处理如下：

实际收到长期政府债券发行收入时，按照实际收到的金额，借记"国库存款"账户，按照长期政府债券实际发行额，贷记"债务收入"账户，按照发行收入和发行额的差额，借记或贷记有关支出账户；根据债券发行确认文件等相关债券管理资料，按照到期应付的长期政府债券本金金额，借记"待偿债净资产——应付长期政府债券"账户，贷记本账户。

期末确认长期政府债券的应付利息时，根据债务管理部门计算出的本期应付未付利息金额，借记"待偿债净资产——应付长期政府债券"账户，贷记本账户。

实际支付本级政府财政承担的长期政府债券利息时，借记"一般公共预算本级支出"或"政府性基金预算本级支出"账户，贷记"国库存款"等账户；实际支付利息金额中属于已确认的应付利息部分，还应根据债券兑付确认文件等相关债券管理资料，借记本账户，贷记"待偿债净资产——应付长期政府债券"账户。

实际偿还本级政府财政承担的长期政府债券本金时，借记"债务还本支出"账户，贷记"国库存款"等账户；根据债券兑付确认文件等相关债券管理资料，借记本账户，贷记"待偿债净资产——应付长期政府债券"账户。

本级政府财政偿还下级政府财政承担的地方政府债券本息时，借记"其他应付款"或"其他应收款"账户，贷记"国库存款"账户；根据债券兑付确认文件等相关债券管理资料，按照实际偿还的长期政府债券本金及已确认的应付利息金额，借记本账户，贷记"待偿债净资产——应付长期政府债券"账户。

省级财政部门采用定向承销方式发行长期地方政府债券置换存量债务时，根据债权债务确认相关资料，按照置换本级政府存量债务的额度，借记"债务还本支出"账户，按照置换下级政府存量债务的额度，借记"债务转贷支出"账户，按照置换存量债务的总额度，贷记"债务收入"账户；根据债务管理部门转来的相关资料，按照置换存量债务的总额度，借记"待偿债净资产——应付长期政府债券"账户，贷记本账户。同时，按照置换下级政府存量债务额度，借记"应收地方政府债券转贷款"账户，贷记"资产基金——应收地方政府债券转贷款"账户。

[例 18—16] 某省政府财政部门以政府名义发行的期限为 3 年期的地方政府专项债券为 3 亿元，年利率为 3.9%。实际收到地方政府专项债券发行收入 2.98 亿元。

会计分录为：

借：国库存款——应付地方政府专项债券　　　　　　　　298 000 000

　　一般公共预算本级支出——其他支出——债券发行费用　2 000 000

贷：债务收入	300 000 000

同时：

借：待偿债净资产——应付长期政府债券	300 000 000
贷：应付长期政府债券——地方政府专项债券	300 000 000

二、政府采购

（一）政府采购概念

政府采购是指各级国家机关、实行预算管理的事业单位和社会团体，为开展日常政务活动或为公共部门提供公共服务的需要，在财政的监督下，以法定的方式、方法和程序，利用国家财政性资金在市场上为政府部门或所属公共部门购买商品、工程及服务的行为。政府采购包括制定采购政策、规范采购程序、严密采购管理等一系列的工作。政府采购采用面向市场，采取公开、平等的竞争招标方式，体现公开、公平、公正和自由竞争的原则。由于采购政策明确，程序规范，组织管理严密，透明度高，对于节减财政支出，强化财政支出管理，加强财政预算约束和监督，防止腐败，建立科学、高效的财政预算管理机制具有积极作用。

政府采购制度是公共财政的一个重要组成部分。政府本级的公共财政支出以是否获得等价物为标准，分为转移支出和采购支出。政府采购不同于其他消费主体的采购，它的资金来源于纳税人缴纳的税金。因此，采购资金的使用应满足纳税人的要求，采购活动要坚持公开、公正、公平的原则。

（二）政府采购资金核算

目前政府采购一般都是由财政部门在银行开设"政府采购资金专户"，对列入政府采购目录的政府采购资金实行专户管理，允许单位用自筹配套资金参与政府采购。其会计核算如下：

[例18-17] 某县财政部门按年度政府采购计划，将要实施的采购招标项目预算资金500万元，按规定转入"政府采购资金专户"，会计分录为：

借：其他应收款——政府采购款	5 000 000
贷：国库存款——一般预算存款	5 000 000

同时：

借：其他财政存款	5 000 000
贷：其他应付款——政府采购款	5 000 000

[例18-18] 承例18-17，某县财政根据政府采购部门出具的"政府采购支出转账通知书"，转列上述采购支出，结余采购资金按比例退还50万元转回国库，上述政府采购已结束，会计分录为：

（1）政府预算资金列支出：

借：一般公共预算本级支出——××	4 500 000
贷：其他应收款——政府采购款	4 500 000

（2）国库收到退回预算资金：

借：国库存款   500 000
    贷：其他财政存款   500 000

第五节 财政结余资金和预算周转金

一、财政结余资金

（一）财政结余资金管理

财政结余资金是指各项财政收支计划的年终执行结果，它是可以结转和结余使用的资金。财政各项结余包括一般公共预算结转结余、政府性基金预算结转结余、国有资本经营预算结转结余、专用基金结余，各级财政部门应加大财政结余资金的使用和管理，特别是要加强财政结转下年使用项目资金的清理，充分发挥财政资金的使用效益。

（二）财政结余资金核算

为了保证各项财政结余计算的准确与真实，应认真审核财政支出预算的安排和预算支出的核算工作。各项资金的结余应分别进行核算，不得混淆串户。调出资金业务应健全审批手续。各项财政结余应按年结算。在结算时，要按规定的口径计算，即年终将各项收入与相应的支出冲销后，余额即成为该项资金的当年结余；上年结余加本年各项收入减本年各项支出，形成本年末的滚存结余，即：

一般公共预算滚存结转结余＝上年一般公共预算结转结余收入＋（一般公共预算本级收入＋返还性收入＋一般性转移支付收入＋专项转移支付收入＋一般公共预算调入资金）－（一般公共预算本级支出＋返还性支出＋一般性转移支付＋专项转移支付＋一般公共预算调出资金）

政府性基金预算滚存结余＝政府性基金预算上年结转结余收入＋（政府性基金预算本级收入＋政府性基金转移收入＋政府性基金预算调入资金）－（政府性基金预算本级支出＋政府性基金转移支付＋政府性基金预算调出资金）

专用基金滚存结余＝上年结余收入＋专用基金收入－专用基金支出

为了核算各项财政收支结余，应在净资产类设置"一般公共预算结转结余""政府性基金预算结转结余""国有资本经营预算结转结余""财政专户管理资金结余""专用基金结余"总账账户。

"一般公共预算结转结余"账户核算各级一般公共预算收支的年终执行结果。年终转账时，应将"一般公共预算本级收入""补助收入——返还性收入（一般性转移支付收入、专项转移支付收入）""调入资金——一般预算调入资金"等账户的贷方余额转入本账户贷方；将"一般公共预算本级支出""补助支出——返还性支出（一般性转移支付、专项转移支付）""调出资金——一般预算调出资金"等账户的借方余额转入本账户的借方；根据本年预算结余经批准设置预算周转金时，按增设数借记本账户；本账户年终贷方余额,反映本年的预算滚存结转结余数(含购买有价证券),结转下年度。

"政府性基金预算结转结余"核算各级财政管理的政府性基金收支的年终执行结果。年终转账时,应将"政府性基金预算本级收入""补助收入——政府性基金转移收入"等账户余额转入本账户贷方;将"政府性基金预算本级支出""补助支出——政府性基金转移支付""调出资金——政府性基金预算调出资金"等账户的余额转入本账户的借方;本账户年终贷方余额,反映本年基金预算滚存结转结余,转入下年度。

"专用基金结余"账户核算各级财政管理的专用基金收支的年终执行结果。年终转账时,将"专用基金收入"账户余额转入本账户贷方;将"专用基金支出"账户余额转入本账户借方;本账户年终贷方余额,反映本年专用基金的滚存结余,结转下年度。

[例18-19] 某县财政结账前的资产负债表见表18-1。

表18-1 ××县财政资产负债表(结账前)

编制单位: 年 月 日 单位:元

资产部类				负债部类			
科目名称	一般公共预算	政府性基金预算	专用基金	科目名称	一般公共预算	政府性基金预算	专用基金
流动资产:				流动负债:			
国库存款	4 080 000	4 200 000		与上级往来	15 000 000		
其他财政存款			2 000 000	其他应付款	100 000	200 000	
有价证券	200 000	200 000		流动负债合计	15 100 000	200 000	
在途款	1 020 000			负债合计	15 100 000	200 000	
预拨经费	3 000 000			一般公共预算结转结余	1 280 000		
借出款项	2 000 000			政府性基金预算结转结余		2 000 000	
与下级往来	8 000 000			专用基金结余			3 000 000
其他应收款	3 000 000			预算稳定调节基金	2 000 000		
流动资产合计	21 300 000	8 200 000	2 000 000	预算周转金	3 000 000		
				净资产合计	6 280 000	2 000 000	3 000 000
一般公共预算本级支出	83 480 000			一般公共预算本级收入	78 000 000		

续表

资产部类				负债部类			
政府性基金预算本级支出	16 000 000			政府性基金预算本级收入		24 000 000	
专用基金支出		16 000 000		专用基金收入			15 000 000
补助支出	6 600 000	2 000 000		补助收入	13 000 000	2 000 000	
上解支出	5 000 000			上解收入	2 000 000		
调出资金		2 000 000		调入资金	2 000 000		
支出合计	95 080 000	20 000 000	16 000 000	收入合计	95 000 000	26 000 000	15 000 000
资产部类总计	116 380 000	28 200 000	18 000 000	负债部类总计	116 380 000	28 200 000	18 000 000

根据表 18-1 所列各总账科目和有关明细科目年末余额办理转账事项时，编制如下会计分录。

1. 一般公共预算部分

（1）将全年的"一般公共预算本级收入""补助收入——一般性转移支付收入""上解收入""调入资金"账户的贷方余额，转入"预算结余"账户的贷方，会计分录为：

借：一般公共预算本级收入　　　　　　　　　　　78 000 000
　　补助收入——一般性转移支付收入　　　　　　13 000 000
　　上解收入　　　　　　　　　　　　　　　　　 2 000 000
　　调入资金——一般公共预算调入资金　　　　　 2 000 000
　　贷：一般公共预算结转结余　　　　　　　　　　　　　 95 000 000

（2）将全年的"一般公共预算本级支出""补助支出——一般性转移支付""上解支出"账户的期末借方余额，转入"预算结余"账户的借方。会计分录为：

借：一般公共预算结转结余　　　　　　　　　　　95 080 000
　　贷：一般公共预算本级支出　　　　　　　　　　　　　 83 480 000
　　　　补助支出——一般性转移支付　　　　　　　　　　　6 600 000
　　　　上解支出　　　　　　　　　　　　　　　　　　　 5 000 000

（3）经批准从本级政府一般公共预算结转结余中设置或补充本级预算周转金 80 万元，会计分录为：

借：一般公共预算结转结余　　　　　　　　　　　800 000
　　贷：预算周转金　　　　　　　　　　　　　　　　　　 800 000

2. 政府性基金预算部分

（1）将全年的"政府性基金预算本级收入""补助收入——政府性基金转移收入"账户的期末贷方余额转入"政府性基金预算结转结余"账户的贷方。会计分录为：

借：政府性基金预算本级收入　　　　　　　　　　24 000 000

补助收入——政府性基金转移收入　　　　　　　　2 000 000
　　贷：政府性基金预算结转结余　　　　　　　　　　　26 000 000

（2）将全年的"政府性基金预算本级支出""补助支出——政府性基金转移支付""调出资金——政府性基金预算调出资金"账户的期末借方余额转入"政府性基金预算结转结余"账户的借方。会计分录为：

　　借：政府性基金预算结转结余　　　　　　　　　　20 000 000
　　　　贷：政府性基金预算本级支出　　　　　　　　　　16 000 000
　　　　　　补助支出——政府性基金转移支付　　　　　　 2 000 000
　　　　　　调出资金——政府性基金预算调出资金　　　　 2 000 000

政府性基金的年终转账应按明细账的记录分别结出所有明细项目的结余。

3. 专用基金部分

（1）将全年的"专用基金收入"账户的期末贷方余额转入"专用基金结余"账户贷方。会计分录为：

　　借：专用基金收入　　　　　　　　　　　　　　　15 000 000
　　　　贷：专用基金结余　　　　　　　　　　　　　　　15 000 000

（2）将全年的"专用基金支出"账户的借方余额转入"专用基金结余"账户的借方。会计分录为：

　　借：专用基金结余　　　　　　　　　　　　　　　16 000 000
　　　　贷：专用基金支出　　　　　　　　　　　　　　　16 000 000

经过转账后编制的资产负债表即为年终的"资产负债表"（见表18-2）。

表18-2　××县财政资产负债表（结账后）

编制单位：　　　　　　　　　　　年　月　日　　　　　　　　　单位：元

资产部类				负债部类			
科目名称	一般公共预算	政府性基金预算	专用基金	科目名称	一般公共预算	政府性基金预算	专用基金
流动资产：				流动负债：			
国库存款	4 080 000	4 200 000		与上级往来	15 000 000		
其他财政存款			2 000 000	其他应付款	100 000	200 000	
有价证券	200 000	200 000		流动负债合计	15 100 000	200 000	
在途款	1 020 000			负债合计	15 100 000	200 000	
预拨经费	3 000 000			一般公共预算结转结余	400 000		
借出款项	2 000 000			政府性基金预算结转结余		8 000 000	
与下级往来	8 000 000	4 000 000		专用基金结余			2 000 000

续表

资产部类				负债部类			
其他应收款	3 000 000			预算稳定调节基金	2 000 000		
流动资产合计	21 300 000	8 200 000	2 000 000	预算周转金	3 800 000		
				净资产合计	6 200 000	8 000 000	2 000 000
资产部类总计	21 300 000	8 200 000	2 000 000	负债部类总计	21 300 000	8 200 000	2 000 000

(三) 预算稳定调节基金核算

年度终了，从财政超收收入中安排预算稳定调节基金，以丰补歉，或者为弥补财政短收年份预算执行收支缺口调用预算稳定调节基金，从而实现跨预算年度的预算平衡。

"安排预算稳定调节基金"账户，用于核算从财政收入超收中安排的预算稳定调节基金业务。

"预算稳定调节基金"账户，用于核算预算稳定调节基金的增减变动。

"调入预算稳定调节基金"账户，用于核算为弥补财政短收年份预算执行收支缺口调用的预算稳定调节基金。

[例18-20] 年度终了，某县财政根据本年度财政收入完成情况，从本年度财政超收收入中安排30万元，充实预算稳定调节基金。会计分录为：

借：安排预算稳定调节基金 300 000
　　贷：预算稳定调节基金 300 000

年终转账时，会计分录为：

借：一般公共预算结转结余 300 000
　　贷：安排预算稳定调节基金 300 000

[例18-21] 某一年度终了，某县财政本年度财政收入完成情况不理想，因财政短收形成100万元预算执行缺口，现调用100万元预算稳定调节基金用于平衡预算缺口。会计分录为：

借：预算稳定调节基金 1 000 000
　　贷：动用预算稳定调节基金 1 000 000

年终转账时，会计分录为：

借：动用预算稳定调节基金 1 000 000
　　贷：一般公共预算结转结余 1 000 000

二、预算周转金

（一）预算周转金管理

预算周转金是指各级财政为调剂年度预算内季节性预算收支差额，保证及时用款而设置的周转资金。首先，由于预算收支有季节性差异，月份之间、季度之间总是不平衡的，不是收大于支，就是支大于收；其次，由于预算收入总是逐日收取的，而预算支出则是集中拨付的，造成收支时间上的脱节；再次，预算收入在征收、报解、转拨环节中，需要耗费一定时间，占用一定量的资金。因此，为了平衡季节性收支，需要设置一定数量的财政周转性资金，以调节预算资金的余缺。

预算周转金主要从本级财政结余中设置和补充。按《预算法》的规定，各级政府预算周转金从本级政府的结余中设置和补充，其额度应当逐步达到本级政府预算支出总额的4%。预算周转金仅能作预算周转之用，不能安排预算支出，也不能随意减少。

（二）预算周转金核算

为了核算预算周转金，设置"预算周转金"总账账户。设置和增加预算周转金时记入本账户的贷方；借方一般无发生额；贷方余额反映历年累计设置的预算周转金。

预算周转金不另设存款户，而是包含在国库存款中。若"国库存款"小于"预算周转金"数额，表明"预算周转金"已被动用。这里应注意的是：若出现预算周转金被动用，不能贷记"预算周转金"。

[例18-22] 某县按《预算法》的要求，经批准从上年一般公共预算结转结余资金中增设预算周转金10万元，以增强该县资金调度能力。会计分录为：

借：一般公共预算结转结余　　　　　　　　　　　　　　100 000
　　贷：预算周转金　　　　　　　　　　　　　　　　　　　100 000

复习思考题

1. 简述财政性存款的内容。

2. 在什么情况下使用"在途款"科目？试举例并写出会计分录。

3. 简述国债转贷资金的概念。

4. 简述政府采购的概念和原则。

5. 为什么要设置预算周转金？

第十九章

年终结算和政府财政会计报表

学习目标

本章主要介绍政府财政会计报表的编制、审核和信息公开。通过本章学习，要求了解政府财政会计报表的特点、编制方法、审核汇总、信息公开和会计监督的内容，理解政府财政会计年终清理、结算和结账的内容，掌握政府财政会计年终会计报表的编制方法。

第一节　年终清理、结算和结账

财政总决算是国家预算收支执行情况及其结果的书面报告，也是国家经济活动在财政上的集中反映，必须真实、准确、及时。各级财政部门必须在会计年度结束前，全面进行年终清理、年终结算和年终结账工作，然后正式编报年度财政总决算。

一、年终清理

年终清理是年度终了时，财政部门对本年度各项预算收支及其财务活动所进行的全面清查和核对工作。年终清理的内容包括：

（1）核对年度预算。预算是预算执行和办理会计结算的依据。年终前，政府财政会计应配合预算管理部门将本级政府财政全年预算指标与上、下级政府财政总预算和本级各部门预算进行核对，及时办理预算调整和转移支付事项。本年预算调整和对下转移支付一般截止到 11 月底；各项预算拨款，一般截止到 12 月 25 日。

（2）清理本年预算收支。认真清理本年预算收入，督促征收部门和国家金库年终前如数缴库。应在本年预算支领列报的款项，非特殊原因，应在年终前办理完毕。清理财政专户管理资金和专用基金收支。凡属应列入本年的收入，应及时催收，并缴入国库或指定财政专户。

（3）组织征收部门和国家金库进行年度对账。

（4）清理核对当年拨款支出。政府财政会计对本级各单位的拨款支出应与单位的拨款收入核对无误。属于应收回的拨款，应及时收回，并按收回数相应冲减预算支出。属于预拨下年度的经费，不得列入当年预算支出。

（5）核实股权、债权和债务。财政部门内部相关资产、债务管理部门应于 12 月 20 日前向政府财政会计提供与股权、债权、债务等核算和反映相关的资料。政府财政会计对股权投资、借出款项、应收股利、应收地方政府债券转贷款、应收主权外债转贷款、借入款项、应付短期政府债券、应付长期政府债券、应付地方政府债券转贷款、应付主权外债转贷款、其他负债等余额应与相关管理部门进行核对，记录不一致的要及时查明原因，按规定调整账务，做到账实相符，账账相符。

（6）清理往来款项。政府财政会计要认真清理其他应收款、其他应付款等各种往来款项，在年度终了前予以收回或归还。应转作收入或支出的各项款项，要及时转入本年有关收支账。

二、年终结算

年终结算是按照财政管理体制的规定，结清上下级财政总预算之间的预算调拨收支和往来款项。财政预算管理部门要在年终清理的基础上，于次年元月底前结清上下级政府财政的转移支付收支和往来款项。政府财政会计要按照财政管理体制的规定，根据预算结算单，与年度预算执行过程中已补助和已上解数额进行比较，结合往来款和借垫款情况，计算出全年最后应补或应退数额，填制"年终财政决算结算单"，经核对无误后，作为年终财政结算凭证，据以入账。

（一）年终财政决算结算单

在财政体制执行过程中，企事业单位的隶属关系发生变化以及国家采取一些财政经济政策，使中央和地方财政、地方上下级财政之间财政收支发生变化或转移，影响了各级政府的自身财力。各级财政在进行年终结算时，为简化财政结算工作，对一些基本不变的项目采取定额结算办法；对其他需要进行结算的项目，按财政部门制定年终财政体制结算办法的规定执行。目前主要结算项目有：

1. 返还性收入——增值税和消费税税收返还收入结算

税收返还是分税制财政体制下中央财政对地方转移支付的一种形式。实行税收返还转移支付办法，既保持了地方的既得利益格局，是一种渐进式的改革措施，防止因财税体制改革对地方利益格局震幅过大，又逐步提高了中央财政收入比重，增强了中央政府的宏观调控能力。按国务院规定，中央财政对地方财政税收返还的数额，以 2018 年为基期年核定，按照 2018 年地方实际收入，按税制改革、中央与地方分税制收入的划分情况，核定 2018 年中央从地方净上划收入的数额，全额返还地方，并以此作为中央对地方的税收返还基数。具体计算方法：

2018 年税收返还基数 = 消费税 + 增值税（75% 部分）- 中央下划收入

以后年度的税收返还在上年税收返还基数基础上，实行逐年递增返还（环比），递增率按本地区消费税和增值税（75% 部分）的增长率的 1：0.3 系数给予增量返还，即上划中央两税收入每增长 1% 中央财政对地方财政的税收返还增长 0.3%。

[例 19-1] 某县财政部门根据市财政"分税制财政体制结算办法"的规定，办理与市财政预算之间的税收返还结算，并将结算结果记入有关账户。其主要结算资料与结算过程列示如下：该县 2018 年度实际完成上划中央"两税"收入 200 000 万元，该县 2017 年实际上划中央"两税"收入 180 000 万元，该县 2017 年实际税收返还数为 150 000 万元。

2018 年县财政应得税收返还数 = 2017 年消费税和增值税税收返还额 ×

$$\left(1+\frac{2018\ 年上划两税收入-2017\ 年上划两税收入}{2017\ 年上划两税收入}\times 0.3\right)$$

$$= 150\ 000 \times \left(1+\frac{200\ 000-180\ 000}{180\ 000}\times 0.3\right) = 155\ 000\ （万元）$$

2. 体制补助收入（支出）或体制上解收入（支出）结算

实行分税制财政管理体制后，根据国务院文件规定，原递增上解或总额分成地区财政体制下的分配格局暂不改变，实行渐进式的财政改革，待时机成熟后再逐步加以规范。因此，原体制中央对地方补助继续按规定补助；原体制地方上解的地区仍按不同体制类型上解，即原定额上解地区继续定额上解，原递增上解地区、总额分成地区和原分税制试点地区继续递增上解，但从 1995 年起财政结算时也改按定额上解。

3. 专项补助收入（支出）结算

对原财政包干体制，在划分收支基数后，对一些基本固定不变的支出项目纳入中央下划收入（以负数反映），一并纳入税收返还计算。对有些可变性较大、不固定的预算支出项目，不纳入分税制体制基数调整范围，如一些中央财政切块由部门安排的专项经费等，由中央财政在年度预算执行过程中采取追加地方预算专项支出的方法处理。对这部分中央预算追加专项资金，年终结算时，相应作为中央对地方的专项补助办理。因此，年终各级财政之间必须将所有专款逐项核对一致后办理结算。

4. 单独结算事项

由于国家在经济体制改革中每年都将出台一些政策措施，从而引起中央与地方财政资金的转移，需要通过年终财政单独结算处理。

随着财政预算管理体制的变化，每年的财政结算项目根据当年的国家财政经济政策情况都有所不同。目前，财政单独结算项目主要有：

（1）定额结算项目。分税制财政体制后，为简化财政单独结算事项，对年度间数额变化不大的结算事项，经各级财政内部协商后，将原来需逐项结算的项目合并确定一个固定的数额作为基数，实行定额结算。

（2）其他单独结算事项。其他单独结算事项包括证券交易税结算、农村税费改革转移支付结算、农村义务教育补助结算、民族地区转移支付补助结算、缓解县乡困难转移支付补助结算、年度企事业单位上划下划结算等。

对年终需要进行财政体制结算的项目，下级财政部门必须按"国家财政决算编审工作通知"的规定要求，提供有关详细、准确的结算资料，按规定在办理财政体制结算前核对清楚，以便上级财政部门及时办理结算。

[例19-2] 某县财政部门根据市财政《分税制财政体制结算办法》的规定，办理与市财政预算之间的税收返还结算，并将结算结果记入有关账户。其主要结算资料与结算过程列示如下：该县2018年度地方财政一般公共预算收入任务为88 000万元，根据县支库报表年度执行结果为88 800万元；实际完成上划中央"两税"收入200 000万元，该县2017年实际上划中央"两税"收入180 000万元，2017年实际税收返还数为155 000万元。年度预算执行过程中，县支库已按核定的留解比例，全年县留存财政库款53 280万元；市财政共通过预算指标追加该县专项转移支付收入15 200万元；原体制该县财政应上解6 000万元；年终结算补助收入3 000万元，年终专项结算应上解市财政11 800万元；县财政全年共收到市财政往来资金100 000万元；该县全年一般公共预算支出实际执行结果为246 800万元，调入资金为3 000万元，县财政上年结余资金为200万元。另外，当年增设预算周转金200万元。财政决算结算单见表19-1。

（1）县财政当年实际应得财力。

县应得财力＝地方一般公共预算收入＋返还性收入＋专项转移支付收入＋结算补助收入
－体制上解支出－结算上解支出
＝88 800＋155 000＋15 200＋3 000－6 000－11 800＝244 200（万元）

县全年可用财力＝县应得财力＋调入资金＝244 200＋3 000＝247 200（万元）

（2）县财政平衡情况。

收入总计＝本年决算收入＋上年结余收入＋市财政补助收入＋调入资金＋国债转贷收入
＝88 800＋200＋173 200＋3 000＝265 200（万元）

其中：市财政补助收入＝返还性收入＋专项转移支付收入＋结算补助收入
＝155 000＋15 200＋3 000＝173 200（万元）

支出总计＝本年决算支出＋体制上解支出＋结算上解支出＋增设预算周转金＋
国债转贷支出＋国债转贷结余
＝246 800＋6 000＋11 800＋200＝264 800（万元）

年终滚存结余＝收入总计－支出总计
＝265 200－264 800＝400（万元）

（3）年终资金结算情况。

结算当年县欠市（＋）或市欠县（－）数＝全年市应补助数－全年县应上解数－
（县留存财政库款＋市已拨往来资金）
＝173 200－（6 000＋11 800）－（53 280＋100 000）

＝2 120（万元）

××县2018年度财政决算结算单见表19-1。

表19-1　2018年××县财政决算结算单

编制单位：××县财政局　　　　　　　　　　　　　　　　　　　单位：万元

类别	项目	金额	类别	项目	金额
收入	本年收入合计	88 800		1. 收入总计	265 200
支出	①决算支出	246 800		决算收入	88 800
				市补助收入	173 200
补助上解资金结算	市应补助数	173 200		上年结余收入	200
	①返还性收入	155 000		调入资金	3 000
	②体制补助收入			国债转贷收入	
	③专项补助收入	15 200		2. 支出总计	264 800
	④结算补助收入	3 000	县财政收支平衡情况	决算支出	246 800
	县应上解数	17 800		上解支出	17 800
	①体制上解支出	6 000		增设预算周转金	200
	②专项上解支出	11 800		国债转贷支出	
	资金结算			国债转贷结余	
	①市应补资金	173 200		3. 年终滚存结余	400
	②县应上解资金	17 800		其中：结转下年支出	350
	③市已拨往来资金	153 280		净结余	50
	④年终结算：市欠县	2 120		补充：本年县可用财力	247 200

（二）年终财政结算

各级财政部门应在年终清理和年终财政体制结算的基础上，办理财政决算，结算上下级财政之间的预算调拨收支和往来资金，上级财政部门应按财政管理体制的规定，计算出本行政区域所属地区的全年应补助、应上解和返还性资金等结算资金，并与年度执行过程中已补助、已上解和已返还资金进行比较，结合已拨付的往来资金，计算出所属地区全年最后应补或多补数额，并填制"×××地区年终财政决算结算单"，经审核无误后，批复下级财政部门作为年终财政结算凭证据以入账。

批复下级财政"财政决算结算单"的主要内容有：

（1）审定下级财政总决算收入数、支出数。

（2）计算应由本级财政补助数、下级财政应上解支出数。具体结算内容包括：返还性收入、体制定额补助或上解支出、专项补助收入以及年终单独结算项目应补助或应上解数。

（3）核定下级财政调入资金数。

（4）按规定核定下级财政从预算结余中补充"预算周转金"数。

（5）考核下级财政总决算的平衡情况，包括财政滚存结余、各项结转下年度支出和净结余数字。

（6）结清本级财政与下级财政的预算往来资金账，按经审核的本级财政应补助资金、下级财政应上解资金和下级财政实际上解或留用资金、本年度调度给下级财政的往来资金，计算出预算资金的应拨或超拨数额，结清全年的预算资金账。

三、年终结账

年终结账是正确编制财政总决算的一项基础性工作。各级政府财政会计在年度结束前，必须对各项资金全面进行年终清理和结算，对清理和结算过程中发生的会计事项，应逐笔登记政府财政会计账目。年终结账一般又分为年终转账、结清旧账和记入新账三个环节。

（1）年终转账。计算出各科目 12 月份合计数和全年累计数，结出 12 月月末余额，编制结账前的"资产负债表"，再根据收支余额填制记账凭证，将收支分别转入"一般公共预算结转结余""政府性基金预算结转结余""国有资本经营预算结转结余""专用基金结余""财政专户管理资金结余"等账户冲销。

（2）结清旧账。按各个收入和支出账户的借方、贷方结出全年总计数。对年终有余额的科目，在"摘要"栏内注明"结转下年"字样，表示转入新账。

（3）记入新账。根据年终转账后的总账和明细账余额编制年终"资产负债表"和有关明细表（不需填制记账凭证），将表列各科目余额直接记入新年度有关总账和明细账年初余额栏内，并在"摘要"栏注明"上年结转"字样，以区别新年度发生数。

决算经本级人民代表大会常务委员会（或人民代表大会）审查批准后，如需更正原报决算草案收入、支出时，则要相应调整有关账目，重新办理结账事项。

第二节　会计报表特点和编制要求

政府财政会计报表是定期反映各级财政收支执行情况及其结果的书面报告，是反映各级预算执行的重要工具，同时也是设计和制定下年度预算的重要参考资料。

政府财政会计通过持续的、大量的日常会计核算，反映和监督预算资金的活动。由于日常会计记录资料分散在会计凭证和会计账簿中，这样的会计信息资料没有形成综合反映预算执行的指标体系，不能全面检查、分析一定时期内各级财政预算收支执行情况的全貌。为了及时掌握并从中分析、研究预算执行情况和预算管理中的问题和经验，从而制定政策，采取措施，保证国家预算和地方各级预算顺利执行，需要在全国范围内建立起统一、定期的预算执行情况报告制度。因而政府财政会计报表的编制，是政府财政会计工作中一个十分重要的组成部分。

一、政府财政会计报表特点

（一）宏观性

政府财政会计报表是综合反映全国或某一级政府总预算的收支执行情况，反映各级总预算资金的集中、分配的执行过程和结果。政府财政会计报表既反映了政府对物质生产部门的预算资金的集中与分配使用情况，也反映了对非物质生产部门的预算资金的分配和使用情况；既反映了对政府单位等非生产性支出的分配和使用情况，也反映了对国有企业等单位扩大再生产支出的分配和使用情况；既反映了国家经济发展的成果，也反映了国家对各项社会事业的支持和投入情况。因此，政府财政会计报表是反映政府宏观经济决策及其成果的综合性报告。

（二）广泛性

政府财政会计报表不仅内容多，而且涉及面相当广泛。要定期编制全国范围的财政会计报表，就要求中央各部门、各省市县各部门和单位所有行政、事业单位会计，各级政府财政会计，以及参与预算执行的国库会计、专业银行、税务机关和海关等机构的会计，在规定的期限内，自下而上逐级汇总上报预算执行情况。在编制预算执行情况报表过程中，涉及预算管理的各方面的会计人员与政府财政会计组成一个全国性的相互协调的有机整体。

（三）统一性

我国国家预算是统一的预算，因此反映国家预算收支执行情况的财政会计报表，要以国家预算执行为中心，形成全国统一的会计报表体系。从基层乡镇财政直至财政部，使用全国统一的指标体系，逐级汇总上报。只有建立全国统一的预算指标体系，才能适应预算执行这一庞大的系统工程的需要。政府单位会计报表是同级政府财政会计报表内容的组成部分，由各级政府单位和主管部门逐级汇总向同级财政部门报送，参与预算执行的各级国库应向同级财政报送预算收入日报表并作为政府财政会计记账依据，税务机关应向同级财政部门提供有关税收统计报表。各级财政部门、各预算执行单位应加强全局观念，保证国家预算的顺利执行。

二、政府财政会计报表编制要求

（1）一般公共预算执行情况表、政府性基金预算执行情况表、国有资本经营预算执行情况表应当按月度和年度编制，财政专户管理资金收支情况表和专用基金收支情况表应当按月度和年度编制，收入支出表按月度和年度编制，资产负债表和附注应当至少按年度编制。月报的报送期限及编报内容应当根据上级政府财政具体要求和本行政区域预算管理的需要办理。

（2）政府财政会计应当根据本制度编制并提供真实、完整的会计报表，切实做到账表一致，不得估列代编，弄虚作假。

（3）政府财政会计要严格按照统一规定的种类、格式、内容、方法和编制口径填制会计报表，以保证全国统一汇总和分析。汇总报表的单位，要把所属单位的报表汇集齐全，防止漏报。

第三节　会计报表编制方法

政府财政会计报表是反映政府财政预算执行结果和财务状况的书面文件。

一、政府财政会计报表种类

政府财政会计报表包括资产负债表、收入支出表、一般公共预算执行情况表、政府性基金预算执行情况表、国有资本经营预算执行情况表、财政专户管理资金收支情况表、专用基金收支情况表等会计报表和附注。

资产负债表是反映政府财政在某一特定日期财务状况的报表。资产负债表应当按照资产、负债和净资产分类、分项列示。

收入支出表是反映政府财政在某一会计期间各类财政资金收支余情况的报表。收入支出表根据资金性质按照收入、支出、结转结余的构成分类、分项列示。

一般公共预算执行情况表是反映政府财政在某一会计期间一般公共预算收支执行结果的报表，按照"政府收支分类科目"中一般公共预算收支科目列示。

政府性基金预算执行情况表是反映政府财政在某一会计期间政府性基金预算收支执行结果的报表，按照"政府收支分类科目"中政府性基金预算收支科目列示。

国有资本经营预算执行情况表是反映政府财政在某一会计期间国有资本经营预算收支执行结果的报表，按照"政府收支分类科目"中国有资本经营预算收支科目列示。

财政专户管理资金收支情况表是反映政府财政在某一会计期间纳入财政专户管理的财政专户管理资金全部收支情况的报表，按照相关政府收支分类科目列示。

专用基金收支情况表是反映政府财政在某一会计期间专用基金全部收支情况的报表，按照不同类型的专用基金分别列示。

附注是指对在会计报表中列示项目的文字描述或明细资料，以及对未能在会计报表中列示项目的说明。

二、资产负债表编制及试算平衡

各级政府财政会计应按月编制资产负债表、收入支出表、预算执行情况表等相关报表。通过编制报表，既可以核对各总账余额是否正确，有关明细账余额合计是否与总账余额相一致，又可以及时了解财政预算资金的分布状况，便于加强资金管理，满足财政预算管理工作需要。

政府财政会计平时编制资产负债表，应根据各总账科目余额填列，并进行试算平衡。在年度预算执行过程中，各收入、支出要素项下的各项收入和支出应如实反映，平时不进行收支转账。只是在年度终了后，才根据年终冲转账办法进行相关账户的冲转。因此，年终结账后的资产负债表只包括资产、负债、净资产要素项及其各科目数据。结账前资产负债表，见第十八章表18-1。

三、编制资产负债表注意事项

（1）政府财政会计与企业会计资产负债表的差异。政府财政会计资产负债表与企业会计资产负债表存在着较大差异，两者在内涵上不尽相同。由于政府财政会计核算的对象和内容是一级政府的财政性资金，财政部门与单位预算、上下级财政之间都存在着十分密切的联系。而企业的资产负债表，着重从资产总量上反映企业的财务状况、企业的变现能力和偿债能力，需要反映企业的盈利能力和所有者权益。因此，政府财政会计的"资产负债表"在填报的内容上有其特殊的要求。

首先，在报表项目的构成及平衡公式上与企业会计存在较大的差别。政府财政会计的资产负债表左边称为"资产部类"，右边称为"负债部类"，这是因为政府财政会计只反映、核算预算收支。政府财政会计核算的预算收入、预算支出要待年终才能进行冲转，计算出财政结余。而企业会计资产负债表，对企业的资产、负债，从流动性与固定性、短期性和长期性等方面出发加以归类合并，便于直观分析企业的资产、负债状况，企业的现金流量和盈利能力。政府财政会计月度资产负债表，左边为"资产部类"方，既包括资产部分，还包括各项支出和调出资金部分；右边为"负债部类"方，既包括负债、净资产部分，还包括各项收入和调入资金部分。其会计平衡等式为：

$$资产+支出＝负债+净资产+收入（资产部类＝负债部类）$$

其次，政府财政会计资产负债表，能比较直观地反映一级政府的财力状况。一方面，各类预算收入、预算支出资金均在表中单独反映；另一方面，上年财政结余资金以及本年各项财政资金的结余，构成一级财政的可使用资金，便于一级政府对现有资源的充分利用。

再次，政府财政会计资产负债表中，还反映了本级财政与单位预算、与上下级财政之间的往来资金。因此，上级财政部门在汇总"资产负债表"时，应将一些相关科目的数额对冲。如本级"补助支出"与下级"补助收入"、本级的"上解收入"与下级"上解支出"、本级的"与下级往来"与下级"与上级往来"等科目对冲，以免人为扩大本地区的实际资产负债规模。

（2）月份资产负债表填报。由于政府财政会计核算包括一般预算资金、基金预算资金和专用基金资金，必须将上述资金合并在一张资产负债表上反映，同时应注意做好对资产负债表各项数据的拆并工作。因而政府财政会计在明细账户设置或报表汇总时，既要根据预算管理工作的需要，又要能满足编制资产负债表的要求，做到资产负债表各项目能分能合，同时保持各项资金的单独平衡。月份资产负债表有两栏科目。年初数填列该科目上年结转数。期末数按政府财政会计账簿记载该科目截至本期末的余额填列。

（3）年度资产负债表填报。政府财政会计资产负债表着重反映某一特定时间，一级地方政府所拥有的"资产"状况，通过扣除现有资产中属于负债的部分，反映出一级政府所拥有的实际财力状况。年终资产负债表是反映各类资金年末分布状况的报表，也是登记新账的依据，按照年终结账后的总账各科目余额填报。结账后的资产负债表，只有资产、负债、净资产三类。其平衡等式为：资产＝负债＋净资产。年终各级财政汇总资产负债表后，只通过"与上级往来"科目反映上级财政欠拨或超拨。"与下级往来"科目应无余额。"资产负债表"列各科目的"期初数"应与上年决算中的"期末数"一致；"预算周转金"科目的期末数减期初数应与收支总表中的"预算周转金"增设数存在勾稽关系。

四、政府财政会计常用的会计报表

（一）资产负债表

资产负债表格式见表 19-2。

表 19-2　资产负债表

编制单位：　　　　　　　　　　年　月　日　　　　　　　　　　单位：元

资产	年初余额	期末余额	负债和净资产	年初余额	期末余额
流动资产：			流动负债：		
国库存款			应付短期政府债券		
国库现金管理存款			应付利息		
其他财政存款			应付国库集中支付结余		
有价证券			与上级往来		
在途款			其他应付款		
预拨经费			应付代管资金		
借出款项			一年内到期的非流动负债		
应收股利			流动负债合计		
应收利息			非流动负债：		
与下级往来			应付长期政府债券		
其他应收款			借入款项		
流动资产合计			应付地方政府债券转贷款		
非流动资产：			应付主权外债转贷款		
应收地方政府债券转贷款			其他负债		
应收主权外债转贷款			非流动负债合计		
股权投资			负债合计		
待发国债			一般公共预算结转结余		

续表

资　产	年初余额	期末余额	负债和净资产	年初余额	期末余额
非流动资产合计			政府性基金预算结转结余		
			国有资本经营预算结转结余		
			财政专户管理资金结余		
			专用基金结余		
			预算稳定调节基金		
			预算周转金		
			资产基金		
			减：待偿债净资产		
			净资产合计		
资产总计			负债和净资产总计		

资产负债表的编制说明：

1. 本表"年初余额"栏内项目

本表"年初余额"栏内各项数字，应当根据上年末资产负债表"期末余额"栏内数字填列。如果本年度资产负债表规定的各个项目的名称和内容同上年度不相一致，应对上年年末资产负债表各项目的名称和数字按照本年度的规定进行调整，填入本表"年初余额"栏内。

2. 本表"期末余额"栏各项目的内容和填列方法

（1）资产类项目。

"国库存款"项目，反映政府财政期末存放在国库单一账户的款项金额。本项目应当根据"国库存款"科目的期末余额填列。

"国库现金管理存款"项目，反映政府财政期末实行国库现金管理业务持有的存款金额。本项目应当根据"国库现金管理存款"科目的期末余额填列。

"其他财政存款"项目，反映政府财政期末持有的其他财政存款金额。本项目应当根据"其他财政存款"科目的期末余额填列。

"有价证券"项目，反映政府财政期末持有的有价证券金额。本项目应当根据"有价证券"科目的期末余额填列。

"在途款"项目，反映政府财政期末持有的在途款金额。本项目应当根据"在途款"科目的期末余额填列。

"预拨经费"项目，反映政府财政期末尚未转列支出或尚待收回的预拨经费金额。本项目应当根据"预拨经费"科目的期末余额填列。

"借出款项"项目，反映政府财政期末借给预算单位尚未收回的款项金额。本项目应当根据"借出款项"科目的期末余额填列。

"应收股利"项目，反映政府期末尚未收回的现金股利或利润金额。本项目应当根据"应收股利"科目的期末余额填列。

"应收利息"项目，反映政府财政期末尚未收回应收利息金额。本项目应当根据"应收地方政府债券转贷款"科目和"应收主权外债转贷款"科目下"应收利息"明细科目的期末余额合计数填列。

"与下级往来"项目，正数反映下级政府财政欠本级政府财政的款项金额，负数反映本级政府财政欠下级政府财政的款项金额。本项目应当根据"与下级往来"科目的期末余额填列，期末余额如为借方则以正数填列，如为贷方则以"－"号填列。

"其他应收款"项目，反映政府财政期末尚未收回的其他应收款的金额。本项目应当根据"其他应收款"科目的期末余额填列。

"应收地方政府债券转贷款"项目，反映政府财政期末尚未收回的地方政府债券转贷款的本金金额。本项目应当根据"应收地方政府债券转贷款"科目下"应收本金"明细科目的期末余额填列。

"应收主权外债转贷款"项目，反映政府财政期末尚未收回的主权外债转贷款的本金金额。本项目应当根据"应收主权外债转贷款"科目下的"应收本金"明细科目的期末余额填列。

"股权投资"项目，反映政府期末持有的股权投资的金额。本项目应当根据"股权投资"科目的期末余额填列。

"待发国债"项目，反映中央政府财政期末尚未使用的国债发行额度。本项目应当根据"待发国债"科目的期末余额填列。

（2）负债类项目。

"应付短期政府债券"项目，反映政府财政期末尚未偿还的发行期限不超过1年（含1年）的政府债券的本金金额。本项目应当根据"应付短期政府债券"科目下的"应付本金"明细科目的期末余额填列。

"应付利息"项目，反映政府财政期末尚未支付的应付利息金额。本项目应当根据"应付短期政府债券""借入款项""应付地方政府债券转贷款""应付主权外债转贷款"科目下的"应付利息"明细科目期末余额，以及属于分期付息到期还本的"应付长期政府债券"的"应付利息"明细科目期末余额计算填列。

"应付国库集中支付结余"项目，反映政府财政期末尚未支付的国库集中支付结余金额。本项目应当根据"应付国库集中支付结余"科目的期末余额填列。

"与上级往来"项目，正数反映本级政府财政期末欠上级政府财政的款项金额，负数反映上级政府财政欠本级政府财政的款项金额。本项目应当根据"与上级往来"科目的期末余额填列，如为借方余额则以"－"号填列。

"其他应付款"项目，反映政府财政期末尚未支付的其他应付款的金额。本项目应当根据"其他应付款"科目的期末余额填列。

"应付代管资金"项目，反映政府财政期末尚未支付的代管资金金额。本项目应当根据"应付代管资金"科目的期末余额填列。

"一年内到期的非流动负债"项目，反映政府财政期末承担的1年以内（含1年）到偿还期的非流动负债。本项目应当根据"应付长期政府债券""借入款项""应付地方政府债券转贷款""应付主权外债转贷款""其他负债"等科目的期末余额及债务管理部门提供的资料分析填列。

"应付长期政府债券"项目，反映政府财政期末承担的偿还期限超过1年的长期政府债券的本金金额及到期一次还本付息的长期政府债券的应付利息金额。本项目应当根据"应付长期政府债券"科目的期末余额分析填列。

"应付地方政府债券转贷款"项目，反映政府财政期末承担的偿还期限超过1年的地方政府债券转贷款的本金金额。本项目应当根据"应付地方政府债券转贷款"科目下"应付本金"明细科目的期末余额分析填列。

"应付主权外债转贷款"项目，反映政府财政期末承担的偿还期限超过1年的主权外债转贷款的本金金额。本项目应当根据"应付主权外债转贷款"科目下"应付本金"明细科目的期末余额分析填列。

"借入款项"项目，反映政府财政期末承担的偿还期限超过1年的借入款项的本金金额。本项目应当根据"借入款项"科目下"应付本金"明细科目的期末余额分析填列。

"其他负债"项目，反映政府财政期末承担的偿还期限超过1年的其他负债金额。本项目应当根据"其他负债"科目的期末余额分析填列。

（3）净资产类项目。

"一般公共预算结转结余"项目，反映政府财政期末滚存的一般公共预算结转金额。本项目应当根据"一般公共预算结转结余"科目的期末余额填列。

"政府性基金预算结转结余"项目，反映政府财政期末滚存的政府性基金预算结转结余金额。本项目应当根据"政府性基金预算结转结余"科目的期末余额填列。

"国有资本经营预算结转结余"项目，反映政府财政期末滚存的国有资本经营预算结转结余金额。本项目应当根据"国有资本经营预算结转结余"科目的期末余额填列。

"财政专户管理资金结余"项目，反映政府财政期末滚存的财政专户管理资金结余金额。本项目应当根据"财政专户管理资金结余"科目的期末余额填列。

"专用基金结余"项目，反映政府财政期末滚存的专用基金结余金额。本项目应当根据"专用基金结余"科目的期末余额填列。

"预算稳定调节基金"项目，反映政府财政期末预算稳定调节基金的余额。本项目应当根据"预算稳定调节基金"科目的期末余额填列。

"预算周转金"项目，反映政府财政期末预算周转金的余额。本项目应当根据"预算周转金"科目的期末余额填列。

"资产基金"项目，反映政府财政期末持有的应收地方政府债券转贷款、应收主权外债转贷款、股权投资和应收股利等资产在净资产中占用的金额。本项目应当根据"资产基金"科目的期末余额填列。

"待偿债净资产"项目，反映政府财政期末因承担应付短期政府债券、应付长期政府债券、借入款项、应付地方政府债券转贷款、应付主权外债转贷款、其他负债等负债相应需在净资产中冲减的金额。本项目应当根据"待偿债净资产"科目的期末借方余额以

"-"号填列。

（二）收入支出表

收入支出表格式见表19-3。

表19-3　收入支出表

编制单位：　　　　　　　　　　　　年　月　　　　　　　　　　　　单位：元

项目	一般公共预算		政府性基金预算		国有资本经营预算		财政专户管理资金		专用基金	
	本月数	本年累计数	本月数	本年累计数	本月数	本年累计数	本月数	本年累计数	本月数	本年累计数
年初结转结余										
收入合计										
本级收入										
其中：来自预算安排的收入										
补助收入										
上解收入										
地区间援助收入										
债务收入										
债务转贷收入										
动用预算稳定调节基金										
调入资金										
支出合计										
本级支出										
其中：权责发生制列支										
预算安排专用基金的支出										
补助支出										
上解支出										
地区间援助支出										

续表

项目	一般公共预算		政府性基金预算		国有资本经营预算		财政专户管理资金		专用基金	
	本月数	本年累计数	本月数	本年累计数	本月数	本年累计数	本月数	本年累计数	本月数	本年累计数
债务还本支出										
债务转贷支出										
安排预算稳定调节基金										
调出资金										
结余转出										
其中：增设预算周转金										
年末结转结余										

注：表中有"-"的部分不必填列。

收入支出表的编制说明：

1. 本表"本月数"栏内项目

本表"本月数"栏反映各项目的本月实际发生数。在编制年度收入支出表时，应将本栏改为"上年数"栏，反映上年度各项目的实际发生数；如果本年度收入支出表规定的各个项目的名称和内容同上年度不一致，应对上年度收入支出表各项目的名称和数字按照本年度的规定进行调整，填入本年度收入支出表的"上年数"栏。

本表"本年累计数"栏反映各项目自年初起至报告期末止的累计实际发生数。编制年度收入支出表时，应当将本栏改为"本年数"。

2. 本表"本月数"栏各项目的内容和填列方法

"年初结转结余"项目，反映政府财政本年初各类资金结转结余金额。其中，一般公共预算的"年初结转结余"应当根据"一般公共预算结转结余"科目的年初余额填列；政府性基金预算的"年初结转结余"应当根据"政府性基金预算结转结余"科目的年初余额填列；国有资本经营预算的"年初结转结余"应当根据"国有资本经营预算结转结余"科目的年初余额填列；财政专户管理资金的"年初结转结余"应当根据"财政专户管理资金结余"科目的年初余额填列；专用基金的"年初结转结余"应当根据"专用基金结余"科目的年初余额填列。

"收入合计"项目，反映政府财政本期取得的各类资金的收入合计金额。其中，一般公共预算的"收入合计"应当根据属于一般公共预算的"本级收入""补助收入""上解收入""地区间援助收入""债务收入""债务转贷收入""动用预算稳定调节基金"和"调入资金"各行项目金额的合计填列；政府性基金预算的"收入合计"应当根据属于政府性基金预算的"本级收入""补助收入""上解收入""债务收入""债务转贷收入"和"调入资金"各行项目金额的合计填列；国有资本经营预算的"收入合计"应当根据属于国有资本经营预算的"本级收入"项目的金额填列；财政专户管理资金的"收入合计"应当根据属于财政专户管理资金的"本级收入"项目的金额填列；专用基金的"收入合计"应当根据属于专用基金的"本级收入"项目的金额填列。

"本级收入"项目，反映政府财政本期取得的各类资金的本级收入金额。其中，一般公共预算的"本级收入"应当根据"一般公共预算本级收入"科目的本期发生额填列；政府性基金预算的"本级收入"应当根据"政府性基金预算本级收入"科目的本期发生额填列；国有资本经营预算的"本级收入"应当根据"国有资本经营预算本级收入"科目的本期发生额填列；财政专户管理资金的"本级收入"应当根据"财政专户管理资金收入"科目的本期发生额填列；专用基金的"本级收入"应当根据"专用基金收入"科目的本期发生额填列。

"补助收入"项目，反映政府财政本期取得的各类资金的补助收入金额。其中，一般公共预算的"补助收入"应当根据"补助收入"科目下的"一般公共预算补助收入"明细科目的本期发生额填列；政府性基金预算的"补助收入"应当根据"补助收入"科目下的"政府性基金预算补助收入"明细科目的本期发生额填列。

"上解收入"项目，反映政府财政本期取得的各类资金的上解收入金额。其中，一般公共预算的"上解收入"应当根据"上解收入"科目下的"一般公共预算上解收入"明细科目的本期发生额填列；政府性基金预算的"上解收入"应当根据"上解收入"科目下的"政府性基金预算上解收入"明细科目的本期发生额填列。

"地区间援助收入"项目，反映政府财政本期取得的地区间援助收入金额。本项目应当根据"地区间援助收入"科目的本期发生额填列。

"债务收入"项目，反映政府财政本期取得的债务收入金额。其中，一般公共预算的"债务收入"应当根据"债务收入"科目下除"专项债务收入"以外的其他明细科目的本期发生额填列；政府性基金预算的"债务收入"应当根据"债务收入"科目下的"专项债务收入"明细科目的本期发生额填列。

"债务转贷收入"项目，反映政府财政本期取得的债务转贷收入金额。其中，一般公共预算的"债务转贷收入"应当根据"债务转贷收入"科目下"地方政府一般债务转贷收入"明细科目的本期发生额填列；政府性基金预算的"债务转贷收入"应当根据"债务转贷收入"科目下的"地方政府专项债务转贷收入"明细科目的本期发生额填列。

"动用预算稳定调节基金"项目，反映政府财政本期调用的预算稳定调节基金金额。本项目应当根据"动用预算稳定调节基金"科目的本期发生额填列。

"调入资金"项目，反映政府财政本期取得的调入资金金额。其中，一般公共预算的"调入资金"应当根据"调入资金"科目下"一般公共预算调入资金"明细科目的本期发生额填列；政府性基金预算的"调入资金"应当根据"调入资金"科目下"政府性基金预算调入资金"明细科目的本期发生额填列。

"支出合计"项目，反映政府财政本期发生的各类资金的支出合计金额。其中，一般公共预算的"支出合计"应当根据属于一般公共预算的"本级支出""补助支出""上解支出""地区间援助支出""债务还本支出""债务转贷支出""安排预算稳定调节基金"和"调出资金"各行项目金额的合计填列；政府性基金预算的"支出合计"应当根据属于政府性基金预算的"本级支出""补助支出""上解支出""债务还本支出""债务转贷支出"和"调出资金"各行项目金额的合计填列；国有资本经营预算的"支出合计"应当根据属于国有资本经营预算的"本级支出"和"调出资金"项目金额的合计填列；财政专户管理资金的"支出合计"应当根据属于财政专户管理资金的"本级支出"项目的金额填列；专用基金的"支出合计"应当根据属于专用基金的"本级支出"项目的金额填列。

"补助支出"项目，反映政府财政本期发生的各类资金的补助支出金额。其中，一般公共预算的"补助支出"应当根据"补助支出"科目下的"一般公共预算补助支出"明细科目的本期发生额填列；政府性基金预算的"补助支出"应当根据"补助支出"科目下的"政府性基金预算补助支出"明细科目的本期发生额填列。

"上解支出"项目，反映政府财政本期发生的各类资金的上解支出金额。其中，一般公共预算的"上解支出"应当根据"上解支出"科目下的"一般公共预算上解支出"明细科目的本期发生额填列；政府性基金预算的"上解支出"应当根据"上解支出"科目下的"政府性基金预算上解支出"明细科目的本期发生额填列。

"地区间援助支出"项目，反映政府财政本期发生的地区间援助支出金额。本项目应当根据"地区间援助支出"科目的本期发生额填列。

"债务还本支出"项目，反映政府财政本期发生的债务还本支出金额。其中，一般公共预算的"债务还本支出"应当根据"债务还本支出"科目下除"专项债务还本支出"以外的其他明细科目的本期发生额填列；政府性基金预算的"债务还本支出"应当根据"债务还本支出"科目下的"专项债务还本支出"明细科目的本期发生额填列。

"债务转贷支出"项目，反映政府财政本期发生的债务转贷支出金额。其中，一般公共预算的"债务转贷支出"应当根据"债务转贷支出"科目下"地方政府一般债务转贷支出"明细科目的本期发生额填列；政府性基金预算的"债务转贷支出"应当根据"债务转贷支出"科目下的"地方政府专项债务转贷支出"明细科目的本期发生额填列。

"安排预算稳定调节基金"项目，反映政府财政本期安排的预算稳定调节基金金额。本项目根据"安排预算稳定调节基金"科目的本期发生额填列。

"调出资金"项目，反映政府财政本期发生的各类资金的调出资金金额。其中，一般公共预算的"调出资金"应当根据"调出资金"科目下"一般公共预算调出资金"明细科目的本期发生额填列；政府性基金预算的"调出资金"应当根据"调出资金"科目下"政府性基金预算调出资金"明细科目的本期发生额填列；国有资本经营预算的"调出资金"应当根据"调出资金"科目下"国有资本经营预算调出资金"明细科目的本期发生额填列。

"增设预算周转金"项目，反映政府财政本期设置和补充预算周转金的金额。本项目应当根据"预算周转金"科目的本期贷方发生额填列。

"年末结转结余"项目，反映政府财政本年末的各类资金的结转结余金额。其中，一般公共预算的"年末结转结余"应当根据"一般公共预算结转结余"科目的年末余额填列；政府性基金预算的"年末结转结余"应当根据"政府性基金预算结转结余"科目的年末余额填列；国有资本经营预算的"年末结转结余"应当根据"国有资本经营预算结转结余"科目的年末余额填列；财政专户管理资金的"年末结转结余"应当根据"财政专户管理资金结余"科目的年末余额填列；专用基金的"年末结转结余"应当根据"专用基金结余"科目的年末余额填列。

（三）预算执行（收支）情况表

1. 一般公共预算执行情况表编制

"一般公共预算本级收入"项目及所属各明细项目，应当根据"一般公共预算本级收入"科目及所属各明细科目的本期发生额填列。"一般公共预算本级支出"项目及所属各明细项目，应当根据"一般公共预算本级支出"科目及所属各明细科目的本期发生额填列。一般公共预算执行情况表样（略）。

2. 政府性基金预算执行情况表编制

"政府性基金预算本级收入"项目及所属各明细项目，应当根据"政府性基金预算本级收入"科目及所属各明细科目的本期发生额填列。"政府性基金预算本级支出"项目及所属各明细项目，应当根据"政府性基金预算本级支出"科目及所属各明细科目的本期发生额填列。政府性基金预算执行情况表样（略）。

3. 国有资本经营预算执行情况表编制

"国有资本经营预算本级收入"项目及所属各明细项目，应当根据"国有资本经营预算本级收入"科目及所属各明细科目的本期发生额填列。"国有资本经营预算本级支出"项目及所属各明细项目，应当根据"国有资本经营预算本级支出"科目及所属各明细科目的本期发生额填列。国有资本经营预算执行情况表样（略）。

4. 财政专户管理资金收支情况表编制

"财政专户管理资金收入"项目及所属各明细项目，应当根据"财政专户管理资金收入"科目及所属各明细科目的本期发生额填列。"财政专户管理资金支出"项目及所属各明细项目，应当根据"财政专户管理资金支出"科目及所属各明细科目的本期发生额填列。财政专户管理资金收支情况表样（略）。

5. 专用基金收支情况表编制

"专用基金收入"项目及所属各明细项目，应当根据"专用基金收入"科目及所属各明细科目的本期发生额填列。"专用基金支出"项目及所属各明细项目，应当根据"专用基金支出"科目及所属各明细科目的本期发生额填列。专用基金收支情况表样（略）。

6. 附注

政府财政会计报表附注应当至少披露下列内容：

遵循《财政总预算会计制度》的声明；本级政府财政预算执行情况和财务状况的说明；会计报表中列示的重要项目的进一步说明，包括其主要构成、增减变动情况等；或有负债情况的说明；有助于理解和分析会计报表的其他需要说明的事项。

（四）年报

政府财政会计年度报表反映年度预算收支的最终结果和财务状况。

1. 政府财政会计参与或具体负责决算草案编审

（1）参与组织制定决算草案编审办法。根据上级政府财政的统一要求和本行政区域预算管理的需要，提出年终收支清理、数字编列口径、决算审查和组织领导等具体要求，并对财政结算、结余处理等具体问题制定管理办法。

（2）根据上级政府财政的要求，结合本行政区域的具体情况制定本行政区域政府财政总决算统一表格。

（3）办理全年各项收支、预拨款项、往来款项等会计对账、结账工作。

（4）对下级政府财政布置决算草案编审工作，指导、督促其及时汇总报送决算。

（5）审核、汇总所属财政部门总决算草案，向上级政府财政部门报送本辖区汇总的财政总决算草案。

（6）编制决算说明和决算分析报告，向上级政府财政汇报决算编审工作情况，进行上下级政府财政之间的财政体制结算以及财政总决算的文件归档工作。

（7）各级政府财政应将汇总编制的本级决算草案及时报本级政府审定。各级政府财政应按照上级政府财政部门的要求，将经本级人民政府审定的本行政区域决算草案逐级及时报送备案。计划单列市的财政决算，除按规定报送财政部外，应按所在省的规定报所在省。具体的决算编审工作，按照财政决算管理部门的相关规定执行。

年报即年终财政总决算报表，它是各级财政对一年来预算执行情况的总结，也是一年来各级政府的经济活动在财政上的集中反映。认真组织财政总决算的编审工作，是各级财政部门的重要任务之一。各级财政部门应按国家财政决算编审工作通知要求及编表说明，做好财政总决算的编审工作。财政总决算报表的表式每年由财政部统一制发，各省可根据实际需要做一些增减变动，既要满足财政部统一报表格式的要求，又要符合本省的实际情况。

2. 财政总决算表格种类

财政总决算表格一般包括财政收支决算总表、财政收入明细表、财政支出明细表、财政收入支出预算变动情况表、财政收支决算分级表、财政决算分级平衡表等，其中一些明细表特别是支出明细表要求填报到"项"级科目，以上报表均包括一般公共预算、政府性基金、财政专户资金三部分。

国家预算的最终执行数据都反映在国家财政决算表中，是每年政府向人民代表大会报告预算执行情况的基础，体现着财政政策和取向，也是各级人民代表大会审查经批准的预算执行情况的主要依据。

财政总决算表目录，如表19-4所示。

表 19-4 财政总决算表目录

表号	表名	页码	
决算 01 表	一般公共预算收支决算总表		第一部分：一般公共预算
决算 02 表	一般公共预算收入预算变动情况表		
决算 03 表	一般公共预算支出预算变动及结余、结转情况表		
决算 04 表	一般公共预算收入决算明细表		
决算 05 表	一般公共预算支出决算功能分类明细表		
决算 06 表	一般公共预算支出决算经济分类明细表		
决算 07 表	一般公共预算税收返还和转移支付决算表		
决算 08 表	一般公共预算收支决算分级表		
决算 09 表	民族自治地区一般公共预算收支决算表		
决算 10 表	一般公共预算收支及平衡情况表		
决算 11 表	政府性基金收支决算总表		第二部分：政府性基金
决算 12 表	政府性基金收入预算变动情况表		
决算 13 表	政府性基金支出预算变动情况表		
决算 14 表	政府性基金收入决算明细表		
决算 15 表	政府性基金支出决算功能分类明细表		
决算 16 表	政府性基金收支及结余情况表		
决算 17 表	政府性基金收支决算分级表		
决算 18 表	政府性基金收支及平衡情况表		
决算 19 表	国有资本经营收支决算总表		第三部分：国有资本经营
决算 20 表	国有资本经营收支决算明细表		
决算 21 表	国有资本经营收支决算分级表		
决算 22 表	国有资本经营收支及平衡情况表		
决算 23 表	社会保险基金收支情况表		第四部分：补充资料
决算 24 表	预算资金年终资产负债表		
决算 25 表	地方政府债务余额情况表		
决算 26 表	基本数字表		
决算 27 表	贫困县相关财政指标表		
决算 28 表	乡镇财政收支决算表		

财政总决算分析表目录，如表 19-5 所示。

表 19-5　财政总决算分析表目录

表号	表名	页码	
分析 01 表	一般公共预算收支构成分级情况表		
分析 02 表	一般公共预算收支分级比重表		
分析 03 表	一般公共预算分级平衡情况表		
分析 04 表	一般公共预算收入完成情况表		
分析 05 表	一般公共预算收入分级情况表		
分析 06 表	税收收入占一般公共预算收入比重分级情况表		
分析 07 表	财政收入占地区生产总值比重情况表		第一部分：一般公共预算
分析 08 表	地方财政总收入情况表		
分析 09 表	财力规模情况表		
分析 10 表	一般公共预算支出完成情况表		
分析 11 表	一般公共预算支出分级情况表		
分析 12 表	财政供养人员分级情况表		
分析 13 表	贫困县一般公共预算收支指标表		
分析 14 表	政府性基金收入分级情况表		第二部分：政府性基金
分析 15 表	政府性基金支出分级情况表		
分析 16 表	财政收支总表		第三部分：政府性收支总况
分析 17 表	财政经济运行指标表		
分析 18 表	历年各地区一般公共预算收入排序情况表		
分析 19 表	历年各地区一般公共预算支出排序情况表		第四部分：历年比较
分析 20 表	历年各地区人均一般公共预算收支排序情况表		

第四节　会计报表审核与汇总

为了保证政府财政会计报表能够准确地反映本年度预算执行情况，各级政府财政会计必须认真组织对本级财政及各主管单位和所属下级财政部门会计报表的审核工作，努力做到数字准确、真实，内容完整，并逐级按时汇总上报。

一、会计报表审核

政府会计报表的审核是一项复杂、细致、政策性和技术性都很强的工作。政府会计报表的审核，主要包括政策性和技术性审核两方面。

（一）政策性审核

政策性审核的依据是国家的有关财经方针政策和各项财务制度规定。在审核时，可分为财政收入和财政支出审查两方面。在财政收入方面，着重审查各项收入是否符合政策规定；是否应缴库的各项财政收入及时足额缴库，有无缴款单位拖欠或截留国家预算收入，或将预算资金转作非预算资金的行为；要严格审查财政收入退库是否符合有关政策规定，有无乱开口子的退库行为。在支出方面，应着重审查各项财政性支出是否按批复的预算和计划以及规定的开支范围和开支标准执行；是否符合勤俭节约的原则；有无擅自提高开支标准，扩大支出范围和违反财经纪律的开支；有无将其他支出挤入预算支出的行为；各项非包干预算经费和专项经费是否按规定要求使用，有无不符规定的开支等。

（二）技术性审核

技术性审核主要检查政府会计报表中各栏目数字是否填列齐全；所填数字之间的相互关系是否正确；各项目的合计或总计数与所含各子项目明细数之和是否相等；报表中的纵向与横向合计数字是否相符；有无数据计算错误或漏填、错填现象；相关各表格之间的相关数据是否衔接一致，表与表之间项目及数据的勾稽关系是否对应一致。

财政总决算审核工作一般可采取三种形式，即本单位自审、有关部门或地区互审、上级派员审查及送审。为了提高财政总决算的编审质量，必须在基层预算单位自审的基础上，要求主管部门组织联审互查或集中互审。

各级财政部门和预算单位应按照"财政决算编审工作通知"的要求，对决算审查中发现的问题，根据不同情况，依据有关政策法规严肃处理。

二、会计报表汇总

县及县以上各级政府财政会计应在编制本级财政总决算报表的同时，将所属各级财政总决算报表与本级财政总决算报表合并编制本行政区域财政总决算报表，并按时报送上级财政。

各级政府财政会计应首先编制本级的财政总决算有关报表，并与所属地区的财政总决算报表汇总编制本地区的财政总决算报表。在汇编过程中，应注意将本地区有关上缴或下拨的科目相互冲销，如将"补助支出"与下级财政汇总的"补助收入"冲销，将"与下级往来"与下级财政的"与上级往来"冲销，将"上解收入"与下级财政的"上解支出"冲销等，以免报表数字重复计列。

对由于财政体制等原因产生的结算项目及资金差额，应在本级财政总决算有关报表中相应作出调整。县及县以上各级财政部门在汇总编制好本地区财政总决算有关报表的同时，还应认真编写预算执行情况说明书和财政总决算工作总结，以总结和改进财政总决算编审工作。

第五节 信息公开与会计监督

根据《中华人民共和国政府信息公开条例》和《财政部关于进一步做好预算信息公开工作的指导意见》要求，实行财政预决算公开，让人民知道政府花了多少钱，办了什么事。

政府信息是指行政机关在履行职责过程中制作或者获取的，以一定形式记录、保存的信息。政府信息公开是为了保障公民、法人和其他组织依法获取政府信息，提高政府工作的透明度，促进依法行政，充分发挥政府信息对人民群众生产、生活和经济社会活动的服务作用。

一、政府财政会计信息化管理

各级政府财政会计采用的会计信息管理系统必须符合本制度规定的核算方法，并与预算编制、预算执行等业务系统相衔接，要适应账务处理自动化的要求。通过财务处理的信息化，为政府财政信息公开提供客观真实的原始资料。

各级政府财政会计不得直接在会计信息管理系统中更改登记有误的账簿信息，应当采取冲销法或补充登记法重新填制调账记账凭证，复核无误后登记会计账簿。

信息系统储存的政府财政会计原始数据应当由专人定期备份至专用存储设备。保存电子会计数据的存储介质应当纳入容灾备份体系妥善保管。

二、政府预算政策和目标

政府总体预算政策的主要目标包括经济增长、社会公平与稳定，这三项目标是相辅相成的。经济增长为提高人民的物质文化生活水平和减少贫困提供必要的资源；但如果没有社会的稳定和公平的政策予以保障，则经济就不可能持续增长。不稳定的经济和财政状况将损害经济的增长和人民物质文化生活水平的提高和消除贫困。从短期来看，上述政策目标有可能互相冲突。因此，在制定预算政策的过程中，需要很好地协调各种政策目标，寻找正确的解决途径。

政府预算管理各项主要目标以及各目标最优效用等方面是相互关联的。支出控制需要总体层面的控制；公共财政资源配置需要良好的规划和政府公共管理部门之间的协调，优质的预算管理强调的是政府财政部门及相关政府公共管理部门的管理能力。政府预算既有着很强的技术性，也有着很强的政策性，在预算决策制定过程中有着特殊的政治意义。预算决策的制定必须有弹性、适应性和灵活性。预算结果并不仅是预算参与者之间协商和讨价还价的结果，而且还取决于外部环境、预算过程、部门和个人的策略等。

因此，政府预算管理的三项主要目标是：支出控制、公共财政资源配置、优质的预算管理。同样，优质的预算管理需要制定法定预算程序，预算必须节俭、提高效率和具有有效性。

三、政府预决算信息公开

各级政府财政部门应根据预算信息公开工作指导意见要求，利用客观真实的财务数据，主动做好预算主动公开和依申请公开工作。

（1）按照"谁主管、谁公开、谁负责"的原则，政府各部门既是编制部门预算的主体，也是执行部门预算的主体，同样也是本部门预算信息公开的主体。各级政府部门的部门预算必须向社会公开，亮出政府部门的账本。政府财政部门和政府各部门应提高对依申请公开信息事项的处理水平，树立依法受理和依法处置的理念，提升依法理财的水平。

（2）主动公开政府预算政策和目标。政府预算管理政策是政府管理核心政策工具之一，必须力求同时实现三项总体政策目标。财政稳定需要加以支出控制；实现经济增长、社会公平和稳定，正确地在各部门之间分配公共财政资源十分重要，也有助于通过预算的有效执行实现对公共资源加以高效的利用。

（3）主动公开政府预决算。政府财政部门应主动公开经人大审议通过的预决算报告，预决算报告承载了许多关键性信息的公开文件。公民主要通过预决算报告的解读来观察和了解政府，并得知这些资金的具体用途，纳税人的钱都花在了哪些地方。同时，还应公开相应的政府财政预决算报表，这样公众就能从起始两端看清资金流向。

（4）主动公开重大民生支出。主要指教育、医疗卫生、社会保障和就业、农林水、保障性住房等涉及民生的重大支出项目。政府预算以及部门预算的公开、透明，还有助于增强对各种不可预测事件的应对能力。预算必须能够灵活适应环境变化，制定应急预案，保障政府预算及部门预算顺利执行。

（5）主动公开政府部门预决算。政府财政、政府各部门应分门别类提供政府部门预决算各种不同的预算信息，这种公开性不仅体现在收入规模、支出的刚性需求和变化的政府间关系上，还体现在政府决策本身应该是公开的，人大财经委员会在预决算上的审议，包括收入和支出的提议等方面也应该公开的，预决算的审查结果通常需要在报纸上公开。通过对政府预算、政府部门预算的立法监督，有利于提升政府预算、政府部门预算的公开、透明程度。同样，通过审计部门对预算执行的监督，有助于促进政府及政府部门管理者更加依法依规理财。

（6）主动公开预算绩效信息。政府财政、政府各部门应主动将重大政策和项目绩效目标、绩效自评以及重点绩效评价结果，报送同级人民代表大会，并依法予以公开，促使政府会计主体从"要我有绩效"向"我要有绩效"转变，提高绩效信息的透明度。

四、政府财政会计监督

各级政府财政会计应加强对各项财政业务的核算管理与会计监督。严格依法办事，对于不合法的会计事项，应及时予以纠正或按程序反映。

各级政府财政会计应加强对预算单位财政资金使用情况的管理，及时了解掌握有关单位的用款情况，发现问题及时按程序反映。

各级政府财政会计应自觉接受审计、监察部门，以及上级政府财政部门的监督，按规定向审计、监察部门，以及上级政府财政部门提供有关资料。

复习思考题

1. 年终清理主要内容有哪些？
2. 政府财政会计报表的特点有哪些？
3. 政府财政会计报表审核主要内容有哪些？
4. 政府预算管理的目标是什么？
5. 政府预决算信息公开的主要内容有哪些？

主编简介

刘有宝，江苏省财政厅高级会计师、扬州大学兼职教授，先后在扬州市财政局、江苏省财政厅从事政府财政总预算会计、预算管理、预算编审、农业财务管理、税政法制管理、政策法规管理工作35年，具有丰富的实践经验。

全程参与财政部1997年全国政府会计制度制定及《新预算会计制度知识问答》编写工作，编写江苏省《预算会计》制度培训教材，主编《预算会计》《政府部门预算管理》《预算会计实务》（第一版至第六版）等教材多部。